2017 全国房地产估价师执业资格考试精选精练

全国房地产估价师执业资格考试命题研究组

中国建筑工业出版社

图书在版编目(CIP)数据

2017全国房地产估价师执业资格考试精选精练／全国房地产估价师执业资格考试命题研究组编．—北京：中国建筑工业出版社，2017.7

ISBN 978-7-112-21060-2

Ⅰ.①2… Ⅱ.①全… Ⅲ.①房地产价格-估价-中国-资格考试-习题集 Ⅳ.①F299.233.5-44

中国版本图书馆CIP数据核字(2017)第179170号

2017全国房地产估价师执业资格考试精选精练，是一部针对参加2017年全国房地产估价师执业资格考试广大参考人员复习、精练参考用书。本书在往年提供试题精选、试题精练的基础上增加了考试核心重点、核心内容，为参考人员确定复习重点指明方向，希望能帮助参考人员通过利用本书在估价师考试的征程中事半功倍。

本书分为三篇，第一篇为考试要点汇集。该篇根据考试辅导教材和考试大纲，将考试涉及的主要内容进行了归纳总结，给出了每一个章节的考试要点。

第二篇为试题精解。本篇按照真实的考试标准和试题难度给出了两套题目，并配有解释说明。通过本篇的精解练习，帮助读者找到试题解答的感觉。

第三篇为试题精练。本篇同样给出了两套真题，希望读者在考前两周内反复练习，一来检查自己的学习成果，二来做好考前热身，全面迎考。

责任编辑：赵梦梅　尹珺祥

2017全国房地产估价师执业资格考试精选精练
全国房地产估价师执业资格考试命题研究组
*
中国建筑工业出版社出版、发行(北京海淀三里河路9号)
各地新华书店、建筑书店经销
北京红光制版公司制版
北京建筑工业印刷厂印刷
*

开本：787×960毫米　1/16　印张：26　字数：506千字
2017年7月第一版　　2017年7月第一次印刷
定价：69.00元
ISBN 978-7-112-21060-2
(30701)

版权所有　翻印必究
如有印装质量问题，可寄本社退换
(邮政编码 100037)

编　者　的　话

　　房地产估价师是我国目前保留的国家行政许可的执业资格之一，房地产估价师在今后我国的社会经济生活中必将成为必不可少的组成部分。

　　2017年全国房地产估价师考试即将来临之际，我们作为全国房地产估价师考试研究机构，针对历年的考试真题进行了系统研究。在此基础上，我们对估价师执业资格考试的精髓进行了提炼，并将历年考试真题以精选精练方式奉献给大家。其中，考试要点汇集为广大考生指出了复习的方向；试题精解部分给出了参考答案和部分题目的考试要点，希望广大考生对照学习，并能理会考试试题的精髓；试题精练部分仅给出了参考答案，供那些已经全部学习完考试教材中的内容，在考试前两个星期练习突破时使用。

　　通过精选精练两个阶段的练习，考生可以透过其发现和掌握考试核心点和考试命题方向。其实，考试的考点基本上是固定的，只是每年的考试避免重复会有一些差异，但是纵观四年、五年，考试重点还是非常突出的。我们给出的四套卷子，基本将重点内容全部囊括其中。希望读者能举一反三，取得考试良好效果。

　　因时间仓促，书中难免存在一些问题，恳请读者见谅。

　　感谢段洪艳、左英变、肖家捷、王逸非、肖鸿宇在本书编写过程中给予的支持和帮助。

本书编写组

目　　录

第1篇　考试要点汇集 ··· 1
第1章　房地产基本制度与政策（含相关知识）···································· 2
　　第一部分　房地产基本制度与政策 ··· 2
　　第二部分　房地产估价相关知识 ··· 11
第2章　房地产开发经营与管理 ·· 19
第3章　房地产估价理论与方法 ·· 27
第4章　房地产估价案例与分析 ·· 43

第2篇　试题精解 ·· 79
第1章　房地产基本制度与政策（含相关知识）···································· 80
　　房地产基本制度与政策（一）··· 80
　　房地产基本制度与政策（二）··· 124
第2章　房地产开发经营与管理 ·· 175
　　房地产开发经营与管理（一）··· 175
　　房地产开发经营与管理（二）··· 198
第3章　房地产估价理论与方法 ·· 233
　　房地产估价理论与方法（一）··· 233
　　房地产估价理论与方法（二）··· 265
第4章　房地产估价案例与分析 ·· 291
　　房地产估价案例与分析（一）··· 291
　　房地产估价案例与分析（二）··· 305

第3篇　试题精练 ·· 317
第1章　房地产基本制度与政策（含相关知识）···································· 318
　　房地产基本制度与政策（一）··· 318
　　房地产基本制度与政策（二）··· 329
第2章　房地产开发经营与管理 ·· 341
　　房地产开发经营与管理（一）··· 341
　　房地产开发经营与管理（二）··· 350
第3章　房地产估价理论与方法 ·· 361
　　房地产估价理论与方法（一）··· 361

房地产估价理论与方法（二） ········· 372
第4章 房地产估价案例分析 ············· 384
  房地产估价案例分析（一） ············· 384
  房地产估价案例分析（二） ············· 396

第1篇

考试要点汇集

第1章 房地产基本制度与政策（含相关知识）

第一部分 房地产基本制度与政策

Ⅰ 房地产业

（一）房地产业概述

1. 房地产业的基本概念（房地产业所包含的行业、所属的产业部门）。

2. 房地产业的细分（房地产业的细分行业；房地产服务业的细分行业；房地产中介服务业的细分行业；如房地产开发经营业、房地产咨询业、房地产估价业、房地产经纪业、物业管理业的工作事项）。

（二）城镇住房制度

1. 城镇住房制度改革（城镇住房制度改革和经济体制改革的关系；传统住房制度的特点和弊端；住房制度改革的目标；住房制度改革的三个阶段标志；住房制度改革的深化和全面实施阶段房改的基本内容，即三改四建的内容）。

2. 住房保障制度（保障性住房包括的种类；廉租住房、经济适用住房、公共租赁住房、限价商品住房的概念、资金来源、分配或购买条件、价格或租金水平如何确定；《国务院关于加快棚户区改造工作的意见》对棚户区改造工作的要求内容）。

3. 住房公积金制度（住房公积金的概念；住房公积金缴存的范围、基数和比例；住房公积金提取的基本概念、提取的条件；住房公积金可以使用的范围）。

（三）土地制度概述

1. 土地所有制（国有土地所有权的行使机构；属于国有土地的范围；宪法关于土地转让和土地使用权转让的法律规定；取得建设用地使用权的途径；建设用地使用权分立、转让、互换、出资、赠与或者抵押的要求；劳动群众集体所有的土地采取的所有制形式；农民集体所有土地的范围；党的十八大对农村集体经营建设用地的改革方向）。

2. 土地管理的基本制度（国家实行土地有偿有限期使用制度、国家实行土地用途管制制度、国家实行耕地保护制度的基本概念和含义；土地利用总体规划的土地用途划分种类；耕地的概念）。

3. 城镇土地使用制度改革（现行城镇土地使用制度的基本框架）。

（四）房地产法制建设

房地产相关法律及其解决、规范的事项；物权法确立的制度内容；房地产行政法规的所属法规；房地产部门规章所属；房地产规范性文件所属；国际标准和行业标准所属。

Ⅱ 建设用地制度与政策

（一）集体土地征收

1. 征收与征用（征收与征用的基本概念及其异同、集体土地征收的特点）。

2. 征收集体土地应遵循的原则（珍惜耕地，合理利用土地的原则及其要求；保证国家建设用地的原则及其要求；妥善安置被征收地单位和农民的原则及其要求；有偿使用土地的原则及其要求；依法征地的原则及其要求；以租代征的概念）。

3. 征收、征用集体土地的政策规定（物权法关于征收集体土地的范围规定，征收的集体土地产权归属；征收土地的批准权限；关于分期征收土地的规定；关于临时用地的规定；征收土地需要支付的费用类型；关于以土地作为联营条件的规定；征收土地公告的内容；征地补偿安置方案的内容；征地补偿相关费用的使用方向）。

4. 征收集体土地补偿的范围和标准（土地补偿费标准、安置补助费标准；地上附着物和青苗补偿费标准；临时用地补偿费标准；土地补偿费、安置补助费的使用）。

5. 征收集体土地的工作程序（基本程序；每个阶段需要完成的工作事项、时间要求）。

（二）建设用地使用权出让

1. 建设用地使用权出让的概念（建设用地使用权出让的概念及其含义理解）。

2. 建设用地使用权出让计划、方式和年限（出让计划的拟定权参与单位；建设用地使用权出让的方式，适用范围；每种方式的概念、程序；建设用地使用权出让最高年限；建设用地使用权收回的原因和补偿；建设用地使用权终止的情形）。

3. 建设用地使用权出让合同及其管理（合同的内容；合同履行的要求；违反合同履行要求的处理方式；合同解除的条件和处理方式）。

（三）建设用地使用权划拨

1. 建设用地使用权划拨的含义（划拨土地使用权的基本概念及其含义理解）。

2. 建设用地使用权划拨的范围（划拨用地目录中可以依法采用划拨土地的

范围，不在划拨用地目录中但属于划拨用地的情况）。
　　3. 建设用地划拨的管理（划拨用地的转让、出租、抵押的有关规定；国企改制的有关规定；划拨土地收回的情形）。
　　（四）闲置土地的处理
　　1. 闲置土地的认定（闲置土地的概念；闲置土地认定的程序和文书）。
　　2. 闲置土地的处置方式（处置方式的种类；延长动工开发期限；调整土地用途、规划条件、由政府安排临时使用的处置办法；其他原因造成土地闲置的处置方式：满一年、满两年；依法收回的闲置土地的处置方式）。

Ⅲ 国有土地上房屋征收制度与政策

　　（一）房屋征收概述
　　1. 房屋征收的概念（房屋征收的概念，关键词：公共利益、前期工作）。
　　2. 房屋征收的限制条件（房屋征收的限制条件及关键词：公共利益、公平补偿）。
　　3. 房屋征收的前提条件（房屋征收法定限制条件：公共利益的界定六条，不需房屋所有权人同意；公共利益的特点：客观、共享、不确定及其理解）。
　　4. 征收和征用的异同（相同是强制性、合理补偿；不同之处：适用对象不同，如何不同？前提条件不同，如何不同？所有权转移不同，如何不同？补偿内容不同，如何不同？）。

　　（二）国有土地上房屋征收与补偿
　　1. 国有土地上房屋征收的管理体制（房屋征收主体、房屋征收部门、房屋征收实施单位、房屋征收的监督和管理部门分别是哪些单位？其责任如何，承担哪些工作？房屋征收部门和房屋征收实施单位有什么不同？）。
　　2. 国有土地上房屋征收的程序（基本程序如何？谁负责拟定征收补偿方案，征收补偿方案包括哪些内容；谁负责组织、组织哪些单位进行征收方案论证，论证什么；征收方案论证后征求公众意见期限多长，谁负责汇总公众意见，如何处理；什么情况下需要召开听证会，听证会哪些人参加；做出房屋征收决定前是否需要进行社会稳定风险评估，若被征收人数量较多，如何处理；如何组织调查登记；如何对未进行登记的建筑物进行下行调查、认定和处理；房屋征收范围确定后需要暂停办理哪些手续）。
　　3. 国有土地上房屋征收的补偿（对被征收人的补偿内容有哪些；房屋征收补偿的方式及如何补偿；如何选定评估机构；对评估确定的被征收房屋价值有异议的如何处理？房屋征收补偿协议的签订主体是谁，协议内容有哪些？被征收人对补偿决定不服的，有哪些权利？）。
　　4. 国有土地上房屋征收与补偿的法律责任（市县人民政府以及房屋征收部

门工作人员的法律责任；暴力野蛮搬迁的法律责任；非法阻碍依法征收与补偿的法律责任；涉及征收补偿费用的法律责任；出具虚假或有重大差错的评估报告的法律责任）。

（三）国有土地上房屋征收评估

1. 房屋征收中的评估工作（房屋征收中应由房地产价格机构评估、测算的内容，及其如何规定的；可以由房地产估价机构评估测算的内容有哪些？）。

2. 房屋征收评估机构的选定及委托（可以承担房屋征收的评估机构；如何选定评估机构，程序如何？）。

3. 房屋征收评估原则和要求（房屋征收评估原则：独立、客观、公正，如何理解。房屋征收评估基本事项：评估目的的表述、评估时点或价值时点的确定、评估对象如何界定、价值内涵。实地查勘：估价机构的责任、注册房地产估价师的责任、被征收人的责任、房屋征收部门的责任、第三方的责任。评估方法选用：市场法、成本法、收益法、假设开发法如何选用。评估结果精确到元。技术协调：同一项目选择估价机构家数的要求，选择两家以上机构的条件，如何确定一家牵头机构，牵头机构的责任如何，需要协调哪些事项；评估结果如何出具，谁负责向被征收人转交报告）。

4. 房屋征收评估异议和争议调处（被征收人和房屋征收部门对评估报告有疑问，可以如何处理，时限有何要求；什么情况下需要报告复核，复核时限有何要求，如何回复；当事人对复核结果有异议的如何处理，有何时限要求；何种情况下可以申请报告鉴定，谁负责进行报告鉴定，对哪些事项进行鉴定，鉴定结果如何处理，有何时限要求；对鉴定意见不服的如何处理；专家委员会组成成员；房屋征收评估收费、鉴定收费谁负责）。

5. 对违法违规房地产估价机构和人员的处罚（具体的法律责任）。

Ⅳ 规划设计及工程建设管理制度与政策

（一）城乡规划管理制度与政策

1. 城乡规划概述（规划区、城市规划区的概念；城乡规划的基本原则）。

2. 城乡规划的编制与审批（城乡规划的组织编制主体和审批主体，即谁组织，谁审批；编制城乡规划的依据；城市总体规划、镇总体规划的内容，哪些为强制性内容；审批程序，修改后谁审批）。

3. 城乡规划的实施和监督（报建审批管理分别在什么阶段需要核发什么证书，谁核发，核发这些证书需要具备什么条件，核发这些证书分别有什么作用，证书分别规定了什么内容。建设工程规划许可管理的内容：建筑管理、管线包括的内容；放线、验线制度；竣工资料包括的内容）。

4. 城乡规划控制线（规划红线包括用地红线、道路红线、建筑红线，分别的含义、包括的内容和相互关系；城市紫线、绿线、蓝线、黄线的含义、作用、禁止事项）。

（二）勘察设计

1．勘察设计单位的资质管理（工程勘察资质：类型；每种类型的级别；每个级别可以从事的工程类型。工程设计资质：类型；每种类型的级别；每个级别可以从事的工程类型。资质许可机关不予批准企业的资质升级申请和增项申请的情形。可以撤销工程勘察、设计资质的情形）。

2．勘察设计的发包与承包（可以直接发包的勘察、设计类型；关于勘察、设计分包的规定）。

3．勘察设计的监督管理（行政主管部门；跨地区、跨部门承揽勘察、设计业务的管理）。

4．注册结构工程师制度（注册结构工程师的类型、有效期、执业范围；结构设计质量责任）。

（三）招标投标与建设监理

1．工程建设的招标投标管理（工程建设招标投标的范围；公开招标、邀请招标的概念和要求；工程建设项目招标代理的概念；工程建设招标代理机构资质等级、业务范围；建设工程的招标文件包括的内容；对建设工程投标的管理内容有哪些；开标、评标的要求）。

2．建设监理制度（建设工程项目监理的概念；监理委托合同的形式；监理的基本方法、基本工作；必须实行监理的工程项目类型；监理单位的责任义务）。

（四）建设工程施工与质量管理

1．项目报建制度（实行报建制度的房地产开发项目类型；报建内容）。

2．施工许可制度（需要报建申领施工许可证的项目范围；申领施工许可证的条件；关于施工许可证的时间性规定）。

3．建设工程质量管理（建设单位、施工单位的质量责任和义务；建设工程质量监督管理机构）。

4．建设工程的竣工验收管理制度（竣工验收的概念；竣工验收的监督管理机构；竣工验收的条件；竣工验收备案）。

5．建设工程质量保修办法（房屋建筑工程质量保修期限；房屋建筑工程质量保修责任归属）。

V 房地产开发经营管理制度与政策

（一）房地产开发企业的管理

1．房地产开发企业的概念、特征及分类（房地产开发企业的特征）。

2．房地产开发企业设立的条件（注册资本；专业人员）。

3. 房地产开发企业的资质等级（资质等级级别及条件）。

（二）房地产开发项目管理

1. 确定房地产开发项目的原则（两点）。

2. 房地产开发项目建设用地使用权的取得（取得方式；建设条件书面意见的内容；关于保障房作为建设条件的内容）。

3. 房地产开发项目实行资本金制度（项目资本金的概念；出资方式；比例规定；计算基数）。

4. 对不按期开发的房地产开发项目的处理原则（土地闲置费征收标准；不征收土地闲置费的情况）。

5. 房地产开发项目质量责任制度（房地产开发企业，勘察、设计、施工、监理等单位承担的房地产开发项目质量责任；对不合格的房地产项目的处理方式，分为主体结构不合格的含义、条件和处理方式）。

6. 项目手册制度（项目手册记录的事项内容、作用和目的）。

（三）房地产经营管理

1. 房地产开发项目转让（出让方式取得的土地使用权房地产开发项目转让的条件；以划拨方式取得的土地使用权的，出让处理方式，可以不办理出让手续的情形）。

2. 商品房交付使用（住房质量保证书和住宅使用说明书包含的内容事项；房地产开发企业承担的保修项目及保修期限；商品住宅的保修期限如何计算，责任如何履行）。

3. 房地产广告（各种禁止行为）。

Ⅵ 房地产交易管理制度与政策

（一）房地产交易管理概述

1. 房地产交易管理的概念和原则（房地产管理法规定的房地产交易形式种类）。

2. 房地产的基本交易制度（城市房地产管理法规定的三项房地产交易基本制度。转让房地产如何申报，申报价格又如何规定，向谁申报；价格评估制度规定的价格评估的原则，定期公布的价格种类）。

3. 房地产交易手续费标准。

（二）房地产转让管理

1. 房地产转让概述（房地产转让的概念，其他合法方式包括哪些行为；房地产转让的分类，包括根据土地使用权的获取方式、转让的方式分类）。

2. 房地产转让的条件（房地产投资开发项目转让的条件，以及司法查封的、依法收回土地使用权的、共有的、权属有争议的、未依法登记取得权属证书的等）。

3. 转让的程序（合同书面、申报价格、审查、受理、领证）。

4. 以出让方式取得建设用地使用权的房地产转让（剩余年限；变更用途处理）。

5. 以划拨方式取得建设用地使用权的房地产转让（处理方式；不办理出让的情形；土地收益和出让金的规定）。

6. 已购公有住房和经济适用住房上市的有关规定。

（三）商品房销售管理

1. 商品房预售（商品房预售的概念；商品房预售要达到的条件；预售许可的最低规模；商品房预售许可证的用途；申领预售许可证的条件；商品房预售方案包括的内容）。

2. 商品房现售（商品房现售的概念；现售的条件）。

3. 商品房销售代理（商品房销售代理的概念；费用）。

4. 商品房销售中的禁止行为（五条不得）。

5. 商品房买卖合同（预售合同主要内容；现售合同主要内容；计价方式；商品房建筑面积的组成；面积误差的处理方式；中途变更规划、设计的处理方式）。

（四）房屋租赁管理

1. 房屋租赁的概念（什么是房屋租赁）。

2. 商品房租赁的条件（商品房最小出租单位，不得居住的房屋，不得出租的情形）。

3. 商品房屋租赁合同（合同条款；关于提高租金的规定；关于是否可以变更用途；关于设施损坏的规定；关于租赁期限的规定；关于房屋修缮责任的规定；合同必备条款；租赁关系保护中的买卖不破租赁以及优先购买权）。

4. 商品房屋租赁登记备案（租赁备案机构、时限要求；备案材料；备案证明内容）。

5. 商品房屋转租（转租的条件、备案、合同义务关系）。

（五）房地产抵押管理

1. 房地产抵押的概念（房地产抵押的概念；抵押人、抵押权人；预购商品房贷款抵押、在建工程抵押的概念）。

2. 房地产抵押的条件（房地产管理法、物权法、城市房地产抵押管理办法规定的可以抵押、不可以抵押的房地产或财产）。

3. 房地产抵押的一般规定（20条）。

4. 房地产抵押合同（抵押合同与债权债务合同的关系；抵押物需要保险的受偿人）。

5. 房地产抵押估价（抵押估价原则上的委托方；房地产抵押价值的概念；法定优先受偿款包括的事项；抵押报告的要求；抵押报告应用有效期）。

6. 最高额抵押权（最高额抵押的概念；所担保的债权特点；抵押权人的债权确定）。

7. 房地产抵押登记（抵押权自登记时设立；未经登记抵押权人不享有优先受偿权）。

8. 房地产抵押的效力（理解抵押权人优先受偿；抵押权存续期间抵押物价值变化的处置）。

9. 房地产抵押权的实现（抵押的原则；抵押合同的类型；抵押权的保护；抵押房地产的清偿顺序；抵押权的拍卖、评估；保留价的概念；高法对执行设定抵押权的房屋的规定）。

Ⅶ 不动产登记制度与政策

（一）不动产登记概述

1. 不动产登记的概念和范围（不动产登记的概念；不动产登记的目的；不动产包括的范围；不动产物权的设定）。

2. 不动产登记模式（不动产登记的类型；契据登记制、产权登记制的概念和特点；权利等级制、托伦斯等级制的概念和特点）。

3. 不动产登记的目的。

4. 不动产登记的基本规定（不动产登记的载体及其基本概念、相互关系和管理；不动产物权生效的时间；不动产登记信息公开的理解）。

（二）不动产登记类型和程序

1. 不动产登记的类型（不同分类办法下的不动产登记类型，每种类型的概念、包括的类型和适用范围、登记要求）。

2. 不动产登记机构（过渡期的登记机构和协同机构；不动产登记暂行条例确立的登记机构）。

3. 不动产登记程序（申请：申请人；可以单方申请的情形；需要提交的材料。受理查验：不动产等机构受理查验的内容；应当实地查看的情形；不予登记应该书面告知申请人的情形；收费依据。登记发证：不动产登记簿记载的内容；不动产权证书或登记证明的概念、种类、用途、适用范围）。

（三）房地产测绘

1. 房地产测绘概述（房地产测绘的概念和种类；房地产基础测绘和房地产项目测绘的概念和成果；房地产测绘成果；房地产测绘的基本内容）。

2. 房地产面积测算（房地产面积测算包括的内容。房屋面积测算的内容；用地面积测算的内容。房地产面积测算的方法。丘的概念及其分类。不计入用地面积的范围。房屋面积的一般规定。成套房屋建筑面积的组成；套内使用面积的计算规定；套内墙体面积和阳台面积计算的规定。共有建筑面积的分类，即不应分摊的共有建筑面积；应分摊的共有建筑面积及其分摊规则；共有建筑面积分摊的原则及其分摊计算公式）。

Ⅷ 房地产中介服务管理制度与政策

（一）房地产中介服务行业管理概述

1. 房地产中介服务行业管理概述（房地产中介服务行业包括的活动内容；房地产中介服务行业的特点）。

2. 房地产中介服务收费（按照服务形式房地产咨询服务的分类；房地产估价收费的要求；房地产经纪服务收费的要求）。

（二）房地产估价机构管理

1.《资产评估法》关于犯罪过失的规定；评估专业人员的权利和义务；评估人员的禁止行为及其法律责任；评估人员违反《资产评估法》的处罚。

《资产评估法》关于机构管理和人员管理的有关规定。

2. 房地产估价机构的概念及组织形式（房地产估价机构组织形式）。

3. 房地产估价机构资质等级（房地产估价机构资质分级；各级资质的相应标准）。

4. 房地产估价机构资质管理（房地产估价机构资质的审批、有效期、延续申请、依法撤销、注销资质的情形）。

5. 房地产估价机构管理（房地产估价机构的业务范围；房地产估价机构分支机构的设立条件）。

6. 房地产估价机构业务管理（业务承揽的相关规定；异地执业的相关规定以及估价所需资料获取、报告出具、估价档案保管的有关规定；刑事处罚和行政处罚的情形及处理）。

（三）房地产估价师执业资格制度

1. 房地产估价师执业资格考试（考试科目、报名条件）。

2. 房地产估价师注册（注册管理部门；注册种类；关于人才和社保证明材料的例外规定；注册程序关于时间的要求；注册期限；注册证书失效的情形；公告注销注册证书作废的情形；撤销注册的情形）。

3. 注册房地产估价师执业监督（继续教育的规定；注册房地产估价师的禁止行为；违规处罚的情形及处理）。

（四）房地产经纪机构和人员管理（略）

（五）房地产中介服务行业信用档案（略）

（六）住房置业担保管理（住房置业担保的概念和理解；风险管理；管理制度）

（七）房地产中介服务行业自律（职业道德、行业组织、行业规范）

Ⅸ 物业管理制度与政策（略）

Ⅹ 房地产税收制度与政策

税收制度构成要素的理解；房产税、城镇土地使用税、耕地占用税、土地增值税、契税的税率、计税依据、减免税、特殊政策；营业税、城市维护建设税、企业所得税的基本规定；营业税的相关政策

第二部分　房地产估价相关知识

Ⅰ 规划知识

（一）规划概述（国民经济和社会发展规划确定的城市主要指标；国土规划的内容；区域规划的任务；城乡规划的体系；城市环境保护规划和城市生态规划的概念及其联系和区别；城市规划与其他规划的关系）

（二）城市规划概述

1. 城市规划的含义、作用和任务（城市规划的作用及其理解；城市规划的任务）。

2. 城市规划体系（城市规划的行政体系；城市规划的编制和审批；城市规划的运作体系；城市规划的具体编制和城市规划的实施控制及其管理要求）。

3. 城市规划管理系统（城市规划管理系统的组成）。

（三）城市总体规划（城市总体规划的主要任务和内容；城市性质的概念及其划分类型；城市规模的概念、确定城市规模的常用方法；按照城市人口划分的城市类型；城市用地分类；城市用地评价内容及其所包含的事项、概念和对城市用地的影响、各种分类）

（四）城市详细规划（控制性详细规划的作用；控制性详细规划的控制体系指标的概念、分类、公式、关系；建筑占地面积的概念；总建筑面积的内容规定和建筑高度的计算规定）

（五）城市居住区规划（居住区的规模、组成；居住区规划的内容；居住区用地功能分类；住宅及其用地、公共建筑及其用地、道路、绿地的规划布置类型、标准、原则；住宅平均层数、住宅建筑净密度、住宅建筑毛密度、人口净密度、人口毛密度等的计算）。

Ⅱ 环境知识

（一）环境概述（环境的概念，自然环境、人文环境、社会环境的概念，及

其差异对房地产价格的影响。景观、生态、生态系统、生态环境的概念及其关联关系。环境质量的概念，包括的内容，评价标准。环境污染的分类）

（二）大气污染（大气的组成。大气污染物的类型。颗粒污染物的种类、物理属性、危害程度。气态污染物的种类、污染产生的负面效果。主要的工业污染源及其污染物种类；交通污染源的特征、主要污染源及其主要污染物；主要生活污染源、特点、污染物。源高、源强的概念和影响及其影响因素）

（三）环境噪声污染（环境噪声污染的概念、特征、类型及其危害的表现。主要的环境噪声污染源。环境噪声标准及环境功能区）

（四）水污染（地表水、地下水的特点。主要的水污染物及其有何种危害。主要污染源）

（五）固体废物污染和辐射污染（固体污染物的分类、主要固体废物、污染物、危害。辐射污染的种类及其危害；室内环境污染的来源、室外来源的污染进入室内的途径，建筑材料中有哪些室内污染）

Ⅲ 建筑工程知识

（一）建筑识图与建筑设计

1. 建筑分类（建筑按使用性质、建筑物的结构类型和材料、建筑物的层数、建筑物的承重受力方式分类类型、不同类型的特点、代表建筑物）。

2. 建筑识图基础（建筑施工图包含的内容，图纸图幅、图标、会签栏、走线、索引号的概念，比例尺适用的施工图，尺寸的表示方法和单位大小，标高的含义；建筑施工图所包括的内容，总平面图、建筑平面图、剖面图、立面图所反映的建筑的事项；结构施工图的含义包括的图纸，及其反映的内容；给排水施工图、采暖施工图、通风施工图、电气施工图所反映的内容）。

3. 建筑设计的基本要求（建筑设计有哪些基本要求；建筑设计的主要内容；建筑平面设计、建筑剖面设计、建筑体型和立面设计的目的、设计的内容、解决的问题。常见的平面组合方式；建筑构造设计应考虑的因素）。

4. 建筑等级（建筑耐久等级、耐火等级、重要性等级的概念、等级标准、适宜的建筑物类型、构件类型）。

（二）建筑构造

1. 建筑的组成（单层工业厂房的组成及其组成部分的作用；民用建筑的结构组成）。

2. 地基、基础与地下室（地基的概念，地基与基础的区别，地基承载力的概念，影响地基承载力的因素。基础的作用、类型及其特点；地下室的构成及其防潮、防水做法。墙体的类型、构造；砖墙的基本尺寸、砌筑方式、质量要求；隔墙的类型和特点；玻璃幕墙的功能、构造形式。柱、梁、板的功能。楼、地面的构造层次组成及其做法。楼梯的类型、组成、坡度、踏步、宽度、栏杆的要求；电梯的设置要求、电梯的组成；自动扶梯的坡度、栏板。屋顶的类型及其特征、形式、组成。门窗的类型、功能。变形缝的类型、作用、设置要求、相互关系）。

（三）建筑设备

1. 建筑给水设备（给水系统的任务、分类、基本供水方式及其特点，给水管道敷设的类型、优缺点、所用材料及其要求；给水系统的水塔设备类型；消防给水系统的要求，以及消火栓系统和自动喷淋系统的区别）。

2. 建筑排水设备（建筑排水系统的排放性质划分；排水系统的组成；污水的抽升设备选用的要求；常用的抽升设备；污水的局部处理方式及其概念）。

3. 建筑采暖设备（常用的采暖方式及其做法；采暖系统的类型、系统组成和工作要求）。

4. 建筑通风与空调设备（通风系统的分类；空调系统的类型及其组成）。

5. 建筑电气设备（室内低压配电的配线方式；选择导线的一般原则，选择配电箱、开关、电表及光源的要求，配电箱、开关的种类及其适用条件）。

6. 住宅小区智能化系统（住宅小区智能化的概念、基本配置）。

（四）建筑材料

1. 建筑材料的分类、性质。

2. （其余略）。

Ⅳ 工程造价知识

（一）工程造价及其组成

1. 工程造价概述（工程造价的特点、职能）。

2. 工程项目的划分（建设项目、工程项目、单位工程、分部工程、分项工程的含义）。

3. 工程造价的构成（建设项目投资的概念及其组成，分为生产性建设项目和非生产性建设项目，每部分组成项目所包含的项目。设备购置费包括的内容；国产非标设备原价的计算公式；进口设备原价的构成；设备运杂费包括的内容及其计算公式。建筑安装工程费用按照费用构成要素、工程造价形成的分类，每种类型所包含的造价的内容。工程建设其他费用的组成。预备费的类型及其计算。建设期利息的计算公式）。

（二）工程量计量（工程量的概念；工程量的单位。工程量计算的依据。工程量计算的顺序）

（三）工程造价的计价与控制

1. 工程造价计价的基本原理和方法（工程造价计价的概念；工程项目的特

点；工程计价的顺序；工程造价的决定因素。工程定额的分类，每个类型定额的含义、反映水平、相互关系、适用情况、特点。工程建设定额计价法的含义、基本程序。工程量清单的概念、含义、作用、内容，工程量清单计价的基本方法和程序。定额计价和清单计价的区别）。

2. 工程造价控制的基本原理和方法（工程造价控制的基本理念、目标、主要方法及其基本概念）。

3. 建设项目各个阶段工程造价的计价与控制（建设项目决策阶段、建设项目设计阶段、施工阶段的工作内容，实施造价计价和控制的要求、类型、特点、因素、方法）。

V 房地产测绘知识

（一）房地产测绘概述

1. 房地产测绘概述（测绘工作的根本任务，坐标系、高程；房地产测绘的概念、类型及其特点）。

2. 房地产测绘的特点。

3. 房地产测绘的技术规范。

4. 房地产测绘的工作程序。

5. 房地产测绘的精度要求（误差的概念及其原因、房产面积测绘的精度要求）。

（二）房地产图（地形图、地籍图、房产图的类型、图示的内容、标注的方式方法、表示的主要内容、比例尺、图幅等的要求及其各自的作用）

（三）房地产面积测算（房地产面积的概念及其分类，不计入用地面积的内容。土地面积测算的方法）

Ⅵ 经济学知识

（一）供求与价格

1. 需求及其变动（需求和需求量的概念，影响商品需求的因素及其理解，需求曲线；需求规律，收入效应与替代效应、价格效应的关系及其效应的结果表现；吉芬商品的概念，需求量变化与需求变化的概念及其区别）。

2. 供给及其变动（供给和供给量的概念，影响商品供给的因素及其理解，供给曲线；供给规律）。

3. 弹性理论（需求弹性的概念，理解需求价格弹性和需求价格弹性系数的要点；需求价格弹性的分类；影响需求价格弹性的因素，需求的点弹性系数的计算；需求价格弹性与消费者支出或销售者收入之间的关系；需求的交叉弹性和需求的收入弹性的概念及其含义。供给弹性的概念、理解供给价格弹性和价格弹性系数的要点、影响供给价格弹性的因素）。

4. 市场均衡（市场均衡的概念，需求、供给在不同的变化情况下对均衡数量和均衡价格的影响）。

（二）消费者行为理论

1. 效用（效用的概念理解；效用的决定因素；效用的度量：基数效用和序数效用）。

2. 边际效用分析（总效用、平均效用、边际效用的概念及其相互关系；边际效用递减规律及其解释）。

3. 无差异曲线分析（无差异曲线的概念、特点；边际替代率的概念、含义；对无差异曲线凸向原点的解释；预算线的概念、特点）。

4. 消费者均衡（消费者均衡的条件，分别通过边际效用分析和无差异曲线分析）。

（三）供给理论

1. 生产理论（生产函数的概念；可变比例的生产函数及其边际收益递减规律。总产量、平均产量、边际产量及其之间的关系；可变比例生产函数的三个阶段划分、特点、标志，理性厂商决策的选择。等产量曲线分析与投入量的最优组合，等产量线的特点、边际技术替代率及其含义，等成本线的含义、特点，投入量的最后组合。生产规模的概念、规模报酬的概念与阶段；生产可能性曲线与最大收益产量的组合）。

2. 成本理论（经济成本、经济利润、会计成本、隐成本与显成本的概念及其相互关系；总成本、平均成本、边际成本的变动规律和相互关系；总收益、平均收益、边际收益的概念及其相互关系。利润最大化原则）。

（四）市场理论（完全竞争市场、完全垄断市场、垄断竞争市场、寡头垄断市场的含义、条件、需求曲线、平均收益和边际收益的特点、短期均衡和长期均衡的条件，均衡点的条件，结合决定机制）。

（五）分配理论

1. 生产要素的需求与供给（生产要素的需求的概念及其特点和决定因素；生产要素的供给类型，及边际生产力、边际产值、边际受益产量的概念及其关系，平均要素成本、边际要素成本的概念及其关系）。

2. 完全竞争市场生产要素价格和投入量的决定（厂商对生产要素的需求曲线、生产要素的供给曲线及其特点，生产要素投入量的决定条件）。

3. 工资、利息、地租和利润（基本概念、性质、种类、决定因素；资本的需求、供给特点；正常利润和超额利润的概念及其关系，超额利润的种类）。

4. 社会收入平均分配程度的度量（洛伦茨曲线、基尼系数）。

（六）市场失灵与微观经济政策（市场失灵的概念，产生市场失灵的原因，

针对市场失灵的微观经济政策）

（七）宏观经济学概述（国民经济核算的几个总量及其相互关系；国民收入核算的基本方法。封闭经济、开放经济的总需求；总供给曲线。消费函数的概念及其表示方式和参数；投资函数，投资者决定投资的影响因素；投资的边际收益规律；资本边际效率既定条件下的投资决定；乘数理论。宏观经济政策目标和宏观经济政策）

Ⅶ 金融知识

（一）金融概述（金融和货币的概念；信用的概念及信用的形式；金融活动的类型及其优缺点；金融工具的概念及其一般特征、种类，本票等7种类型的金融工具的概念）

（二）金融体系（金融体系的组成。中央银行、商业银行、政策性银行、非银行金融机构的性质、职能、类型、组织结构，特点，几种主要的非银行金融机构）

（三）货币体系与货币政策（货币供给的三个层次、相互关系；货币的流通速度、货币需求量、货币流通次数之间的关系；通货膨胀和通货紧缩的概念、特点、类型及其调控措施；货币政策的目标、货币政策工具）

（四）金融业务（商业银行的负债业务类型，包括银行结算户、银行存款业务类型、利息类型；商业银行资产业务，包括贷款的种类、贷款的期限、存续和审查；商业银行的中间业务，包括中间业务的概念、类型；金融信托投资业务，包括职能、性质和范围）

（五）金融市场（金融市场的含义、构成要素、分类。短期金融市场的类型组成及其特点；贴现、再贴现转贴现的概念及其区别；存单、大额可转让存单的概念；短期债券市场关于贴现率与价格的关系、收益率的计算。长期资金市场的特点。外汇市场的作用和交易方式）

（六）房地产债务融资（金融杠杆的基本定义及其理解；杠杆率、贷款价值比的概念及其相互关系计算；金融杠杆对回报和风险的影响理解和计算；不同条件下，权益回报与杠杆率之间的关系。加权平均资产成本的计算公式及其运用）

Ⅷ 证券知识

（一）证券（证券的分类）

（二）股票（股票的概念，普通股股东的权利和义务，优先股的概念及优先股的权利，普通股的主体分类，股票应记载的内容及股票的基本特征，股票与股份、股份制、股单、认股权证的区别和联系）

（三）债券（债券的票面价值、价格的关系，市场利率与债券利率的关系，

债券利率的影响因素；债券的特征、分类）

（四）投资基金证券（投资基金证券的概念及其与股票、债券的区别，投资基金的类型）

Ⅸ 保险知识

（一）保险概述（保险的概念及其定义的理解；保险的本质；保险的条件、职能；保险的种类；保险的基本原则及其派生原则；保险合同的种类和保险合同的主体）

（二）保险公司（略）

（三）房地产保险（房地产保险的种类及其主要内容）

Ⅹ 统计知识

（一）统计概述（统计总体、总量单位、调查对象、调查单位、调查项目、报告单位的概念；收集资料的方法和形式；统计分组的概念、标志的概念）

（二）综合指标（总量指标、相对指标、平均指标的类型及其计算、含义）

（三）时间序列（水平指标的种类；速度指标的种类和计算公式；平均发展速度指标）

（四）动态序列的分解与测定（动态序列的总变动分解。模型及其表示方法）

Ⅺ 会计知识

（一）会计概述（会计的目标）

（二）会计假设与会计基础（会计假设包括的内容，每个假设的含义、意义；企业会计的确认、计量和报告的基础；权责发生制的内容）

（三）会计信息质量要求（会计信息的首要质量要求和次要质量要求包括哪些内容，每项要求的含义、作用）

（四）会计要素与会计恒等式（会计六大要素及其基本概念、满足条件；会计恒等式）

（五）会计处理程序和基本核算方法（会计信息处理的一般程序；会计计量包括的内容方面，会计计量属性包括的事项。会计账户和会计科目的概念、分类、名称；借贷记账法的基本规则）

（六）查账基础知识（会计核算的基本步骤；登记账簿错误的处理方法；会计舞弊的主要形式和常见形式；查账的原则）

（七）财务会计报告（会计报表的种类；资产负债表、损益表反映的内容、包括的事项；现金流量表反映的内容，包括的事项；偿债能力分析指标、营运能力分析指标、盈利能力分析指标计算公式、所涉及参数的含义和内容、计算）

XII 法律知识

（一）法的概说（中国现行的法律制度体系、法律效力）

（二）民法（民法的基本原则；民法关系的客体；民事权利的分类。自然人的民事权利能力、监护、宣告失踪和宣告死亡；合伙的法律地位。民事法律行为无效。代理的分类、代理行为；诉讼时效及特别诉讼时效。民事责任的种类）

（三）合同法（合同的特征；合同的分类。要约与承诺的概念。合同的生效与无效。合同履行的规定。违约的形式和违约责任的承担方式，包括定金和违约金）

（四）物权与债权（物的种类；物权的概念、分类；所有权的概念和分类；用益物权的概念和种类；担保物权的概念和种类；物权和债权的区别）

XIII 拍卖知识（略）

第 2 章　房地产开发经营与管理

I 房地产投资及其风险

（一）投资与房地产投资

1. 投资概述（投资的概念，如何理解投资的概念；短期投资和长期投资的概念，短期投资和长期投资的特点；直接投资和间接投资的概念，各自的主要类型；金融投资的形式，实物投资的种类；生产性投资和非生产性投资的特点；上述投资分类的依据；投资具有的特性）。

2. 房地产投资概述（房地产投资的分类，及其各自所包括的投资类型或形式，影响投资的因素；房地产投资的特性；房地产不可移动性的意义、具备可行性投资的情形、投资者关心的区位内容；经济寿命、自然寿命的概念、起始日期，二者的关系；更新改造投资对房地产的影响，写字楼、购物中心、公寓的租户的不同期望；物业间差异的最终表现；变现性差的概念，变现性差与弱流动性特征的关系；因无力及时偿还债务而破产的直接原因；影响房地产市场价值的政策调整；房地产投资所依赖的专业；效益外溢的概念及其理解和运用）。

（二）房地产投资的形式和利弊

1. 房地产直接投资（房地产直接投资的概念；房地产开发投资、置业投资的概念）。

2. 房地产间接投资（房地产间接投资的概念、种类；房地产投资信托基金的概念、优点、类型、重要的投资者；住房抵押支持证券化的概念和做法）。

3. 房地产投资的利弊（投资的之利与投资之弊及其理解；通货膨胀、投资者能容忍较低收益率的原因；保值增值的概念及理解）。

（三）房地产投资的风险

1. 房地产投资风险的概念（风险的概念及其理解；标准差、期望值与风险大小的衡量；风险收益、风险损失、风险报酬的概念；不确定性的决策方法，包括小中取大法等三种方法及其含义；风险分析的目的；房地产投资风险主要体现的四个方面）。

2. 房地产投资的系统风险（系统风险，即不可分散风险或市场风险的概念，主要包括的种类；通货膨胀风险、市场供求风险、周期风险、变现风险、利率风险、政策风险、政治风险、或然损失风险的概念，及其影响；固定租金出租投资者承担的风险，按长期固定租金出租承担的风险；市场结构性过剩及其影响；房地产投资的强度；房地产市场周期所划分的阶段；金融机构强调的贷款的要求，不同类型利率对房地产投资者的影响）。

3. 房地产投资的个别风险（房地产投资的个别风险的类型，每种类型的含义，如何影响投资的绩效）。

4. 风险对投资者决策的影响（两个影响；根据风险大小和收益水平高低的房地产投资划分类型及其概念）。

（四）风险与投资组合

1. 投资组合理论（投资组合的主要论点；大型机构投资者进行房地产投资注重研究的内容；投资组合理论的减少风险的方法所能减少影响的风险类型）。

2. 资本资产定价模型（公式，计算；确定折现率的理想方法；不同类型房地产之间的风险大小比较；投资者所要求的最低收益水平；资金的机会成本概念）。

Ⅱ 房地产市场及其运行

（一）房地产市场概述

1. 房地产市场的含义（略）。

2. 房地产市场的运行环境（房地产市场的运行环境概念，包括的影响因素类型，每种类型所包括的内容）。

3. 影响房地产市场转变的力量（力量类型及其如何影响转变）。

4. 房地产市场的参与者（参与者的作用）。

（二）房地产市场结构和指标

1. 房地产市场结构（房地产市场属于的市场结构类型；市场集中度低的原因，明显的垄断竞争特征的理由。房地产市场存在哪些数量关系，分别的含义）。

2. 房地产市场细分（房地产市场细分的类型及其细分的依据）。

3. 房地产市场指标（供给指标、需求指标、市场交易指标分别包括的指标名称及其概念、包括的细分种类，所不包括的事项，计算）。

（三）房地产市场的特性和功能

1. 房地产市场的特性（垄断性、经济外部性、信息的不对称性的概念及其理解；现实价格形成的影响因素）。

2. 房地产市场的功能（略）。

（四）房地产市场的运行规律

1. 房地产空间市场与资产市场（房地产空间市场的需求和供给；房地产资产市场的作用，投资收益的概念；房地产空间市场和资产市场的关系、媒介；房地产市场均衡状态的状态表现）。

2. 房地产市场的周期循环（房地产周期循环的概念、产生的原因及其作用、传统房地产周期理论的主要内容和阶段表现；均衡的理解；现代房地产周期理论研究结论；房地产自然周期及其均衡点、自然周期的阶段划分、每个阶段的特征。房地产投资周期及其与自然周期的关系）。

3. 房地产泡沫与过度开发（泡沫的概念。房地产泡沫的概念。房地产泡沫的原因及其理解，包括基础、直接诱因和直接助燃剂，原因影响的过程。房地产市场中过度开发的概念；过度开发的诱因及其防范措施。房地产泡沫与过度开发的联系和区别）。

（五）房地产市场的政府干预

1. 政府干预房地产市场失灵的必要性（房地产市场失灵的概念及其主要原因，措施；住房的属性和通常采用的住房保障制度；宏观经济周期循环不同阶段适宜的货币政策和财政政策，政府干预的性质；房地产价格剧烈波动；针对房地产市场非均衡的政策）。

2. 政府干预房地产市场的手段（每种手段的内容）。

3. 政府规范房地产市场行为的措施（措施）。

Ⅲ 房地产开发程序与管理

（一）房地产开发程序与管理

1. 房地产开发的基本概念（开发商的角色）。

2. 房地产开发的一般程序（八个步骤四个阶段的内容）。

（二）投资机会选择与决策分析（投资机会选择主要内容和投资决策分析的主要工作内容）

（三）前期工作（前期工作的主要内容。获取土地：土地储备包括的内容、步骤；土地开发的概念、土地开发的项目实施模式及其费用构成、土地储备开发成本的构成；土地储备资金的来源和适用范围；开发商获取土地的途径、适用情况。项目核准和开工计划：项目核准申请材料主要内容、项目申请报告的主要内容；项目核准评估的主要重点。确定规划设计方案并获得规划许可：《规划意见书（选址）》、《建设用地规划许可证》、《建设工程规划许可证》的内容、申领程序、准备的材料及其作用。工程建设招标：招标方式及其适用的情况；招标机构的性质、组成人员、设立；招标中如何确定招标范围、合同方式，如何组织编写工程量清单、招标控制价或底价；招标程序中招标文件的内容、招标公告的内容、对投标人资格审查的内容、投标文件的内容；开标、评标和定标需要注意的事项。开工申请与审批：《建设工程施工许可证》申领的条件）。

（四）建设阶段

1. 质量控制（质量控制划分的阶段；工程施工阶段质量控制工作）。

2. 进度控制（进度控制的概念及其主要内容。工程内容分解。最早开工时间、最迟开工时间的概念及其关系。横道图和网络图的概念，二者之间的异同点、优缺点。网络图的种类）。

3. 成本控制（成本控制的概念和主要工作内容。建筑工程款的结算方式。主要费用和次要费用、固定费用和变动费用的作用和关系）。

4. 合同管理（房地产开发项目的主要合同关系；合同管理的主要内容）。

5. 安全管理（工程建设安全管理的原则、承包商的安全管理、现场的安全管理）。

6. 竣工验收（竣工验收工作的程序流程，包括申请、组织、修改，初步验收的概念和工作事项；竣工验收的依据、阶段，每个阶段的工作内容和要求。综合验收的概念）。

（五）租售阶段

1. 选择物业租售形式（委托经纪机构需要支付的费用比例；开发商自行租售适用的情形；委托房地产经纪机构租售的形式，联合代理和独家代理，卖方代理、卖方代理和双重代理，首席代理和分代理的概念）。

2. 制定租售方案（出租还是出售的选择理由；租售价格中开发商定价的方法类型及包含的方法，每种方法概念和适用情形）。

3. 制定宣传与广告策略（制定广告方案的五种决策）。

Ⅳ 房地产市场调查与分析

（一）市场调查

1. 市场调查的意义和内容（市场调查的内容及其组成）。

2. 市场调查的步骤（调查项目的分类，试探性调查、描述性调查、因果性调查的概念；调查计划包括的内容；资料来源类型；调查方法及其每种方法的概念；调查手段的类型；抽样方案包括的内容和抽样的方法）。

3. 对市场调查的分析与评估（略）。

（二）市场分析的手段和方法

1. 市场规模的估计（市场规模的概念；服务市场即目标市场的概念，渗透市场的概念，有效市场的概念。市场总需求、市场最低量、市场潜在量的概念及其之间的关系。市场需求预测模型及其运用）。

2. 市场趋势分析（市场趋势分析的步骤。分析市场趋势的方法，及其含义、类型，指数平滑法的公式及其运用）。

（三）目标市场的细分与选择

1. 市场细分（市场细分与细分市场的概念，市场细分的依据、标准，消费者偏好的概念和模式及运用）。

2. 目标市场的选择（细分市场评价的内容。目标市场选择模式）。

3. 市场定位（市场定位的概念和市场定位的方式。市场定位的步骤及其在市场定位中的作用。核心竞争优势的概念，市场定位战略种类）。

（四）竞争者分析（略）

（五）消费者购买行为分析

1. 消费者市场及其购买对象（消费者市场的特征；消费者市场的购买对象类型）。

2. 影响消费者购买行为的主要因素（社会文化因素、个人因素、心理因素分别包括的内容。决定一个人所处社会阶层的因素。需要的层次）。

3. 消费者购买决策过程（消费者购买行为的类型；购买决策的五个阶段）。

（六）房地产市场分析与市场分析报告

1. 房地产市场分析的概念与作用（房地产市场分析的层次，及分析内容所述的层次；影响市场区域形状和大小的关键因素）。

2. 房地产市场分析的内容（宏观因素、市场状况、相关因素分析包括的内容及其分别组成的细分内容）。

3. 房地产市场分析报告（市场分析报告的组成，分别要分析的内容）。

Ⅴ 现金流量与资金时间价值

（一）现金流量

1. 现金流量的概念（现金流量的概念，现金流入、现金流出的概念及其包括的内容）。

2. 现金流量图（现金流量图的基本规则及其绘制，期末惯例法）。

3. 房地产投资活动中的现金流量（房地产开发经营企业的业务经营模式及其现金流量图）。

（二）资金时间价值

1. 资金时间价值的概念（资金时间价值的概念，资金增值、即期消费的概念，资金时间价值的影响因素）。

2. 利息与利率（利息的表达方式，利率的种类及其含义，利率的功能；不同的利率决定理论）。

3. 单利计息和复利计息（单利计息和复利计息的计算公式，单利和复利的区别，单利和复利的换算，名义利率和实际利率的换算及其特点）。

（三）资金等效值与复利计算（资金等效值的概念，资金等效值计算公式及每个指标的含义和对应的时间点、符号、系数及名称，熟练应用）。

Ⅵ 经济评价指标与方法

（一）效益和费用识别

1. 投资与成本（投资的概念，成本的概念，会计成本和投资分析中成本的区别；房地产投资分析中的投资与成本的划分。开发项目总投资、产品成本、营业成本、期间费用、运营费用所包括的内容。房地产出租过程中营业成本构成。房地产用于出租或自营条件下的期间费用及其处理）。

2. 营业收入、利润和税金（营业收入包括的内容及其计算公式。营业利润、毛利润、净利润、可分配利润及其相关指标的计算公式。房产税、土地增值税、企业所得税的概念及其计算）。

3. 房地产投资经济效果的表现形式（开发投资经济效果评价指标）。

（二）经济评价指标

1. 投资回收和投资回报（投资回收和投资回报的基本概念、等额年金计算公式中投资回收和投资回报的表示形式，投资回收和投资回报的表现）。

2. 经济评价指标体系（盈利能力指标、清偿能力指标的概念。动态评价指标和静态评价指标的概念。房地产开发投资和置业投资所适用的盈利能力指标、清偿能力指标，其中盈利能力指标中分属动态评价指标和静态评价指标的指标）。

3. 全部投资和资本金评价指标的差异（全部投资的资金来源；使用借贷资金或资金杠杆的目的；使用财务杠杆获得放大作用的条件。区分全部投资、资本金、各方投资的评价指标计算）。

4. 通货膨胀的影响（通货膨胀如何影响投资回报，如何处理）。

（三）动态盈利能力指标及其计算（财务净现值、财务内部收益率、动态投资回收期的概念、含义、特点及其计算及判断可行标准。计算净现值需要注意资金等效值的公式的指标含义、项目实际的现金流量发生时间、折现率的选择、折现年限的确定，同样适用于内部收益率和动态投资回收期的计算，此外内部收益率计算要熟悉内插法）

（四）静态盈利能力指标及其计算（成本利润率、销售利润率的计算公式，重点需要确定计算中涉及的各项参数所包含的内容。投资利润率、资本金利润率、资本金净利润率的计算。静态投资回收期的计算。现金回报率和投资回报率的计算）

（五）清偿能力指标及其计算（利息的计算。借款偿还期的概念及其计算。利息备付率的公式及其计算。偿债备付率的概念、公式及其计算。资产负债率、流动比率速动比例的计算以及相应参数所包含的内容）

（六）房地产投资方案经济比选（什么是方案经济比选。方案之间关系类型，互斥、独立、相关的含义，比选标准。互斥方案的三个决策准则。方案经济比选定量分析方法，包括净现值法、差额内部收益率法、等额年值法、费用现值比较法和费用年值比较法的比选公式、思路和适用条件、选择准则）

Ⅶ 风险分析与决策

（一）房地产投资项目不确定性分析

1. 房地产开发项目的主要不确定性因素（土地费用、建筑安装工程费用、租售价格、开发期与租售期、建筑容积率及有关设计参数、资本化率、贷款利率有何特点、如何影响项目的评价指标）。

2. 房地产置业投资项目的主要不确定性因素（购买价格、权益投资比率、空置率、运营费用如何影响）。

（二）盈亏平衡分析（基本公式及其运用求取其中一个未知指标或延伸指标，如最低利润或利润率、最低销售价格、最高成本、最高土地费用、最高管理费等等。保本点分析、临界点分析的概念）

（三）敏感性分析（敏感性分析的基本概念、敏感性因素判断）

（四）风险分析（风险分析的界定，风险分析的方法。风险分析过程，包括风险识别、风险估计和风险评价。风险识别的方法；风险估计的方法及其概念。利用概率分析求取期望值。蒙特卡洛方法的基本概念）

（五）决策的概念与方法（决策的类型和特征。决策原则和决策的评价标准。决策的方法类型及其包括的具体方法。房地产投资决策的三种具体类型。不同房地产投资者的投资模式）

（六）房地产投资决策中的实物期权方法（传统投资决策方法的局限性，即存在的问题。传统投资决策方法隐含的两种假定，即可逆性和不可延期性。房地产投资具有不可逆性和具有可延期性的理由及其考虑后的结果。房地产投资具有期权性质的理由。实物期权类型。实物期权方法投资决策的具体过程。利用期权方法进行何种决策）

Ⅷ 房地产开发项目可行性研究（略）

Ⅸ 房地产金融与项目融资

（一）房地产资本市场（房地产资本市场的结构组成。房地产权益融资的特点及其类型或形式、来源，房地产企业权益资本特点。私募股权融资的特点、类型。房地产债务融资的特点、类型、来源）

（二）公开资本市场融资（公开资本市场的概念，包括的类型。证券市场分类和概念、构成要素、功能。房地产企业公开市场融资方式及其融资事项）

（三）银行信贷融资（房地产开发贷款的种类、用于支付的内容。房地产开发贷款的风险类型；房地产开发贷款风险管理的主要措施。土地储备贷款的概念，借款人的条件，对项目的要求条件，可以支付的项目，土地储备贷款的风险

及其管理具体措施。房地产抵押贷款的种类、还款来源、年限、利率、贷款价值比的要求，风险及其防范措施）

（四）房地产投资信托基金（房地产投资信托基金的概念和英文缩写，REITS资金来源，专业顾问的作用，REITS的免税；房地产投资信托基金的功能、特征。房地产投资信托基金的分类。权益型、抵押型、混合型的概念和特点；伞型合伙和多重合伙的概念和特点；契约型和公司型的概念和特点。房地产投资信托基金的组织形式。估价在房地产投资信托基金中的作用。房地产投资信托基金存在哪些风险，及其风险管理措施）

（五）房地产项目融资（房地产项目融资的含义、实质。房地产项目融资主体的组织形式，资金来源及其确定的依据，常用的融资渠道。资本金的概念、比例要求、出资形式。债务资金的渠道和种类、特点。融资方案分析的内容、融资成本包括的内容。金融机构对项目进行审查的内容。贷款综合评价的贷款综合风险度计算公式，不同类型贷款方式系数、期限系数、风险等级系数的规则）

X 物业资产管理（略）

第3章 房地产估价理论与方法

Ⅰ 房地产估价概论

（一）对房地产估价的基本认识

1. 房地产估价的含义（专业估价，非专业估价，专业估价的特点，专业房地产估价的概念，估价与评估的差别，房地产估价师和房地产估价机构可以从事的业务）。

2. 房地产估价的特点及其理解（房地产估价的本质，价值和价格的关系，模拟市场定价与代替市场定价，区分咨询性估价和鉴证性估价两种不同性质的估价）。

（二）对房地产估价的各种需要

1. 房地产抵押的需要（房地产抵押，房地产抵押估价的种类，包括初次抵押估价、再次抵押估价、续贷抵押估价、抵押期间估价、抵押房地产处置估价，抵押贷款前、后的估价相关服务）。

2. 房地产税收的需要（房地产税收估价的几种情况）。

3. 房地产征收征用的需要（征收和征用及其国家有关征收或征用的制度规定，征收过程需要评估的事项）。

4. 房地产司法拍卖的需要（拍卖保留价）。

5. 房地产分家析产的需要（一般的处理方式，面积与价值的关系）。

6. 房地产损害赔偿的需要（房地产损害赔偿的类型，需要评估的价值类型，是否可修复的判定标准，计算可修复部分的修复必要费用和不可修复费的价值减损）。

7. 房地产保险的需要（需要估价的情形）。

8. 房地产转让和租赁的需要（房地产买卖需要评估的事项，互换、出资需要评估的事项，租赁需要评估的事项）。

9. 国有土地使用权出让的需要（出让底价，出价，招标、拍卖、挂牌需要确定的价格种类）。

10. 企业有关经济行为的需要（需要房地产估价的企业经济行为类型）。

11. 房地产行政管理的需要（房地产管理法提出的房地产行政管理的要求）。

12. 其他方面的需要（各种类型）。

（三）房地产估价的要素

1. 估价当事人（估价当事人包括的主体类型，房地产估价机构的概念，注册房地产估价师的概念，估价委托人的概念，估价委托人、估价对象权利人、估价报告使用者之间的区别和联系）。

2. 估价目的（估价目的的概念及其决定因素，估价目的与估价结果的关系，是否考虑租约影响的情况，成本构成与估价目的的关系）。

3. 估价对象（估价对象的概念，估价权益的概念，决定估价对象的因素，估价对象的基本形态，几种特殊形态的估价对象）。

4. 价值时点（价值时点的其他称谓，价值时点的含义，价值时点可以对应的时点）。

5. 价值类型（价值类型的含义，价值类型与估价目的、估价对象的关系，最基本、最常用的价值类型）。

6. 估价原则（估价原则的含义，市场价值评估的估价原则及其适用，估价原则的作用）。

7. 估价程序（房地产估价的基本程序，估价程序的作用）。

8. 估价依据（选取估价依据的基本原则）。

9. 估价假设（含义和作用）。

10. 估价方法（选择途径、基本估价方法、其他估价方法）。

11. 估价结果（估价结果的概念，对估价结果的理解）。

（四）房地产估价职业道德

房地产估价职业道德的主要内容。

Ⅱ 房地产及其描述

（一）房地产及其含义

1. 房地产的含义。

2. 土地、建筑物和其他相关定作物的含义（一宗土地的空间分层，建筑物的广义和狭义含义、建筑物和构筑物的含义，其他相关定作物的含义）。

3. 房地产实物、权益和区位的含义（属于房地产实物范畴的事项、房地产权益范畴的事项、房地产区位的事项及其理解）。

（二）房地产的特性

不可移动、独一无二、寿命长久、供给有限、价值较大、用途多样、互相影响、易受限制、难以变现、保值增值的概念含义、原因及其影响。

（三）房地产的种类

1. 按立法用语划分的种类（物权法、城市房地产管理法的习惯用语，国有土地上房屋征收与补偿条例所称被征收房屋价值的内容）。

2. 按用途划分的种类（居住房地产和非居住房地产。非居住房地产的种类及其包括的房地产类型）。

3. 按开发程度划分的种类（生地、毛地、熟地、在建工程、现房的概念，判断是否在建工程的标准，在建工程的分类标准，现房的分类标准及其细分）。

4. 按实物形态划分的种类（土地，建筑物，土地和建筑物的综合体，房地产的局部，未来状况下的房地产，已灭失的房地产，现在状况下的房地产与过去状况下的房地产的差异部分，以房地产为主的整体资产或者包含其他资产的房地产，整体资产中的房地产）。

5. 按权益状况划分的种类（干净的房屋所有权和出让国有建设用地使用权的房地产、干净的房屋所有权和国有建设用地使用权的房地产、干净的房屋所有权和集体土地的房地产的概念及其典型情形；共有的房地产的类型及其处置条件；不计分产权或有限产权的房地产典型的情形；有租约限制的房地产；设立了地役权的房地产；设立了抵押权的房地产；有拖欠建设工程价款的房地产关于优先受偿和建设工程款包括的内容；已依法公告列入征收、征用范围的房地产不得有的行为；被依法查封、采取财产保全措施或以其他形式限制的房地产；手续不全的房地产类型；房屋所有权、建设用地使用权不明确或归属有争议的房地产；临时用地或临时建筑的房地产；违法占地或违法建筑的房地产；房地产的租赁权、抵押权、空间利用权；房地产重点无形资产及其类型）。

6. 按经营使用方式划分的种类（按经营使用方式划分，本类划分与估价方法选择的关系）。

7. 按是否产生收益划分的种类（收益性房地产和非收益性房地产的概念和包括的物业类型，实际估价中是否收益性房地产的判定标准；本类划分与估价方法选择的关系）。

（四）房地产状况描述

1. 房地产状况描述分解（基本状况、实物状况、权益状况、区位状况）。
2. 房地产基本状况描述（名称、坐落、范围、规模、用途、权属）。
3. 房地产实物状况描述〔（土地实物状况描述包括的事项：土地面积、土地形状、地形地势、地质、土壤、土地开发程度、其他的基本含义及其需要说明的内容和参考依据）；（建筑物实物状况描述包括的事项：建筑规模、建筑结构、建筑设备、装修装饰、空间布局、防水保温隔声通风采光日照、外观、新旧程度、其他分别需要说明的事项）〕。
4. 房地产权益状况描述〔（土地权益状况描述的事项：土地所有权状况、土地使用权状况、土地使用管制状况、土地利用现状、出租或占用情况、他项权利状况设立情况、其他特殊情况描述的事项）；（建筑物权益状况描述的事项：房屋所有权状况、出租或占用情况、他项权利设立情况、其他描述的事项）〕。
5. 房地产区位状况描述（位置、交通、外部配套设施、周围环境所描述的内容或事项）。

Ⅲ 房地产价格和价值

（一）房地产价格的含义和形成条件

1. 房地产价格的含义（价格的典型定义及其含义）。
2. 房地产价格的形成条件（稀缺性、有效需求的概念及其含义）。

（二）房地产价格与一般物品价格的异同

1. 共同之处（都是价格，是价值的货币表现；都有波动，受供求影响；都是按质论价）
2. 不同之处（房地产价格与区位关系密切；房地产价格实质上是房地产权益的价格；房地产价格同时又分为买卖价格和租赁价格；房地产价格容易受交易者的个别情况影响）。
3. 特殊概念（源泉价格；服务价格；广义的价格和狭义的价格）。
4. 房价和租金的关系。

（三）房地产供求与价格

1. 房地产需求（需求形成的条件；决定房地产需求的因素及其对需求的影响效果；替代品、互补品的含义）。
2. 房地产供给（供给形成的条件；决定房地产供给的因素及其对供给的影响效果）。
3. 房地产均衡价格（房地产均衡价格的含义；房地产价格和需求、供给的关联性）。

（四）房地产价格和价值的种类

1. 价值、使用价值和交换价值（使用价值、交换价值的含义及其相互关系，房地产估价的价值概念）。
2. 挂牌价格、成交价格、市场价格、理论价格和评估价值（挂牌价的含义及其与成交价的关系；通过卖方要价、买方出价和买卖双方成交价之间关系理解成交价格；买方市场和卖方市场的概念；正常成交价格的形成条件；不同交易方式下的成交价格差异；市场价格的确定；理论价格的表达称谓；不同估价方法计算出的价值或价格称谓及其相互关系；评估价值与成交价格的关系；评估价值的影响因素）。
3. 市场价值、投资价值、谨慎价值、快速变现价值、现状价值和残余价值（市场价值的形成条件；投资价值的理解；房地产投资价值与市场价值的关系；评估投资价值和市场价值的方法和参考取值的差异；谨慎价值、快速变现价值、现状价值与市场价值的关系；最高最佳利用与现状价值的关系；残余价值、市场价值、残值的关系）。

4. 买卖价格、租赁价格、抵押价值、保险价值、计税价值和征收价值（租金的种类及其租金构成要素；真正的房租构成要素和现实生活中房租可能包含的房租构成之外的费用；房租的表达方式；抵押价值的定义和对抵押价值的理解；抵押价值的计算和再抵押价值的计算；保险价值估价的不同情形）。

5. 房地产所有权价格、土地使用权价格和其他房地产权利价格（权利束理论）。

6. 完全产权价值、无租约限制价值、出租人权益价值和承租人权益价值（完全产权价值、无租约限制价值、出租人权益价值和承租人权益价值的概念；合同租金对无租约限制价值、出租人权益价值、承租人权益价值的影响；出租人权益价值、承租人权益价值的估价思路；无租约限制价值与出租人权益价值、承租人权益价值的关系）。

7. 历史成本、重置成本、可变现价值、现值、公允价值和账面价值（历史成本、重置成本、可变现价值、现值、公允价值和账面价值的内涵；投资性房地产初始计量模式及采用公允计量模式的条件；账面价值与资产成本、累计折旧、累计减值准备的关系，会计核算；成本模式下账面原值、余值、净值、累计折旧、减值准备的关系；历史成本下账面价值、市场价值之间关系）。

8. 市场调节价、政府指导价和政府定价（市场调节价、政府指导价和政府定价的基本含义及其包含类型）。

9. 基准地价、标定地价和房屋重置价格（基准地价、标定地价和房屋重置价格基本含义）。

10. 土地价格、建筑物价格、房地价格（土地价格、建筑物价格、房地价格之间的关系；房地产分割合并前后的价格差异）。

11. 总价格、单位价格和楼面价格（总价格和单位价格在反映价格水平上的地位；不同面积条件下的价格换算；楼面地价、单位地价之间的换算；判断地价水平高低）。

12. 名义价格和实际价格（针对不同的付款条件换算成一次性支付的价格，即将名义价格换算成实际价格）。

13. 现货价格、期货价格及现房价格和期房价格（现货交易和期货交易的几种情形；期房价格换算成现房价格）。

14. 起价、标价、成交价和均价（起价、标价、成交价和均价的基本概念和作用）。

15. 评估价、保留价、起拍价、应价和成交价（评估价、保留价、起拍价、应价和成交价适应的交易方式；保留价的确定方式；拍卖时确定保留价的标准）。

Ⅳ 房地产价格影响因素

（一）房地产价格影响因素概述

对房地产价格影响因素的基本认识（不同影响因素或其变化导致房地产价格变动的方向不尽相同；不同影响因素或其变化导致房地产价格变动的程度不尽相同；不同影响因素的变化与房地产价格变动之间的关系不尽相同；有的影响因素对房地产价格的影响与时间无关，有的则与时间有关；有的影响因素对房地产价格的影响方向和影响程度非一成不变；同一影响因素在不同地区对房地产价格的影响可能不同；同一影响因素在不同水平上的变化对房地产价格的影响可能不同；有的影响因素对房地产价格的影响可用数学公式或模型来量化，有的则难以用数学公式或模型来量化。将以上八个方面的认识与现实相联系）。

（二）房地产自身因素

1. 房地产实物因素（土地实物因素：土地面积、土地形状、地形地势、地质、土壤、土地开发程度与房地产价格的关系及其对房地产价格的影响；建筑物实物因素：建筑规模、建筑结构、设施设备、装饰装修、空间布局、防水保温隔热隔声通风采光日照、外观、折旧程度与房地产价格的关系及其对房地产价格的影响）。

2. 房地产权益因素（房地产权利限制的三个方面；房地产权利及其形式的限制、房地产使用管制、相邻关系的限制与房地产价格的关系及其对房地产价格的影响；用途限制和容积率对房地产价格的影响；相邻关系所包含的内容）。

3. 房地产区位因素（房地产区位优劣的一般标准；居住房地产含别墅、商业房地产、工业房地产的优劣判断；城市内部区位与地租地价的关系；零售业、专业服务业、轻工业、批发业、居住物业、农业经济地租曲线的梯度特点；判断是否属于区位因素的标准；位置、交通、外部基础设施、周围环境各自包括的内容，其分别对房地产价格产生何种影响）。

（三）人口因素

1. 人口因素包括人口数量、人口结构和人口素质。

2. 人口数量（人口增长率、自然增长率、机械增长率的概念和计算公式，及其对房地产价格的影响）。

3. 人口结构（人口结构的概念及其对房地产及住宅价格的影响）。

4. 人口素质（人口素质如何影响房地产的价格）。

（四）制度政策因素

1. 影响房地产价格的制度政策因素包括的制度政策类型。

2. 房地产制度政策（房地产制度政策对房地产价格的影响程度；房地产所有制、房地产价格政策、政府对房地产价格的管制或干预方式对房地产价格的影响，分情形）。

3. 金融制度政策（货币政策的五个档次及其对房地产价格的影响；房地产信贷政策对房地产价格的影响）。

4. 税收制度政策（房地产开发环节、房地产交易环节、房地产保有环节的税收种类；不同环节房地产税收增减对房地产价格的影响）。

5. 有关规划和计划（国民经济和社会发展规划、城乡规划、土地相关规划和计划、住房相关规划和计划对房地产价格产生何种影响）。

（五）经济因素

影响房地产价格的经济因素主要有经济发展、居民收入、利率、汇率和物价等。

1. 经济发展（国内生产总值的概念、计算方法、构成；国民生产总值的经济效果及其对房地产价格的影响）。

2. 居民收入（反映居民收入增长的指标；城镇居民人均可支配收入、农村居民家庭人均收入的概念；居民收入的真正增加和名义增加；不同收入人群居民收入增加对房地产价格的不同影响）。

3. 物价（一般物价变动的指标；居民消费价格指数、生产者价格指数的基本概念及其分别包括的项目类别；一般物价总水平变动、某些物价水平变动对房地产价格的影响；房价与地价关系的不同观点）。

4. 利率（利率升降对房地产价格的影响）。

5. 汇率（汇率变化对房地产价格的影响）。

（六）社会因素

政治安定情况、社会治安情况、城市化、房地产投机对房地产价格的影响。

（七）国际因素

世界经济状况、国际竞争状况、政治对立状况、军事冲突状况对房地产价格的影响。

（八）心理因素、其他因素对房地产价格的影响

V 房地产估价原则

（一）房地产估价原则概述

1. 房地产估价原则的含义（房地产估价原则的概念；主要的房地产估价原则；不同估价目的估价或评估应遵循的原则）。

2. 房地产估价原则的作用。

（二）独立、客观、公正原则（独立、客观、公正原则的含义，该原则对估价师的要求；遵循本原则的原因所在；保障本原则的要求事项）。

（三）合法原则（合法原则的基本内涵；遵循本原则的原因；合法原则对估

价对象判定的影响；遵循合法原则在估价对象权益方面应做到的几点要求；抵押估价中合法原则的具体应用；房屋征收评估中合法原则的具体应用）。

（四）价值时点原则

价值时点原则的概念；价值时点原则的原因；价值时点原则的意义；价值时点和评估价值的关系；价值时点、估价对象和房地产市场状况的关系及其各种情形举例。

（五）替代原则

替代原则的概念；遵循替代原则的原因；替代原则对房地产估价工作的要求；替代原则要求的房地产估价结果的处置方式；遵循替代原则求取的估价指标。

（六）最高最佳利用原则

1. 最高最佳利用原则的概念和遵循的原因；不遵循最高最佳利用原则的类型；最高最佳利用原则需要满足的条件；最高最佳利用包括的内容；最高最佳利用的筛选条件。

2. 收益递增递减原理、均衡原理、适合原理的概念。

3. 需拆除房地产相对于空地的减价额计算。

4. 最高最佳利用原则做出的判断和选择的种类和条件。

（七）谨慎原则

谨慎原则的概念；抵押价值评估在存在不确定因素的情况下如何保持谨慎原则；抵押价值遵循谨慎原则的原因；谨慎原则的要求。

Ⅵ 比较法及其运用

（一）比较法概述

1. 比较法的含义（比较法的含义；类似房地产的含义；可比实例的概念；比较法的本质）。

2. 比较法的理论依据（替代原埋）。

3. 比较法适用的估价对象（适用的估价对象；难以采用比较法的估价对象；比较法可以适用求取的估价事项）。

4. 比较法估价需要具备的条件（不适用的情况；运用比较法需要消除的差异内容）。

5. 比较法的估价步骤。

（二）搜集交易实例

搜集交易实例的途径；搜集交易实例的要求。

（三）选取可比实例

1. 选取可比实例的数量要求，一般3～5个。

2. 选取可比实例的质量要求（可比实例房地产应与估价对象房地产相似，包括与估价对象的区位相近、用途相近、权利性质相近、档次相近、规模相当、建筑结构相同及其含义；可比实例的交易方式应适合估价目的、买卖、租赁、抵押、折价、变卖、房屋征收补偿、建设用地使用权出让选取可比实例的要求；可比实例的成交日期应接近价值时点，一般不超过1年；可比实例的成交价格尽量为正常价格，也可以选取修正为正常价格的实例）。

3. 选取可比实例应注意的其他问题（分配法；有较多交易实例可供选取的情形）。

（四）建立可比基础

1. 统一财产范围（财产范围不同的三种情况；统一到纯粹房地产范围的计算公式；统一到不带债权债务的房地产范围的计算公式）。

2. 统一付款方式（具体计算）。

3. 统一税费负担（非正常负担条件下正常负担下的价格的计算）。

4. 统一计价单位（统一价格表示单位、统一比重和货币单位、统一面积内涵和计量单位；汇率的应用；公顷、亩、平方米、坪、平方英尺之间的换算关系；套内建筑面积、建筑面积单价下的换算；上述内容的统一换算计算）。

（五）交易情况修正

1. 交易情况修正的含义。

2. 造成成交价格偏离正常价格的因素（造成偏离正常价格的特殊因素类型及其可能的偏离方向）。

3. 交易情况修正的方法（交易情况修正的方法；计算公式）。

（六）市场状况调整

1. 市场状况调整的含义（市场状况的含义，调整后的价格）。

2. 市场状况调整的方法（市场可能出现的三种情况；市场状况调整的方法；价格指数法、价格变动率法；定基价格指数、环比价格指数、逐期价格变动率、平均价格变动率的含义及其应用、计算，结合统一计价单位）。

（七）房地产状况调整

1. 房地产状况调整的含义（房地产状况调整的含义）。

2. 房地产状况调整的内容（区位状况调整的内容；实物状况调整的内容；权益状况调整的内容）。

3. 房地产状况调整的步骤。

4. 房地产状况调整的方法（直接比较调整和间接比较调整；总价调整和单价调整；金额调整和百分比调整；加法调整和乘法调整；基本公式及其计算，注意调整方向）。

（八）计算比较价值

1. 计算单个可比实例的比较价值（金额修正、调整下的计算公式；百分比修正、调整下的加法公式）。

2. 计算最终的比较价值。

（九）本章计算综合题

优选可比实例；建立可比基础（付款方式、货币单位、计价单位、税费承担转嫁）；市场状况调整（价格指数、价格变动率的运用）；房地产状况调整（乘法、加法；直接、间接）；比较价值确定（算术平均、加权平均的运用）。

Ⅶ 收益法及其运用

（一）收益法概述

1. 收益法的概念；报酬资本化法的概念；直接资本化法的概念；购买年法的概念；地租资本化法的概念）。

2. 收益法的理论依据（与其原理；收益法的基本思路；资金的时间价值；收益性房地产价值高低因素）。

3. 收益法适用的估价对象（适用的估价对象；不适用的估价对象；资本化技术的应用范围）。

4. 收益法估价需要具备的条件。

5. 收益法估价的操作步骤。

（二）报酬资本化法的公式

每种情况均可以计算。

1. 报酬资本化法最一般的公式，未来预期收益、报酬率均不同（本公式假设各期净收益均发生在期末，不是期末需要进行调整）。

2. 净收益每年不变的公式（有限年、无限年）。

3. 净收益按一定数额递增的公式（有限年、无限年）。

4. 净收益按一定数额递减的公式。

5. 净收益按一定数额递增的公式（有限年、无限年）。

6. 净收益按一定比率递减（有限年、无限年）。

7. 净收益在前后两段变化规律不同的公式（收益期为有限年、收益期为无限年）。

8. 预知未来若干年后价格的公式（期间收益每年不变、期间收益按一定数额递增或递减、期间收益按一定比例递增或递减）。

（三）收益期和持有期的测算

1. 收益期（收益期的概念；收益期与建设用地使用权剩余期限、建筑物剩余经济寿命的关系）。

2. 建筑物经济寿命（建筑物经济寿命的概念；建筑物经济寿命的决定因

素)。

3. 建筑物剩余经济寿命（建筑物剩余经济寿命与建设用地使用权剩余期限的关系）。

4. 评估承租人权益价值的收益期。

（四）净收益的测算

1. 净收益测算的基本原理（测算净收益的难点；收益性房地产获取收益的方式；基于租赁方式和基于营业收入求取净收益的房地产类型；投资法和利润法的概念；收益法的典型形式）。

2. 基于租赁收入测算净收益的（基于租赁收入测算净收益的基本公式；净收益、有效毛收入、潜在毛收入、空置和收入损失、运营费用的基本概念及其相互关系；运营费用包括的内容；运营费用与会计的成本费用区别；房地产抵押贷款还本付息额、房地产折旧额、房地产改扩建费用和所得税的处理方式；运营费用率的概念；净收益率的概念；净收益率和运营费用率的关系）。

3. 基于营业收入测算净收益的基本原理（与基于租赁收入的净收益相比净收益测算的差异）。

4. 不同收益类型房地产净收益的测算（出租的房地产、自营的房地产、自用或尚未使用的房地产、混合收益的房地产净收益的测算思路）。

5. 净收益测算应注意的问题（有形收益和无形收益的处理；实际收益和客观收益的区别及在估价中的运用，包括有租金限制的房地产价值的评估需要注意的问题及计算；乐观估价、保守估计、最可能估计在评估中的运用；重置提拨款的计算及其是否被考虑情况下的评估）。

6. 净收益流模式的确定（过去数据简单算术平均值、未来数据简单算术平均值、未来数据资本化公式法的概念；未来数据资本化法公式的运用）。

（五）报酬率的确定

1. 报酬率的实质（报酬率、回报率、收益率、折现率、利率、内部收益率的关系；投资回收和投资回报的概念；报酬率和投资房地产风险之间的关系；报酬率、收益大小和风险之间的关系；不同地区、不同时期、不同用途或不同类型房地产收益特点）。

2. 报酬率的求取方法（市场提取法、累加法、投资报酬率排序插入法；累加法的计算公式；无风险报酬率和风险报酬率；安全利率、投资风险补偿率、管理负担补偿率、缺乏流动性补偿率、投资带来的优惠率的概念和应用）。

（六）直接资本化法

1. 直接资本化法概述（资本化法的概念；资本化率的概念；收益乘数的概念）。

2. 收益乘数法的种类（潜在毛收入乘数法、有效毛收入乘数法、净收益乘数法的计算公式）。

3.资本化率和收益乘数的求取方法（市场提取法求取资本化率、收益乘数的公式；净收益率和有效毛收益乘数之比求取综合资本化率的公式）。

4.资本化率与报酬率的区别和关系。

5.直接资本化法与报酬资本化法的比较（直接资本化法的优缺点；报酬资本化法的优缺点）。

（七）投资组合技术和剩余技术

1.投资组合技术（土地与建筑物的组合，综合资本化率、土地资本化率、建筑物资本化率、土地价值、建筑区价值之间的互算关系；抵押贷款与自有资金的组合，贷款价值比、综合资本化率、抵押贷款资本化率、自有资金资本化率的互算关系）。

2.剩余技术（土地剩余技术、建筑物剩余技术、自有资金剩余技术、抵押贷款剩余技术的概念、利用剩余技术求取土地价值、建筑物价值、自有资金权益价值、抵押贷款金额，求取房地产价值）。

（八）本章计算综合题

综合题一：租赁方式或自营方式求取净收益（含潜在毛收入、有效毛收入、运营费用的测算和经营收入、经营成本、经营费用、经营税金及附加、管理费用、财务费用以及归属于经营者或生产者的利润的测算；报酬率或资本化率的求取；收益期限的确定；收益法公式的选取；计算）。

综合题二：混合型收益的房地产收益法。

综合题三：不同净收益流模式的收益法。

综合题四：有形收益和无形收益、实际收益和客观收益、乐观收益、保守估计和最可能估计条件下的收益法。

综合题五：收益法递增递减公式灵活运用的收益法。

Ⅷ 成本法及其运用

（一）成本法概述

1.成本法的含义（成本法的概念；重新购建价格、重置成本、重建成本、折旧的概念；成本法的本质；成本法的优点）。

2.成本法的理论依据（生产费用价值论的含义；成本法与比较法的区别）。

3.成本法适用的估价对象（适用的估价对象；房地产保险和房地产损害赔偿中成本法的运用）。

4.成本法估价需要具备的条件（房地产效用所花费的成本对房地产价格的影响；价格等于成本加平均利润需要具备的条件；成本法估价需要注意的客观成本和实际成本以及相关需要注意的事项）。

（二）房地产价格的构成

1. 房地产价格＝土地取得成本＋建设成本＋管理费用＋销售费用＋投资利息＋销售税费＋开发利润

其中：直接成本＝土地取得成本＋建设成本。

开发成本＝土地取得成本＋建设成本＋管理费用＋销售费用＋投资利息＋销售税费。

2. 土地取得成本（土地取得成本的内涵；市场购买的土地取得成本、征收集体土地的土地取得成本、征收国有土地上房屋的土地取得成本费用构成及相关规定）。

3. 建设成本（前期费用、建筑安装工程费用、基础设施建设费、公共配套设施建设费、其他工程费、开发期间税费所包括的内容）。

4. 管理费用（管理费用所包括的内容）。

5. 销售费用（销售费用所包括的内容）。

6. 投资利息（投资利息的概念；机会成本的概念；应计息的项目；建设期以及前期和建造期；建设期的估算方法；利息的计算；单利计息和复利计息的利率换算公式）。

7. 销售税费。

8. 开发利润（估价中开发利润的理解；利用直接成本利润率、投资利润率、成本利润率、销售利润率计算利润对应的基数）。

（三）成本法的基本公式

1. 成本法最基本的公式

房地产价值＝房地产重新购建价格－房地产折旧

房地产价值＝土地重新购建价格＋建筑物重新购建价格－建筑物折旧

房地产价值＝土地取得成本＋建设成本＋管理费用＋销售费用＋投资利息＋销售税费＋开发利润－建筑物折旧。

2. 适用于新开发建设的房地产的基本公式（适用于新开发的房地的基本公式；适用于新开发的土地的基本公式；适用于新建成的建筑物的基本公式）。

3. 适用于旧的房地产的基本公式（适用于旧的房地的基本公式；适用于旧建筑物的基本公式）。

（四）重新购建价格的测算

1. 重新购建价格的内涵（价值时点与重新购建价格、客观支出与实际支出与重新购建价格、建筑物新旧与重新购建价格关系的理解）。

2. 重新购建价格的求取思路（房地产重新购建价格的求取思路；土地重新购建价格的求取思路；建筑物重新购建价格的求取思路）。

3. 建筑物重新购建价格的求取方式（重置价格的含义；重建价格的含义）。

4.建筑物重新购建价格的求取方法（单位比较法、分部分项法、工料测量法、指数调整法的基本含义并计算）。

（五）建筑物折旧的测算

1.建筑物折旧的含义和原因（建筑物折旧的含义；建筑物折旧的原因；物质折旧、功能折旧、外部折旧的概念、所包含的种类、产生的原因）。

2.建筑物折旧的求取方法（年限法：年限法的概念，实际年龄和有效年龄及其计算起始时间；有效年龄和实际年龄之间的关系；建筑物自然寿命和经济寿命、剩余寿命的概念及其相互关系；直线法、成新折扣法的计算公式和计算。市场提取法：市场提取法的步骤和内容，基本思路及其计算。分解法：物质折旧的求取，区分可修复费用和不可修复费用，区分长寿命项目和短寿命项目；功能折旧的求取区分、功能缺乏折旧、功能落后折旧和功能过剩折旧，分别计算；外部性折旧的求取采用的方法）。

3.求取建筑物折旧应注意的问题（估价上的折旧与会计上的折旧；土地使用期限与建筑物经济寿命；非住宅建筑物经济寿命和土地使用期限）。

（六）本章计算综合题

通过不同途径评估土地取得成本、建设成本、管理费用、销售费用、投资利息、销售税费、开发利润、建筑物折旧。其中注意价格指数、费率的利用，利润率的类型，折旧注意短寿命长寿命、可修复不可修复、物质折旧、功能折旧、外部折旧的处理。

Ⅸ 假设开发法及其运用

（一）假设开发法概述

1.假设开发法的含义（假设开发法的基本含义及其总体思路；假设开发法与收益法的本质关系）。

2.假设开发法的理论依据（假设开发法的理论依据；假设开发法与成本法的区别；假设开发法与地租剩余的关系）。

3.假设开发法适用的估价对象（假设开发法的使用对象；假设开发法为投资者提供的数据类型）。

4.假设开发法估价需要具备的条件。

（二）动态分析法和静态分析法

1.动态分析法和静态分析法的产生（资金时间价值的考虑方式及其对应的假设开发法类型）。

2.动态分析法和静态分析法的区别（理解三大区别）。

3.动态分析法和静态分析法的优缺点。

（三）假设开发法的估价前提（三种前提及其理解）

（四）最佳开发经营方式的选择（内容）

（五）假设开发法的基本公式（公式及其基本思路）

（六）假设开发法测算中各项的求取

（七）本章计算综合题

1. 在建工程价值的求取。未来开发价值，一种业态或多种业态，分别计算未来开发价值；给定折现率、建安成本、工程已完工进度、管理费、销售费、利润等某项未知，求未知项。

2. 土地使用权价值评估。同上。

3. 确定合适的规模比例。已知土地面积，开发成一种业态或多种业态，业态比例未知；给定折现率、建安成本、工程已完工进度、管理费、销售费、利润等已知，求未知项。

4. 购买或租赁后装修后出租或转租的情况。

X 长期趋势法及其运用

（一）长期趋势法概述

1. 长期趋势法的含义及其理论依据（长期趋势法的含义，关键词是时间序列分析和回归分析；议论依据是联系的观点）。

2. 长期趋势法适用的估价对象（价格无明显波动的房地产）。

（二）数学曲线拟合法（数学曲线拟合法包括的方法类型；直线趋势法的计算）

（三）平均增减量法（简单计算）

（四）平均发展速度法（简单计算）

（五）移动平均法（简单计算）

（六）指数修匀法（简单计算）

XI 地价评估和地价分摊

（一）地租理论及测算

1. 地租的含义（什么是广义地租，什么是狭义地租，地租的基本含义）。

2. 制度现象［肥力差异地租现象；位置差异地租现象（农作物、城镇摊位）］。

3. 地租理论的简要回顾（不同地租理论的观点、地租计算公式）。

4. 地租的测算（计算公式、竞标地租理论）。

（二）路线价法

1. 路线价法概述（路线价法的含义、路线价法的实质；路线价法与比较法的区别；不进行交易情况修正和市场状况调整的原因；路线价法的适用对象和前提条件)。

2. 划分路线价区段(路线价区段的概念;特点;分界点及如何划分)。

3. 设定标准临街宽度(什么是标准临街宽度;此宽度与地价的关系)。

4. 选取标准临街宗地(标准临街宗地的概念;选取标准临街宗地的要求)。

5. 调查评估路线价(路线价的概念,注意路线价不是路线价法;求取路线价通用的方法;路线价的表示方式)。

6. 制作价格修正率表(价格修正率表的种类;临街深度价格修正率表的制定法则,即四三二一法则、苏慕斯法则、霍夫曼法则、哈柏法则的概念及其运用)。

7. 计算临街土地的价值(路线价法的基本公式及其计算应用)。

(三)城镇基准地价评估(城镇基准地价的概念;城镇基准地价的表达方式;配合基准地价需要制作的调整方法和调整系数)

(四)基准地价修正法(基准地价评估宗地价值的公式)

(五)补地价的测算(需要补地价的情形;补地价的计算公式)

(六)高层建筑地价分摊(通过地价分摊可以解决的问题;土地地价分摊的方法,即按照建筑物面积、房地产价值、土地价值进行分摊及其计算)

XII 房地产估价程序(略)

第4章 房地产估价案例与分析

房地产估价案例与分析要求广大考生认真领会估价基本理论、基本概念，并熟练运用《房地产估价规范》，熟悉其中的内容要求，是房地产估价基本理论的实践考核。为此要求在认真学好基本理论以外，还要熟读《房地产估价规范》。本书附上《房地产估价规范》，为广大考生熟悉和考试中使用《房地产估价规范》提供专业素材。

附录：房地产估价规范

1 总　则

1.0.1　为规范房地产估价行为，统一房地产估价程序和方法，保证房地产估价质量，制定本规范。
1.0.2　本规范适用于房地产估价活动。
1.0.3　房地产估价除应符合本规范的规定外，尚应符合国家现行有关标准的规定。

2 估价原则

2.0.1　房地产的市场价值评估，应遵循下列原则：
　1　独立、客观、公正原则；
　2　合法原则；
　3　价值时点原则；
　4　替代原则；
　5　最高最佳利用原则。
2.0.2　房地产的抵押价值和抵押净值评估，除应遵循市场价值评估的原则外，还应遵循谨慎原则。
2.0.3　房地产的投资价值、现状价值等其他价值和价格评估，应根据估价目的和价值类型，从市场价值评估的原则中选择适用的估价原则，并可增加其他适用的估价原则。

2.0.4 遵循不同估价原则的评估价值，应符合下列规定：
　　1 遵循独立、客观、公正原则，评估价值应为对各方估价利害关系人均是公平合理的价值或价格。
　　2 遵循合法原则，评估价值应为在依法判定的估价对象状况下的价值或价格。
　　3 遵循价值时点原则，评估价值应为在根据估价目的确定的某一特定时间的价值或价格。
　　4 遵循替代原则，评估价值与估价对象的类似房地产在同等条件下的价值或价格偏差应在合理范围内。
　　5 遵循最高最佳利用原则，评估价值应为在估价对象最高最佳利用状况下的价值或价格。
　　6 遵循谨慎原则，评估价值应为在充分考虑导致估价对象价值或价格偏低的因素，慎重考虑导致估价对象价值或价格偏高的因素下的价值或价格。
2.0.5 估价对象的最高最佳利用状况包括最佳的用途、规模和档次，并应按法律上允许、技术上可能、财务上可行、价值最大化的次序进行分析、筛选和判断确定，并应符合下列规定。
　　1 当估价对象的权利人或意向取得者对估价对象依法享有的开发利用权利。不相同时，应先根据估价目的确定从权利人角度或意向取得者角度进行估价，再根据对估价对象享有的开发利用权利，确定估价对象的最高最佳利用状况。
　　当估价对象已为某种利用时，应在调查及分析其利用现状基础上，对其最高最佳利用和相应的估价前提作出下列判断和选择，并应在估价报告中说明：
　　1) 以维持现状、继续利用最为合理的，应选择维持现状前提进行估价；
　　2) 以更新改造再予以利用最为合理的，应选择更新改造前提进行估价；
　　3) 以改变用途再予以利用最为合理的，应选择改变用途前提进行估价；
　　4) 以改变规模再予以利用最为合理的，应选择改变规模前提进行估价；
　　5) 以重新开发再予以利用最为合理的，应选择重新开发前提进行估价；
　　6) 其他情况，应采用上述前提的组合或其他特殊利用前提进行估价。
2.0.6 当估价对象的实际用途、登记用途、规划用途之间不一致时，应按下列规定确定估价所依据的用途，并应作为估价假设中的不相一致假设在估价报告中说明及对估价报告和估价结果的使用作出相应限制：
　　1) 政府或其有关部门对估价对象的用途有认定或处理的，应按其认定或处理结果进行估价；
　　2) 政府或其有关部门对估价对象的用途没有认定或处理的，应按下列规定执行：
　　① 登记用途、规划用途之间不一致的，可根据估价目的或最高最佳利用原

则选择其中一种用途；

② 实际用途与登记用途、规划用途均不一致的，应根据估价目的确定估价所依据的用途。

3 估 价 程 序

3.0.1 估价工作应按下列程序进行：
  1 受理估价委托；
  2 确定估价基本事项；
  3 编制估价作业方案；
  4 搜集估价所需资料；
  5 实地查勘估价对象；
  6 选用估价方法进行测算；
  7 确定估价结果；
  8 撰写估价报告；
  9 审核估价报告；
  10 交付估价报告；
  11 保存估价资料。

3.0.2 估价委托应由房地产估价机构统一受理，并应符合下列条件：
  1 在接受估价委托时，应要求估价委托人向其出具估价委托书；
  2 决定受理估价委托的，应与估价委托人订立书面估价委托合同。
  3 受理估价委托后，根据估价项目的规模、难度和完成时间确定参加估价的注册房地产估价师数量，并至少选派两名能胜任该估价工作的注册房地产估价师共同进行估价，且应明确其中一人为项目负责人。
  4 除在应采用批量估价的项目外，每个估价项目应至少有一名注册房地产估价师全程参与实地查勘估价对象、撰写估价报告等估价技术工作。

3.0.3 估价基本事项包括估价目的、价值时点、估价对象和价值类型，应在与估价委托人沟通及调查有关情况和规定的基础上确定，并应符合下列规定：
  1 估价目的应根据估价委托人真实、具体的估价需要以及估价报告的预期用途、预期使用者确定。对其表述应具体、准确、简洁。
  2 价值时点应根据估价目的确定。采用公历表示，宜具体到日。回顾性估价和预测性估价的价值时点，在难以具体到日且能满足估价目的需要的情况下，可具体到月、季、半年、年等。
  3 估价对象应在估价委托人指定及提供有关情况和资料的基础上，根据估价目的依法确定，并应明确界定其财产范围和空间范围，不得遗漏或虚构。法律、行政法规规定不得买卖、租赁、抵押、作为出资或进行其他活动的房地产，或征收不予补偿的房地产，不应作为相应估价目的的估价对象，并应在估价报告中分析、说明估价对象买卖或租赁、抵押、作为出资等的合法性。

  4 价值类型应根据估价目的确定，并应包括价值或价格的名称、定义或内涵。

3.0.4 估价作业方案在对估价项目进行分析的基础上编制，并应包括下列内容：

  1 估价工作内容及质量要求，应包括拟采用的估价方法和估价技术路线，拟搜集的估价所需资料及其来源渠道等；

  2 估价作业步骤及时间进度；

  3 估价工作的人员安排。

3.0.5 估价所需资料针对估价项目进行搜集，并应包括下列方面：

  1 反映估价对象区位、实物和权益状况的资料；

  2 估价对象及其同类房地产的交易、收益、成本等资料；

  3 对估价对象所在地区的房地产价值和价格有影响的资料；

  4 对房地产价值和价格有普遍影响的资料。

  估价所需资料的搜集应针对估价项目进行。估价委托人应如实向房地产估价机构提供其掌握的估价所需资料，并对其提供的资料的合法性、真实性、准确性和完整性负责。

3.0.6 对搜集估价所需资料应进行检查。当估价委托人是估价对象权利人的，应查看估价对象的权属证明原件，并应将复印件与原件核对，不得仅凭复印件判断或假定估价对象的权属状况。

3.0.7 估价对象的实地查勘应符合下列规定：

  1 应观察、询问、检查、核对估价对象的区位、实物和权益状况；

  2 拍摄反映估价对象内外部状况和周围环境状况的照片等影像资料，并应补充搜集估价所需的关于估价对象的其他资料；

  3 应制作实地查勘记录，并应记载实地查勘的对象、内容、结果、时间和人员及其签名，记载的内容应真实、客观、准确、完整、清晰。

3.0.8 当无法进入估价对象内部进行实地查勘的，应对估价对象的外部状况和区位状况进行实地查勘，并应在估价报告中说明未进入估价对象内部进行实地查勘及其具体原因。对未进行实地查勘的估价对象内部状况，应作为假设中的依据不是假设在估价报告中说明。

3.0.9 在估价中遇有难以解决的复杂、疑难、特殊的估价技术问题时，应寻求相关估价专家或单位提供专业帮助，并应在估价报告中说明。

3.0.10 对于估价对象的房屋安全、环境污染、质量缺陷、建筑面积、财务状况等估价专业以外的其他专业问题，经实地查勘、查阅现有资料或向相关专业领域的专家咨询后，仍难以作出常规判断和相应假设的，应建议估价委托人聘请具有相应资质资格的专业机构或专家先行鉴定、检测或审计等，再以专业机构或专家出具的专业意见为依据进行估价，并应在估价报告中说明。

3.0.11 估价报告在交付估价委托人前应对其内容和形式等进行审查核定，并应形成内部审核记录，记载审核的意见、结论、日期和人员及其签名。

3.0.12 估价报告审核合格后，应由不少于两名参加估价的注册房地产估价师签名及加盖房地产估价机构公章，并应按有关规定和估价委托合同约定交付估价委托人。

3.0.13 估价报告交付估价委托人后，不得擅自改动、更换、删除或销毁下列估价资料：

  1 估价报告；
  2 估价委托书和估价委托合同；
  3 估价所依据的估价委托人提供的资料；
  4 估价项目来源和沟通情况记录；
  5 估价对象实地查勘记录；
  6 估价报告内部审核记录；
  7 估价中的不同意见记录；
  8 外部专业帮助的专业意见。

3.0.14 房地产估价机构应及时整理并保存估价资料，并应保存到估价服务的行为结束且不得少于十年。保存期限应自估价报告出具之日起计算。

4 估 价 方 法

4.1 估价方法选用

4.1.1 选用估价方法时，应根据估价对象及其所在地的房地产市场状况等客观条件，对比较法、收益法、成本法、假设开发法等估价方法进行适用性分析。

4.1.2 估价方法的选用，应符合下列规定：

  1 估价对象的同类房地产有较多交易的，应选用比较法；
  2 估价对象或其同类房地产通常有租金等经济收入的，应选用收益法；
  3 估价对象可作为独立的开发建设项目进行重新开发建设的，宜选用成本法；当估价对象的同类房地产没有交易或交易很少，且估价对象或其同类房地产没有租金等经济收入时，应选用成本法。
  4 估价对象具有开发或再开发潜力且开发完成后的价值可采用除成本法以外的方法预测或测算的，应选用假设开发法。

4.1.3 当估价对象仅适用一种估价方法进行估价时，可只选用一种估价方法进行估价。当估价对象适用两种以上估价方法进行估价时，宜同时选用所有适用的估价方法进行估价，不得随意取舍；当必须取舍时，应在估价报告中说明并陈述理由。

4.2 比 较 法

4.2.1 运用比较法进行房地产估价时，应按下列步骤进行：
　　1 搜集交易实例；
　　2 选取可比实例；
　　3 建立比较基础；
　　4 进行交易情况修正；
　　5 进行市场状况调整；
　　6 进行房地产状况调整；
　　7 计算比较价值。

4.2.2 搜集的交易实例信息应满足比较法运用的需要，宜包含下列信息：
　　1 交易对象基本状况；
　　2 交易双方基本情况；
　　3 交易方式；
　　4 成交日期；
　　5 成交价格、付款方式、融资条件、交易税费负担情况；
　　6 交易目的等。

4.2.3 可比实例的选取应符合下列规定：
　　1 可比实例应从交易实例中选取且不得少于三个；
　　2 可比实例的交易方式应适合估价目的；
　　3 可比实例房地产应与估价对象房地产相似；
　　4 可比实例的成交日期应接近价值时点，与价值时点相差不宜超过一年，且不得超过两年；
　　5 可比实例的成交价格应为正常价格或可修正为正常价格。
　　6 在同等条件下，应将位置与估价对象较近、成交日期与价值时点较近的交易实例选为可比实例。

4.2.4 下列特殊交易情况下的交易实例，不宜选为可比实例：
　　1 利害关系人之间的交易；
　　2 对交易对象或市场行情缺乏了解的交易；
　　3 被迫出售或被迫购买的交易；
　　4 人为哄抬价格的交易；
　　5 对交易对象有特殊偏好的交易；

    6 相邻房地产合并的交易；

    7 受迷信影响的交易。

4.2.5 可比实例及其有关信息应真实、可靠，不得虚构。应对可比实例的外部状况和区位状况进行实地查勘，并应在估价报告中至少说明可比实例的名称、位置及附外观照片。

4.2.6 选取可比实例后，应建立比较基础，对各个可比实例的成交价格进行标准化处理。

    标准化处理应包括统一财产范围、统一付款方式、统一融资条件、统一税费负担和统一计价单位，并应按下列规定：

    1 统一财产范围应对可比实例与估价对象的财产范围进行对比，并应消除因财产范围不相同造成的价格差异。

    2 统一付款方式应将可比实例不是成交日期或一次性付清的价格，调整为成交日期且一次性付清的价格。

    3 统一融资条件应将可比实例在非常规融资条件下的价格，调整为在常规融资条件下的价格。

    4 统一税费负担应将可比实例在交易税费非正常负担下的价格，调整为在交易税费正常负担下的价格。

    5 统一计价单位应包括统一为总价或单价、楼面地价，统一币种和货币单位，统一面积或体积内涵及计量单位等。不同币种之间的换算宜按国务院金融主管部门公布的成交日期的市场汇率中间价计算。

4.2.7 当满足本规范第4.2.3条要求的交易实例少于三个时，在掌握特殊交易情况且能量化其对成交价格影响的情况下，可将特殊交易情况下的交易实例选为可比实例，但应对其进行交易情况修正。修正时，应消除特殊交易情况造成的可比实例成交价格偏差，将可比实例的非正常成交价格修正为正常价格。

4.2.8 进行市场状况调整时，应消除成交日期的市场状况与价值时点的市场状况不同造成的价格差异，将可比实例在其成交日期的价格调整为在价值时点的价格，并在调查及分析可比实例所在地同类房地产价格变动情况的基础上，采用可比实例所在地同类房地产价格变动年或价格指数进行调整，且价格变动年或价格指数来源真实可靠。

4.2.9 房地产状况调整应消除可比实例状况与估价对象状况不同造成的价格差异，包括区位状况调整、实物状况调整和权益状况调整。

4.2.10 进行区位状况调整时，应将可比实例在自身区位状况下的价格调整为在估价对象区位状况下的价格，且调整的内容应包括位置、交通、外部配套设施、周围环境等，单套住宅的调整内容尚应包括所处楼幢、楼层和朝向。

4.2.11 进行实物状况调整时，应将可比实例在自身实物状况下的价格调整为在估价对象实物状况下的价格。土地实物状况调整的内容应包括土地面积、形状、地形、地势、地质、土壤、开发程度等因素；建筑物实物状况调整的内容应包括建筑规模、建筑结构、设施设备、装饰装修、空间布局、建筑功能、外观、新旧程度等。

4.2.12 进行权益状况调整时，应将可比实例在自身权益状况下的价格调整为在估价对象权益状况下的价格，且调整的内容应包括规划条件、土地使用期限、共有情况、用益物权设立情况、担保物权设立情况、租赁或占用情况、拖欠税费情况、查封等形式限制权利情况、权属清晰情况等。

4.2.13 进行区位、实物和权益状况调整时，应将可比实例与估价对象的区位、实物和权益状况因素逐项进行比较，找出其间的差异，量化状况差异造成的价格差异，对可比实例的价格进行相应调整。调整的具体内容和比较因素，应根据估价对象的用途等情况确定。

4.2.14 交易情况修正、市场状况调整和房地产状况调整，可根据具体情况，基于总价或单价，采用金额、百分比或回归分析法，通过直接比较或间接比较，对可比实例成交价格进行处理。

4.2.15 进行交易情况修正、市场状况调整、区位状况调整、实物状况调整、权益状况调整时，应符合下列规定：

　　1 分别对可比实例成交价格的修正或调整幅度不宜超过20%，共同对可比实例成交价格的修正和调整幅度不宜超过30%；

　　2 经修正和调整后的各个可比实例价格中，最高价与最低价的比值不宜大于1.2；

　　3 当幅度或比值超出本规定时，宜更换可比实例；

　　4 当因估价对象或市场状况特殊，无更合适的可比实例替换时，应在估价报告中说明并陈述理由。

4.2.16 对经修正和调整后的各个可比实例价格，应根据它们之间的差异程度、可比实例房地产与估价对象房地产的相似程度、可比实例资料的可靠程度等情况，选用简单算术平均、加权算术平均等方法计算出比较价值。

4.2.17 比较法的原理和技术，可用于其他的估价方法中有关估价数据的求得。

4.3 收 益 法

4.3.1 运用收益法进行房地产估价时，应按下列步骤进行：

　　1 选择具体估价方法；

　　2 测算收益期或持有期；

　　3 测算预测未来收益；

　　4 确定报酬率或资本化率、收益乘数；

  5　计算收益价值。

4.3.2　收益法估价时，可选择报酬资本化法和直接资本化法，并应优先选择报酬资本化法。报酬资本化估价时，应区分全剩余寿命模式和持有加转售模式。当收益期较长、难以预测该期限内容期净收益时，宜选用持有加转售模式。

4.3.3　选用报酬资本化法进行估价时，估价对象的收益价值应按下式计算：

$$V = \sum_{i=1}^{n} \frac{A_i}{(1+Y_i)^i} \quad (4.3.3)$$

式中　V——收益价值（元或元/m²）；
   A_i——未来第 i 年的净收益（元或元/m²）；
   Y_i——未来第 i 年的报酬率（%）；
   n——收益期或持有期（年）。

4.3.4　选用持有加转售模式进行估价时，收益价值应按下式计算：

$$V = \sum_{i=1}^{t} \frac{A_i}{(1+Y_i)^i} + \frac{V_t}{(1+Y_t)^t} \quad (4.3.4)$$

式中　V——收益价值（元或元/m²）；
   A_i——期间收益（元或元/m²）；
   V_t——期末转售收益（元或元/m²）；
   Y_i——未来第 i 年的报酬率（%）；
   Y_t——期末报酬率（%）；
   t——持有期（年）。

4.3.5　选用直接资本化法进行估价时，估价对象的收益价值应按下式计算：

$$V = \frac{NOI}{R} \quad (4.3.5)$$

式中　V——收益价值（元或元/m²）；
   NOI——未来第一年的净收益（元或元/m²）；
   R——资本化率（%）。

4.3.6　收益期应根据土地使用权剩余期限和建筑物剩余经济寿命进行测算，并应符合下列规定：

  1　土地使用权剩余期限和建筑物剩余经济寿命同时结束的，收益期应为土地使用权剩余期限或建筑物剩余经济寿命；

  2　土地使用权剩余期限和建筑物剩余经济寿命不同时结束的，应选取其中较短者为收益期，并应对超出收益期的土地使用权或建筑物按本规范第4.3.16条的规定处理。

3　评估承租人权益价值的，收益期应为剩余租赁期限。

4.3.7　持有期应根据市场上投资者对同类房地产的典型持有时间，以及能预测期间收益的一般期限来确定，并宜为五年至十年。

4.3.8　净收益可通过租赁收入测算的，应优先通过租赁收入测算，并应符合下列规定：

　　1　出租型房地产，应根据租赁合同和租赁市场资料计算净收益，且净收益应为有效毛收入减去由出租人负担的运营费用。

　　2　有效毛收入应为潜在毛租金收入减去空置和收租损失，再加租赁保证金或押金的利息等各种其他收入，或为租金收入加其他收入。

　　3　运营费用应包括房地产税、房屋保险费、物业服务费、管理费用、维修费、水电费等维持房地产正常使用或营业的必要支出，并应根据租赁合同约定的租金（以下称合同租金）涵义决定取舍。运营费用中由承租人负担的部分不应计入。

　　4　评估承租人权益价值的，净收益应为市场租金减去合同租金。

4.3.9　净收益不可直接通过租赁收入测算的，应根据估价对象的用途等情况，选择下列方式之一测算：

　　1　商服经营型房地产，应根据经营资料计算净收益，且净收益应为经营收入减去经营成本、经营费用、经营税金及附加、管理费用、财务费用以及应归属于商服经营者的利润。

　　2　生产型房地产，应根据产品市场价格和原材料、人工费用等资料计算净收益，且净收益应为产品销售收入减去生产成本、销售费用、销售税金及附加、管理费用、财务费用以及应归属于生产者的利润。

　　3　自用或尚未使用的房地产，可比照有收益的类似房地产的有关资料按相应方式计算净收益，或通过直接比较调整得出净收益。

　　可通过租赁收入计算净收益的，应优先通过租赁收入计算净收益。

4.3.10　收益法估价中收入、费用或净收益的取值，应符合下列规定：

　　1　除有租约限制且评估出租人权益价值或承租人权益价值外，都应采用正常客观的数据。

　　2　有租约限制的，评估出租人权益价值时，已出租部分在租赁期间应按合同租金确定租金收入；未出租部分和已出租部分在租赁期间届满后应按市场租金确定租金收入。

　　3　评估出租人权益价值或承租人收益估价时，合同租金明显高于或低于市场租金时，应调查了解租赁合同的真实性，分析解除租赁合同的可能性及其对收益价值的影响。

4.3.11　测算净收益时，价值时点为现在的，应调查了解估价对象至少最近三年的各年实际收入、费用或净收益等情况。利用估价对象的资料得出的收入、费用或净收益等数据，应与类似房地产在正常情况下的收入、费用或净收益等数据进行比较。当与正常客观的数据有差异时，应进行分析并予以修正。

4.3.12 期末转售收益应为持有期末的房地产转售价格减去转售成本。持有期末的房地产转售价格，可采用直接资本化法、比较法等方法测算。持有期末的转售成本应为转让人负担的销售费用、销售税费等费用和税金。

4.3.13 测算净收益时，应根据净收益过去、现在和未来的变动情况，判断确定未来净收益流量及其类型，并应在估价报告中说明判断确定的结果及理由。

4.3.14 报酬率宜选用下列方法确定：

1 市场提取法：选取不少于三个可比实例，利用其价格、净收益等数据，选用相应的收益法公式，计算报酬率或资本化率。

2 累加法：以安全利率加风险调整值作为报酬率。安全利率可选用国务院金融主管部门公布的同一时期一年定期存款年利率或同一时期一年期国债年利率；风险调整值应为承担额外风险所要求的补偿，并应根据估价对象及其所在地区、行业、市场等存在的风险来确定。

3 投资收益率排序插入法：找出有关投资类型及其收益率、风险程度，按风险大小排序，将估价对象与这些投资的风险程度进行比较，判断、确定报酬率。

4.3.15 资本化率宜采用市场提取法确定。其中的综合资本化率还可根据具体情况，选用下列方法确定：

1 根据房地产的购买资金构成将抵押贷款资本化率与权益资金资本化率的加权平均数作为综合资本化率，按下式计算：

$$R_O = M \cdot R_M + (1-M) \cdot R_E \qquad (4.3.15\text{-}1)$$

式中 R_O——综合资本化率（%）；

M——贷款价值比（%）；

R_M——抵押贷款资本化率（%）；

R_E——权益资金资本化率（%）。

2 根据房地产中土地和建筑物的价值构成，将土地资本化率与建筑物资本化率的加权平均数作为综合资本化率，按下式计算：

$$R_O = L \cdot R_L + B \cdot R_B \qquad (4.3.15\text{-}2)$$

式中 R_O——综合资本化率（%）；

L——土地价值占房地价值的比率（%）；

R_L——土地资本化率（%）；

B——建筑物价值占房地价值的比率（%）；

R_B——建筑物资本化率（%）。

4.3.16 收益价值的计算，应符合下列规定：

1 对土地使用权剩余期限超过建筑物剩余经济寿命的房地产，收益价值应为按收益期计算的价值，加自收益期结束时起计算的剩余期限土地使用权在价值时点的价值。

2 对建筑物剩余经济寿命超过土地使用权剩余期限，且出让合同等约定土地使用权期间届满后无偿收回土地使用权及地上建筑物的非住宅房地产，收益价值应为按收益期计算的价值。

3 对建筑物剩余经济寿命超过土地使用权剩余期限，因合同未约定土地使用及期间届满后无偿收回土地使用权及地上建筑物的房地产，收益价值应为按收益期计算的价值，加建筑物在收益期结束时的价值折现到价值时点的价值。

4 利用土地和建筑物共同产生的净收益计算土地价值时，可采用下列公式：

$$V_L = \frac{A_O - V_B \cdot R_B}{R_L} \qquad (4.3.16\text{-}1)$$

5 利用土地和建筑物共同产生的净收益计算建筑物价值时，可采用下列公式：

$$V_B = \frac{A_O - V_L \cdot R_L}{R_B} \qquad (4.3.16\text{-}2)$$

式中 V_L——土地价值（元或元/m²）；

A_O——土地和建筑物共同产生的净收益（元或元/m²）；

V_B——建筑物价值（元或元/m²）。

4.3.17 自收益期结束时起计算的剩余期限土地使用权在价值时点的价值，可根据具体情况，选用下列方法计算：

1 先分别测算自价值时点起计算的剩余期限土地使用权和以收益期为使用期限的土地使用权在价值时点的价值，再将两者相减；

2 先预测自收益期结束时起计算的剩余期限土地使用权在收益期结束时的价值，再将其折现到价值时点。

4.4 成 本 法

4.4.1 运用成本法进行房地产估价时，应按下列步骤进行：

1 选择具体估价路径；

2 测算重置成本或重建成本；

3 测算折旧；

4 计算成本价值。

4.4.2 成本法估价时，对于包含土地和建筑物的估价对象，应选择具体估价路径，并应符合下列规定：

    1 应根据估价对象状况和土地市场状况，选择房地合估路径或房地分估路径，并应优先选择房地合估路径。

    2 选择房地合估路径时，应把土地当作原材料，模拟房地产开发建设过程，测算房地产重置成本或重建成本。

    3 选择"房地分估"路径的，应把土地和建筑物当作各自独立的物，分别测算土地重置成本、建筑物重置成本或重建成本。

4.4.3 测算房地产重置成本或重建成本，应符合下列规定：

    1 重置成本或重建成本应为在价值时点重新开发建设全新状况的房地产的必要支出及应得利润；

    2 房地产的必要支出及应得利润应包括土地成本、建设成本、管理费用、销售费用、投资利息、销售税费和开发利润。

4.4.4 测算土地成本或土地重置成本，可采用比较法、成本法、基准地价修正法等方法，并应符合下列规定：

    1 土地成本和土地重置成本应为在价值时点重新购置土地的必要支出，或重新开发土地的必要支出及应得利润；

    2 重新购置土地的必要支出应包括土地购置价款和相关税费，重新开发土地的必要支出及应得利润应包括待开发土地成本、土地开发成本、管理费用、销售费用、投资利息、销售税费和开发利润；

    3 除估价对象状况相对于价值时点应为历史状况或未来状况外，土地状况应为土地在价值时点的状况，土地使用期限应为自价值时点起计算的土地使用权剩余期限。

4.4.5 测算建筑物重置成本或重建成本，可采用单位比较法、分部分项法、工料测量法等方法，或利用政府或其有关部门公布的房屋重置价格扣除其中包含的土地价值且进行适当调整，并应符合下列规定：

    1 对于一般的建筑物，或因年代久远、已缺少与旧建筑物相同的建筑材料、建筑构配件和设备，或因建筑技术、工艺改变等使得旧建筑物复原建造有困难的建筑物，宜测算重置成本；对于有保护价值的建筑物，宜测算重建成本。

    2 对具有历史、艺术、科学价值或代表性的建筑物，宜测算重建成本；

    3 建筑物重置成本或重建成本应为在价值时点重新建造全新建筑物的必要支出及应得利润；

    4 建筑物的必要支出及应得利润应包括建筑物建设成本、管理费用、销售费用、投资利息、销售税费和开发利润；

    5 利用政府或其有关部门公布的房屋重置价格扣除其中包含的土地价值且进行适当调整测算建筑物重置成本或重建成本的，应了解该房屋重置价格的内涵。

4.4.6 各项必要支出及应得利润中的测算；应符合下列规定：

1 各项必要支出及应得利润应为正常客观的支出和利润；

2 销售税费和开发利润不应作为投资利息的计算基数；

3 作为计算基数的各项必要支出的计息期，应分别自其发生时起至建设期结束时止。

4 开发利润应在明确其计算基数和相应开发利润率的基础上，应为其计算基数乘以开发建设类似房地产的相应开发利润率。

4.4.7 建筑物折旧应为各种原因造成的建筑物价值减损，并应等于建筑物在价值时点的重置成本或重建成本减去建筑物在价值时点的市场价值，包括物质折旧、功能折旧和外部折旧。

4.4.8 测算建筑物折旧，宜选用年龄—寿命法、市场提取法、分解法。

4.4.9 采用年龄-寿命法测算建筑物折旧后价值时，可选用下列方法：

1 直线法：

$$V = C - (C - S) \cdot \frac{t}{N} \quad (4.4.9\text{-}1)$$

2 成新折扣法：

$$V = C \cdot q \quad (4.4.9\text{-}2)$$

式中 V——建筑物折旧后价值（元或元/m²）；

C——建筑物重置成本或重建成本（元或元/m²）；

S——建筑物预计净残值（元或元/m²）；

t——建筑物有效年龄（年）；

N——建筑物经济寿命（年）；

q——建筑物成新率（%）。

4.4.10 建筑物有效年龄根据建筑物的施工、使用、维护和更新改造等状况，在实际年龄的基础上进行适当加减调整得出。

4.4.11 建筑物经济寿命应自建筑物竣工时起计算，可在建筑物设计使用年限的基础上，根据建筑物的施工、使用、维护和更新改造等状况，以及周围环境、房地产市场状况等进行综合分析判断后确定。

非住宅建筑物经济寿命晚于土地使用期限结束，且出让合同等约定土地使用权期间届满后无偿收回土地使用权及地上建筑物的，测算建筑物折旧时，应将建筑物经济寿命替换为自建筑物竣工时起至土地使用权期间届满之日止的时间。

4.4.12 采用市场提取法测算建筑物折旧时，应先从交易实例中选取不少于三个含有与估价对象中的建筑物具有类似折旧状况的建筑物作为可比实例，再通过这些可比实例的成交价格减去土地重置成本得到建筑物折旧后价值，然后将建筑物重置成本或重建成本减去建筑物折旧后价值得到建筑物折旧。

4.4.13 采用分解法测算建筑物折旧时，应先把建筑物折旧分成物质折旧、功能折旧、外部折旧等各个组成部分，再分别测算出各个组成部分，然后相加得到建筑物折旧。物质折旧、功能折旧和外部折旧均应分为可修复折旧和不可修复折旧两类。修复成本小于或等于修复所能带来的房地产价值增加额的，应作为可修复折旧；否则，应作为不可修复折旧。对于可修复折旧，应测算修复成本并将其作为折旧额。

4.4.14 测算建筑物折旧时，注册房地产估价师应到估价对象现场，观察、判断建筑物的实际新旧程度，并应根据建筑物的建成时间和使用、维护、更新改造等情况确定折旧额或成新率。

4.4.15 成本价值的计算，应符合下列规定：

 1 对于估价对象为包括土地和建筑物的房地产，房地合估的成本价值应为房地产重置成本或重建成本减去建筑物折旧，"房地分估"的成本价值应为土地重置成本加建筑物重置成本或重建成本减去建筑物折旧。

 2 对于估价对象为土地的，成本价值应为重新开发土地的必要支出及应得利润。

 3 对于估价对象为建筑物的，成本价值应为建筑物重置成本或重建成本减去建筑物折旧。

4.4.16 在建工程和新近开发完成的房地产，采用成本法估价时可不扣除折旧，但对于存在减价因素的，应予以相应的减价调整。

4.4.17 成本法测算出的价值，宜为房屋所有权和土地使用权且不存在租赁、抵押、查封等情况下的价值。当估价对象的权益状况与此不相同时，应对成本法测算出的价值进行相应的减价调整。

4.5 假设开发法

4.5.1 运用假设开发法进行房地产估价时，应按下列步骤进行：

 1 选择具体估价方法；

 2 选择估价前提；

 3 选取最佳开发经营方式；

 4 测算后续开发经营期；

 5 测算后续开发的必要支出；

 6 测算开发完成后的价值；

 7 确定折现率或测算后续开发的应得利润；

 8 计算开发价值。

4.5.2 假设开发法估价时，应选择具体估价方法，并应符合下列规定：

1 应根据估价对象所处开发建设阶段等情况，选择动态分析法或静态分析法，并应优先选择动态分析法。
　　2 动态分析法应对后续开发的必要支出和开发完成后的价值进行折现现金流量分析，且不单独计算后续开发的利息和利润。
　　3 静态分析法应另外测算后续开发的利息和利润。

4.5.3 假设开发法的估价前提应根据估价目的、估价对象所处开发建设状态等情况，并应经过分析，选择下列之一：
　　1 业主自行开发前提；
　　2 自愿转让开发前提；
　　3 被迫转让开发前提。

4.5.4 选取最佳开发经营方式时，应先调查了解估价对象状况及其所在地的房地产市场状况等情况，再据此明确未来开发完成后的房地产状况及其经营方式。

4.5.5 后续开发经营期应根据估价对象状况、未来开发完成后的房地产状况及其经营方式、类似房地产开发项目相应的一般期限，以及估价前提、估价对象所处开发建设状态、未来房地产市场状况等进行测算。

4.5.6 后续开发的必要支出应根据估价对象状况、未来开发完成后的房地产状况及其经营方式，以及估价前提、估价对象所处开发建设状态等来确定，并应符合下列规定：
　　1 后续开发的必要支出应为将估价对象开发成未来开发完成后的房地产所必须付出的各项成本、费用和税金，构成项目应包括后续的建设成本、管理费用、销售费用、销售税费等，且估价前提为自愿转让开发和被迫转让开发的，尚应包括估价对象取得税费；
　　2 动态分析法中后续开发的必要支出应为预计其在未来发生时的金额，静态分析法中后续开发的必要支出可为假设其在价值时点发生时的金额。

4.5.7 开发完成后的价值测算应符合下列规定：
　　1 不应采用成本法测算；
　　2 当采用比较法预测或测算时，应先预测或测算开发完成后的房地产单价，再将其乘以未来开发完成后的房地产面积或体积等得出房地产总价值。当未来开发完成后的房地产中有不同用途、档次等较大差别的，应分别为不同部分的单价，再将它们乘以相应的面积或体积等后相加得出开发完成后的房地产总价值。

4.5.8 动态分析法中折现前开发完成后的价值的测算，应符合下列规定：
　　1 应为未来开发完成后的房地产在其开发完成时的价值；但当预计未来开发完成后的房地产可预售或存在延迟销售时，宜为其预售或延迟销售时的价值；
　　2 应根据类似房地产未来市场价格变动趋势进行预测。

4.5.9 静态分析法中开发完成后的价值，可为假设未来开发完成后的房地产在价值时点的价值。

4.5.10 动态分析法中折现率，应为类似房地产开发项目所要求的收益率。

4.5.11 静态分析法中后续开发的利息的计算基数，应包括估价对象价值或价格及其取得税费、后续建设成本、管理费用和销售费用。作为计算基数的各项必要支出的计息期，应分别自其发生时起至建设期结束时止。

4.5.12 静态分析法为后续开发的应得利润，应在明确其计算基数和相应开发利润率的基础上，为其计算基数乘以类似房地产开发项目的相应开发利润率。

4.5.13 动态分析法的开发价值，应为开发完成后的价值与后续开发的必要支出折现到价值时点后相减；静态分析法的开发价值，应为开发完成后的价值减去后续开发的必要支出及应得利润。

4.6 其他估价方法

4.6.1 房地产估价除可选用比较法、收益法、成本法、假设开发法外，还可根据估价目的和估价对象等情况，选用表4.6.1中的方法。

房地产估价的其他方法　　　　　　　表4.6.1

序号	估价方法	适用范围
1	基准地价修正法	政府或其有关部门已公布基准地价地区的土地估价
2	路线价法	城镇临街商业用地的批量估价
3	标准价调整法	大量相似的房地产批量估价
4	多元回归分析法	大量相似的房地产批量估价
5	修复成本法	可修复的房地产价值减损评估
6	损失资本化法	不可修复的房地产价值减损评估
7	价差法	不可修复的房地产价值减损评估，房地产价值增加评估

4.6.2 运用基准地价修正法进行宗地估价时，应按下列步骤进行：
　　1　搜集有关基准地价资料；
　　2　查找估价对象宗地所在位置的基准地价；
　　3　对基准地价进行市场状况调整；
　　4　对基准地价进行土地状况调整；
　　5　计算估价对象宗地价值或价格。

4.6.3 基准地价修正法估价时，应符合下列规定：
　　1　将基准地价调整为宗地价值或价格前，应了解基准地价的内涵；
　　2　对基准地价进行市场状况调整时，应将基准地价在其基准日期的值调整为在价值时点的值，调整的方法同比较法中市场状况调整的方法；
　　3　对基准地价进行土地状况调整时，应将估价对象宗地状况与基准地价对应的土地状况进行比较，根据其间的差异对基准地价进行相应的调整；

  4 运用基准地价修正法评估宗地价值或价格，宜按估价对象所在地对基准地价的有关规定执行。

4.6.4 运用路线价法进行土地估价时，应先在城镇街道上划分路线价区段并设定标准临街深度，再在每个路线价区段内选取一定数量的标准临街宗地并测算其平均单价或楼面地价，然后利用有关调整系数将该平均单价或楼面地价调整为各宗临街土地的价值或价格。

4.6.5 运用标准价调整法进行房地产估价时，应先确定估价范围，对估价范围内的所有被估价房地产进行分组，使同一组内的房地产具有相似性，再在每组内设定标准房地产并测算其价值或价格，然后利用楼幢、楼层、朝向等调整系数，将标准房地产价值或价格调整为各宗被估价房地产的价值或价格。

4.6.6 运用多元回归分析法进行房地产估价时，应先确定估价范围，对估价范围内的所有被估价房地产进行分组，使同一组内的房地产具有相似性，再在每组内把房地产价值或价格作为因变量，把影响房地产价值或价格的若干因素作为自变量，设定多元回归模型，搜集大量房地产成交价格及其影响因素数据，经过试算优化和分析检验，确定多元回归模型，然后利用该模型计算出各宗被估价房地产的价值或价格。

4.6.7 运用修复成本法进行房地产价值减损评估时，应测算修复的必要支出及应得利润，将其作为房地产价值减损额。

4.6.8 运用损失资本化法进行房地产价值减损评估时，应先预测未来各年的净收益减少额或收入减少额、运营费用增加额，再计算其现值之和作为房地产价值减损额。

4.6.9 运用价差法进行房地产价值减损或价值增加评估时，应先分别评估房地产在改变之前状况下的价值和在改变之后状况下的价值，再将两者之差作为房地产价值减损额或价值增加额。

5 不同估价目的下的估价

5.1 房地产抵押估价

5.1.1 房地产抵押估价，应区分抵押贷款前估价、抵押贷款后重估。
5.1.2 房地产抵押贷款前估价，应包括下列内容：
  1 评估抵押房地产假定未设立法定优先受偿权下的价值；
  2 调查抵押房地产的法定优先受偿权设立情况及相应的法定优先受偿款；
  3 计算抵押房地产的抵押价值或抵押净值；
  4 分析抵押房地产的变现能力并作出风险提示。

5.1.3 抵押价值和抵押净值评估应遵循谨慎原则，不得高估假定未设立法定优先受偿权下的价值，不得低估法定优先受偿款及预期实现抵押权的费用和税金。

5.1.4 评估待开发房地产假定未设立法定优先受偿权下的价值采用假设开发法的，应选择被迫转让开发前提进行估价。

5.1.5 抵押房地产已出租的，其假定未设立法定优先受偿权下的价值应符合下列规定：

　　1 合同租金低于市场租金的，应为出租人权益价值；

　　2 合同租金高于市场租金的，应为无租约限制价值。

5.1.6 抵押房地产的建设用地使用权为划拨方式取得的，应选择下列方式之一评估其假定未设立法定优先受偿权下的价值：

　　1 直接评估在划拨建设用地使用权状况下的假定未设立法定优先受偿权下的价值；

　　2 先评估在出让建设用地使用权状况下的假定未设立法定优先受偿权下的价值，且该出让建设用地使用权的使用期限应设定为自价值时点起计算的相应用途法定出让最高年限，再减去由划拨建设用地使用权转变为出让建设用地使用权需要缴纳的出让金等费用。

5.1.7 由划拨建设用地使用权转变为出让建设用地使用权需要缴纳的出让金等费用，且该费用应按估价对象所在地规定的标准进行测算；估价对象所在地没有规定的，可按类似房地产已缴纳的标准进行估算。

5.1.8 抵押房地产为按份共有的，抵押价值或抵押净值应为抵押人在共有房地产中享有的份额的抵押价值或抵押净值；为共同共有的，抵押价值应为共有房地产的抵押价值或抵押净值。

5.1.9 抵押房地产为享受国家优惠政策购买的，抵押价值应为房地产权利人可处分和收益的份额的抵押价值或抵押净值。

5.1.10 房地产抵押估价用于设立最高额抵押权，且最高额抵押权设立前已存在的债权经当事人同意转入最高额抵押担保的债权范围的，相应的已抵押担保的债权数额可不作为法定优先受偿款，但应在估价报告中说明并对估价报告使用作出相应限制。

5.1.11 在进行续贷房地产抵押估价时，应对抵押房地产状况和房地产市场状况已发生的变化予以充分考虑和说明。对于同一抵押权人的续贷房地产抵押估价，续贷对应的已抵押担保的债权数额可不作为法定优先受偿款，但应在估价报告中说明并对估价报告使用作出相应限制。

5.1.12 房地产抵押贷款后重估，应根据监测抵押房地产市场价格变化、掌握抵押价值变化情况以及有关信息披露的需要，定期或在房地产市场价格变化较快时，对抵押房地产的市场价格或市场价值、抵押价值等进行重新评估，并应为抵押权人提供相关风险提示。

5.1.13 重新评估大量同类抵押房地产在同一价值时点的市场价格或市场价值、抵押价值，可采用批量估价方法。

5.2 房地产税收估价

5.2.1 房地产税收估价，应区分房地产持有环节税收估价、房地产交易环节税收估价和房地产开发环节税收估价，并应按相应税种为核定计税依据进行估价。

5.2.2 房地产税收估价，应兼顾公平、精准、效率和成本。对于同类房地产数量较多、相互之间具有一定可比性的应税房地产，宜优先选用批量估价方法进行估价。对于同类房地产数量较少、可比性差、难以采用批量估价方法估价的应税房地产，应采用个案估价方法进行估价。

5.2.3 房地产持有环节税收估价，各应税房地产的价值时点应相同。房地产交易环节税收估价，各应税房地产的价值时点应为各自的成交日期。

5.3 房地产征收、征用估价

5.3.1 房地产征收估价，应区分国有土地上房屋征收评估和集体土地征收评估。

5.3.2 国有土地上房屋征收评估，应区分被征收房屋价值评估、被征收房屋室内装饰装修价值评估、被征收房屋类似房地产市场价格测算、用于产权调换房屋价值评估、因征收房屋造成的搬迁费用评估、因征收房屋造成的临时安置费用评估、因征收房屋造成的停产停业损失评估等。

5.3.3 被征收房屋价值评估，应符合下列规定：

  1 被征收房屋价值应包括房屋及其占用范围内的土地使用权和属于被征收人的其他不动产的价值。

  2 当被征收房屋室内装饰装修价值由征收当事人协商确定或房地产估价机构另行评估确定时，所评估的被征收房屋价值不应包含被征收房屋室内装饰装修价值，并应在被征收房屋价值评估报告中做出特别说明。

  3 被征收房屋的价值应为在正常交易情况下，由熟悉情况的交易双方以公平交易方式在房屋征收决定公告之日自愿进行交易的金额，假定被征收房屋没有租赁、抵押、查封等因素的影响。

  4 当被征收房地产应为正常开发建设的待开发房地产（或因征收已停建、缓建的未完工程）且采用假设开发法估价的，应选择业主自行开发前提进行估价。

  5 当被征收房地产为非征收原因已停建、缓建的在建工程且采用假设开发法估价时，应选择自愿转让开发前提进行估价。

5.3.4 用于产权调换房屋价值评估，应符合下列规定：

  1 用于产权调换房屋价值应包括用于产权调换房屋及其占用范围内的土地

使用权价值和用于产权调换的其他不动产的价值；

　　2 用于产权调换房屋价值应是在房屋征收决定公告之日的市场价值，当政府或其有关部门对用于产权调换房屋价格有规定的，应按其规定执行。

5.3.5 房地产征用估价，应评估被征用房地产的市场租金，为给予使用上的补偿提供参考依据。并可评估因征用造成的搬迁费用、临时安置费用、停产停业损失当房地产被征用或征用后灭失的，还可评估被征用房地产的市场价值，为相关补偿提供参考依据。

5.4 房地产拍卖、变卖估价

5.4.1 房地产拍卖估价，应区分司法拍卖估价和普通拍卖估价。

5.4.2 房地产司法拍卖估价，应符合下列规定：

　　1 应根据最高人民法院的有关规定和人民法院的委托要求，评估拍卖房地产的市场价值或市场价格、其他特定的价值或价格；

　　2 评估价值的影响因素应包括拍卖房地产的瑕疵，但不包括拍卖房地产被查封及拍卖财产上原有的担保物权和其他优先受偿权；

　　3 人民法院书面说明依法将原有的租赁权及用益物权除去后进行拍卖的，(评估价值的影响因素不应包括拍卖房地产上原有的租赁权和用益物权，并应在估价报告中作出特别说明)；

　　4 当拍卖房地产为待开发房地产司法拍卖估价采用假设开发法时，应选择被迫转让开发前提进行估价。

5.4.3 房地产普通拍卖估价，可根据估价委托人的需要，评估市场价值或快速变现价值，为确定拍卖标的的保留价提供参考依据。快速变现价值可根据变现时限短于正常销售期的时间长短（在市场价值或市场价格）的基础上进行适当减价确定。

5.4.4 房地产变卖估价，宜评估市场价值。

5.5 房地产分割、合并估价

5.5.1 房地产分割、合并估价，应分别以房地产的实物分割、合并为前提，并应分析分割、合并对房地产价值（或价格）的影响。

5.5.2 房地产分割估价，不应简单地将分割前的整体房地产价值按建筑面积、土地面积、体积等分摊计算分割后的各部分房地产价值，其价格应对分割后的各部分房地产分别进行估价，并应分析因分割造成的房地产价值增减。

5.5.3 房地产合并估价，不应简单地将合并前的各部分房地产价值相加作为合并后的整体房地产价值，应对合并后的整体房地产进行估价，并应分析因合并造成的房地产价值增减。

5.6 房地产损害赔偿估价

5.6.1 房地产损害赔偿估价，应区分被损害房地产价值减损评估、因房地产损害造成的其他财产损失评估、因房地产损害造成的搬迁费用评估、因损害造成的停产停业损失评估等。

5.6.2 被损害房地产价值减损评估，应符合下列规定：

 1 应调查了解并在估价报告中说明被损害房地产在损害发生前后的状况；

 2 应区分并分析、测算、判断出可修复和不可修复的被损害房地产价值减损，以及房地产损害中可修复和不可修复的部分；

 3 对可修复的被损害房地产价值减损和房地产损害中可修复的部分，宜采用修复成本法测算其修复成本作为价值减损额；

 4 对不可修复的被损害房地产价值减损，应根据估价对象及其所在地的房地产市场状况，分析损失资本化法、价差法等方法的适用性，从中选用适用的方法进行评估。

5.7 房地产保险估价

5.7.1 房地产保险估价，应区分房地产投保时的保险价值评估和保险事故发生后的财产损失评估。

5.7.2 房地产投保时的保险价值评估，宜评估假定在价值时点因保险事故发生而可能遭受损失的房地产的重置成本或重建成本，可采用成本法、比较法。

5.7.3 保险事故发生后的财产损失评估，应评估因保险事故发生造成的财产损失，把握保险标的在投保时和保险事故发生后的状况，可选用修复成本法、价差法、损失资本化法等方法。对于其中可修复部分，宜测算其修复成本作为财产损失额。

5.8 房地产转让估价

5.8.1 房地产转让估价，应区分转让方需要的估价和受让方需要的估价，并应根据估价委托人的具体需要，评估市场价值或投资价值、卖方要价、买方出价、买卖双方协议价等。

5.8.2 房地产转让估价应考虑转让方、受让方对转让条件的设定或约定，并应符合下列规定：

 1 转让方、受让方对转让对象状况、转让税费负担、转让价款支付方式等转让条件有书面设定或约定的，宜评估在其书面设定或约定的转让条件下的价值或价格；

 2 转让方、受让方对转让对象状况、转让税费负担、转让价格支付方式等转让条件无书面设定、约定或书面设定、约定不明确的，应评估在价值时点的转让对象状况、转让税费正常负担、转让价款在价值时点一次性付清下的价值或价格。

5.8.3 已出租的房地产转让估价，应评估出租人权益价值；转让方书面设定或转让方与受让方书面约定依法将原有的租赁关系解除后进行转让的，可另行评估无租约限制价值，并应在估价报告中同时说明出租人权益价值和无租约限制价值，以及无租约限制价值的使用条件。

5.8.4 以划拨方式取得建设用地使用权的房地产转让估价，估价对象应符合法律、法规规定的转让条件，并应根据国家和估价对象所在地对土地收益处理的规定，给出需要缴纳的出让金等费用或转让价格中所含的土地收益。

5.8.5 保障性住房销售价格评估，应根据分享产权、独享产权等产权享有方式，评估市场价值或其他特定价值。对于采取分享产权的，宜评估市场价值；对于采取独享产权的，宜根据类似商品住房的市场价格、保障性住房的成本价格、保障性住房供应对象的支付能力、政府补贴水平以及每套住房所处楼幢、楼层、朝向等影响保障性住房价格的因素，测算合理公平的销售价格水平。

国家和保障性住房所在地人民政府对保障性住房定价有特别规定的，应按其规定执行。

5.9 房地产租赁估价

5.9.1 房地产租赁估价，应区分出租人需要的估价和承租人需要的估价，并应根据估价委托人的具体需要，评估市场租金或其他特定租金、承租人权益价值等。

5.9.2 以营利为目的出租划拨建设用地使用权上的房屋租赁估价，应根据国家和估价对象所在地对土地收益处理的规定，给出租金中所含的土地收益。

5.9.3 保障性住房租赁价格评估，应根据货币补贴、实物补贴等租金补贴方式，评估市场租金或其他特定租金。对于采取货币补贴的，宜评估市场租金；对于采取实物补贴的，宜根据类似商品住房的市场租金、保障性住房的成本租金、保障性住房供应对象的支付能力、政府补贴水平以及每套住房所处楼幢、楼层、朝向等影响保障性住房租金的因素，测算合理公平的租金水平。但国家和保障性住房所在地人民政府对保障性住房定租有特别规定的，应按其规定执行。

5.10 建设用地使用权出让估价

5.10.1 建设用地使用权出让估价，应区分出让人需要的估价和意向用地者需要的估价。

5.10.2 出让人需要的建设用地使用权出让估价，应根据招标、拍卖、挂牌、协议等出让方式和出让人的具体需要，评估市场价值或相应出让方式的底价。

5.10.3 意向用地者需要的建设用地使用权出让估价，应根据招标、拍卖、挂牌、协议等出让方式和意向用地者的具体需要，评估市场价值或投资价值、相应出让方式的最高报价、最高出价、竞争对手的可能出价等。

5.10.4 建设用地使用权出让估价应考虑出让人对出让条件的规定，并应符合下列规定：

1 出让人对交付的土地状况、保障性住房的配建、出让金等费用的支付方式等出让条件有明文规定的，宜评估在其明文规定的出让条件下的价值或价格；

2 出让人对交付的土地状况、保障性住房的配建、出让金等费用的支付方式等出让条件无明文规定或规定不明确的，应评估在价值时点的土地状况、不配建保障性住房、出让金等费用在价值时点一次性付清下的价值或价格。

5.10.5 当出让人需要的建设用地使用权出让估价采用假设开发法时，宜选择自愿转让开发前提进行估价。

5.10.6 当意向用地者需要的建设用地使用权出让估价采用假设开发法时，应符合下列规定：

1 当该土地未被任何意向用地者占有时，应选择自愿转让开发前提进行估价；

2 当该土地已被该意向用地者占有时，应选择介于业主自行开发与自愿转让开发之间的某种前提进行估价；

3 应选择介于自愿转让开发与被迫转让开发之间的某种前提进行估价。

5.11 房地产投资基金物业估价

5.11.1 房地产投资基金物业估价，应区分房地产投资信托基金物业评估、其他房地产投资基金估价。

5.11.2 房地产投资信托基金物业评估，根据房地产投资信托基金发行上市、运营管理、退出市场及相关信息披露的需要，可包括下列全部或部分内容：

1 信托物业状况评价；

2 信托物业市场调研；

3 信托物业价值评估。

5.11.3 信托物业价值评估，应符合下列规定：

1 应对信托物业的市场价值或其他价值、价格进行分析、测算和判断，并提供相关意见；

2 宜采用报酬资本化法中的持有加转售模式；

3 应遵循一致性原则，当为同一估价目的对同一房地产投资信托基金的同类物业在同一价值时点的价值进行评估，应采用相同的估价方法。

4 应遵循一贯性原则,当为同一估价目的对同一房地产投资信托基金的同一物业在不同价值时点的价值进行评估,应采用相同的估价方法。

5 当未遵循一致性原则或一贯性原则而采用不同的估价方法时,应在估价报告中说明并陈述理由。

5.11.4 已出租的信托物业价值评估,应进行租赁状况调查和分析,查看估价对象的租赁合同原件,并应与执行财务、法律尽职调查的专业人员进行沟通,从不同的信息来源交叉检查估价委托人提供的租约信息的真实性和客观性。

5.11.5 信托物业状况评价,应对信托物业的区位、实物和权益状况进行调查、描述、分析和评定,并提供相关专业意见。

5.11.6 信托物业市场调研,应对信托物业所在地区的经济社会发展状况、房地产市场状况以及信托物业自身有关市场状况进行调查、描述、分析和预测,并提供相关专业意见。

5.11.7 其他房地产投资基金物业估价,应根据具体情况,按相应估价目的的房地产估价进行。

5.12 为财务报告服务的房地产估价

5.12.1 为财务报告服务的房地产估价,应区分投资性房地产公允价值评估,作为存货的房地产可变现净值评估,存在减值迹象的房地产可回收金额评估,受赠、合并对价分摊等涉及的房地产入账价值评估,境外上市公司的固定资产重估等。

5.12.2 注册房地产估价师从事为财务报告服务的房地产估价业务时,应与估价委托人及执行审计业务的注册会计师进行沟通和交流,熟悉相关会计准则、会计制度,了解相关会计确认、计量和报告的要求,理解公允价值、现值、可变现净值、重置成本、历史成本等会计计量属性及其与房地产估价相关价值、价格的联系和区别。

5.12.3 为财务报告服务的房地产估价,应根据相关要求,选择相应的资产负债表日、减值测试日、购买日、转换当日、首次执行日等某一特定日期为价值时点。

5.12.4 为财务报告服务的房地产估价,应根据相应的公允价值、现值、可变现净值、重置成本、历史成本等会计计量属性,选用比较法、收益法、假设开发法、成本法等方法评估相应的价值或价格。对于采用公允价值计量的,应评估市场价值。

5.13 企业各种经济活动涉及的房地产估价

5.13.1 企业各种经济活动涉及的房地产估价,应区分用房地产作价出资设立企业、企业改制、上市、资产重组、资产置换、收购资产、出售资产、产权转让、对外投资、合资、合作、租赁、合并、分立、清算、抵债等经济活动涉及的房地产估价。

5.13.2 企业各种经济活动涉及的房地产估价，应在界定房地产和其他资产范围的基础上，明确估价对象的财产范围。

5.13.3 企业各种经济活动涉及的房地产估价，应参照相应估价目的的房地产估价进行。对于房地产权属发生转移的，应按相应的房地产转让行为进行估价。

5.13.4 企业各种经济活动涉及的房地产估价，应调查了解估价对象合法改变用途的可能性，并应分析、判断以"维持现状前提"或"改变用途前提"进行估价。

5.13.5 企业破产清算等强制处分涉及的房地产估价，应考虑估价对象的通用性、可分割转让性、改变用途、更新改造等的合法性和可能性，以及变现时限、对潜在购买者范围的限制等因素。

5.14 房地产纠纷估价

5.14.1 房地产纠纷估价，应对有争议的房地产交易价格、市场价格、评估价值、租金、补偿金额、赔偿金额、造价、成本、费用分摊、价值分配等进行科学鉴定，提出客观、公平、合理的意见，为和解、调解、仲裁、诉讼等方式解决纠纷提供相关参考依据。

5.14.2 房地产纠纷估价，应参照相应估价目的的房地产估价进行。

5.14.3 房地产纠纷估价，应区别不同情况，将纠纷的性质以及和解、调解、仲裁、诉讼等解决纠纷的不同方式作为估价依据，平衡各方当事人的利益。

5.15 其他目的的房地产估价

5.15.1 其他目的的房地产估价，包括分家析产估价，为出境提供财产证明的估价，为行政机关处理、纪律检查部门查处、检察机关立案等服务的估价，改变土地使用条件需补地价评估，国有土地上房屋征收预评估等。

5.15.2 分家析产估价，应符合下列规定：
 1 应区分财产分割的分家析产估价和财产不分割的分家析产估价。
 2 财产分割的分家析产估价，应按本规范对房地产分割估价的规定执行。
 3 财产不分割的分家析产估价，应评估财产的市场价值。

5.15.3 为出境提供财产证明的估价，应评估财产的市场价值。

5.15.4 为行政机关处理、纪律检查部门查处、检察机关立案等服务的估价，应慎重确定价值时点等估价基本事项。

5.15.5 改变土地使用条件需补地价评估，应调查了解变更土地用途、调整容积率、延长土地使用期限等改变土地使用条件需要补缴地价款的原因,明确需要补缴的地价款的内涵,以相关部门同意补缴地价的日期为价值时点,评估新土地使用条件下的总地价和原土地使用条件下的总地价,以该两者的差额作为评估出的需补缴地价。但国家和需要补缴地价的建设用地使用权所在地对需要补缴的地价有特别规定的,应按其规定执行。

5.15.6 国有土地上房屋征收预评估,应为编制征收补偿方案、确定征收补偿费用或政府作出房屋征收决定等服务,可参照本规范对国有土地上房屋征收评估的规定进行,但不得替代国有土地上房屋征收评估。

6 估价结果

6.0.1 估价结果包括评估价值和相关专业意见。

6.0.2 在确定评估价值前,应对所选用的估价方法的测算结果进行校核。同时选用两种以上估价方法进行估价的,还应对不同估价方法的测算结果进行比较分析。

6.0.3 对测算结果进行校核和比较分析时,应做下列检查,找出测算结果存在的差错和造成各个测算结果之间差异的原因,并应改正错误,消除不合理的差异:

1 估价计算的正确性;
2 估价基础数据的正确性;
3 估价参数的合理性;
4 估价计算公式的恰当性;
5 不同估价方法的估价对象财产范围的一致性;
6 估价方法的估价前提的一致性;
7 估价方法的适用性;
8 估价假设的合理性;
9 估价依据的正确性;
10 估价原则的正确性;
11 房地产市场状况的特殊性。

6.0.4 估价基础数据和估价参数的来源或确定依据应在估价报告中说明。估价参数应优先选用房地产估价行业组织公布的估价参数;不选用的,应在估价报告中陈述理由。

6.0.5 综合测算结果的确定,应符合下列规定:

1 对同时选用两种以上估价方法进行估价的,在确认各个测算结果无差错及其之间差异的合理性后,应根据估价目的以及不同估价方法的适用程度、数据可靠程度、测算结果之间差异程度等情况，选用简单算术平均、加权算术平均等方法得出综合测算结果，并应在估价报告中说明不同估价方法的测算结果和综合测算结果，以及得出综合测算结果的方法和理由。

2 对选用一种估价方法进行估价的，经确认为无差错的测算结果作为综合测算结果。

6.0.6 最终评估价值的确定，应符合下列规定：

1 应根据未能在综合测算结果中反映的价格影响因素，对综合测算结果进行适当调整后确定最终评估价值，并应在估价报告中陈述调整的理由。

2 当确认不存在未能在综合测算结果中反映的价格影响因素，可直接将综合测算结果确定为最终评估价值。

3 最终评估价值应满足估价目的要求的必要精度，并应将其误差控制在合理范围内。

7 估 价 报 告

7.0.1 估价报告应采取书面形式，并应真实、客观、准确、完整、清晰、规范。

7.0.2 叙述式估价报告应包含下列部分：

1 封面；

2 致估价委托人函；

3 目录；

4 估价师声明；

5 估价假设和限制条件；

6 估价结果报告；

7 估价技术报告；

8 附件。

7.0.3 房地产抵押贷款前估价报告，应包含估价对象变现能力分析与风险提示。

7.0.4 根据估价委托人的需要或有关要求，可在完整的估价报告基础上形成估价报告摘要。

7.0.5 估价技术报告可按估价委托合同约定不向估价委托人提供。

7.0.6 封面应包含下列内容：

1 估价报告名称，宜为房地产估价报告，也可结合估价对象和估价目的给估价报告命名。

2 估价报告编号，应反映估价机构简称、估价报告出具年份，并应按顺序编号数，不得重复、遗漏、跳号。

3 估价项目名称,应根据估价对象的名称或位置、估价目的,提炼出简洁的名称。

4 估价委托人,当为单位时,应写明其名称;当为个人时,应写明其姓名。

5 房地产估价机构,应写明其名称。

6 注册房地产估价师,应写明所有参加估价的注册房地产估价师的姓名和注册号。

7 估价报告出具日期,应与致估价委托人函中的致函日期一致。

7.0.7 致估价委托人函应包含下列内容:

1 致函对象,应写明估价委托人的名称或姓名。

2 估价目的,应写明估价委托人对估价报告的预期用途,或估价是为了满足估价委托人的何种需要。

3 估价对象,应写明估价对象的财产范围以及名称、坐落、规模、用途、权属等基本状况。

4 价值时点,应写明所评估的估价对象价值或价格对应的时间。

5 价值类型,应写明所评估的估价对象价值或价格的名称;当所评估的估价对象价值或价格无规范的名称时,应写明其定义或内涵。

6 估价方法,应写明所采用的估价方法的名称。

7 估价结果,应写明最终评估价值的总价,并应注明其大写金额;除估价对象无法用单价表示外,尚应写明最终评估价值的单价。

8 与评估价值和使用估价报告有关的特别提示。

9 致函日期,应注明致函的年、月、日。

7.0.8 致估价委托人函应加盖房地产估价机构公章,不得以其他印章代替;法定代表人或执行事务合伙人宜在其上签名或盖章。

7.0.9 目录应按前后次序列出下列估价报告各个组成部分的名称及对应的页码:

1 估价师声明;

2 估价假设和限制条件;

3 估价结果报告;

4 估价技术报告;

5 附件。

7.0.10 估价结果报告、估价技术报告应在目录中按前后次序列出其各个组成部分的名称及对应的页码,附件应在目录中按前后次序列出其包含的各项内容的名称。

7.0.11 当按估价委托合同约定不向估价委托人提供估价技术报告的,目录中可不列出估价技术报告,但在估价技术报告中应有单独的目录。且该目录中应按前后次序列出估价技术报告各个组成部分的名称及对应的页码。

7.0.12 估价师声明应写明所有参加估价的注册房地产估价师对其估价职业道德、专业胜任能力和勤勉尽责估价等的承诺和保证。不得将估价师声明的内容与估价假设和限制条件的内容相混淆，或把估价师声明变成注册房地产估价师和房地产估价机构的免责声明。

7.0.13 鉴证性估价报告的估价师声明应包含下列内容：

1 注册房地产估价师在估价报告中对事实的说明是真实和准确的，没有虚假记载、误导性陈述和重大遗漏。

2 估价报告中的分析、意见和结论是注册房地产估价师独立、客观、公正的专业分析、意见和结论，但受到估价报告中已说明的估价假设和限制条件的限制。

3 注册房地产估价师与估价报告中的估价对象没有现实或潜在的利益，与估价委托人及估价利害关系人没有利害关系，也对估价对象、估价委托人及估价利害关系人没有偏见。

4 注册房地产估价师是按照中华人民共和国国家标准《房地产估价规范》、《房地产估价基本术语标准》以及相关估价专项标准的规定开展估价工作，撰写估价报告。

7.0.14 非鉴证性估价报告的估价师声明的内容，可根据实际情况对上述内容进行适当增减。

7.0.15 估价假设和限制条件应说明下列内容：

1 一般假设，应说明对估价所依据的估价委托人提供的估价对象的权属、面积、用途等资料进行了审慎检查，在无理由怀疑其合法性、真实性、准确性和完整性且未予以核实的情况下，对其合法、真实、准确和完整的合理假定；对房屋安全、环境污染等影响估价对象价值的重大因素给予了关注，在无理由怀疑估价对象存在安全隐患且无相应的专业机构进行鉴定、检测的情况下，对其安全的合理假定等。

2 未定事项假设，应说明对估价所必需的尚未明确或不够明确的土地用途、容积率等事项所做的合理的、最可能的假定。当估价对象无未定事项时，应无未定事项假设。

3 背离事实假设，应说明因估价目的的特殊需要、交易条件设定或约定，对估价对象状况所做的与估价对象在价值时点的状况不一致的合理假定。当估价设定的估价对象状况与估价对象实际状况无不一致时，应无背离事实假设。

4 不相一致假设，应说明在估价对象的实际用途、登记用途、规划用途等用途之间不一致，或不同权属证明上的权利人之间不一致，估价对象的名称不一致等情况下，对估价所依据的用途或权利人、名称等的合理假定。当估价对象状况之间无不一致时，应无不相一致假设。

5 依据不足假设，应说明在估价委托人无法提供估价所必需的反映估价对象状况的资料以及注册房地产估价师进行了尽职调查仍然难以取得该资料的情况下，缺少该资料及对相应的估价对象状况的合理假定。当无依据不足时，应无依据不足假设。

6 估价报告使用限制，应说明估价报告的用途、使用者、使用期限等使用范围，以及在使用估价报告时需要注意的其他事项。其中，估价报告使用期限应自估价报告出具之日起计算，根据估价目的和预计估价对象的市场价格变化程度确定，不宜超过一年。

7.0.16 估价结果报告应包含下列内容：

1 估价委托人，当为单位时，应写明其名称、住所和法定代表人姓名；当为个人时，应写明其姓名和住址。

2 房地产估价机构，应写明房地产估价机构的名称、住所、法定代表人或执行事务合伙人姓名、资质等级和资质证书编号。

3 估价目的，应说明估价委托人对估价报告的预期用途，或估价是为了满足估价委托人的何种需要。

4 估价对象，应概要说明估价对象的财产范围以及名称、坐落、规模、用途、权属等基本状况；对土地基本状况的说明，尚应包括四至、形状、开发程度、土地使用期限；对建筑物基本状况的说明，尚应包括建筑结构、设施设备、装饰装修、建成时间、维护状况。

5 价值时点，应说明所评估的估价对象价值或价格对应的时间及其确定的简要理由。

6 价值类型，应说明所评估的估价对象价值或价格的名称、定义或内涵。

7 估价原则，应说明所遵循的估价原则的名称、定义或内涵。

8 估价依据，应说明估价所依据的有关法律、法规和政策，有关估价标准，估价委托书、估价委托合同、估价委托人提供的估价所需资料，房地产估价机构、注册房地产估价师掌握和搜集的估价所需资料。

9 估价方法，应说明所采用的估价方法的名称和定义。当按估价委托合同约定不向估价委托人提供估价技术报告时，宜说明估价测算的简要内容。

10 估价结果应符合下列要求：

1）除房地产抵押估价外，当估价对象为单宗房地产时，应参照表7.0.17-1说明不同估价方法的测算结果和最终评估价值；

2）除房地产抵押估价外，当估价对象为多宗房地产时，应参照表7.0.17-2说明不同估价方法的测算结果和最终评估价值。

3）房地产抵押估价中假定未设立法定优先受偿权下的价值，应参照表7.0.17-1或表7.0.17-2说明不同估价方法的测算结果和最终评估价值。

4）房地产抵押价值评估结果，应参照表7.0.17-3说明最终评估价值。

5）当估价对象无法用单价表示时，最终评估价值。可不注明单价。除此之外的最终评价值均应注明单价和总价，且总价应注明大写金额；

（1）当最终评价值后币种为外币时，应说明国务院金融主管部门公布的价值时点的人民币市场汇率中间价，并应注明最终评估价值的总价所折合的人民币价值。

估价结果汇总表　　　　　　　　　　　　　　表 7.0.17-1

币种：

相关结果 测算结果 评估价值	估价方法			
测算结果	总价（元或万元）			
	单价（元/m²）			
评估价值	总价（元或万元）			
	单价（元/m²）			

估价结果汇总表　　　　　　　　　　　　　　表 7.0.17-2

币种：

估价对象及结果	估价方法及结果	测算结果			估价结果
估价对象1	总价（元或万元）				
	单价（元/m²）				
估价对象2	总价（元或万元）				
	单价（元/m²）				
估价对象3	总价（元或万元）				
	单价（元/m²）				
……	总价（元或万元）				
	单价（元/m²）				
汇总评估价值	总值（元或万元）				
	平均单价（元/m²）				

房地产抵押价值评估结果汇总表　　　　表 7.0.17-3

币种：

项目及结果	估价对象	估价对象1	估价对象2	估价对象3	……
1. 假定未设立法定优先受偿权下的价值	总价（元或万元）				
	单价（元/m²）				
2. 估价师知悉的法定优先受偿款	总额（元或万元）				
2.1 已抵押担保的债权数额	总额（元或万元）				
2.2 拖欠的建设工程价款	总额（元或万元）				
2.3 其他法定优先受偿款	总额（元或万元）				
3. 抵押价值	总价（元或万元）				
	单价（元/m²）				

11 注册房地产估价师，应按表 7.0.17-4 写明所有参加估价的注册房地产估价师的姓名和注册号，并应由本人签名及注明签名日期，不得以个人印章代替签名。

注册房地产估价师　　　　表 7.0.17-4

姓　名	注册号	签　名	签名日期
			年　月　日
			年　月　日
			年　月　日

12 实地查勘期，应说明实地查勘估价对象的起止日期，具体为自进入估价对象现场之日起至完成实地查勘之日止。

13 估价作业期，应说明估价工作的起止日期，具体为自受理估价委托之日起至估价报告出具之日止。

7.0.17 估价技术报告应包含下列内容：

1 估价对象描述与分析，应有针对性地较详细说明、分析估价对象的区位、实物和权益状况。区位状况应包括位置、交通、外部配套设施、周围环境等状况，单套住宅的区位状况尚应包括所处楼幢、楼层和朝向。土地实物状况应包括土地面积、形状、地形、地势、地质、土壤、开发程度等；建筑物实物状况应包括建筑规模、建筑结构、设施设备、装饰装修、空间布局、建筑功能、外观、新旧程度等。权益状况应包括用途、规划条件、所有权、土地使用权、共有情况、用益物权设立情况、担保物权设立情况、租赁或占用情况、拖欠税费情况、查封等形式限制权利情况、权属清晰情况等。

  2 市场背景描述与分析,应简要说明估价对象所在地区的经济社会发展状况和房地产市场总体状况,并应有针对性地较详细说明、分析过去、现在和可预见的未来同类房地产的市场状况。

  3 估价对象最高最佳利用分析,应有针对性地较详细分析、说明估价对象的最高最佳利用状况,并应说明以最高最佳利用状况为估价前提。当估价对象已做了某种利用时,应从维持现状、更新改造、改变用途、改变规模、重新开发以及它们的组合或其他特殊利用中分析、判断何种利用状况为最高最佳利用状况。当根据估价目的评估估价对象的现状价值时,可不进行估价对象最高最佳利用分析。

  4 估价方法适用性分析,应逐一分析比较法、收益法、成本法、假设开发法等估价方法对估价对象的适用性。对于理论上不适用的,应简述理由;对于理论上适用但客观条件不具备而不能选用的,应充分陈述理由;对于选用的估价方法,应简述选用的理由并说明其估价技术路线。

  5 估价测算过程,应详细说明所选用的估价方法的测算步骤、计算公式和计算过程,以及其中的估价基础数据和估价参数的来源或确定依据等。

  6 估价结果确定,应说明不同估价方法的测算结果和最终评估价值,并应详细说明最终评估价值确定的方法和理由。

7.0.18 附件应包含下列内容:

  1 估价委托书复印件。

  2 估价对象位置图。

  3 估价对象实地查勘情况和相关照片,应说明对估价对象进行了实地查勘及进行实地查勘的注册房地产估价师。因本规范第3.0.8条规定的情形未能进入估价对象内部进行实地查勘的,应说明未进入估价对象内部进行实地查勘及其具体原因。相关照片应包括估价对象的内部状况、外部状况和周围环境状况的照片。因本规范第3.0.8条规定的情形未能进入估价对象内部进行实地查勘的,可不包括估价对象的内部状况照片。

  4 估价对象权属证明复印件。当估价委托人不是估价对象权利人且估价报告为非签证性估价报告时,可不包括估价对象权属证明复印件,且应说明无估价对象权属证明复印件的具体原因,并将估价对象权属状况作为估价假设中心依据不是假设在估价报告中说明。

  5 估价对象法定优先受偿款调查情况,应说明对估价对象法定优先受偿款进行了调查，并应提供反映估价对象法定优先受偿款的资料。当不是房地产抵押估价报告时，可不包含该情况。

　　6 可比实例位置图和外观照片。当未采用比较法进行估价时，可不包含该图和照片；

　　7 专业帮助情况和相关专业意见，应符合下列规定：

　　1）当有本规范第 3.0.9 条规定的情形时，应说明有专业帮助，并应说明提供专业帮助者的姓名或名称、相关资格或职称、资质、专业帮助的内容。

　　2）当有本规范第 3.0.9 条规定的情形时，应提供相关专业意见复印件。

　　3）当没有专业帮助或未依据相关专业意见时，应说明没有专业帮助或未依据相关专业意见。

　　8 估价所依据的其他文件资料。

　　9 房地产估价机构营业执照和资质证书复印件。

　　10 注册房地产估价师注册证书复印件。

7.0.19 估价对象变现能力分析与风险提示，应较详细分析、说明估价对象的通用性、独立使用性、可分割转让性、区位、开发程度、价值大小以及房地产市场状况等影响变现能力的因素及其对变现能力的影响，假定估价对象在价值时点拍卖或变卖时最可能实现的价格与其市场价值或市场价格的差异程度，变现的时间长短以及费用、税金的种类和清偿顺序；预期可能导致估价对象抵押价值下跌的因素及其对估价对象抵押价值的影响，未来可能产生的房地产信贷风险关注点等。当不是房地产抵押估价报告时，可不包含估价对象变现能力分析与风险提示。

7.0.20 对于成套住宅抵押估价、基于同一估价目的的大量同类房地产批量估价，估价报告可采取表格形式。

7.0.21 估价报告应做到图文并茂。纸质估价报告应装订成册，纸张大小宜采用尺寸为 210mm×297mm 的 A4 纸规格。

8 估价职业道德

8.0.1 房地产估价师和房地产估价机构应回避与自己、近亲属、关联方及其他利害关系人有利害关系的房地产估价业务。

8.0.2 房地产估价师和房地产估价机构不得承接超出自己专业胜任能力的估价业务，对于部分超出自己专业胜任能力的工作，应聘请具有相应专业胜任能力的专业人员或专业机构提供帮助，并应在估价报告中说明。

8.0.3 房地产估价师和房地产估价机构应正直诚实，不得作任何虚假的估价，不得按估价委托人或其他单位、个人的高估或低估要求进行估价，也不得按预先设定的价值或价格进行估价。

8.0.4 房地产估价师和房地产估价机构应勤勉尽责，对估价委托人提供的估价所依据的资料应进行审慎检查，应搜集合法、真实、准确、完整的估价所需资料，并应对估价对象进行认真的实地查勘。

8.0.5 房地产估价师和房地产估价机构在估价假设等重大估价事项上，应向估价委托人详细说明，使估价委托人清楚了解估价的限制条件及估价报告、估价结果的使用限制。

8.0.6 房地产估价师和房地产估价机构应保守在执业活动中知悉的国家秘密、当事人的商业秘密和技术秘密，不得泄露个人隐私；应妥善保管估价委托人提供的资料，未经估价委托人同意，不得擅自将其公开或泄露给他人。

8.0.7 房地产估价师和房地产估价机构应维护自己的良好社会形象和房地产估价行业声誉，不得采取迎合估价委托人或估价利害关系人不当要求、恶性低收费、给予回扣、贬低同行、虚假宣传等不正当手段承揽估价业务，不得索贿、受贿或谋取估价委托合同约定费用之外的其他利益。

8.0.8 房地产估价师和房地产估价机构不得允许其他个人和单位以自己的名义从事房地产估价业务，不得以估价者身份在非自己估价的房地产估价报告上签名、盖章，不得超出本机构的估价业务范围或以其他房地产估价师、房地产估价机构的名义从事房地产估价业务。

本规范用词说明

1 为便于在执行本规范条文时区别对待，对要求严格程度不同的用词说明如下：
　　1）表示很严格，非这样做不可的；
　　　　正面词采用"必须"，反面词采用"严禁"
　　2）表示严格，在正常情况下均应这样做的：
　　　　正面词采用"应"，反面词采用"不应"或"不得"；
　　3）表示允许稍有选择，在条件许可时首先应这样做的；
　　　　正面词采用"宜"，反面词采用"不宜"；
　　4）表示有选择，在一定条件下可以这样做的，采用"可"。

2 条文中指明应按其他有关标准执行时的写法为："应符合……的规定"或"应按……执行"。

中华人民共和国国家标准《房地产估价规范》GB/T 50291—2015 条文说明（略）

第 2 篇

试题精解

第1章 房地产基本制度与政策（含相关知识）

房地产基本制度与政策（一）

一、单项选择题（共40题，每题0.5分。每题的备选答案中只有1个最符合题意，请在答题卡上涂黑其相应的编号）

1. 我国土地用途管制的核心是不能随意改变（　　）的用途。
A. 住宅用地　　　　　　　　B. 商业用地
C. 工业用地　　　　　　　　D. 农用地

参考答案：D

要点：国家实行严格的土地用途管制制度，与土地登记制度、土地有偿有限期使用制度、耕地保护制度共称为土地管理的基本制度。其中，根据土地利用职能个体规划，将土地用途分为农用地、建设用地和未利用土地。土地用途管制制度的核心是不能随意改变农用地的用途。农用地转用须经有批准权的人民政府核准。控制建设用地规模，严格限制农用地转为建设用地。土地有偿有限期使用制度是土地制度改革的核心内容。

2. 非住宅建设用地使用权期间届满，土地使用者需继续使用土地的，应至迟于届满前（　　）申请续期。
A. 三个月　　B. 六个月　　C. 一年　　D. 两年

参考答案：C

要点：根据《物权法》，住宅建设用地使用权期间届满的，自动续期。非住宅建设用地使用权期间届满，土地使用者需要继续使用土地的，应当至迟于届满前一年申请续期。除根据公共利益需要收回该幅土地的，应当予以批准。经批准准予续期的，应当重新签订土地使用权出让合同，依照规定支付土地使用权出让金。

依据《城市房地产管理法》，土地使用权出让合同约定的使用期间届满，土地使用者未申请续期或者虽申请续期但依照规定未获批准的，土地使用权由国家无偿收回。该土地上的房屋及其他不动产的归属，有约定的，按照约定；没有约定或者约定不明确的，依照法律、行政法规的规定办理。

3. 集体土地未经依法（　　），不得出让。

A. 征用　　　　　B. 征收　　　　　C. 批准　　　　　D. 备案

参考答案：B

要点： 建设用地土地使用权出让简称土地使用权出让，是指国家将国有土地使用权在一定年限内出让给土地使用者，由土地使用者向国家支付土地使用权出让金的行为。土地使用权出让，也称批租或土地一级市场，任何单位和个人不得出让土地使用权。集体土地不经征收不得出让。土地使用权出让是国家以土地所有者的身份与土地使用者之间关于权利义务的经济关系，其具有平等、自愿、有偿、有限期的特点。

4. 评估国有土地上被征收房屋价值的房地产估价机构，首先应由（　　）选定。

A. 被征收人协商　　　　　B. 房屋征收部门
C. 市、县级人民政府　　　D. 房屋征收实施单位

参考答案：A

要点： 评估国有土地上被征收房屋价值的房地产估价机构，首先应由被征收人在规定时间内协商选定；在规定时间内没有协商或者协商达不成一致意见的，由房屋征收部门组织被征收人按照少数服从多数的原则投票决定，或者采取随机选定等方式确定，如进行摇号、抽签等。评估机构选定的具体办法由省、自治区、直辖市确定。

5. 国有土地上被征收房屋价值评估的评估时点是（　　）之日。

A. 房屋征收决定做出　　　　B. 房屋征收决定公告
C. 房屋征收补偿协议签订　　D. 房屋征收实施

参考答案：B

要点： 被征收房屋评估目的应表述为"为房屋征收部门与被征收人确定被征收房屋价值的补偿提供参考依据，评估被征收房屋的价值"。用于产权调换房屋评估目的应当表述为"为房屋征收部门和被征收人计算被征收房屋价值与用于产权调换房屋价值提供参考依据，评估用于产权调换房屋的价值"。

被征收房屋评估价值应为房屋征收决定公告之日，用于产权调换房屋价值评估时点应与被征收房屋价值评估时点一致。

6. 房地产开发企业在商品房销售过程中应实行（　　）制度。

A. 住宅质量保险和住宅质量保证书
B. 商品房销售许可证和住宅质量保证书
C. 住宅使用说明书和住宅质量保证书
D. 住宅使用说明书和住宅质量保修书

参考答案：C

要点： 根据《城市房地产开发经营管理条例》的规定，房地产开发企业应当

在商品房交付使用时，向购买人提供《住宅质量保证书》和《住宅使用说明书》。《住宅质量保证书》应当列明工程质量监督部门核验的质量等级、保修范围、保修期和保修单位等内容。商品住宅的保修期从商品住宅交付之日起计算。商品住宅的保修期不得低于建设工程承包单位向建设单位出具的质量保修书约定保修的存续期。非住宅商品房的保修期不得低于建筑工程承包单位向建设单位出具的质量保修书约定保修的存续期。在保修期限内发生的属于保修范围的质量问题，房地产开发企业应当履行保修义务，并对造成的损失承担赔偿责任。因不可抗力或者使用不当造成的损失，房地产开发企业不承担责任。保修期内，因房地产开发企业对商品住宅进行维修，致使房屋使用功能受到影响，给购买人造成损失的，房地产开发企业应当承担赔偿责任。房地产开发企业应当承担的最低保修项目和保修期限如下：

在保修期限内发生的属于保修范围的质量问题，房地产开发企业应当履行保修义务，并对造成的损失承担赔偿责任。因不可抗拒力或使用不当造成的损失，房地产开发企业不承担责任。

1) 地基基础和主体结构在合理使用寿命年限内承担保修；2) 屋面防水 3 年；3) 墙面、厨房和卫生间地面、地下室、管道渗漏 1 年；4) 墙面、顶棚抹灰层脱落 1 年；5) 地面空鼓开裂、大面积起砂 1 年；6) 门窗翘裂、五金件损坏 1 年；7) 管道堵塞 2 个月；8) 供热、供冷系统和设备 1 个采暖期或供冷期；9) 卫生洁具 1 年；10) 灯具、电器开关 6 个月。

其他部位、部件的保修期限，由房地产开发企业与用户自行约定。

《住宅使用说明书》应当对住宅的结构、性能和各部位（部件）的类型、性能、标准等做出说明，并提出使用注意事项，一般应当包含以下内容：

1) 开发单位、设计单位、施工单位，委托监理的应注明监理单位；2) 结构类型；3) 装修、装饰注意事项；4) 上水、下水、电、燃气、热力、通讯、消防等设施配置的说明；5) 有关设备、设施安装预留位置的说明和安装注意事项；6) 门、窗类型，使用注意事项；7) 配电负荷；8) 承重墙、保温墙、防水层、阳台等部位注意事项的说明；9) 其他需说明的问题。

住宅中配置的设备、设施，生产厂家另有使用说明书的，应附于《住宅使用说明书》中。

7. 建设工程竣工验收应由（　　）单位组织实施。
A. 施工　　　　　　　　　　B. 建设
C. 监理　　　　　　　　　　D. 工程质量监管

参考答案：B

要点：建设单位收到建设工程竣工报告后，应当组织设计、施工、工程监理等有关单位进行竣工验收。建设单位应当自工程验收合格之日起 15 日内，依照规定,向工程所在地的县级以上人民政府建设行政主管部门备案。

8. 城市规划确定的江、河、湖等城市地表水体保护和控制的地域界线是（　　）。
   A. 紫线　　　　B. 绿线　　　　C. 蓝线　　　　D. 黄线
   参考答案：C
   要点：编制各类城市规划,应当划定城市蓝线。城市蓝线是指城市规划确定的江、河、湖、库、渠和湿地等城市地表水体保护和控制的地域界线。

9. 施工单位对房屋建筑工程的保修期自（　　）之日起计算。
   A. 房屋完工　　　　　　　　B. 房屋竣工验收合格
   C. 房屋交付使用　　　　　　D. 办理房屋登记
   参考答案：B
   要点：建设单位和施工单位应当在工程质量保修书中约定保修范围、保修期限和保修责任等。双方约定的保修范围、保修期限必须符合国家有关规定。在正常使用下,房屋建筑工程保修期限为：地基基础和主体结构工程,为设计文件规定的该工程合理使用年限；房屋防水工程,有防水要求的卫生间、房间和外墙面的防渗漏,为5年；供热与供冷系统,为2个采暖期、供冷期；电气系统、给排水管道、设备安装为2年；装修工程为2年。其他项目的保修期限由建设单位和施工单位约定。
   房屋建筑工程保修期自竣工验收合格之日起计算。

10. 商品房预售合同登记备案的申请人应是（　　）。
    A. 购房人　　　　　　　　　B. 房地产开发企业
    C. 商品房销售代理机构　　　D. 购房人和房地产开发企业
    参考答案：B
    要点：商品房预售,房地产开发企业应当与承购人签订书面商品房预售合同。开发企业应当自签订之日起30日内,向房地产管理部门和市、县土地管理部门办理商品房预售合同登记备案手续。商品房预售合同登记备案手续可以委托代理人办理。

11. 房地产开发企业销售成套商品住宅,应采取的销售方式是（　　）。
    A. 按套销售　　　　　　　　B. 返本销售
    C. 按房间销售　　　　　　　D. 售后包租
    参考答案：A
    要点：商品住宅必须按套销售,不得分割拆零销售。

12. 陈某预购一套建筑面积为$100m^2$的商品住房,单价为10000元/m^2。买卖双方对面积误差处理未做约定。房屋交付后,经实测,建筑面积为$95m^2$。如陈某选择购房,则实付购房款（　　）万元。

A. 90   B. 91   C. 93   D. 95

参考答案：C

要点：合同未约定误差处理方式的，按以下原则处理：1）面积误差比绝对值在3％（含3％）的，据实结算房价款；2）面积误差比绝对值超过3％时，买受人有权退房。买受人不退房的，产权登记面积大于合同面积时，面积误差比在3％（含3％）的房价款由买受人补足；超过部分的房价款由房地产企业承担，产权归买受人。产权登记面积小于合同约定面积时，面积误差比绝对值在3％（含3％）以内部分的房价款由房地产开发企业退还买受人；绝对值超过3％部分的房价款由房地产开发企业双倍返还买受人。

按建筑面积计价的，当事人应当在合同中约定套内建筑面积和分摊的建筑面积，并约定建筑面积不变而套内建筑面积发生误差以及建筑面积与套内建筑面积均发生误差时的处理方式。

13. 房屋登记费按（　　）收取。

A. 房屋面积   B. 件
C. 房屋体积   D. 房屋价值

参考答案：B

要点：县级以上房地产登记主管部门收取的房屋登记费属于行政事业性收费，应全额纳入地方国库，纳入地方财政预算管理。房屋登记费向申请人收取。按规定需由当事人双方共同申请的，只能向登记为房屋权利人的一方收取。住房登记一套住房为一件，收费标准为每件80元。农民利用宅基地建设的住房登记，不收取房屋登记费，只收取房屋权属证书工本费10元。非住宅登记的房屋权利人按规定申请并完成的一次登记为一件，收费标准为每件550元。

14. 已办理抵押登记的在建工程竣工并经房屋所有权初始登记后，当事人应申请将在建工程抵押权登记转为（　　）。

A. 预告登记   B. 更正登记
C. 异议登记   D. 房屋抵押权登记

参考答案：D

要点：在建工程抵押登记包括设立登记、变更登记、转移登记和注销登记。已经登记变更、转让或者消灭的，当事人应当申请变更登记、转移登记、注销登记。在建工程竣工并经房屋所有权初始登记后，当事人应当申请将在建工程抵押权登记转为房屋抵押权登记。

15. 下列房地产服务活动中，不属于房地产中介服务的是（　　）。

A. 房地产咨询   B. 物业管理
C. 房地产估价   D. 房地产经纪

参考答案：B

要点：房地产中介服务是指具有专业执业资格的人员在房地产投资、开发、销售、交易等各个环节中，为当事人提供专业服务的经营活动，包括房地产咨询、房地产估价、房地产经纪的总称。

16. 下列房地产活动中，属于房地产经纪活动的是（　　）。
    A. 房地产价值评估　　　　　　B. 房屋登记
    C. 房屋面积测量　　　　　　　D. 房地产居间
    参考答案：D
    要点：房地产经纪是指房地产经纪机构和房地产经纪人为促成他人房地产交易而向委托人提供房地产居间、代理等专业服务并收取佣金的行为。

17. 三级资质的房地产估价机构申请晋升二级资质，应从事房地产估价活动连续（　　）年以上。
    A. 2　　　　　B. 3　　　　　C. 4　　　　　D. 6
    参考答案：C
    要点：二级资质的条件：时间要求为取得三级房地产估价资质后从事房地产估价活动连续 4 年以上。

18. 设立分支机构的房地产估价机构应具有（　　）房地产估价资质。
    A. 一级　　　　　　　　　　　B. 二级
    C. 二级以上　　　　　　　　　D. 三级
    参考答案：A
    要点：一级资质房地产估价机构可以从事各类房地产估价业务。二级资质房地产估价机构可以从事除公司上市、企业清算以外的房地产估价业务。三级资质房地产估价机构可以从事除公司上市、企业清算、司法鉴定以外的房地产估价业务。暂定期内的三级资质房地产估价机构可以从事除公司上市、企业清算、司法鉴定、城镇房屋拆迁、在建工程抵押以外的房地产估价业务。

19. 业主交存的住宅专项维修资金属于（　　）所有。
    A. 业主　　　　　　　　　　　B. 业主大会
    C. 业主委员会　　　　　　　　D. 物业服务企业
    参考答案：A
    要点：住宅专项维修资金应当专项用于住宅公共部位、共用设施设备保修期满后的维修和更新、改造。业主交存的住宅专项维修资金属于业主所有。从公有住房售房款中提取的住宅专项维修资金属于公有住房售房单位所有。

20. 李某将其在某建制镇的营业用房以 100 万元出售，应缴纳城市维护建设税（　　）元。
    A. 500　　　　B. 2500　　　　C. 3500　　　　D. 6000
    参考答案：B

要点：城市维护建设税是随增值税、消费税和营业税附征并用于城市维护建设的一种特别目的税。销售不动产的营业税税率为5%。城建税实行的是地区差别税率，按照纳税人所在地的不同，税率分别规定为7%、5%、1%。纳税人所在地在城市市区的，税率为7%；在县城、建制镇的，税率为5%；不在城市市区、县城、建制镇的，税率为1%。

21. 通过划拨方式取得建设用地使用权的单位，在计算土地增值税扣减项目时，应以（　　）作为取得建设用地使用权所支付的金额。

A. 使用土地期间投入的基础设施费
B. 使用土地期间投入的公共配套设施费
C. 转让建设用地使用权时补交的土地出让金及相关费用
D. 取得建设用地使用权时支付的拆迁补偿费用和安置费用

参考答案：C

要点：土地增值税的扣除项目为：（1）取得土地使用权时所支付的金额；（2）土地开发成本、费用；（3）建房及配套设施的成本、费用，或者旧房及建筑物的评估价格；（4）与转让房地产有关的税金；（5）财政部规定的其他扣除项目。其中：取得土地使用权所支付的金额，是指纳税人为取得土地使用权所支付的地价款和按国家统一规定缴纳的有关费用。凡通过行政划拨方式无偿取得土地使用权的企业和单位，则以转让土地使用权时按规定补交的出让金及有关费用，作为取得土地使用权所支付的金额。

22. 2012年3月，李某购买一套普通住房，建筑面积为80m^2，单价为5000元/m^2。该住房属于李某家庭唯一的住房。李某应缴纳契税（　　）元。

A. 4000　　B. 6000　　C. 12000　　D. 16000

参考答案：A

要点：自2010年10月1日起，对个人购买普通住房且该住房属于家庭唯一住房的，减半征收契税；对个人购买90m^2以下普通住房且该住房属于家庭唯一住房的，减按1%的税率征收契税。（注：契税的税率为3%~5%，由省、市、自治区人民政府按照本地区的实际情况，在规定的幅度内确定，并报财政部和国家税务总局备案）。

23. 王某已有一套住房，2006年又接受赠予一套价值为100万元的住房，并缴纳契税、公证费、手续费等相关税费5万元。2012年7月1日，王某将该住房以125万元转让，应缴纳个人所得税（　　）万元。

A. 0　　B. 4　　C. 24　　D. 25

参考答案：B

要点：财产租赁所得、财产转让所得，使用比例税率，税率为20%。
个人转让住房，以其转让收入减除财产原值和合理费用后的余额为应纳税所得额,按照"财产转让所得"项目缴纳个人所得税。

24. 田某于2011年7月1日办理了5年期住房公积金贷款。2012年7月7日住房公积金贷款利率下调。如本年住房公积金贷款利率不再调整,则应从( )执行新的利率。

A. 2012年7月7日 B. 2012年8月1日
C. 2013年1月1日 D. 2013年7月7日

参考答案:C

要点:个人住房公积金贷款利率按照贷款时的法定利率计算,遇法定利率调整,贷款期限在1年以内的,实行合同利率,不分段计息;贷款期限在1年以上的,于下年初开始,按相应利率档次执行新的利率规定。

25. 已知某居住区的住宅用地面积和住宅建筑基底总面积,可以计算出该居住区规划的技术经济指标是( )。

A. 住宅平均层数 B. 住宅建筑净密度
C. 住宅建筑面积净密度 D. 住宅建筑面积毛密度

参考答案:B

要点:平均层数:指各种住宅层数的平均值。一般按各种住宅层数建筑面积与基底面积之比进行计算。

$$住宅建筑净密度 = \frac{住宅建筑基底总面积}{住宅用地面积}(\%)$$

$$住宅建筑面积净(毛)密度 = \frac{住宅总建筑面积}{住宅用地面积(居住用地面积)}$$

26. 下列建筑材料中,最有可能产生室内放射性污染的是( )。

A. 天然石材 B. 壁纸
C. 吸声材料 D. 合成隔热板材

参考答案:A

要点:放射性污染是指排放出的放射性污染物造成的环境污染和人类危害。放射性的污染主要来源有宇宙射线、地球上的天然放射性源、人类活动增加的辐射、核燃料的三废排放、医疗照射引起的辐射。

有些石材、砖、水泥和混凝土等材料中含有高本底的镭,镭可蜕变成氡,通过墙缝、窗缝等进入室内,造成室内污染。

27. 根据建筑物重要性和使用要求,一般居住建筑的建筑物重要性等级是( )。

A. 特等 B. 甲等 C. 乙等 D. 丙等

参考答案:D

要点:建筑物按其重要性和使用要求分成五等,为特等、甲等、乙等、丙等、丁等。

28. 下列建筑安装工程费用的构成项目中，属于企业管理费的是（　　）。
A. 养老保险费　　　　　　　　B. 失业保险费
C. 医疗保险费　　　　　　　　D. 劳动保险费

参考答案：D

要点：根据住房与城乡建设部、财政部《关于印发〈建筑安装工程费用项目组成〉的通知》（建标［2013］44），我国现行建筑安装工程费按照费用构成要素划分与按照工程造价形成划分由不同项目构成。

建筑安装工程费按照费用构成要素划分由人工费、材料（包含工程设备）费、施工机具使用费、企业管理费、利润、规费和税金组成，其中人工费、材料费、施工机具使用费、企业管理费和利润包含在分部分项工程费、措施项目费、其他项目费中。

（1）人工费。人工费是指按工资总额构成规定，支付给从事建筑安装工程施工的生产工人和附属生产单位工人的各项费用，包括计时工资或计件工资、奖金、津贴补贴、加班加点工资以及特殊情况下支付的工资等。

（2）材料费。材料费是指施工过程中耗费的原材料、辅助材料、构配件、零件、半成品或成品、工程设备的费用，包括材料原价、运杂费、运输损耗费、采购及保管费。其中工程设备是指构成或计划构成永久工程一部分的机电设备、金属结构设备、仪器装置及其他类似的设备和装置。

（3）施工机具使用费。施工机具使用费是指施工作业所发生的施工机械、仪器仪表使用费或其租赁费。其中：

1）施工机械使用费：以施工机械台班耗用量乘以施工机械台班单价表示，施工机械台班单价应由折旧费、大修理费、经常修理费、安拆费及场外运费、人工费、燃料动力以及税费等七项费用组成。

2）仪器仪表使用费：是指工程施工所需使用的仪器仪表的摊销及维修费用。

（4）企业管理费。企业管理费是指建筑安装企业组织施工生产和经营管理所需的费用，包括管理人员工资、办公费、差旅交通费、固定资产使用费、工具用具使用费、劳动保险和职工福利费、劳动保护费、检验试验费、工会经费、职工教育经费、财产保险费、财务费、税金（房产税、车船使用税、土地使用税、印花税等）、其他（技术转让费、技术开发费、投标费、业务招待费、绿化费、广告费、公证费、法律顾问费、审计费、咨询费等）。

（5）利润是指施工企业完成所承包工程获得的盈利。

（6）规费。规费是指按国家法律、法规规定，由省级政府和省级有关权力部门规定必须缴纳或计取的费用，包括社会保险费（养老保险费、失业保险费、医疗保险费、生育保险费以及工伤保险费等）、住房公积金、工程排污费以及其他应列而未列入的规费。

（7）税金。税金是指国家税法规定的应计入建筑安装工程造价内的营业税、城市维护建设税、教育费附加以及地方教育附加等。

29. 以工序为研究对象编制的工程建设定额是（   ）。

A. 预算定额　　　　　　　　B. 概算定额
C. 施工定额　　　　　　　　D. 概算指标

参考答案：C

要点：按定额的编制程序和用途不同，可以把工程建设定额划分为施工定额、预算定额、概算定额、概算指标和投资估算指标五种。

施工定额是以工序，即同一性质的施工过程，作为研究对象，表示生产产品数量和生产要素消耗综合关系编制的定额，是施工企业组织生产和加强企业管理而在企业内部使用的一种定额，属于企业定额形式。施工定额由劳动定额、机械定额和材料定额三个部分组成，主要直接用于工程的施工管理，作为编制施工组织设计、施工预算、施工作业计划、签发施工任务单、限额领料单及结算计件工资或计量奖励工资等，是工程建设定额中分项最细、定额子目最多的一种定额，也是工程建设定额中的基础性定额。

30. 房屋所有权证的附图是（   ）。

A. 地形图　　　　　　　　　B. 房产分幅图
C. 房产分丘图　　　　　　　D. 房产分户图

参考答案：D

要点：宗地图是描述宗地位置、界址点线关系、相邻宗地编号的分宗地籍图，用来作为该宗土地产权证书和地籍档案的附图。分丘图是分幅图的局部明细图，也是绘制房产权证附图的基本图。房产分户图是在分丘图的基础上进一步绘制的明细图，以某房屋的具体权属为单元，如为多层房屋，则为分层分户图，表示房屋权属范围的细部，明确异产毗连房屋的权利界线，是房产证的附图。

31. 消费者对某种房地产未来价格的预期与其对该种房地产现时需求的影响关系是（   ）。

A. 若预期房地产价格上涨，则会增加其现时需求
B. 若预期房地产价格下降，则会增加其现时需求
C. 若预期房地产价格上涨，则会减少其现时需求
D. 若预期房地产价格不变，则会减少其现时需求

参考答案：A

要点：消费者预期某种商品价格将上涨时，会增加对该商品的购买量。消费者预期某种商品价格上涨时，也会增加对其替代品的需求。

32. 具有"平均收益等于边际收益等于产品价格"特征的市场类型是

( )。
    A. 完全竞争市场   B. 完全垄断市场
    C. 寡头垄断市场   D. 垄断竞争市场
    参考答案：A
    要点：在完全竞争的市场中，有平均收益＝边际收益＝产品的价格。但在其他市场结构中，价格与产量的变动有关，因此收益变动的规律有所不同。

33. 短期信用工具不包括（　　）。
    A. 本票　　　　B. 汇票　　　　C. 支票　　　　D. 股票
    参考答案：D
    要点：按不同的信用形式划分，金融工具可分为商业信用工具、银行信用工具、消费信用工具、国家信用工具和国际信用工具等。

    按发行者的性质划分，金融工具可分为直接金融工具和间接金融工具。直接金融工具是指由非金融机构，如企业、政府或个人发行和签署的商业票据、公债和国库券、企业债券和股票以及抵押契约等。间接金融工具是指由金融机构发行的银行券、存款单、银行票据和保险单等。

    按期限划分，金融工具可分为短期信用工具、长期信用工具和不定期信用工具。短期信用工具主要指票据，包括本票、汇票、支票及大额可转让存单、短期债券等。长期信用工具也称为有价证券，主要是股票和债券两类。不定期信用工具主要指银行券和纸币。

34. 仅以发行价格与券面价值的差价作为利息的债券是（　　）。
    A. 付息债券   B. 贴水债券
    C. 信用债券   D. 担保债券
    参考答案：B
    要点：根据有无抵押担保，债券可分为信用债券、抵押债券和担保债券等。

    （1）信用债券。也称无抵押担保债券。指仅凭债券发行者的信用而发行，既没有抵押品作担保，也没有担保人的债券。这类债券，一般包括公债券（国债和地方政府债）和金融债券。少数信用良好、资本雄厚的公司也可发行信用债券，但在发行债券时必须签订信托契约，对发行者的有关行为加以约束限制，以保障投资者的利益。

    （2）抵押债券。指以发行者的不动产或有价证券作为抵押品而发行的债券。其中抵押不动产债券，是以土地、房屋等不动产为抵押品而发行的债券。在西方国家，存在以同一不动产为抵押品而多次发行债券（公司债券）的情况，因此按发行次序又可分为第一抵押债券和第二抵押债券。第一抵押债券对抵押品有第一留置权，第二抵押债券对抵押品有第二留置权，即在第一抵押清偿后以其余额偿付本息。第一抵押又称优先抵押，第二抵押称一般抵押。

(3) 担保债券。指由第三者担保偿还本息的债券。这种债券的担保人，一般为银行或非银行金融机构或公司主管部门，个别的由政府担保。

35. 某房地产估价机构投保的险种有：①火灾保险，②社会养老保险，③预防公害保险，④失业保险，⑤人身伤害保险，⑥运输工具保险，⑦劳动工伤保险，⑧统筹医疗保险。其中属于社会保险的险种共（　　）个。

A. 3　　　　　B. 4　　　　　C. 5　　　　　D. 6

参考答案：B

要点：社会保险是指国家根据立法对社会劳动者暂时或者永久丧失劳动能力提供一定物质帮助，以保障其基本生活的保险。与商业保险不同，社会保险是一种强制保险，任何符合国家规定条件的都必须参加。目前我国的社会保险主要有统筹医疗保险、社会养老保险、劳动工伤保险和失业保险等。

36. 某城市2011年房屋销售面积是另一城市的240%，该指标称为（　　）相对指标。

A. 强度　　　B. 结构　　　C. 比例　　　D. 比较

参考答案：D

要点：相对指标是社会经济现象的两个有联系的指标之比。它能反映现象总体在时间、空间、结构、比例以及发展状况等方面的对比关系。相对指标是绝对指标（总量指标）的派生指标，它把对比的总量指标的绝对水平及其差异进行抽象化。根据对比指标的性质差异和相对指标说明问题的特点，可以将相对指标划分为如下几种具体形式。

(1) 结构相对指标。结构相对指标又称比重指标，是指现象总体经过分组后由各组有关数值与总体相应总值对比的综合指标。

(2) 强度相对指标。强度相对指标是指取自两个不同性质的总体但又有一定联系的总量指标对比的综合指标。

(3) 比较相对指标。比较相对指标是指同一时期不同地区、单位之间同类指标对比的综合指标。

(4) 比例相对指标。比例相对指标是指同一现象总体相互联系的各指标之间对比的综合指标。

(5) 计划完成相对指标。计划完成相对指标是指社会经济现象在计划期内实际完成数与计划任务数之比的综合指标。

(6) 动态相对指标。动态相对指标是指同一现象在不同时期的两个指标值对比的综合指标。

37. 用于解决会计资产计价、负债清偿和收益确认等问题的会计假设是（　　）。

A. 会计主体假设　　　　　　　B. 持续经营假设

C. 会计分期假设　　　　　　D. 货币计量假设

参考答案：B

要点：会计假设包括会计主体假设、持续经营假设、会计分期假设和货币计量假设。

(1) 会计主体。会计主体是指会计工作为之服务的特定单位或组织。也称为会计实体、会计个体。这一假定的主要意义在于界定从事会计工作和提供会计信息的空间范围。会计仅反映、监督其提供服务的单位的经济活动，而不反映其他单位的经济活动，更不是投资者和职工个人的活动。

会计主体不同于法律主体。一般来说，法律主体肯定是会计主体，会计主体不一定是法律主体。比如，一个企业作为一个法律主体，应当建立会计核算体系，独立地反映其财务状况、经营成果和现金流量。但是，会计主体不一定是法律主体比如在企业集团的情况下，一个母公司拥有若干个子公司，企业集团在母公司的统一领导下开展经营活动，为了全面反映这个企业集团的财务状况和经营成果，就有必要将这个企业集团作为一个会计实体，通过编制合并会计报表，反映企业集团整体的财务状况、经营成果和现金流量。有时，为了内部管理的需要，也对企业内部的部门单独加以核算，并编制出内部会计报表，企业内部划出核算单位也可以视为一个会计主体。

(2) 持续经营。持续经营是指会计主体在可以预见的将来，将根据企业既定的经营方针和目标不断地经营下去，即在可以预见的未来，企业不会被宣告破产或进行清算，持有的资产将正常运营，负债将继续进行清偿。

持续经营假设的主要意义在于使会计核算与监督建立在非清算的基础上，从而解决了资产计价、负债清偿和收益确认等问题。如果企业在经营过程中被宣告破产或者进行清算，持续经营的假设将被清算的规则替代。

(3) 会计分期。会计分期是指将一个企业持续经营的生产活动划分为若干个连续的、长短相同的期间，又称会计期间。

会计分期假设的主要意义在于界定会计核算的时间范围。会计分期为分期计算盈亏奠定了基础。有了会计分期的基本假设，会计核算才能定期提供信息，满足不同会计信息使用者的需求。

会计分期对会计原则和会计政策的选择有着重要影响。由于会计分期，产生了当期与其他期间的差别，从而出现权责发生制和收付实现制的区别，进而出现了应收、应付、递延、预提、待摊这样的会计方法。

最常见的会计期间是一年，以一年确定的会计期间称为会计年度，按年度编制的财务会计报表也称为年报。根据会计法的规定，我国会计年度和财政年度一致，按公历年度计算，每年的起止日期为1月1日起至12月31日止。为满足人们对会计信息的需要，也要求企业按短于一年的期间编制财务会计报告，如半年度、季度和月度,均按公历起讫日期确定,称为会计中期报告。

(4) 货币计量。货币计量是指采用货币作为计量单位、记录和反映企业的生产经营活动。货币计量假设的主要意义在于,通过一般等价物的货币,以数量形式综合反映企业的财务状况和经营成果。企业应该以人民币作为记账本位币,如果企业的经营活动涉及外币,也可以选择一种外币作为记账本位币,但在境内提供财务报表时,要求将外币报表折算为以人民币列报的会计报表。货币计量假设实际上还隐含着另一种假设,即建立在币值基本稳定的基础上,即作为价值尺度的货币的币值保持不变。

38. 甲公司的主营业务收入为210亿元,主营业务成本为182.50亿元,年初存货为60亿元,年末存货为10亿元。其存货周转天数是( )天。

A. 61　　　　B. 70　　　　C. 120　　　　D. 140

参考答案:B

要点:主要有存货周转率和存货周转天数。存货周转率,也称为存货周转次数,反映企业存货在计算期内周转的次数,它等于销货成本除以平均存货,平均存货为年初和年末存货合计的平均数。存货周转天数等于计算期天数(通常为365天)除以存货周转率。

存货周转率=销货成本/平均存货

平均存货=(期初存货+期末存货)/2

存货周转天数=365/存货周转率。

39. 商品房买卖合同属于( )。

A. 单务合同　　　　　　B. 无名合同

C. 实践合同　　　　　　D. 要式合同

参考答案:D

要点:根据法律是否要求合同必须符合一定的形式才能成立,可将合同分为要式合同与不要式合同。要式合同是指根据法律规定必须采用特定形式的合同。例如,房屋租赁合同必须采用书面形式。不要式合同是指当事人订立的合同依法并不需要采用特定的形式,当事人可以采用口头方式,也可以采用书面形式。除法律有特别规定的以外,合同均为不要式合同。根据合同自由原则,当事人有权选择合同形式,但对于法律有特别的形式要件规定的,当事人必须遵循法律规定。

40. 下列房地产中,依法可以转让的是( )。

A. 已抵押的房地产

B. 未依法登记的房地产

C. 人民法院查封的房地产

D. 国家已依法收回建设用地使用权的房地产

参考答案：A

二、多项选择题（共15题，每题2分。每题的备选答案中有2个或2个以上符合题意，请在答题卡上涂黑其相应的编号。全部选对的，得2分；错选或多选的，不得分；少选且选择正确的，每个选项得0.5分）

1. 下列建设项目用地中，可以采取划拨方式取得建设用地使用权的有（　　）。
   A. 普通商品住宅　　　　　　B. 城市基础设施
   C. 公立学校办公楼　　　　　D. 大型商场
   E. 经济适用住房

   参考答案：BCE

   要点：下列建设用地可由县级以上人民政府批准，划拨土地使用权：①国家机关用地。国家机关指国家权力机关，即全国人大及其常委会，地方人大及其常委会；国家行政机关，即各级人民政府及其所属工作或者职能部门；国家审判机关，即各级人民法院；国家检察机关，即人民检察院；国家军事机关。以上机关用地属于国家机关用地。②军事用地。指军事设施用地，包括军事指挥机关、地面和地下的指挥工程、作战工程；军用机场、港口、码头、营区、训练场、试验场；军用洞库、仓库；军用通信、侦查、导航观测台站和策凌、导航标志；军队公路、铁路专用线、军用通信线路等输电、输油、输气管线；其他军事设施用地。③城市基础设施用地。指城市给水、排水、污水处理、供电、通信、煤气、热力、道路、桥涵、市内公共交通、园林绿化、环境卫生、消防、路标、路灯等设施用地。④公益事业用地。指各类学院、医院、体育场馆、图书馆、文化馆、幼儿园、托儿所、敬老院、防疫站等文体、卫生、教育、福利事业用地。⑤国家重点扶持的能源、交通、水利等基础设施用地。指中央投资、中央和地方共同投资，一级国家采取各种优惠政策重点扶持的煤炭、石油、天然气、电力等能源项目；铁路、公路、港口、机场等交通项目；水库、水电、防洪、江河治理等水利项目用地。⑥法律、行政法规规定的其他用地。法律和法规明确规定可以采用划拨方式供地的其他项目用地。

2. 国家可以提前收回建设用地使用权的情形有（　　）。
   A. 受让方逾期未支付全部地价款　　B. 拆除地上建筑物
   C. 自然灾害造成地上附着物变化　　D. 因公共利益需要
   E. 人民法院判决生效

   参考答案：ADE

   要点：国家收回土地使用权有多种原因，如使用权期间届满、提前收回、没收等。

(1) 土地使用权期间届满收回。(2) 建设用地使用权期间届满前，因公共利益需要提前收回该土地的，应当依法对该土地上的房屋及其他不动产给予补偿，并退还相应的出让金。(3) 因土地使用者不履行土地使用权出让合同而收回土地使用权。土地使用者不履行土地使用权出让合同而收回土地使用权有两种情况：一是土地使用者未如期支付全部地价款。土地使用者在签约时应缴纳地价款的一定比例作为定金，60日内应支付全部地价款，逾期未全部支付地价款的，出让方依照法律和合同约定收回土地使用权。二是土地使用者未按合同约定的期限和条件开发和利用土地，由县级以上人民政府土地管理部门予以纠正，并根据情节可以给予警告、罚款，直至无偿收回土地使用权。(4) 司法机关决定收回土地使用权。因土地使用者触犯国家法律，不能继续履行合同或司法机关决定没收其全部财产，收回土地使用权。

3. 房屋征收范围确定后，在征收范围内不得实施的行为有（　　）。

A. 买卖房屋　　　　　　　　B. 租赁房屋
C. 新建房屋　　　　　　　　D. 改建房屋
E. 改变房屋用途

参考答案：CDE

要点：在房屋征收范围确定后，不得在房屋征收范围内实施新建、扩建、改建房屋和改变房屋用途等不当增加补偿费的行为。违反实施上述行为的，不予补偿。房屋征收部门应当将暂停办理事项书面通知有关部门。暂停办理相关手续的书面通知应当载明暂停期限。暂停期限最长不得超过1年。

4. 下列权益和财产中，可用于房地产开发项目资本金出资的有（　　）。

A. 股票　　　　　　　　　　B. 期货
C. 工业产权　　　　　　　　D. 非专利技术
E. 建设用地使用权

参考答案：CDE

要点：投资项目资本金是指在投资项目总投资中，由投资者认购的出资额，对投资项目来说是非债务性资金，项目法人不承担这部分资金的利息和债务；投资者可按其出资的比例依法享有所有者权益，也可转让其出资，但不得以任何方式抽出。

项目投资资本金可以用货币出资，也可以用实物、工业产权、非专利技术、土地使用权作价出资，但必须经过有资产评估资格的资产评估机构依照法律、法规评估其价值，且不高估或低估，以工业产权、非专利技术作价出资的比例不得超过投资项目资本金总额的20%，国家对采用高新技术成果有特别规定的除外。

5. 下列房地产中，不得抵押的有（　　）。

A. 共有的房地产　　　　　　B. 人民法院查封的房地产

95

C. 出租的房地产　　　　　　　D. 设有地役权的房地产

E. 尚未注销异议登记的房地产

参考答案：BE

要点：《物权法规定》，不得抵押的财产有：土地所有权；耕地、宅基地、自留地、自留山等集体所有的土地使用权，但法律规定可以抵押的除外；学校、幼儿园、医院等以公益为目的的事业单位、社会团体的教育设施、医疗卫生设施和其他社会公益设施；所有权、使用权不明确或者有争议的财产；依法被查封、扣押、监管的财产；法律、行政法规规定不得抵押的其他财产。

《城市房地产抵押管理办法》规定不设定抵押权的房地产：权属有争议的房地产；用于教育、医疗、市政等公共福利事业的房地产；列入文物保护的建筑物和有重要纪念意义的其他建筑物；被依法查封、扣押、监管或者以其他形式限制的房地产；依法不得抵押的其他房地产。

参见教材第120页。

6. 同一房地产向两个以上抵押权人抵押的，拍卖抵押房地产所得价款的清偿原则有（　　）。

A. 抵押权已登记的，按照债权比例清偿

B. 抵押权已登记的，先于未登记的受偿

C. 抵押权未登记的，按照债权比例清偿

D. 抵押权已登记的，按照登记时间的先后顺序清偿

E. 抵押权未登记的，按照债权发生时间的先后顺序清偿

参考答案：BCD

要点：同一房地产向两个以上债权人抵押的，拍卖、变卖抵押房地产所得的价款依照以下规定清偿：抵押权已登记的，按照登记的先后顺序清偿；顺序相同的，按照债权比例清偿；抵押权已登记先于未登记的受偿；抵押权未登记的，按照债权比例清偿。

7. 房屋登记机构应进行实地查看的情形有（　　）。

A. 房屋所有权初始登记　　　　B. 房屋所有权转移登记

C. 最高额抵押权登记　　　　　D. 在建工程抵押权登记

E. 地役权登记

参考答案：AD

要点：房屋登记，在做好材料查验、事实询问的基础上，依据《物权法的》要求，《房屋登记办法》规定，房屋所有权初始登记、在建工程抵押登记、因房屋灭失导致的房屋所有权注销登记，以及法律、法规规定的应当实地查看的其他房屋登记事项，房屋登记机关应当实地对拟登记的房屋进行实地查看。

8. 应由房地产估价师本人申请的注册种类有（　　）。

A. 初始注册　　　　　　　　B. 变更注册
C. 延续注册　　　　　　　　D. 注销注册
E. 撤销注册

参考答案：ABC

要点：房地产估价师注册分为初始注册、变更注册、延续注册、注销注册和撤销注册。其中，初始注册、变更注册、延续注册需由当事人申请；注销注册可由当事人申请，也可由国务院建设行政主管部门依照职权直接做出；撤销注册由国务院建设行政主管部门依照职权或者利害关系人的请求直接做出。

参见教材第180页。

9. 下列税种中，采用比例税率的有（　　）。
A. 契税　　　　　　　　　　B. 房产税
C. 耕地占用税　　　　　　　D. 土地增值税
E. 城镇土地使用税

参考答案：AB

要点：房产税采用比例税率。按房产余值计征的，税率为1.2%；按房产租金收入计征的，税率为12%。

城镇土地使用税是采用分类分级的幅度定额税率。

耕地占用税实行定额税率，具体分四个档次。

土地增值税实行四级超额累进税率：（1）增值额未超过扣除项目金额50%的部分，税率为30%；（2）增值额超过扣除项目金额50%，未超过100%的部分，税率为40%；（3）增值额超过扣除项目金额100%，未超过200%的部分，税率为50%；（4）增值额超过扣除项目金额200%以上部分，税率为60%。

契税的税率为3%~5%，各地适用税率，由省、自治区、直辖市人民政府按照本地区的实际情况，在规定的幅度内确定，并报财政部和国家税务总局备案。

10. 下列建设项目用地中，属于市政公用设施用地的有（　　）。
A. 港口用地　　　　　　　　B. 邮政局用地
C. 公园用地　　　　　　　　D. 公交场站用地
E. 污水处理厂用地

参考答案：BCDE

要点：市政公用设施是指用地市级、区级和居住区级的市政公用设施用地，包括其建筑物、构筑物及管理维修设施等用地，包括：供应设施用地小类分为供水用地、供电用地、供燃气用地和供热用地；交通设施用地小类分为公共交通用地、货运交通用地和其他交通设施用地；邮电设施用地分为邮政、电信和电话等设施的用地；环境卫生设施用地小类分为雨水、污水处理设施用地和粪便垃圾处理设施用地；施工与维修设施用地分为房屋建筑、设备安装、市政工程、绿化和地下构筑物等施工及养护维修设施的施工与维修设施用地；殡葬设施用地分为殡仪馆、火葬场、骨灰存放处和墓地等设施用地；其他市政公用设施用地除以上之外的市政公用设施用地：如消防、防洪等设施用地。

11. 光污染包括（　　）。
A. 灯光污染　　　　　　　B. 玻璃幕墙反光污染
C. 眩光污染　　　　　　　D. 宇宙线辐射污染
E. 视觉污染

参考答案：ABC

要点：光属于一种电磁波，分为可见光和不可见光。光污染是指人类活动造成的过量光辐射对人类生活和生产环境形成不良影响的现象。光污染可分为可见光污染和不可见光污染。不可见光污染又可分为红外光污染和紫外光污染。

可见光污染有下列几种：①灯光污染。如路灯控制不当或建筑工地的聚光灯，照进住宅，影响居民休息等。②眩光污染。如电焊时产生的强烈眩光，在无防护情况下会对人的眼睛造成伤害；夜间迎面驶来的汽车的灯光，会使人视物不清，造成事故；车站、机场等过多闪动的信号灯，使人视觉不舒服。③视觉污染。这是一种特殊形式的光污染，是指城市中杂乱的视觉环境，如杂乱的垃圾堆物、乱摆的货摊、五颜六色的广告和招贴等。④其他可见光污染。如商店、宾馆、写字楼等建筑物，外墙全部用玻璃或反光玻璃装饰，在阳光或强烈灯光照射下发生反光，会扰乱驾驶员或行人的视觉，成为交通事故的隐患。

12. 关于需求、供给变化对均衡价格影响的说法，正确的有（　　）。
A. 需求不变、供给增加、均衡价格下降
B. 供给不变、需求增加、均衡价格下降
C. 需求减少、供给增加、均衡价格下降
D. 需求减少、供给减少、均衡价格下降
E. 需求增加、供给增加、均衡价格上升

参考答案：AC

要点：若供给不变，需求变化是由于价格以外其他因素变化引起的。当需求增加时，表现为需求曲线从原来位置向右上方移动，从而引起均衡数量增加、均衡价格上升；反之，当需求减少时，表现为需求曲线从原来位置向左下方移动，从而引起均衡数量减少、均衡价格下降。

若需求不变，供给变化是由于价格以外其他因素变化引起的。当供给增加时，表现为供给曲线从原来位置向右下方移动，从而引起均衡数量增加、均衡价格下降；反之，当供给减少时，表现为供给曲线从原来位置向左上方移动，从而引起均衡数量减少、均衡价格上升。

当需求和供给同时变化时,均衡数量和均衡价格的变化视具体情况而定。假定需求曲线和供给曲线均为直线,当需求增加且供给也增加时,表现为需求曲线向右上方移动,供给曲线向右下方移动,均衡数量增加,而均衡价格可能上升,可能不升不降,也可能下降;当需求增加且供给减少时,表现为需求曲线向右上方移动,供给曲线向左上方移动,均衡价格上升,而均衡数量则可能增加,可能不增不减,也可能减少;当需求减少且供给增加时,表现为需求曲线向左下方移动,供给曲线向右下方移动,均衡价格下降,而均衡数量则可能增加,可能不增不减,也可能减少;当需求减少且供给也减少时,表现为需求曲线向左下方移动,供给曲线向左上方移动,均衡数量减少,而均衡价格则可能上升,可能不升不降,也可能下降。

13. 在需求不足及经济衰退时期,为了刺激消费、拉动需求、促进经济增长,中央银行可以采取的货币政策有( )。

A. 降低再贴现利率　　　　　　B. 提高首付款比例
C. 降低法定存款准备金率　　　D. 缩短分期付款期限
E. 公开市场买入政府债券

参考答案:ACE

要点:货币政策一般也分为扩张性的和紧缩性的。前者是通过增加货币供给来带动总需求增长。货币供给增加时,利率会降低,取得信贷更容易,因此经济萧条时多采用扩张性货币政策。反之,后者是通过削减货币供给的增长来降低总需求水平。在这种情况下,取得信贷比较困难,利率也随之提高,因此在通货膨胀严重时,多采用紧缩性货币政策。

货币政策工具是指中央银行为了实现货币政策目标而采取的具体措施和手段。从调控对象和效应来看,完善的货币政策工具体系主要由一般性货币政策工具、选择性货币政策工具、补充性货币政策工具组成。

1. 一般性货币政策工具。一般性货币政策工具是指中央银行借助于对货币供应量和信贷规模实施总量调控,对国民经济施加普遍性影响所采用的工具,主要包括以下三类:

(1) 法定存款准备金率。指商业银行按中央银行规定必须向中央银行交存的法定存款准备金与其存款总额的比率。中央银行可以通过提高或降低法定存款准备金率的办法控制商业银行的信用创造能力,从而影响市场利率和货币供应量。如中央银行认为市场上货币供应量过多、利率过低,有碍于物价稳定等目标实现时,就可以提高法定存款准备金率,使商业银行交存中央银行的准备金增加,用于发放贷款的资金相应减少。因此,促进商业银行收缩信贷规模,诱导货币供应量减少和利率回升,从而保证物价稳定。反之亦然。

(2) 再贴现利率。指中央银行对商业银行贴现的票据办理再贴现时采用的利率。如果中央银行要实现刺激经济增长和充分就业的目标，可以降低再贴现利率。当再贴现利率低于市场上一般利率水平时，商业银行通过再贴现获得的资金成本下降，促使商业银行向中央银行借款或贴现，扩大放贷规模，从而引起货币供应量增加和市场利率降低，刺激有效需求扩大，达到经济增长和充分就业的目的。反之，中央银行可以适当提高再贴现利率，抑制信贷规模和减少货币供应量。

(3) 公开市场业务。指中央银行在公开市场上买卖有价证券来调节货币供应量。中央银行的公开市场业务主要是买卖政府债券。通常，当经济停滞或衰退时，中央银行可通过在公开市场上买入有价证券，向社会上投放一笔基础货币。无论基础货币是流入社会大众手中还是流入商业银行，最终都会引起商业银行的存款准备金增多。商业银行通过准备金的运用，扩大信贷规模，增加货币供应量，使利率趋于下降，进而刺激经济向好的方向发展并提高就业率。因公开市场业务对经济不会造成大的波动而深受各国中央银行青睐，成为调节货币供应量的主要工具。

2. 选择性货币政策工具。选择性货币政策工具是中央银行从调控信贷结构入手，通过对某些部门、某些业务活动进行调控以达到调整经济结构目的而采用的工具，包括优惠利率、证券保证金比率、消费信用控制、贷款额度控制等四种。

(1) 优惠利率。指中央银行根据一个时期国家经济发展的重点，对与国民经济关系重大的部门和行业制定的利率水平较低的贴现率和放款利率。

(2) 证券保证金比率。也称法定保证金比率，指证券购买人首次支付占证券交易价款的最低比率。中央银行根据证券市场情况，可以随时调整保证金比率，从而间接控制证券市场的信贷资金流入量，控制住最高放款额度。显然，保证金比率越大，证券购买人从商业银行获得的贷款比率就越低；反之亦然。

(3) 消费信用控制。指中央银行对消费信用提供的信贷规模进行控制的手段。在需求过度及通货膨胀时期，中央银行可通过提高首期付款比例、缩短分期付款期限等措施，紧缩对消费信用提供的信贷规模；反之，在需求不足及经济衰退时期，则放宽对消费信用的控制，刺激消费量增加，带动需求上升，从而达到经济增长的目的。

(4) 贷款额度控制。指中央银行通过规定商业银行最高贷款限额以控制信贷规模的措施。这是一种行政干预的直接信用管制手段，曾在我国长期使用，如今已经取消。

3. 补充性货币政策工具。补充性货币政策工具是指中央银行在采用一般性和选择性货币工具对国民经济进行调控时所采用的一些辅助性调控措施，主要有道义劝告和金融检查。

14. 某城市政府为修建环城高速公路,委托银行组成承销团,面向社会发行期限为 20 年的建设债券。该债券种类属于(　　)。

A. 金融债券　　　　　　　B. 长期债券
C. 公募债券　　　　　　　D. 公债券
E. 抵押债券

参考答案：ABC

要点：债券种类繁多,各具特色。根据不同的分类标准,可对债券进行不同的分类。通常情况下,可做如下分类。

1. 按发行主体分类。按发行主体的不同,债券可分为公债券、金融债券、公司债券等几大类。

（1）公债券。也称政府债券,是指中央政府和地方政府发行公债时发给公债购买人的一种格式化的债权债务凭证。公债券通常分为中央政府债券和地方政府债券。

（2）金融债券。是指银行或其他非银行性金融机构发行的债权债务凭证。发行这种债券的金融机构,一般都具有雄厚的资金实力,资信度较高,利率也比同期存款利率高。我国的金融债券一般可分为普通金融债券、累进利息金融债券和贴现金融债券等。

（3）公司债券。也称企业债券,从规范意义上说,公司债券是指由股份公司发行并承诺在一定时期内还本付息的债权债务凭证。我国目前有关部门把公司或企业发行的债券统称为"企业债券",并且明文规定,发行的主体仅限于我国境内的全民所有制企业（参见国务院颁发的《企业债券管理条例》第二条之规定）。公司债券的分类标准很多,我国的公司债券（企业债券）包括重点企业债券、地方企业债券、企业短期融资债券和企业内部债券等。

2. 按期限长短分类。根据偿还期限的长短,债券可分短期债券、中期债券、长期债券和永久债券。

各国对短、中、长期债券的年限划分不完全一样,一般的划分标准是：期限在 1 年以下的为短期债券,如美国、英国的国库券,日本的短期国债等；期限在 1 年以上、10 年以下的为中期债券,如美国的中期国家债券,日本的中期附息票国债及贴现国债,我国的国库券等；期限在 10 年以上的为长期债券,如美国的长期国家债券、日本的长期附息票国债等。永久债券也称无期债券,指的是不规定到期期限,债权人也不能要求清偿但可按期取得利息的一种债券。通常情况下,永久债券只限于公债。在历史上,只有英、法等少数西方国家在战争时期为筹措军费而采用过。现在,这种不规定偿还期的永久公债,在西方国家已不再发行。我国从未发行过这种债券。

3. 按利息支付方式分类。根据利息的不同支付方式，债券一般可分为附息债券和贴现债券。

（1）附息债券。指债券券面上附有各种息票的债券。息票上标明利息额、支付利息的期限和债券号码等内容，息票一般以 6 个月为一期。息票到期时，从债券上剪下来凭此领取本期利息。附息债券一般限于中长期债券。

（2）贴现债券，也称贴水债券。指券面上不附息票，发行时按规定的折扣率（贴水率）以低于券面价值的价格发行，到期时按券面价值偿还本金的债券。其发行价格与券面价值的差价即为利息。

4. 按发行方式分类。根据债券的发行是否采用公开发行方式进行分类，可分为公募债券和私募债券。

（1）公募债券。指按法定程序，经证券主管机构批准在市场上公开发行的债券。公募债券的最大特点是募集对象不特定，而是通过证券公司向社会所有投资者募集资金。由于募集对象不特定，因而要求发行主体必须遵守信息公开制度，向投资者提供必要的财务报表和有关资料，以保护投资者的利益，防止欺诈行骗。

（2）私募债券。指向少数与发行者有特定关系的投资者发行的债券。私募债券的最大特点是募集对象特定。由于私募债券的发行范围很窄，一般不实行公开呈报制度，债券的转让也受到一定的限制，流通性较公募债券差，但利率一般要高于公募债券。私募债券的投资者，大多数是银行或非银行性的金融机构。

5. 按有无抵押担保分类。根据有无抵押担保，债券可分为信用债券、抵押债券和担保债券等。

（1）信用债券。也称无抵押担保债券。指仅凭债券发行者的信用而发行，既没有抵押品作担保，也没有担保人的债券。这类债券，一般包括公债券（国债和地方政府债）和金融债券。少数信用良好、资本雄厚的公司也可发行信用债券，但在发行债券时必须签订信托契约，对发行者的有关行为加以约束限制，以保障投资者的利益。

（2）抵押债券。指以发行者的不动产或有价证券作为抵押品而发行的债券。其中抵押不动产债券，是以土地、房屋等不动产为抵押品而发行的债券。在西方国家，存在以同一不动产为抵押品而多次发行债券（公司债券）的情况，因此按发行次序又可分为第一抵押债券和第二抵押债券。第一抵押债券对抵押品有第一留置权，第二抵押债券对抵押品有第二留置权，即在第一抵押清偿后以其余额偿付本息。第一抵押又称优先抵押，第二抵押称一般抵押。

（3）担保债券。指由第三者担保偿还本息的债券。这种债券的担保人，一般为银行或非银行金融机构或公司主管部门，个别的由政府担保。

6. 按是否记名分类。根据券面上是否记名，债券可分为记名债券和不记名债券。

（1）记名债券。指在券面上标明债权人姓名，同时在发行公司的名册上进行债权人登记的债券。转让此种债券时，除要交付票券外，还要在债券上背书并在公司名册上更换债权人姓名。此外，债券持有人必须凭印鉴领取本息。记名债券的优点是比较安全，缺点是流动性较差，转让时手续复杂。

（2）不记名债券。指券面上不标明债权人姓名，发行公司的名册上也不登记姓名的债券。转让此种债券，不须背书和去公司更换债权人姓名，随即具有法律效力。不记名债券的优点是流动性强，转让手续简便，缺点是遗失毁损时，不能挂失和补发，因而安全性较差。

此外，按收益方式不同，可分为固定利率债券、浮动利率债券、分红公司债券、参加公司债券、免税债券、附新股认购权债券等；按面值币种不同，可分为本币债券和外币债券；按发行地点不同，可分为国内债券和国际债券。国际债券还可分为外国债券和欧洲债券等。

15. 下列合同中，既属于典型合同又属于双务合同的有（　　）。

A. 借用合同　　　　　　B. 买卖合同
C. 抵押合同　　　　　　D. 赠予合同
E. 借款合同

参考答案：BC

要点：典型合同与非典型合同。根据法律是否设有规范并赋予一个特定名称，可将合同分为典型合同和非典型合同。典型合同又称有名合同，是指法律设有规范，并赋予一定名称的合同。合同法规定的买卖、赠予、借款等合同为典型合同。非典型合同又称无名合同，是指法律尚未特别规定，也未赋予一定名称的合同。

双务合同与单务合同。根据合同当事人是否互相享有权利、承担义务，可将合同分为双务合同与单务合同。双务合同是指双方当事人互相享有权利、承担义务的合同，如买卖、租赁等合同。单务合同是指仅有一方当事人承担义务的合同，如赠予、借用等合同。这种分类的法律意义在于，因两种合同义务承担的不同，从而使它们的法律适用不同，如单务合同履行中不存在同时履行抗辩权等问题。

有偿合同与无偿合同。根据合同当事人是否为从合同中得到的利益支付代价，可将合同分为有偿合同与无偿合同。有偿合同是指当事人为从合同中得到利益要支付相应代价的合同，如买卖合同。无偿合同是指当事人不需为从合同得到的利益支付相应代价的合同，如赠予合同。

诺成合同与实践合同。根据合同的成立是否以交付标的物为要件，可将合同分为诺成合同与实践合同。诺成合同是当事人双方意思表示一致即可成立的合同，即"一诺即成"的合同，也称不要物合同。实践合同是在当事人意思表示一致后，仍须有实际交付标的物的行为才能成立的合同。通常，确认某种合同是否属于实践合同除须根据商务惯例外，还应有法律明确规定。

要式合同与不要式合同。根据法律是否要求合同必须符合一定的形式才能成立，可将合同分为要式合同与不要式合同。要式合同是指根据法律规定必须采用特定形式的合同。例如，房屋租赁合同必须采用书面形式。不要式合同是指当事人订立的合同依法并不需要采用特定的形式，当事人可以采用口头方式，也可以采用书面形式。除法律有特别规定的以外，合同均为不要式合同。根据合同自由原则，当事人有权选择合同形式，但对于法律有特别的形式要件规定的，当事人必须遵循法律规定。

主合同与从合同。根据合同是否必须以其他合同的存在为前提而存在，可将合同分为主合同与从合同。主合同是指不以其他合同的存在为前提即可独立存在的合同。从合同是指不能独立存在而以其他合同的存在为存在前提的合同。例如，甲与乙订立借款合同，丙为担保乙偿还借款而与甲签订保证合同，则甲乙之间的借款合同为主合同，甲丙之间的保证合同为从合同。

三、判断题（共40题，每题0.5分。请根据判断结果，在答题卡上涂黑其相应的符号，用"√"表示正确，用"×"表示错误。不答不得分，判断错误扣0.5分，本题总分最多扣至0分）

1. 经济适用住房购房人拥有有限产权，购房满5年可转让。　　　　（　　）

参考答案：√

要点：经济适用住房由政府组织，社会投资建设，实行土地划拨、税费减免、信贷支持，按保本微利原则出售给符合条件的家庭。

2. 建设用地使用权出让金可以一次或多次支付，但只有全部支付后，才能办理建设用地使用权登记。　　　　　　　　　　　　　　　　（　　）

参考答案：√

要点：建设用地使用权出让简称土地使用权出让，是指国家将国有土地使用权在一定年限内出让给土地使用者，由土地使用者向国家支付土地使用权出让金的行为。土地使用权出让金是指通过有偿有限期出让方式取得土地使用权的受让者，按照合同规定的期限，一次或分次提前支付的整个使用期间的地租。出让的含义一般包括以下内容：（1）土地使用权出让，也称批租或土地一级市场，由国家垄断，任何单位和个人不得出让土地使用权。（2）经出让取得土地使用权的单位和个人，只有使用权，在使用土地期限内对土地拥有占有、使用、收益、处分权；土地使用权可以进入市场，可以进行转让、出租、抵押等经营活动，但地下埋藏物归国家所有。（3）土地使用者只有向国家支付了全部土地使用权出让金后才能领取土地使用权证书。（4）集体土地不经征收不得出让。（5）土地使用权出让是国家以土地所有者的身份与土地使用者之间关于权利义务的经济关系，具有平等、自愿、有偿、有期限的特点。

3. 根据《物权法》，农民可以将耕地的土地使用权抵押给银行申请贷款。

（　　）

参考答案：×

要点：《物权法》规定，债务人或者第三人有权处分可以抵押的财产有：建筑物和其他土地附着物；建设用地使用权；以招标、拍卖、公开协商等方式取得的荒地等土地承包经营权；生产设备、原材料、半成品、产品；正在建造的建筑物、船舶、航空器；交通运输工具；法律、行政法规未禁止抵押的其他财产。抵押人可以将上列财产一并抵押。

《物权法》规定，不得抵押的财产有：土地所有权；耕地、宅基地、自留地、自留山等集体所有的土地使用权，但法律规定可以抵押的除外；学校、幼儿园、医院等以公益为目的的事业单位、社会团体的教育设施、医疗卫生设施和其他社会公益设施；所有权、使用权不明或者有争议的财产；依法被查封、扣押、监管的财产；法律、行政法规规定不得抵押的其他财产。

4. 用于产权调换房屋价值评估与被征收房屋价值评估的评估时点应一致。

（　　）

参考答案：√

要点：评估目的。被征收房屋价值评估目的应当表述为"为房屋征收部门与被征收人确定被征收房屋价值的补偿提供依据，评估被征收房屋的价值"。用于产权调换房屋价值评估目的应当表述为"为房屋征收部门与被征收人计算被征收房屋价值与用于产权调换房屋价值的差价提供依据，评估用于产权调换房屋的价值"。

评估时点确定。被征收房屋价值评估时点应当为房屋征收决定公告之日。用于产权调换房屋价值评估时点应当与被征收房屋价值评估时点一致。

评估对象界定。房屋征收部门应当向受托的房地产估价机构提供征收范围内房屋情况。一是在委托书和委托合同中明确评估对象范围。房屋征收评估前，房屋征收部门应当组织有关单位对被征收房屋情况进行调查，明确评估对象。评估对象应当全面、客观，不得遗漏、虚构。二是提供征收范围内已经登记的房屋情况和未经登记建筑的认定、处理结果情况。对于已经登记的房屋，其性质、用途和建筑面积，一般以房屋权属证书和房屋登记簿的记载为准；房屋权属证书与房屋登记簿的记载不一致的，除有证据证明房屋登记簿确有错误外，以房屋登记簿为准；对于未经登记的建筑，应当按照市、县级人民政府的认定、处理结果进行评估。

评估价值内涵。被征收房屋的价值包含被征收房屋及其占用范围内土地使用权的价值。其价值内涵具体是指被征收房屋及其占用范围内的土地使用权在不被征收的情况下，由熟悉情况的交易双方以公平交易方式在评估时点自愿交易的金额，但不考虑被征收房屋租赁、抵押、查封等因素的影响。

5. 被征收房屋价值的补偿，包含被征收房屋占用范围内土地使用权的价值，以及房屋室内装饰装修的价值。（ ）

参考答案：×

要点：被征收房屋价值的补偿。对被征收房屋价值的补偿，不得低于房屋征收决定公告之日被征收房屋类似房地产的市场价格。

被征收房屋的价值包含被征收房屋及其占用范围内土地使用权的价值。其价值内涵具体是指被征收房屋及其占用范围内的土地使用权在不被征收的情况下，由熟悉情况的交易双方以公平交易方式在评估时点自愿交易的金额，但不考虑被征收房屋租赁、抵押、查封等因素的影响。

6. 普通商品住房开发项目的最低资本金比例为30%。（ ）

参考答案：√

要点：投资项目资本金，是指在投资项目总投资中，由投资者认购的出资额，对投资项目来说是非债务性资金，项目法人不承担这部分资金的任何利息和债务；投资者可按其出资的比例依法享有所有者权益，也可转让其出资，但不得以任何方式抽出。

《城市房地产开发经营管理条例》规定："房地产开发项目应当建立资本金制度，资本金占项目总投资的比例不得低于20%"。2004年4月，为加强宏观调控，调整和优化经济结构，国务院下发了《关于调整部分行业固定资产投资项目资本金比例的通知》（国发〔2004〕13号），将房地产开发项目（不含经济适用住房项目）资本金最低比例由20%提高到35%。2009年5月25日，国务院常务会议决定调整固定资产投资项目资本金比例，调整后，保障性住房和普通商品住房项目的最低资本金比例为20%，其他房地产开发项目的最低资本金比例为30%。

7. 以出让方式取得建设用地使用权的房屋开发项目，实际投入开发建设的资金额与缴纳的地价款之和占开发投资总额的25%以上的，可以转让。（ ）

参考答案：×

要点：按照出让合同约定进行投资开发，完成一定开发规模后才允许转让，这里又分为两种情形：一是属于房屋建设的，开发单位除土地使用权出让金外，实际投入房屋建设工程的资金额应占全部开发投资总额的25%以上；二是属于成片开发土地的，应形成工业或其他建设的用地条件，方可转让。这样规定，其目的在于严格限制炒买炒卖地皮，牟取暴利，以保证开发建设的顺利实施。

8. 所有建设项目都需要申请核发选址意见书。 （　　）

参考答案：×

要点：国家对于建设项目，特别是国家的大、中型建设项目的宏观管理，在可行性研究阶段，主要是通过计划管理和规划管理来实现。将计划管理和规划管理有机结合起来，就能保证各项建设工程有计划并按照规划进行建设。《城乡规划法》规定："按照国家规定需要有关部门批准或者核准的建设项目，以划拨方式提供国有土地使用权的，建设单位在报送有关部门批准或者核准前，应当向城乡规划主管部门申请核发选址意见书。"其他的建设项目不需要申请选址意见书。《城乡规划法》规定：在城市、镇规划区内以划拨方式提供国有土地使用权的建设项目，经有关部门批准、核准、备案后，建设单位应当向城市、县人民政府城乡规划主管部门提出建设用地规划许可申请，由城市、县人民政府城乡规划主管部门依据控制性详细规划核定建设用地的位置、面积、允许建设的范围，核发建设用地规划许可证。建设单位在取得建设用地规划许可证后，方可向县级以上地方人民政府土地主管部门申请用地，经县级以上人民政府审批后，由土地主管部门划拨土地。

9. 未确定规划条件的地块，不得出让国有建设用地使用权。 （　　）

参考答案：√

要点：在城市、镇规划区内以出让方式提供国有土地使用权的，在国有土地使用权出让前，城市、县人民政府城乡规划主管部门应当依据控制性详细规划，提出出让地块的位置、使用性质、开发强度等规划条件，作为国有土地使用权出让合同的组成部分。未确定规划条件的地块，不得出让国有土地使用权。以出让方式取得国有土地使用权的建设项目，在签订国有土地使用权出让合同后，建设单位应当持建设项目的批准、核准、备案文件和国有土地使用权出让合同，向城市、县人民政府城乡规划主管部门领取建设用地规划许可证。城市、县人民政府城乡规划主管部门不得在建设用地规划许可证中，擅自改变作为国有土地使用权出让合同组成部分的规划条件。规划条件未纳入国有土地使用权出让合同的，该国有土地使用权出让合同无效；对未取得建设用地规划许可证的建设单位批准用地的，由县级以上人民政府撤销有关批准文件；占用土地的，应当及时退回；给当事人造成损失的，应当依法给予赔偿。

10. 房屋租赁期内，房屋所有人转让房屋的，原房屋租赁合同继续有效。

（　　）

参考答案：√

租赁合同一经签订，租赁双方必须严格遵守。商品房屋租赁期间内，因赠予、析产、继承或者买卖转让房屋的，原房屋租赁合同继续有效。承租人在房屋租赁期间死亡的，与其生前共同居住的人可以按照原租赁合同租赁该房屋。房屋租赁期间出租人出售租赁房屋的，应当在出售前合理期限内通知承租人，承租人在同等条件下有优先购买权。

11. 根据《物权法》，最高额抵押权设立前已经存在的债权不能转入最高额抵押担保的债权范围。（　　）

参考答案：×

要点：《物权法》规定，最高额抵押权设立前已经存在的债权，经当事人同意，可以转入最高额抵押担保的债权范围。最高额抵押担保的债权确定前，部分债权转让的，最高额抵押权不得转让，但当事人另有约定的除外。最高额抵押担保的债权确定前，抵押权人与抵押人可以通过协议变更债权确定的期间、债权范围以及最高债权额，但变更的内容不得对其他抵押权人产生不利影响。

12. 不动产权属证书记载的事项与不动产登记簿不一致的，以不动产权属证书为准。（　　）

参考答案：×

要点：不动产权属证书和不动产登记证明是不动产登记机构颁发给权利人或登记申请人作为其享有权利或已办理登记的凭证，是不动产登记簿所记载内容的外在表现形式。不动产权属证书和不动产登记证明记载的事项，应当与不动产登记簿一致；如记载不一致的，除有证据证明不动产登记簿确有错误外，以不动产登记簿为准。

13. 楼梯已计算建筑面积的，其下方空间不论是否利用均不再计算建筑面积。（　　）

参考答案：√

要点：房屋建筑面积是指房屋外墙（柱）勒脚以上各层的外围水平投影面积，包括阳台、挑廊、地下室、室外楼梯等，且具备有上盖，结构牢固，层高2.20m以上（含2.20m）的永久性建筑。

房屋内的夹层、插层、技术层及其楼梯间、电梯间等其高度在2.20m以上部位计算建筑面积。楼梯间、电梯（观光梯）井、提物井、垃圾道、管道井等均按房屋自然层计算面积。依坡地建筑的房屋，利用吊脚做架空层，有围护结构的，按其高度在2.20m以上部位的外围水平面积计算。

楼梯已计算建筑面积的，其下方空间不论是否利用均不再计算建筑面积。

14. 写字楼大堂的建筑面积均属于功能区共有建筑面积，应进行分摊。（　　）

参考答案：√

要点：共有建筑面积按是否应当分摊，分为不应分摊的共有建筑面积和应分摊的共有建筑面积。

（1）不应分摊的共有建筑面积包括：独立使用的地下室、车棚、车库；作为人防工程的地下室、避难室（层）；用作公共休憩、绿化等场所的架空层；为建筑造型而建、但无实用功能的建筑面积。

建在幢内或幢外与本幢相连，为多幢服务的设备、管理用房，以及建在幢外不相连，为本幢或多幢服务的设备、管理用房均作为不应分摊的共有建筑面积。

(2) 应分摊的共有建筑面积包括：①作为公共使用的电梯井、管道井、垃圾道、变电室、设备间、公共门厅、过道、地下室、值班警卫用房等以及为整幢服务的公共用房和管理用房的建筑面积；②单元与共有建筑之间的墙体水平投影面积的一半，以及外墙（包括山墙）水平投影面积的一半。

根据房屋共有建筑面积的不同使用功能，应分摊的共有建筑面积可分为三大类：

1) 幢共有建筑面积：指为整幢（包括住宅功能、写字楼功能、商场功能等）服务的共有建筑面积。如为整幢服务的配电房、水泵房等。

2) 功能共有建筑面积：指为某一建筑功能（如住宅、写字楼、商场等）服务的共有建筑面积。如为某一建筑功能服务的专用电梯、楼梯间、大堂等。

3) 本层共有建筑面积：指为本层服务的共有建筑面积。如本层共有走廊等。

15. 房地产估价收费要严格落实明码标价制度，在经营场所醒目位置公示价目表和投诉举报电话等信息。 （ ）

参考答案：√

要点：房地产估价收费一般按照评估总额的一定比例收取。根据《国家发展改革委关于放开部分服务价格的通知》（发改价格〔2014〕2732号），自2015年1月1日起，放开房地产估价收费。放开房地产估价收费后，房地产价格评估机构遵守《价格法》等法律法规要求，合法经营，为委托人等提供质量合格、价格合理的服务；要严格落实明码标价制度，在经营场所醒目位置公示价目表和投诉举报电话等信息；不得利用优势地位，强制服务、强制收费，或只收费不服务、少服务多收费；不得在标价之外收取任何未予标明的费用。

16. 二级资质房地产估价机构可以从事除公司上市以外的房地产估价业务。

（ ）

参考答案：×

要点：房地产估价机构依法在其资质等级许可范围内从事房地产估价活动，不受行政区域、行业限制。房地产估价活动，包括土地、建筑物、构筑物、在建工程、以房地产为主的企业整体资产、企业整体资产中的房地产等各类房地产评估，以及因转让、抵押、房屋征收补偿、司法鉴定、课税、公司上市、企业改制、企业清算、资产重组、资产处置等需要进行的房地产评估。一级资质房地产估价机构可以从事各类房地产估价业务。二级资质房地产估价机构可以从事除公司上市、企业清算以外的房地产估价业务。三级资质房地产估价机构可以从事除公司上市、企业清算、司法鉴定以外的房地产估价业务。暂定期内的三级资质房地产估价机构可以从事除公司上市、企业清算、司法鉴定、城镇房屋拆迁、在建工程抵押以外的房地产估价业务。

17. 房地产估价机构分立的，分立后的各方都可以保持原房地产估价机构的资质等级。( )

参考答案：×

要点：房地产估价机构合并，合并后存续或者新设立的房地产估价机构可以承继合并前各方中较高的资质等级，但应当符合相应的资质等级条件。房地产估价机构分立的，只能由分立后的一方房地产估价机构承继原房地产估价机构资质，但应当符合原房地产估价机构资质等级条件。承继原房地产估价机构资质的一方由各方协商确定，其他各方按照新设立的中介服务机构申请房地产估价机构资质。

18. 住宅专项维修资金应专项用于住宅共用部位、共用设施设备交付使用后的维修和更新、改造，不得挪作他用。( )

参考答案：√

要点：住宅物业、住宅小区内的非住宅物业或者与单幢住宅楼结构相连的非住宅物业的业主，应当按照国家有关规定交纳专项维修资金。同时规定：专项维修资金属业主所有，专项用于物业保修期满后物业共用部位、共用设施设备的维修和更新、改造，不得挪作他用。

19. 对于出租房产，房产税按照房产租金收入计征，税率为1.2%。( )

参考答案：×

要点：房产税采用比例税率。按房产余值计征的，税率为1.2%；按房产租金收入计征的，税率为12%。

20. 学校的校办工厂属于应征收房产税的范围。( )

参考答案：√

要点：下述房产免征房产税：

(1) 国家机关、人民团体、军队自用的房产。但是，上述单位的出租房产以及非自身业务使用的生产、经营用房，不属于免税范围。

(2) 由国家财政部门拨付事业经费的单位自用的房产。

(3) 宗教寺庙、公园、名胜古迹自用的房产。但其附设的营业用房及出租的房产，不属于免税范围。

(4) 个人所有非营业用的房产。房地产开发企业开发的商品房在出售前，对房地产开发企业而言是一种产品，因此，对房地产开发企业建造的商品房，在售出前，不征收房产税；但对售出前房地产开发企业已使用或出租、出借的商品房应按规定征收房产税。

(5) 经财政部批准免税的其他房产。包括：

1) 损坏不堪使用的房屋和危险房屋，经有关部门鉴定后，可免征房产税。

2) 房产大修停用半年以上的，经纳税人申请，税务机关审核，在大修期间可免征房产税。

3) 在基建工地为基建工地服务的各种工棚、材料棚、休息棚和办公室、食堂、茶炉房、汽车房等临时性房屋，在施工期间一律免征房产税。但是，工程结束后，施工企业将这种临时性房屋交还或估价转让给基建单位的，应从基建单位接收的次月起，依照规定征税。

4) 企业办的各类学校、医院、托儿所、幼儿园自用的房产，可免征房产税。

5) 老年服务机构自用的房产免税。

6) 自2011年1月1日至2015年12月31日，对向居民供热而收取采暖费的供热企业，为居民供热所使用的厂房免征房产税；对高校学生公寓免征房产税；对商品储备管理公司及其直属库承担商品储备业务自用的房产免征房产税。

7) 自2013年1月1日至2015年12月31日，对专门经营农产品的农产品批发市场、农贸市场使用的房产，暂免征收房产税。

21. 居民因房屋征收重新购置住房的，购房成交价与征收补偿款等额部分免征契税。　　　　　　　　　　　　　　　　　　　　　　　（　）

参考答案：√

要点： 有下列行为之一的，减征、免征契税：

(1) 国家机关、事业单位、社会团体、军事单位承受土地、房屋用于办公、教学、医疗、科研和军事设施的，免征；

(2) 城镇职工，按规定第一次购买公有住房的，免征；

(3) 因不可抗力灭失住房而重新购买住房的，免征；

(4) 土地、房屋被县级以上人民政府征收，重新承受土地、房屋权属的，由省、自治区、直辖市人民政府决定是否减征或者免征；

(5) 纳税人承受荒山、荒沟、荒滩、荒丘土地使用权，用于农、林、牧、渔业生产的，免征；

(6) 依照我国有关法律规定以及我国缔结或参加的双边和多边条约或协定规定应当予以免税的外国驻华大使馆、领事馆、联合国驻华机构及其外交代表、领事官员和其他外交人员承受土地、房屋权属的，经外交部确认，可以免征。

其他有关具体规定：

(1) 对于《继承法》规定的法定继承人，包括配偶、子女、父母、兄弟姐妹、祖父母、外祖父母，继承土地、房屋权属，不征收契税。非法定继承人根据遗嘱承受死者生前的土地、房屋权属，属于赠与行为，应征收契税。

(2) 在婚姻关系存续期间，房屋、土地权属原归夫妻一方所有，变更为夫妻双方共有或另一方所有的，或者房屋、土地权属原归夫妻双方共有，变更为其中一方所有的，或者房屋、土地权属原归夫妻双方共有，双方约定、变更共有份额的，免征契税。

（3）市、县级人民政府根据《国有土地上房屋征收与补偿条例》有关规定征收居民房屋，居民因个人房屋被征收而选择货币补偿用以重新购置房屋，并且购房成交价格不超过货币补偿的，对新购房屋免征契税；购房成交价格超过货币补偿的，对差价部分按规定征收契税。居民因个人房屋被征收而选择房屋产权调换，并且不缴纳房屋产权调换差价的，对新换房屋免征契税；缴纳房屋产权调换差价的，对差价部分按规定征收契税。

（4）企业改制重组过程中，同一投资主体内部所属企业之间土地、房屋权属的无偿划转，不征收契税。自然人与其个人独资企业、一人有限责任公司之间土地、房屋权属的无偿划转属于同一投资主体内部土地、房屋权属的无偿划转，可比照上述规定不征收契税。

22. 对公共租赁住房经营管理单位购买住房作为公共租赁住房的，免征营业税、房产税。　　　　　　　　　　　　　　　　　　　　　　　　（　　）

参考答案：×

要点：为支持公共租赁住房建设和运营，财政部、国家税务总局决定自2010年9月27日起执行相关的税收优惠政策。三年执行期限到期后，于2014年8月11日发布《关于促进公共租赁住房发展有关税收优惠政策的通知》（财税〔2014〕52号），决定继续对公共租赁住房建设和运营给予以下税收优惠，执行期限为2013年9月28日至2015年12月31日。

（1）对公共租赁住房建设期间用地及公共租赁住房建成后占地免征城镇土地使用税。在其他住房项目中配套建设公共租赁住房，依据政府部门出具的相关材料，按公共租赁住房建筑面积占总建筑面积的比例免征建设、管理公共租赁住房涉及的城镇土地使用税。

（2）对公共租赁住房经营管理单位免征建设、管理公共租赁住房涉及的印花税。在其他住房项目中配套建设公共租赁住房，依据政府部门出具的相关材料，按公共租赁住房建筑面积占总建筑面积的比例免征建设、管理公共租赁住房涉及的印花税。

（3）对公共租赁住房经营管理单位购买住房作为公共租赁住房，免征契税、印花税；对公共租赁住房租赁双方免征签订租赁协议涉及的印花税。

（4）对企事业单位、社会团体以及其他组织转让旧房作为公共租赁住房房源，且增值额未超过扣除项目金额20%的，免征土地增值税。

（5）企事业单位、社会团体以及其他组织捐赠住房作为公共租赁住房，符合税收法律法规规定的，对其公益性捐赠支出在年度利润总额12%以内的部分，准予在计算应纳税所得额时扣除。

个人捐赠住房作为公共租赁住房，符合税收法律法规规定的，对其公益性捐赠支出未超过其申报的应纳税所得额30%的部分，准予从其应纳税所得额中扣除。

（6）对符合地方政府规定条件的低收入住房保障家庭从地方政府领取的住房租赁补贴，免征个人所得税。

（7）对公共租赁住房免征房产税。对经营公共租赁住房所取得的租金收入，免征营业税。公共租赁住房经营管理单位应单独核算公共租赁住房租金收入，未单独核算的，不得享受免征营业税、房产税优惠政策。

（8）享受上述税收优惠政策的公共租赁住房是指纳入省、自治区、直辖市、计划单列市人民政府及新疆生产建设兵团批准的公共租赁住房发展规划和年度计划，并按照《关于加快发展公共租赁住房的指导意见》（建保〔2010〕87号）和市、县人民政府制定的具体管理办法进行管理的公共租赁住房。

23. 职工所在单位为职工缴存的住房公积金，属于职工个人所有。（ ）

参考答案：√

24. 缴存住房公积金的对象可以包括被城镇单位聘用的进城务工人员。

（ ）

参考答案：√

要点：国家机关、国有企业、城镇集体企业、外商投资企业、城镇私营企业及其他城镇企业、事业单位、民办非企业单位和社会团体及其在职职工都应按月缴存住房公积金。有条件的地方，城镇单位聘用进城务工人员，单位和职工可缴存住房公积金；城镇个体工商户、自由职业人员可申请缴存住房公积金。职工缴存的住房公积金和单位为职工缴存的住房公积金，全部纳入职工个人账户。

缴存基数是职工本人上一年度月平均工资，原则上不应超过职工工作地所在城市统计部门公布的上一年度职工月平均工资的2或3倍。缴存基数每年调整一次。缴存比例是指职工个人和单位缴存住房公积金的数额占职工上一年度月平均工资的比例。单位和个人的缴存比例不低于5%，原则上不高于12%。具体缴存比例由住房公积金管委会拟订，经本级人民政府审核后，报省自治区、直辖市人民政府批准。

25. 居住区绿地系统中居住区公园、居住小区公园、林荫道、居住组团的小块绿地都属于公共绿地。（ ）

参考答案：×

要点：市级、区级和居住区级的公共绿地及生产防护绿地，不包括专用绿地、园地和林地。

居住区绿地包括公共绿地、宅旁绿地、公共服务设施所属绿地（道路红线内的绿地），不包括屋顶、晒台的人工绿地。公共绿地内占地面积不大于百分之一的雕塑、水池、亭榭等绿化小品建筑可视为绿地。

26．一般情况下，暂时性污染源相对永久性污染源对房地产价值的影响小。
（　　）

参考答案：√

要点：暂时性污染源经过一段时间之后通常会自动消失，如建筑施工噪声，待建筑工程完工后就不存在了。而永久性污染源一般是长期存在的，如在住宅旁边修筑一条道路所带来的汽车噪声污染，将会是长期的。

27．当水灰比相同时，用水量较大的混凝土徐变较小。　　　　　（　　）

参考答案：×

要点：水灰比决定着水泥浆的稀稠。为获得密实的混凝土，所用的水灰比不宜过小；为保证拌和物有良好的黏聚性和保水性，所用的水灰比又不能过大。水灰比一般在 0.5～0.8。在此范围内，当混凝土中用水量一定时，水灰比的变化对流动性影响不大。

28．工程量清单应由具有编制能力的招标人或其委托的具有相应资质的工程造价咨询人编制。
（　　）

参考答案：√

要点：工程量清单是建设工程实行工程量清单计价的专用名词。表示的是拟建工程的分部分项工程项目、措施项目、其他项目、规费项目和税金项目的名称和相应数量等的明细清单。

工程量清单应由具有编制能力的招标人或受其委托，具有相应资质的工程造价咨询人编制。

29．由于合同缺陷造成的工程延误，发包人无须给予承包人补偿。　（　　）

参考答案：×

要点：合同缺陷是指合同文件规定的不严谨，甚至可能出现矛盾，以及合同中存在遗漏和错误。这种情况往往需要监理人给以解释，由此造成的工程拖延和损失，发包人应当给予补偿。

30．尽管测量仪器标注了真值，但由于外界条件随时变化，还有观测者感官和生理原因，无论观测者如何仔细，都无法得到测量的真值。（　　）

参考答案：√

要点：精度，就是指误差分布的密集或离散程度。测量工作是由观测者使用测量仪器、工具按照一定的方法，在一定的外界条件下进行的。由于测量所使用的仪器和工具不可能绝对精确，进行测量时的外界条件也随时发生变化，还要受到观测者感官和生理条件的限制。因此，无论何种测量，无论何种精密仪器，无论观测多么仔细，均无法求得测量的真值。

31. 在经济分析中,经济成本等于显成本与隐成本之和,也等于会计成本与正常利润之和。 （ ）

参考答案：√

要点： 经济学中的成本概念不同于会计成本,是指厂商生产经营活动中所使用的各种生产要素的支出总和,称为"经济成本"。经济成本除了会计成本,还包括未计入会计成本中的厂商自有生产要素的报酬。这种报酬通常以企业"正常利润"的形式出现,主要补偿企业主自有资本投入应获的利息、企业主为企业提供劳务应得的薪金等。在经济分析中,正常利润被作为成本项目计入产品的经济成本之内,又被称为"隐成本"。它是组织生产所必须付出的代价,也可理解为生产经营过程中使用自有生产要素的机会成本。与此相应,会计成本也被称作"显成本"。经济成本等于显成本与隐成本之和。

32. 基尼系数越小,表示收入分配两极分化越严重。 （ ）

参考答案：√

要点： 洛伦茨曲线是衡量社会成员之间收入分配均等化程度（或收入差距）的一种分析工具。通常将所调查的全部人员按收入高低分成若干部分,再依据每一部分人员的收入占全部收入中的比例进行排列,然后据此画出洛伦茨曲线。该曲线越是靠近四边均为100%的正方形的对角线,则表示收入分配越平均；而越是远离上述对角线,则表示收入分配越不平均。

基尼系数是根据洛伦茨曲线计算出来用以判断收入平均程度的指标。洛伦茨曲线将对角线以下的面积分割成 A、B 两块面积,A 块面积为对角线与洛伦茨曲线所包围的面积,基尼系数 $= A/(A+B)$。因为对角线以下的面积为定值,所以 A 越小,基尼系数也越小,这也表示洛伦茨曲线越靠近对角线,因此说明收入分配越平均；反之,基尼系数越大,则表示收入分配的两极分化越严重。

33. 一般而言,金融工具的流动性与收益性正相关,收益性与安全性负相关。 （ ）

参考答案：×

要点： 一般而言,金融工具的流动性与收益性呈负相关。如银行发行的银行券流动性最强,但却不能给投资者带来什么收益；而股票等虽收益性较高,但变现的流动性相对较弱。此外,金融工具的收益性与安全性往往也呈负相关,而流动性与安全性呈正相关。

34. 各国中央银行货币政策的终极目标主要是稳定物价,促进经济增长,实现充分就业和国际收支平衡。 （ ）

参考答案：√

要点： 货币政策目标是制定和实施货币政策要达到的目的,是指导政策工具具体操作的指南。货币政策目标包括终极目标和中间目标。

终极目标指中央银行实行一定货币政策在未来时期要达到的最终目的。货币政策的实质是正确处理经济发展与稳定货币的关系,各国中央银行货币政策的终极目标主要是稳定物价,促进经济增长,实现充分就业和国际收支平衡。

中间目标指中央银行为了实现其货币政策的终极目标而设置的可供观测和调控的指标。在市场经济条件下,中央银行不能通过直接干预生产和投资实现其货币政策的终极目标,它必须选择一些中间性或传导性的金融变量,即中间目标作为观测和控制的手段。中央银行以中间目标作为操作指示器,监测货币政策的实施程度,从而促进终极目标的实现。

35. 所有股份制企业都可以发行股票。( )

参考答案:×

要点:股份的表现形式是股份证书。在不同的股份制企业类型中,股份证书的具体形式是有差别的。其中,股份有限公司用以表现公司股份的形式才是股票。股票根据股份所代表的资本额,将股东的出资份额和股东权予以记载,以供社会公众认购和交易转让。持有股票则意味着占有了股份有限公司的股份,取得了股东资格,可以行使股东权。由此可见,股票与股份是一种形式与内容的关系。

36. 房地产投保时的保险金额既可按投保时实际价值确定,也可按保险事故发生时该房地产的实际价值确定。( )

参考答案:√

保险金额是保险人承担赔付或给付保险金责任的最高限额,也是投保人对保险标的实际投保金额。在人身保险中,我国通常由保险人根据其设置的险种,单方面制定格式合同直接确定每份保险的保险金额,投保人可根据自己支付保险费的能力决定购买保险的份数;在财产保险中,投保人与保险人在订立保险合同时,通常以保险标的的价值即保险价值为基础确定保险金额。但保险金额不得超过保险价值;超过保险价值的,超过部分无效。

房地产保险估价分为房地产投保时的保险价值评估和保险事故发生后的损失价值或损失程度评估。房地产投保时的保险价值评估,指对有可能因自然灾害或意外事故而遭受损失的建筑物的价值评估,根据所采用的保险形式,既可按该房地产投保时的实际价值确定,也可按保险事故发生时该房地产的实际价值确定,估价方法宜采用成本法和市场比较法。保险事故发生后的损失价值或损失程度评估,应把握保险标的房地产在保险事故发生前后的状态,对于其中可修复部分,宜将其修复所需的估算费用作为损失价值或损失程度。

37. 环比增长速度加1(或100%)等于环比发展速度。( )

参考答案:√

要点:增长速度是反映现象增长程度的相对指标,由增长量与发展水平的比求得。与发展速度相对应,增长速度分为定基增长速度和环比增长速度。其中定基增长速度加上1(或100%)等于定基发展速度;而环比增长速度加上1(或100%)等于环比发展速度。

38. 速动比率越高说明企业的短期偿债能力越弱。 ( )

参考答案: √

要点: 偿债能力是指企业偿还各种到期债务的能力。偿债能力分析主要分为短期偿债能力分析和长期偿债能力分析。短期偿债能力指标主要有流动比率和速动比率,长期偿债能力指标主要是资产负债率。

速动比率越高,说明企业的短期偿债能力越强。根据西方经验,一般认为速动比率为1∶1时比较合适。但在实际分析时,应根据企业性质和其他因素综合判断,不可一概而论。

39. 抵押权属于他物权,也属于一种特殊的用益物权。 ( )

参考答案: ×

要点: 按照一定的标准,可对物权做下列分类:

(1) 自物权和他物权。自物权是权利人对自己的物享有的权利,即所有权。他物权是指在他人的物上设立的权利,如抵押权、地役权、土地使用权等。

(2) 动产物权和不动产物权。凡以动产为标的物权为动产物权,如质权。凡以不动产为标的物权为不动产物权,如抵押权。

(3) 主物权和从物权。主物权是指本身就独立存在,不需要依附于其他权利的物权,如所有权。从物权是指必须依附于其他权利而存在的物权,如抵押权。

(4) 所有权和限制物权。为充分发挥物的效用,法律规定,权利人可以在其所有物上为他人设立权利,这种权利的直接效力是限制了所有权的效用,称为限制物权。用益物权和担保物权都是限制物权。

用益物权是指权利人对他人所有的不动产或动产依法享有占有、使用和收益的权利。用益物权具有以下特点:①用益物权的标的物是不动产或动产;②用益物权是一种他物权;③用益物权以对物的占有、使用、收益为主要内容,重在取得物的使用价值。用益物权包括土地承包经营权、建设用地使用权(国有土地使用权)、宅基地使用权(居住用途的集体土地使用权)、地役权等。

担保物权是以确保债务履行为目的,在债务人或第三人所有或经营管理的特定财产上设定的一种物权。担保物权包括抵押权、质权、留置权等。

40. 人民法院主导强制拍卖过程,是由强制拍卖的国家强制性和目的的利他性决定的。 ( )

参考答案: √

要点: 法院主导拍卖程序原则,是指整个强制拍卖过程,包括拍卖程序的启动、进行、中止、终结均由法院决定。从本质上看,该原则是由法院强制拍卖的国家强制性和目的的利他性决定的。

四、综合分析题（共 3 大题，15 小题，每小题 2 分。每小题的备选答案中有 1 个或 1 个以上符合题意，请在答题卡上涂黑其相应的编号。全部选对的，得 2 分；错选或多选的，不得分；少选且选择正确的，每个选项得 0.5 分）

（一）

甲房地产开发公司于 2011 年 7 月 1 日通过出让方式取得一宗位于城市规划区、用途为普通住宅的建设用地使用权。2012 年 7 月 1 日政府调整用地规划，土地用途变更为综合用地。2012 年 10 月 1 日，该项目综合楼建造至三层，建设单位将综合楼抵押给银行申请贷款。银行委托乙房地产估价机构对该在建综合楼进行评估。

1. 政府调整规划，对该项目可以采取的处置方式为（　　）。
A. 无偿收回
B. 延长动工开发期限
C. 置换其他价值相当、用途相同的国有建设用地
D. 按照新用途或者新规划条件重新办理相关用地手续

参考答案：D

要点： 闲置土地处置应当符合土地利用总体规划和城乡规划，遵循依法依规、促进利用、保障权益、信息公开的原则。属于政府、政府有关部门的行为造成动工开发延迟的，国有建设用地使用权人应当向市、县国土资源主管部门提供土地闲置原因说明材料，经审核属实的，以及因自然灾害等不可抗力导致土地闲置的，市、县国土资源主管部门应当与国有建设用地使用权人协商，选择下列方式处置：

（1）延长动工开发期限。签订补充协议，重新约定动工开发、竣工期限和违约责任。从补充协议约定的动工开发日期起，延长动工开发期限最长不得超过一年。

（2）调整土地用途、规划条件。按照新用途或者新规划条件重新办理相关用地手续，并按照新用途或者新规划条件核算、收缴或者退还土地价款。改变用途后的土地利用必须符合土地利用总体规划和城乡规划。

（3）由政府安排临时使用。待原项目具备开发建设条件，国有建设用地使用权人重新开发建设。从安排临时使用之日起，临时使用期限最长不得超过两年。

（4）协议有偿收回国有建设用地使用权。

（5）置换土地。对已缴清土地价款、落实项目资金，且因规划依法修改造成闲置的，可以为国有建设用地使用权人置换其他价值相当、用途相同的国有建设

用地进行开发建设。涉及出让土地的,应当重新签订土地出让合同,并在合同中注明为置换土地。

(6) 市、县国土资源主管部门还可以根据实际情况规定其他处置方式。

2. 该综合楼建设用地使用权出让年限最高为( )年。

A. 40 B. 50 C. 69 D. 70

参考答案:B

要点:《城镇国有土地使用权出让和转让暂行条例》规定的出让最高年限如下:居住用地 70 年;工业用地 50 年;教育、科技、文化卫生、体育用地 50 年;商业、旅游、娱乐用地 40 年;综合或其他用地 50 年。

3. 建设单位将综合楼抵押应办理( )。

A. 预告登记   B. 地役权登记
C. 所有权初始登记   D. 在建工程抵押登记

参考答案:D

要点:在建工程抵押权登记包括设立登记、变更登记、转移登记和注销登记。在建工程抵押权登记事项在房屋登记簿上予以记载后,房屋登记机构向在建工程抵押权人发放在建工程抵押登记证明。已经登记在建工程抵押权变更、转让或者消灭的,当事人应当申请变更登记、转移登记、注销登记。在建工程竣工并经房屋所有权初始登记后,当事人应当申请将在建工程抵押权登记转为房屋抵押权登记。

4. 乙房地产估价机构评估时,应( )。

A. 进行实地查勘   B. 要求提供房屋所有权证书
C. 要求提供国有土地使用证   D. 调查建设用地使用权是否已抵押

参考答案:ACD

要点:在房地产抵押估价活动中,房地产估价师应当勤勉尽责,包括了解抵押房地产的法定优先受偿权利等情况;必要时对委托人提供的有关情况和资料进行核查;全面、细致地了解估价对象,对估价对象进行实地查勘,将估价对象现状与相关权属证明材料上记载的内容逐一进行对照,做好实地查勘记录,拍摄能够反映估价对象外观、内部状况和周围环境、景观的照片;处置房地产时,除评估房地产的公开市场价值,同时给出快速变现价值的意见及其理由等。

(二)

2012 年 6 月 1 日,某市政府根据城市规划进行旧城改造,决定征收城区内某处国有土地上 15 万 m^2 的房屋,其中有 3 万 m^2 的房屋未登记,包括 1.20 万 m^2 的违法建筑。依法选定甲房地产估价机构负责房屋征收评估工作。

5. 甲房地产估价机构资质等级可以为( )。

A. 一级 B. 二级
C. 三级 D. 暂定三级

参考答案：ABC

要点：房地产估价机构依法在其资质等级许可范围内从事房地产估价活动，不受行政区域、行业限制。房地产估价活动，包括土地、建筑物、构筑物、在建工程、以房地产为主的企业整体资产、企业整体资产中的房地产等各类房地产评估，以及因转让、抵押、房屋征收补偿、司法鉴定、课税、公司上市、企业改制、企业清算、资产重组、资产处置等需要进行的房地产评估。一级资质房地产估价机构可以从事各类房地产估价业务。二级资质房地产估价机构可以从事除公司上市、企业清算以外的房地产估价业务。三级资质房地产估价机构可以从事除公司上市、企业清算、司法鉴定以外的房地产估价业务。暂定期内的三级资质房地产估价机构可以从事除公司上市、企业清算、司法鉴定、城镇房屋拆迁、在建工程抵押以外的房地产估价业务。

6. 对 3 万 m^2 未进行登记的房屋，可采取的处理方式为（   ）。

A. 先行拆除，再做处理

B. 进行调查、认定和处理

C. 对未超过批准期限的临时建筑给予补偿

D. 对 1.20 万 m^2 的违法建筑不予补偿

参考答案：AC

要点：对未进行登记的建筑物先行调查、认定和处理。为了避免在房屋征收时矛盾过分集中，市、县级人民政府应当依法加强建设活动管理，对违反城乡规划进行建设的，依法予以处理；另外，市、县级人民政府作出房屋征收决定前，应当组织有关部门依法对征收范围内未经登记的建筑进行调查、认定和处理。当事人对有关部门的认定和处理结果不服的，可以依法提起行政复议或者诉讼。

7. 对已登记的房屋，在评估界定其性质、用途和建筑面积时，一般应以（   ）为准。

A. 实际调查的结果 B. 房屋权属证书和房屋登记簿的记载
C. 评估机构确定的结果 D. 房屋征收实施单位确定的结果

参考答案：B

要点：房屋征收部门应当向受托的房地产估价机构提供征收范围内房屋情况。一是在委托书和委托合同中明确评估对象范围。房屋征收评估前，房屋征收部门应当组织有关单位对被征收房屋情况进行调查，明确评估对象。评估应当全面、客观，不得遗漏、虚构。二是提供征收范围内已经登记的房屋情况和未经登记建筑的认定、处理结果情况。对于已经登记的房屋，其性质、用途和建筑面积，一般以房屋权属证书和房屋登记簿的记载为准；房屋权属证书与房屋登记簿的记载不一致的,除有证据证明房屋登记簿确有错误外,以房屋登记簿为准;对于未经登记的建筑,应当按照市、县级人民政府的认定、处理结果进行评估。

8. 房屋征收评估费用由( )承担。

A. 被征收人 B. 该项目建设单位
C. 征收单位 D. 被征收人和征收单位共同

参考答案:C

要点:委托房屋征收评估、鉴定,应当按照政府规定的收费标准收取费用。房屋征收评估、鉴定费用由委托人承担,即房屋征收评估的费用由房屋征收部门承担,鉴定费用由进行委托的房屋征收当事人承担。但鉴定改变原评估结果的,鉴定费用由原房地产估价机构承担。房地产估价机构受托进行复核评估的,不再收取评估费用。

9. 被征收人如果对评估结果有异议,应向被征收房屋所在地( )申请鉴定。

A. 房地产管理部门 B. 估价师协会
C. 房屋征收部门 D. 评估专家委员会

参考答案:D

要点:被征收人或者房屋征收部门对房地产估价机构的复核结果有异议的,应当自收到复核结果之日起10日内,向被征收房屋所在地房地产价格评估专家委员会申请鉴定。

(三)

某城市处于平原地区,城中有两条河流汇集,并有两条铁路在此交汇。该市下辖四县两区,地下煤炭资源储藏丰富,形成了煤炭开采、煤化工、电力生产、交通运输等主导产业。2011年,甲房地产开发公司在该市投资建设一个占地面积5600m²、总建筑面积17000m²的住宅项目,该项目由3幢建筑组成,均为现浇框架结构,每幢建筑的进深为14m,基底面积均为860m²,共8层,其中一层建筑面积720m²,二层以上建筑面积相等。建设期间,乙银行给予甲房地产开发公司流动资金贷款9000万元,以其建设用地使用权抵押作为放款条件。2011年,甲房地产开发公司销售收入1.70亿元,其中,销售收入净额1.58亿元,营业成本0.85亿元,销售费用、管理费用和财务费用分别为0.17亿元、0.13亿元和0.04亿元,所得税税率为25%。

10. 该城市的性质为( )城市。

A. 中心 B. 工业
C. 商业 D. 交通港口

参考答案:AD

要点：按城市性质划分城市类型：

（1）工业城市。以工业生产为主，工业用地及对外交通运输用地占有较大的比重。不同性质的工业，在规划上会有不同的特殊要求。这类城市又可依工业构成情况分为多种工业的城市和单一工业为主的城市。

（2）交通港口城市。这类城市往往是由对外交通运输发展起来的，交通运输用地在城市中占有很大比例。这类城市根据运输条件，又可分为铁路枢纽城市和内河港埠城市等。

（3）中心城市。这类城市既有政治、文教、科研等非经济机构的主要职能；也有经济方面的职能，在用地组成与布局上较为复杂，城市规模较大。根据规模和职能，又可分为全国性中心城市和地区性中心城市等。

（4）县城。这类城市是联系广大农村的纽带，也是工农业物资的集散地。县城的特点是数量多，规模小。

（5）特殊职能的城市。根据不同的职能可分为纪念性城市、观光旅游城市、边防城市、经济特区等。

11. 需要关注该城市主导产业带来的污染类型为（　　）。
   A. 硫氧化物　　　　　　　　B. 煤渣和粉煤灰
   C. 工业废水　　　　　　　　D. 放射性辐射污染
   参考答案：ABC

12. 3幢建筑二层以上每层建筑面积分别为（　　）m^2。
   A. 600.83　　B. 618.33　　C. 686.66　　D. 706.67
   参考答案：D

   要点：建筑密度。即规划地块内各类建筑基底占地面积与地块面积之比，通常以上限控制。容积率。即规划地块内各类总建筑面积与地块面积之比，即：容积率＝总建筑面积/土地面积。

13. 该项目每幢建筑应配备的设备设施为（　　）。
   A. 电梯　　　　　　　　　　B. 热水系统
   C. 中水道　　　　　　　　　D. 自动喷洒系统
   参考答案：A

   要点：低层住宅指1～3层的住宅；多层住宅指3层及3层以上至可以不设电梯的层数（一般以6层为限）；而高层住宅为7层及7层以上需设电梯的住宅。

14. 甲房地产开发公司取得的银行贷款种类为（　　）贷款。
   A. 担保　　B. 信用　　C. 短期　　D. 自营
   参考答案：ACD

   要点：（1）按贷款发放时是否承担本息收回的责任及责任大小，可将贷款分为自营贷款、委托贷款和特定贷款。

自营贷款是指贷款人以合法方式筹集资金、自主发放的贷款，风险由贷款人承担，并由贷款人收回本金和利息。

委托贷款是指由政府部门、企事业单位及个人等委托人提供资金，由贷款人（即受托人）根据委托人确定的贷款对象、用途、金额期限、利率等代为发放、监督使用并协助收回的贷款。贷款人只收取手续费，不承担贷款风险。

特定贷款是指经国务院批准并对贷款可能造成的损失采取相应补救措施后责成国有独资商业银行发放的贷款。

（2）按贷款使用期限的长短，可将贷款分为短期贷款、中期贷款和长期贷款。

短期贷款指贷款期限在1年以内（含1年）的贷款。

中期贷款指贷款期限在1年（不含1年）以上5年以下（含5年）的贷款。

长期贷款指贷款期限在5年以上（不含5年）的贷款。

（3）按贷款发放时有无担保品，贷款分为信用贷款、担保贷款、票据贴现。

信用贷款是指以借款人的信誉发放的贷款。这种贷款的突出特点是不需要任何担保和抵押，借款人仅凭信誉就可取得贷款，因此贷款风险较大。随着市场经济的发展，为有效防范信用风险，商业银行已逐步从过去以信用贷款为主过渡到以担保贷款为主，信用贷款主要是对信誉卓著、确实有偿还能力的借款人发放。

担保贷款是指贷款人对借款人以自己或其保证人的资产作担保而发放的贷款。根据担保形式不同，可将担保贷款分为保证贷款、抵押贷款和质押贷款。保证贷款是指以一定的保证方式，第三人承诺在借款人不能偿还贷款时，按约定承担一般保证责任或者连带责任而发放的贷款。当债务人不能履行债务时，保证人要按约定履行债务或承担责任。抵押贷款是指按一定的抵押方式以借款人或第三人的财产作为抵押物发放的贷款。当债务人不能履行债务时，债权人（贷款人）有权依照法律规定处置抵押财产并优先受偿。可以抵押的财产主要有房地产等。质押贷款是指按一定的质押方式以借款人或第三人的动产或权利作为质物而发放的贷款。当债务人不能履行债务时，债权人（贷款人）有权依照法律规定将质押动产或权利折价或者拍卖并优先受偿。可以质押的动产和权利主要有存款单、仓单、提单、债券、可转让的股份和商标权、专利权等。

票据贴现是贷款业务的一种，与其他贷款业务的区别是：①贷款是事后收取利息，票据贴现是在业务发生时即从票据面额中预扣利息；②贷款的债务人是借款人，而票据贴现的债务人不是持票据贴现的人，而是票据的出票人或承兑付款人；③贷款的期限相对较长，而票据贴现的期限一般较短。

15. 甲房地产开发公司2011年的销售净利率为(　　)。
    A. 18.51%　　　B. 22.94%　　　C. 24.68%　　　D. 53.79%
参考答案：A

要点： 销售净利率是企业的净利润与销售收入净额的比率。即：

销售净利率＝净利润/销售收入净额×100％

房地产基本制度与政策（二）

一、单项选择题（共 40 题，每题 0.5 分。每题的备选答案中只有 1 个最符合题意，请在答题卡上涂黑其相应的编号）

1. 专项用于廉租住房维护和管理的资金是（　　）。
   A. 廉租住房租金　　　　　　B. 土地出让净收益
   C. 地方财政资金　　　　　　D. 住房公积金增值收益
   参考答案：A

   要点： 廉租住房由政府通过新建、改建、购置、租赁等方式筹集；新建廉租住房，实行土地划拨和税费减免；以低租金出租给符合条件的家庭。廉租住房单套建筑面积控制在 $50m^2$ 以内，保证基本居住功能。廉租住房保障也采取发放租赁补贴、由低收入家庭在市场上自行承租住房的方式。廉租住房保障资金来源有：一是地方财政将廉租住房保障资金纳入年度预算安排。二是住房公积金增值收益在提取贷款风险准备金和管理费用之后全部用于廉租住房建设。三是土地出让净收益用于廉租住房保障资金的比例不得低于 10％，各地还可根据实际情况进一步适当提高比例。四是廉租住房租金收入实行收支两条线管理，专项用于廉租住房的维护和管理。对中西部财政困难地区，通过中央预算内投资补助和中央财政廉租住房保障专项补助资金等方式给予支持。

2. 征收集体土地是国家依法强制取得集体土地（　　）的行为。
   A. 所有权　　B. 使用权　　C. 承包经营权　　D. 地役权
   参考答案：A

   要点： 征收集体土地是国家为了公共利益的需要，依法对集体所有土地转变为国有土地并给予补偿的行为。征收是所有权的转变，其结果是权利发生转移。

3. 挂牌出让国有建设用地使用权，挂牌时间应不少于（　　）个工作日。
   A. 5　　　　　B. 7　　　　　C. 10　　　　　D. 15
   参考答案：C

   要点： 挂牌出让国有土地使用权，是指出让人发布挂牌公告，按公告规定的期限将出让宗地的交易条件在指定的土地交易所挂牌公布，接受竞买人的报价申请并更新挂牌价，根据挂牌期限截止日时的出价结果或者现场竞价结果确定国有建设用地使用权人的行为。挂牌时间不少于 10 个工作日。挂牌期间，土地管理部门可以根据竞买人承担竞价情况调整增价幅度。

4. 国有土地上房屋征收评估费用一般由（　　）支付。
   A. 被征收人　　　　　　　　B. 房屋征收部门
   C. 建设单位　　　　　　　　D. 房屋征收实施单位
   参考答案：B
   要点：委托房屋征收评估、鉴定，应当按照政府规定的收费标准收取费用。房屋征收评估、鉴定费用由委托人承担，即房屋征收评估的费用由房屋征收部门承担，鉴定费用由进行委托的房屋征收当事人承担。但鉴定改变原评估结果的，鉴定费用由原房地产估价机构承担。房地产估价机构受托进行复核评估的，不再收取评估费用。

5. 某注册房地产估价师在房屋征收评估时，为被征收人谋取不正当利益，虚增建筑面积 1500m^2，致使国家损失 1000 万元，该房地产估价师涉嫌（　　）。
   A. 金融诈骗罪　　　　　　　B. 提供虚假证明文件罪
   C. 侵犯财产罪　　　　　　　D. 出具证明文件重大失实罪
   参考答案：B
   要点：房地产估价机构或者房地产估价师出具虚假或者有重大差错的评估报告的，要按照《房屋征收条例》的规定进行处罚。具体的法律责任包括：

   一是给予警告、罚款、吊销证书等行政处罚。即由房地产估价机构或者房地产估价师的发证机关责令限期改正，给予警告；对房地产估价机构并处 5 万元以上 20 万元以下罚款，对估价师并处 1 万元以上 3 万元以下罚款；情节严重的，吊销资质证书、注册证书。

   二是将有关处罚记入信用档案。房地产估价机构、房地产估价师接受行政处罚或有犯罪记录的，将作为不良记录分别记入房地产估价机构、房地产估价师信用档案，并向社会公示。

   三是造成损失的，依法承担赔偿责任。房地产估价机构、房地产估价师出具虚假或者有重大差错的评估报告，造成实际损失的，应当按照民事法律的规定，承担一定形式的民事赔偿责任。

   四是构成犯罪的，依法追究刑事责任。房地产估价机构或者房地产估价师出具虚假评估报告的，可能构成提供虚假证明文件罪；出具有重大差错的评估报告的，可能构成出具证明文件重大失实罪，应当依照《刑法》予以处罚。

   此外，《最高人民检察院、公安部关于经济犯罪案件追诉标准的规定》和《中华人民共和国刑法》对包括房地产估价师在内的有关人员故意提供虚假证明文件行为，起诉、处罚均有明确规定。《最高人民检察院、公安部关于经济犯罪案件追诉标准的规定》规定：中介组织人员提供虚假证明文件案，涉嫌给国家、公众或者其他投资者造成的直接经济损失数额在 50 万元以上的；虽未达到上述数额标准，但因提供虚假证明文件，受过行政处罚二次以上，又提供虚假证明文件的；造成恶劣影响的，均应予追诉。中介组织人员出具证明文件重大失实案涉嫌给国家、公众或者其他投资者造成的直接经济损失数额在 100 万元以上的；或造成恶劣影响的均应予追诉。

《中华人民共和国刑法》第二百二十九条规定：承担资产评估、验资、验证、会计、审计、法律服务等职责的中介组织的人员故意提供虚假证明文件，情节严重的，处五年以下有期徒刑或者拘役，并处罚金。前款规定的人员，索取他人财物或者非法收受他人财物，犯前款罪的，处五年以上十年以下有期徒刑，并处罚金。第一款规定的人员，严重不负责任，出具的证明文件有重大失实，造成严重后果的，处三年以下有期徒刑或者拘役，并处或者单处罚金。

6. 转让房屋开发建设项目，除建设用地使用权出让金外，实际投入房屋建设工程的资金额应达到全部开发投资总额的（　　）以上。

A. 25％　　　　B. 30％　　　　C. 35％　　　　D. 50％

参考答案：A

要点：按照出让合同约定进行投资开发，完成一定开发规模后才允许转让，这里又分为两种情形：一是属于房屋建设的，开发单位除土地使用权出让金外，实际投入房屋建设工程的资金额应占全部开发投资总额的 25％以上；二是属于成片开发土地的，应形成工业或其他建设的用地条件，方可转让。

7. 商品房预售广告不得涉及的内容是（　　）。

A. 开发企业名称　　　　B. 装饰装修内容
C. 贷款银行名称　　　　D. 预售许可证书号

参考答案：C

要点：房地产预售、销售广告，必须载明以下事项：开发企业名称；中介服务机构代理销售的，载明该机构名称；预售广告应当载明预售许可证书号。

广告中仅介绍房地产项目名称的，可以不必载明上述事项。

房地产广告的要求：

1）房地产广告中涉及所有权或者使用权的，所有或者使用的基本单位应当是有实际意义的完整的生产、生活空间。

2）房地产广告中对价格有表示的，应当清楚表示为实际的销售价格，明示价格的有效期限。

3）房地产广告中表现项目位置，应以从该项目到达某一具体参照物的现有交通干道的实际距离表示，不得以所需时间来表示距离。

房地产广告中的项目位置示意图，应当准确、清楚、比例恰当。

4）房地产广告中涉及的交通、商业、文化教育设施及其他市政条件等，如在规划或者建设中，应当在广告中注明。

5）房地产广告中涉及面积的，应当表明是建筑面积或使用面积。

6）房地产广告涉及内部结构、装修装饰的，应当真实、准确。预售、预租商品房广告，不得涉及装修装饰内容。

7）房地产广告中不得利用其他项目的形象、环境作为本项目的效果。

8）房地产广告中使用建筑设计效果图或者模型照片的，应当在广告中注明。

9）房地产广告中不得出现融资或者变相融资的内容，不得含有升值或者投资回报的承诺。

10）房地产广告中涉及贷款服务的，应当载明提供贷款的银行名称及贷款额度、年期。

11）房地产广告中不得含有能够为入住者办理户口、就业、升学等事项的承诺。

12）房地产广告中涉及物业管理内容的，应当符合国家有关规定；涉及尚未实现的物业管理内容，应当在广告中注明。

13）房地产广告中涉及资产评估的，应当表明评估单位、估价师和评估时间；使用其他数据、统计资料、文摘、引用语的，应当真实、准确，标明出处。

8. 建设工程符合城市规划要求的法律凭证是（　　）。
   A. 选址意见书　　　　　　　B. 建设用地规划许可证
   C. 建筑工程施工许可证　　　D. 建设工程规划许可证

参考答案：D

要点：在城市、镇规划区内进行建筑物、构筑物、道路、管线和其他工程建设的，建设单位或者个人应当向城市、县人民政府城乡规划主管部门或者省、自治区、直辖市人民政府确定的镇人民政府申请办理建设工程规划许可证。申请办理建设工程规划许可证，应当提交使用土地的有关证明文件、建设工程设计方案等材料。需要建设单位编制修建性详细规划的建设项目，还应当提交修建性详细规划。对符合控制性详细规划和规划条件的，由城市、县人民政府城乡规划主管部门或者省、自治区、直辖市人民政府确定的镇人民政府核发建设工程规划许可证。

城市、县人民政府城乡规划主管部门或者省、自治区、直辖市人民政府确定的镇人民政府应当依法将经审定的修建性详细规划、建设工程设计方案的总平面图予以公布。

建设单位应当按照规划条件进行建设；确需变更的，必须向城市、县人民政府城乡规划主管部门提出申请。变更内容不符合控制性详细规划的，城乡规划主管部门不得批准。城市、县人民政府城乡规划主管部门应当及时将依法变更后的规划条件通报同级土地主管部门并公示。建设单位应当及时将依法变更后的规划条件报有关人民政府土地主管部门备案。

建设工程规划许可管理的主要内容包括：

（1）建筑管理。主要是按照城市规划要求对各项建筑工程（包括各类建筑物、构筑物）的性质、规模、位置、标高、高度、体量、体形、朝向、间距、建筑密度、容积率、建筑色彩和风格等进行审查和规划控制。

（2）道路管理。主要是按照城市规划要求对各类道路的走向、坐标和标高、道路宽度、道路等级、交叉口设计、横断面设计、道路附属设施等进行审查和规划控制。

（3）管线管理。主要是按照城市规划要求对各项管线工程（包括地下埋设和地上架设的给水、雨水、污水、电力、通讯、燃气、热力及其他管线）的性质、断面、走向、坐标、标高、架埋方式、架设高度、埋置深度、管线相互间的水平距离与垂直距离及交叉点的处理等进行审查和规划控制。管线管理要充分考虑不同性质和类型管线各自的技术规范要求，以及管线与地面建筑物、构筑物、道路、行道树和地下各类建设工程的关系，进行综合协调。

（4）审定设计方案。城市规划行政主管部门对于建设工程的初步设计方案进行审查，并确认其符合规划设计要点的要求后，建设单位就可以进行建设工程的施工图设计。

（5）核发建设工程规划许可证。建设工程规划许可证是有关建设工程符合城市规划要求的法律凭证。在城市规划区内新建、扩建和改建建筑物、构筑物、道路、管线和其他工程设施，必须持有关批准文件向城市规划行政主管部门提出申请，由城市规划行政主管部门根据城市规划提出的规划设计要求，核发建设工程规划许可证。在核发建设工程规划许可证前，城市规划行政主管部门应对建设工程施工图进行审查。建设单位或者个人在取得建设工程规划许可证件和其他有关批准文件后，方可申请办理开工手续。

（6）放线、验线制度。为了保证建设单位能够按照建设工程许可证的规定组织施工，建设工程的坐标、标高确认无误，城市规划行政主管部门应派专门人员或认可的勘测单位到施工现场进行放线，建设工程经城市规划行政主管部门验线后，方可破土动工。

（7）建设工程的竣工验收。建设工程竣工验收，主要是监督检查该建设工程是否符合规划设计要求核准的设计方案。县级以上地方人民政府城乡规划主管部门按照国务院规定对建设工程是否符合规划条件予以核实。未经核实或者经核实不符合规划条件的，建设单位不得组织竣工验收。

（8）竣工资料的报送。建设单位应当在竣工验收后六个月内向城乡规划主管部门报送有关竣工验收资料。竣工资料包括该建设工程的审批文件（影印件）和该建设工程竣工时的总平面图、各层平面图、立面图，剖面图、设备图、基础图和城市规划行政主管部门指定需要的其他图纸。竣工资料是城市规划行政主管部门进行具体的规划管理过程中需要查阅的重要历史资料，任何建设单位和个人都必须依法执行。

在选址意见书、建设用地规划许可证、建设工程规划许可证或者乡村建设规划许可证发放后，因依法修改城乡规划给被许可人合法权益造成损失的，应当依法给予补偿。经依法审定的修建性详细规划、建设工程设计方案的总平面图不得随意修改；确需修改的，城乡规划主管部门应当采取听证会等形式，听取利害关系人的意见；因修改给利害关系人合法权益造成损失的，应当依法给予补偿。

9. 城市控制性详细规划由（　　）批准。
A. 本级人民政府　　　　　　B. 上一级人民政府
C. 国务院城乡规划主管部门　　D. 本级人民代表大会常务委员会

参考答案：A

要点：城市人民政府城乡规划主管部门根据城市总体规划的要求，组织编制城市的控制性详细规划，经本级人民政府批准后，报本级人民代表大会常务委员会和上一级人民政府备案。县人民政府所在地镇的控制性详细规划，由县人民政府城乡规划主管部门根据镇总体规划的要求组织编制，经县人民政府批准后，报本级人民代表大会常务委员会和上一级人民政府备案。镇人民政府根据镇总体规划的要求，组织编制镇的控制性详细规划，报上一级人民政府审批。城市、县人民政府城乡规划主管部门和镇人民政府可以组织编制重要地块的修建性详细规划。其他地区的修建性详细规划的编制主体是建设单位。各类修建性详细规划由城市、县城乡规划主管部门依法负责审定，修建性详细规划应当符合控制性详细规划。

10. 关于商品房屋租赁合同的说法，错误的是（　　）。
A. 商品房屋租赁合同应采用示范文本
B. 商品房屋租赁合同应采用书面形式
C. 商品房屋转租合同应办理登记备案
D. 商品房屋租赁合同逐步实行网上备案

参考答案：D

要点：商品房屋租赁合同是出租人与承租人签订的，用于明确租赁双方权利义务关系的协议。租赁是一种民事法律关系，在租赁关系中出租人与承租人之间所发生的民事关系主要是通过租赁合同确定的。因此，在租赁中出租人与承租人应当对双方的权利与义务做出明确的规定，并且以文字形式形成书面记录，成为出租人与承租人关于租赁问题双方共同遵守的准则。

《商品房屋租赁管理办法》要求，直辖市、市、县房地产主管部门应当建立房屋租赁登记备案信息系统，逐步实行房屋租赁合同网上登记备案，并纳入房地产市场信息系统。房屋租赁登记备案记载的信息内容应当包括：出租人的姓名（名称）、住所，承租人的姓名（名称）、身份证件种类和号码，出租房屋的坐落、租赁用途、租金数额、租赁期限等。

11. 下列房地产权利中，属于可以抵押的是（　　）。

A. 国有土地所有权　　　　　　B. 宅基地的土地使用权
C. 集体土地所有权　　　　　　D. 村企业的房屋所有权

参考答案：C

要点：《物权法》规定，债务人或者第三人有权处分可以抵押的财产有：建筑物和其他土地附着物；建设用地使用权；以招标、拍卖、公开协商等方式取得的荒地等土地承包经营权；生产设备、原材料、半成品、产品；正在建造的建筑物、船舶、航空器；交通运输工具；法律、行政法规未禁止抵押的其他财产。抵押人可以将上列财产一并抵押。

12. 抵押人为抵押的房地产投保，在抵押期间，保险赔偿的第一受益人是（　　）。

A. 抵押人　　　　　　　　　　B. 承租人
C. 担保人　　　　　　　　　　D. 抵押权人

参考答案：D

要点：抵押当事人约定对抵押房地产保险的，由抵押人为抵押的房地产投保，保险费由抵押人负担。抵押房地产投保的，抵押人应当将保险单移送抵押权人保管。在抵押期间，抵押权人为保险赔偿的第一受益人。

13. 不具有终局、确定效力的不动产登记是（　　）。

A. 转移登记　　　　　　　　　B. 预登记
C. 更正登记　　　　　　　　　D. 查封登记

参考答案：C

14. 房屋登记机构办理在建工程抵押登记后，应向权利人发放（　　）。

A. 备案证明　　　　　　　　　B. 房屋所有权证书
C. 登记证明　　　　　　　　　D. 房屋他项权利证书

参考答案：C

要点：在建工程抵押权登记包括设立登记、变更登记、转移登记和注销登记。在建工程抵押权登记事项在房屋登记簿上予以记载后，房屋登记机构向在建工程抵押权人发放在建工程抵押登记证明。

15. 房地产估价收费采用（　　）计收。

A. 分类定率　　　　　　　　　B. 差额定率分档累进
C. 比例　　　　　　　　　　　D. 幅度定额分档累进

参考答案：C

要点：房地产估价收费一般按照评估总额的一定比例收取。根据《国家发展改革委关于放开部分服务价格的通知》（发改价格〔2014〕2732号），自2015年

1月1日起,放开房地产估价收费。放开房地产估价收费后,房地产价格评估机构遵守《价格法》等法律法规要求,合法经营,为委托人等提供质量合格、价格合理的服务;要严格落实明码标价制度,在经营场所醒目位置公示价目表和投诉举报电话等信息;不得利用优势地位,强制服务、强制收费,或只收费不服务、少服务多收费;不得在标价之外收取任何未予标明的费用。

16. 房地产估价有限责任公司中专职注册房地产估价师的股份合计应不低于( )。

    A. 50%   B. 60%   C. 70%   D. 80%

参考答案:B

要点:专职注册房地产估价师股份或者出资额比例要求:有限责任公司的股份或者合伙企业的出资额中专职注册房地产估价师的股份或者出资额合计不低于60%。

17. 注册房地产估价师在每一注册有效期内,最少应接受( )学时的继续教育。

    A. 30   B. 60   C. 90   D. 120

参考答案:D

要点:注册房地产估价师继续教育,由中国房地产估价师与房地产经纪人学会负责组织。注册房地产估价师在每一注册有效期内即3年内,接受继续教育的时间为120学时,其中,必修课和选修课每一注册有效期各为60学时。注册房地产估价师经继续教育,达到合格标准的,由中国房地产估价师与房地产经纪人学会颁发继续教育合格证书。

18. 住房置业担保公司为借款人提供的是( )保证。

    A. 抵押   B. 质押   C. 留置权   D. 连带责任

参考答案:D

要点:理解住房置业担保概念需把握三点,一是住房置业担保公司提供的住房置业担保,是个人住房贷款担保方式的一种补充。个人住房贷款是指贷款人向借款人发放的用于购买自用普通住房的贷款。贷款人发放个人住房贷款时,借款人必须提供担保,借款人到期未能偿还贷款本息的,贷款人有权依法处理其抵押物或质押物,或由保证人承担偿还本息的连带责任。除了住房置业担保外,还有抵押、质押及其他保证担保等担保方式。二是它是特定的专业性担保机构提供的保证担保,以区别于其他形式的住房保证担保行为。《住房置业担保管理试行办法》对住房置业担保公司有严格的设立程序和设立条件,对担保机构的业务管理也有具体规定。三是它规定了保证方式和反担保方式,住房置业担保提供的保证方式是连带责任保证,依照连带责任保证的法律规定,债务人在主合同规定的债务履行期限届满时没有履行债务的,债权人可以要求债务人履行债务,也可以要求保证人在其保证范围内承担保证责任。同时要求借款人应当将其本人或者第三人的合法房屋依法向担保公司进行抵押反担保。担保公司有权就代为清偿的部分向借款人进行追偿,并要求行使房屋抵押权,处置抵押物。

19. 住宅专项维修资金可以用于购买( )。

A. 股票　　　　B. 国债　　　　C. 基金　　　　D. 企业债券

参考答案:B

20. 某房地产开发项目销售收入为65000万元,扣除项目金额为35000万元,则应缴纳土地增值税( )万元。

A. 9000　　　　B. 10250　　　　C. 12000　　　　D. 15000

参考答案:B

要点:土地增值税以纳税人转让房地产所取得的土地增值额为计税依据,土地增值额为纳税人转让房地产所取得的收入减除规定扣除项目金额后的余额。纳税人转让房地产所取得的收入,包括转让房地产的全部价款及相关的经济利益。具体包括货币收入、实物收入和其他收入。土地增值税实行四级超额累进税率:

(1) 增值额未超过扣除项目金额50%的部分,税率为30%;

(2) 增值额超过扣除项目金额50%,未超过100%的部分,税率为40%;

(3) 增值额超过扣除项目金额100%,未超过200%的部分,税率为50%;

(4) 增值额超过扣除项目金额200%以上部分,税率为60%。

为简化计算,应纳税额可按增值额乘以适用税率减去扣除项目金额乘以速算扣除系数的简便方法计算,速算公式如下:

土地增值额未超过扣除项目金额50%的,应纳税额=土地增值额×30%;

土地增值额超过扣除项目金额50%,未超过100%的,应纳税额=土地增值额×40%-扣除项目×5%;

土地增值额超过扣除项目金额100%,未超过200%的,应纳税额=土地增值额×50%-扣除项目×15%;

土地增值额超过扣除项目金额200%的,应纳税额=土地增值额×60%-扣除项目金额×35%。

21. 下列取得房地产的行为中,属于免征契税的是( )。

A. 接受赠予房地产

B. 购买经济适用住房

C. 城镇职工第一次购买公有住房

D. 购买90m²以下且属于该家庭唯一住房

参考答案:C

要点:有下列行为之一的,减征、免征契税:

(1) 国家机关、事业单位、社会团体、军事单位承受土地、房屋用于办公、

教学、医疗、科研和军事设施的,免征;

(2)城镇职工,按规定第一次购买公有住房的,免征;

(3)因不可抗力灭失住房而重新购买住房的,免征;

(4)土地、房屋被县级以上人民政府征收,重新承受土地、房屋权属的,由省、自治区、直辖市人民政府决定是否减征或者免征;

(5)纳税人承受荒山、荒沟、荒滩、荒丘土地使用权,用于农、林、牧、渔业生产的,免征;

(6)依照我国有关法律规定以及我国缔结或参加的双边和多边条约或协定规定应当予以免税的外国驻华大使馆、领事馆、联合国驻华机构及其外交代表、领事官员和其他外交人员承受土地、房屋权属的,经外交部确认,可以免征。

其他有关具体规定:

(1)对于《继承法》规定的法定继承人,包括配偶、子女、父母、兄弟姐妹、祖父母、外祖父母,继承土地、房屋权属,不征收契税。非法定继承人根据遗嘱承受死者生前的土地、房屋权属,属于赠与行为,应征收契税。

(2)在婚姻关系存续期间,房屋、土地权属原归夫妻一方所有,变更为夫妻双方共有或另一方所有的,或者房屋、土地权属原归夫妻双方共有,变更为其中一方所有的,或者房屋、土地权属原归夫妻双方共有,双方约定、变更共有份额的,免征契税。

(3)市、县级人民政府根据《国有土地上房屋征收与补偿条例》有关规定征收居民房屋,居民因个人房屋被征收而选择货币补偿用以重新购置房屋,并且购房成交价格不超过货币补偿的,对新购房屋免征契税;购房成交价格超过货币补偿的,对差价部分按规定征收契税。居民因个人房屋被征收而选择房屋产权调换,并且不缴纳房屋产权调换差价的,对新换房屋免征契税;缴纳房屋产权调换差价的,对差价部分按规定征收契税。

(4)企业改制重组过程中,同一投资主体内部所属企业之间土地、房屋权属的无偿划转,不征收契税。自然人与其个人独资企业、一人有限责任公司之间土地、房屋权属的无偿划转属于同一投资主体内部土地、房屋权属的无偿划转,可比照上述规定不征收契税。

22.经营性自用的房产缴纳房产税的计税依据是( )。

A. 房产原值 B. 房产净值
C. 房产余值 D. 房产市场价格

参考答案:A

要点:对于非出租的房产,以房产原值一次减除10%~30%后的余值为计税依据。具体减除幅度由省、自治区、直辖市人民政府确定。

对于出租的房产,以房产租金收入为计税依据。租金收入是房屋所有权人出租房产使用权所得的报酬,包括货币收入和实物收入。对以劳务或其他形式为报酬抵付房租收入的,应根据当地房产的租金水平,确定一个标准租金额按租计征。

自2008年3月1日起,房屋租赁市场税收按以下规定执行。

(1)对个人出租住房取得的所得税按10%的税率征收个人所得税。

(2)对个人出租、承租住房签订的租赁合同,免征印花税。

(3)对个人出租住房取得的收入,不区分用途,在3%税率的基础上减半征收营业税,按4%的税率征收房产税,免征城镇土地使用税。

(4)对企事业单位、社会团体以及其他组织按市场价格向个人出租用于居住的住房取得的收入,减按4%的税率征收房产税。

23.2012年,王某出租住房免征( )。
A. 营业税　　　　　　　　B. 个人所得税
C. 房产税　　　　　　　　D. 城镇土地使用税

参考答案:C

要点:下述房产免征房产税:

(1)国家机关、人民团体、军队自用的房产。但是,上述单位的出租房产以及非自身业务使用的生产、经营用房,不属于免税范围。

(2)由国家财政部门拨付事业经费的单位自用的房产。

(3)宗教寺庙、公园、名胜古迹自用的房产。但其附设的营业用房及出租的房产,不属于免税范围。

(4)个人所有非营业用的房产。房地产开发企业开发的商品房在出售前,对房地产开发企业而言是一种产品,因此,对房地产开发企业建造的商品房,在售出前,不征收房产税;但对售出前房地产开发企业已使用或出租、出借的商品房应按规定征收房产税。

(5)经财政部批准免税的其他房产。包括:

1)损坏不堪使用的房屋和危险房屋,经有关部门鉴定后,可免征房产税。

2)房产大修停用半年以上的,经纳税人申请,税务机关审核,在大修期间可免征房产税。

3)在基建工地为基建工地服务的各种工棚、材料棚、休息棚和办公室、食堂、茶炉房、汽车房等临时性房屋,在施工期间一律免征房产税。但是,工程结束后,施工企业将这种临时性房屋交还或估价转让给基建单位的,应从基建单位接收的次月起,依照规定征税。

4)企业办的各类学校、医院、托儿所、幼儿园自用的房产,可免征房产税。

5)老年服务机构自用的房产免税。

6)自2011年1月1日至2015年12月31日,对向居民供热而收取采暖费的供热企业,为居民供热所使用的厂房免征房产税;对高校学生公寓免征房产税;对商品储备管理公司及其直属库承担商品储备业务自用的房产免征房产税。

7) 自2013年1月1日至2015年12月31日,对专门经营农产品的农产品批发市场、农贸市场使用的房产,暂免征收房产税。

对下列土地免征城镇土地使用税:

(1) 国家机关、人民团体、军队自用的土地;
(2) 由国家财政部门拨付事业经费的单位自用的土地;
(3) 宗教寺庙、公园、名胜古迹自用的土地;
(4) 市政街道、广场、绿化地带等公共用地;
(5) 直接用于农、林、牧、渔业的生产用地;
(6) 经批准开山填海整治的土地和改造的废弃土地,从使用的月份起免缴城镇土地使用税5年至10年;
(7) 由财政部另行规定的能源、交通、水利等设施用地和其他用地。纳税人缴纳土地使用税确有困难,需要定期减免的,由省、自治区、直辖市税务机关审核后,报国家税务局批准。

下列土地暂免征收土地使用税:

(1) 企业搬迁后原场地不使用的、企业范围内荒山等尚未利用的土地,免征城镇土地使用税。
(2) 自2011年1月1日至2015年12月31日,对向居民供热而收取采暖费的供热企业,暂免征收城镇土地使用税;对商品储备管理公司及其直属库承担商品储备业务自用的土地暂免征收城镇土地使用税。
(3) 自2013年1月1日至2015年12月31日,对专门经营农产品的农产品批发市场、农贸市场使用的土地,暂免征收城镇土地使用税。

24. 住房公积金缴存基数不得高于职工工作所在城市统计部门公布的上一年度职工月平均工资的(　　)倍。

A. 1　　　　　B. 3　　　　　C. 4　　　　　D. 5

参考答案: B

要点: 国家机关、国有企业、城镇集体企业、外商投资企业、城镇私营企业及其他城镇企业、事业单位、民办非企业单位和社会团体及其在职职工都应按月缴存住房公积金。有条件的地方,城镇单位聘用进城务工人员,单位和职工可缴存住房公积金;城镇个体工商户、自由职业人员可申请缴存住房公积金。职工缴存的住房公积金和单位为职工缴存的住房公积金,全部纳入职工个人账户。

缴存基数是职工本人上一年度月平均工资,原则上不应超过职工工作地所在城市统计部门公布的上一年度职工月平均工资的2或3倍。缴存基数每年调整一次。缴存比例是指职工个人和单位缴存住房公积金的数额占职工上一年度月平均工资的比例。单位和个人的缴存比例不低于5％，原则上不高于12％。具体缴存比例由住房公积金管委会拟订，经本级人民政府审核后，报省自治区、直辖市人民政府批准。

25. 下列城市建设用地中，属于市政公用设施用地的是(　　)。
    A. 邮政设施用地　　　　　　　B. 汽车客运站用地
    C. 卫生防疫用地　　　　　　　D. 公共停车场用地
    参考答案：A
    要点：市政公用设施用地市级、区级和居住区级的市政公用设施用地，包括其建筑物、构筑物及管理维修设施等用地。包括供应设施用地小类分为供水用地、供电用地、供燃气用地和供热用地；交通设施用地小类分为公共交通用地、货运交通用地和其他交通设施用地；邮电设施用地分为邮政、电信和电话等设施的用地；环境卫生设施用地小类分为雨水、污水处理设施用地和粪便垃圾处理设施用地；施工与维修设施用地分为房屋建筑、设备安装、市政工程、绿化和地下构筑物等施工及养护维修设施的施工与维修设施用地；殡葬设施用地分为殡仪馆、火葬场、骨灰存放处和墓地等设施用地；其他市政公用设施用地除以上之外的市政公用设施用地；如消防、防洪等设施用地。

26. 从事房地产估价活动需充分考虑房地产与其环境的相互影响，住房制度属于房地产环境中的(　　)。
    A. 自然环境　　B. 人工环境　　C. 经济环境　　D. 社会环境
    参考答案：D
    要点：社会环境是指由人与人之间的各种社会关系所形成的环境，包括政治制度、经济体制、文化传统、社会治安、邻里关系等。对于某套住宅来说，周边居民的文化素养、收入水平、职业、社会地位等，都是影响其价值高低的社会环境。

27. 下列民用建筑组成中，属于主体结构部分的是(　　)。
    A. 地基　　　　B. 门窗　　　　C. 楼板　　　　D. 楼面
    参考答案：C
    要点：不论工业建筑或民用建筑，建筑一般由以下部分组成：基础（或有地下室）、主体结构（墙、柱、梁、板或屋架等）、门窗、屋面（包括保温、隔热、防水层或瓦屋面）、楼面和地面（地面和楼面的各层构造）、楼梯以及各种装饰。除了以上部分外，人们为了生活、生产的需要还要安装给水、排水、动力、照明、采暖和空调等系统，若是高层或高档建筑还要配置电梯。在有条件的城市，住宅还要配置燃气系统来满足生活需要。

28. 在现行建筑安装工程费用组成中，夜间施工增加费属于(　　)。
    A. 规费　　　　　　　　　　　B. 措施费

C. 直接工程费   D. 企业管理费

参考答案：B

要点：措施项目费是指为完成建设工程施工，发生于该工程施工前和施工过程中的技术、生活、安全、环境保护等方面的费用，包括安全文明施工费、夜间施工增加费、二次搬运费、冬雨季施工增加费、已完工程及设备保护费、工程定位复测费、特殊地区施工增加费、大型机械设备进出场及安拆费以及脚手架工程费等。

29. 全面反映房屋及其用地的位置和状况的基本图是（　　）。

A. 地形图   B. 房产分幅图

C. 房产分丘图   D. 房产分户图

参考答案：C

要点：房产图是房地产产权、产籍管理的重要资料，按房产管理的需要分为房产分幅平面图（简称分幅图）、房产分丘平面图（简称分丘图）和房产分户平面图（简称分户图）。房产图的测绘，是在房产平面控制测量及房地产调查完成后，对房屋和土地使用状况进行的细部测量。首先，测定房屋平面位置，绘制房产分幅平面图；其次，测定房屋四至归属及丈量房屋边长，计算面积，绘制房产分丘图；然后，测定权属单元产权面积，绘制房产分户图。房产图的测绘与地形图的测绘类似，也是按"先控制后碎部"的原则进行。房产图的绘制方法有全野外采集数据成图、航摄像片采集数据成图、野外解析测量数据成图、平板仪测绘房产图和编绘法绘制房产图。

房产分幅图是全面反映房屋及其用地的位置和权属等状况的基本图，是测绘分丘图和分户图的基础资料，也是房产登记和建立产籍资料的索引和参考资料。分幅图的绘制范围包括城市、县城、建制镇的建成区和建成区以外的工矿企事业等单位及毗连居民点。建筑物密集地区的分幅图一般采用 1∶500 比例尺，其他区域的分幅图可以采用 1∶1000 的比例尺。分幅图中应包括控制点、行政境界、丘界、房屋、附属设施和房屋围护物，以及与房地产有关的地籍要素和注记。

分丘图是分幅图的局部明细图，也是绘制房产权证附图的基本图，比例尺为 1∶100～1∶1000 之间，幅面可在 787mm×1092mm 的 4～32 开之间选用。房产分丘图反映本丘内所有房屋权界线、界址点、房角点、房屋建筑面积、用地面积、四至关系、建成年份、用地面积、建筑面积、墙体归属等各项房地产要素，以丘为单位绘制。

分户图是在分丘图的基础上进一步绘制的明细图，以某房屋的具体权属为单元，如为多层房屋，则为分层分户图，表示房屋权属范围的细部，明确异产毗连房屋的权利界线，是房产证的附图。比例尺一般为 1∶200，当房屋图形过大或过小时，比例尺可适当放大或缩小，幅面可选 787mm×1092mm 的 32 开或 16

开。分户图的方位应使房屋的主要边线与图框边线平行，按房屋的方向横放或竖放，并在适当位置加绘指北方向符号。分户图上房屋的边长应实际丈量，注记取至0.01m，注在图上相应位置。分户图表示的主要内容包括房屋权界线、四面墙体的归属和楼梯、走道等部位以及门牌号、所在层次、户号、室号、房屋建筑面积和房屋边长等。房屋产权面积包括套内建筑面积和共有分摊面积，标注在分户图框内。楼梯、走道等共有部位，需在范围内加简注。

30. 与商品房销售价格相对应，个人对商品房的需求必须同时具备的条件是(　　)。

　　A. 个人具有购买意愿和个人具有支付能力
　　B. 个人具有购买意愿和商品符合国家标准
　　C. 个人具有支付能力和商品符合国家标准
　　D. 商品符合国家标准和商品满足个人需求

参考答案：A

要点：需求是指消费者在某特定时期内和一定市场上，在每一价格水平上愿意并且能够购买的某种商品或劳务的数量。需求是与商品销售价格所对应的消费者购买欲望和购买能力的统一。在提及人们对某种商品的需求时，必须同时明确与该需求所对应的商品价格。

31. 某企业生产某种产品，除一种生产要素可变外，其他生产要素均保持不变。随着该可变要素投入增加，当边际产量为0时，达到最大值的是(　　)。

　　A. 总产量　　　　　　　　B. 平均产量
　　C. 总利润　　　　　　　　D. 平均利润

参考答案：A

要点：设资本等要素投入固定不变，随着劳动量投入的增加，最初总产量、平均产量和边际产量都是递增的，但各自增加到一定程度之后就分别递减。总产量曲线、平均产量曲线和边际产量曲线均表现出先升后降的特征。

当劳动要素的投入增加到一定量时，边际产量将达到最大值。此前，边际产量曲线的斜率为正，边际产量递增；超过此点，边际产量曲线的斜率变为负，边际产量递减；而在该点的对应处，总产量曲线上的点为该曲线由向上凹转为向下凹的拐点。

继续增加劳动要素的投入，边际产量曲线将在平均产量曲线的最高点与之相交，此时边际产量等于平均产量（$MP=AP$），平均产量达到最大值。此前，平均产量递增，边际产量大于平均产量（$MP>AP$）；超过此点后，平均产量递减，边际产量小于平均产量（$MP<AP$）。

当劳动投入增加到使边际产量为零时，总产量达到最大值。此后边际产量为负，总产量将绝对减少。作为理性的厂商，其决策选择既不会考虑第Ⅰ阶段

($MP>AP$），也不会考虑第Ⅲ阶段（$MP<0$），而会在第Ⅱ阶段（$0\leqslant MP\leqslant AP$）进行选择。在第Ⅰ阶段，增加劳动投入会增加平均产量，若要素和产品价格不变且产品总可以销售出去时，增加平均产量则会增加厂商利润，厂商至少会将可变要素（劳动量）增加到使边际产量等于平均产量时为止。而在第Ⅲ阶段，由于边际产量为负，总产量绝对减少，因而厂商也不会选择。

32. 下列商业银行业务类型中，属于担保型中间业务的是（　　）。
 A. 汇兑业务　　　　　　　　B. 信用证业务
 C. 委托收款业务　　　　　　D. 融资租赁业务

参考答案：D

要点： 商业银行中间业务按照商业银行中间业务的功能和形式分类，可以分为结算类中间业务、担保型中间业务、融资型中间业务、管理型中间业务、衍生金融工具业务以及其他中间业务等六类。

商业银行办理资金结算业务的主要工具有本票、汇票、支票、委托收款、汇兑、托收承付、信用卡等。

担保型中间业务是指商业银行向客户作出某种承诺，或者为客户承担风险等引起的有关业务。如担保函、承诺、承兑、信用证业务等，都可归入担保型中间业务。这类业务通常又被称为"表外业务"。

融资型中间业务是指商业银行向客户提供传统信贷以外的其他融资服务的有关业务。如租赁、信托等就属于融资型中间业务。

管理型中间业务是指由商业银行接受客户委托、利用自身经营管理上的职能优势，为客户提供各种服务的有关业务。如各种代保管、代理理财服务、代理清偿服务、代理业务及现金管理业务等。

衍生金融工具业务是指商业银行从事涉及衍生金融工具各种交易的有关业务。如金融期货、期权、互换业务等。

其他中间业务是指除上述业务以外的各种中间业务，如咨询、评估、财务顾问、计算机服务等，大多属于纯粹服务性的中间业务。

33. 下列货币政策工具中，属于促进商业银行扩大信贷规模的货币政策是（　　）。
 A. 提高再贴现利率
 B. 提高法定存款准备金率
 C. 提高消费贷款首付款比例
 D. 提高央行在公开市场上有价证券的买入量

参考答案：D

要点： 实施积极的货币政策。一是较大幅度地增加货币供应量，尤其是扩大中央银行基础货币的投放。实现的主要途径为：发行长期国债；增加对国有商业银行以外金融机构的再贷款；适当为资产管理公司运作提供再贷款，并允许资产管理公司发行债券等。二是下调法定存款准备金率和完善准备金制度。三是下调利率与加快利率市场化相结合。

34. 下列有价证券中，属于在同等条件下投资风险最大的是( )。
   A. 企业债券　　B. 开放型基金　　C. 优先股股票　　D. 普通股股票
   参考答案：D

35. 企业房屋建筑保险价值应依据出险房屋建筑的( )确定。
   A. 账面原值　　B. 账面净值　　C. 重置价值　　D. 账面原值加成数
   参考答案：C
   要点：房屋建筑保险金额一般可通过以下四种方式确定，即账面原值、账面原值加成数、重置价值和其他方式确定。而保险价值是按出险的房屋建筑的重置价值确定。

36. 2012年，某市新增房地产供应量中，90 m^2 以下住宅建筑面积是 90 m^2 以上住宅建筑面积的1.5倍。反映这两者关系的统计指标是( )。
   A. 强度相对指标　　　　　　B. 比较相对指标
   C. 比例相对指标　　　　　　D. 结构相对指标
   参考答案：D
   要点：结构相对指标又称比重指标，是指现象总体经过分组后由各组有关数值与总体相应总值对比的综合指标。

37. 下列房地产开发企业会计科目中，属于资产类科目的是( )。
   A. 实收资本　　B. 预付工程款　　C. 预收售房款　　D. 商品房销售收入
   参考答案：B
   要点：详见教材第342页。

38. 下列物权中，属于用益物权的是( )。
   A. 质权　　B. 抵押权　　C. 地役权　　D. 留置权
   参考答案：C
   要点：用益物权是指权利人对他人所有的不动产或动产依法享有占有、使用和收益的权利。用益物权具有以下特点：①用益物权的标的物是不动产或动产；②用益物权是一种他物权；③用益物权以对物的占有、使用、收益为主要内容，重在取得物的使用价值。

   用益物权包括土地承包经营权、建设用地使用权（国有土地使用权）、宅基地使用权（居住用途的集体土地使用权）、地役权等。

   地役权是以他人土地供自己土地便利而使用的权利。地役权具有以下特征：①地役权是使用他人土地的权利；②地役权是使自己的土地便利的权利；③地役权具有从属性和不可分性。

39. 张某购买李某总价款为160万元的一套住房,并按合同约定支付了定金48万元。李某不能履约,则应返还张某( )万元。

A. 48 B. 64 C. 80 D. 96

参考答案:C

要点:《合同法》规定:当事人可以依照《中华人民共和国担保法》约定一方向对方给付定金作为债权的担保。债务人履行债务后,定金应当抵作价款或者收回。给付定金的一方不履行约定的债务的,无权要求返还定金;收受定金的一方不履行约定的债务的,应当双倍返还定金。因此,定金具有惩罚性,是对违约行为的惩罚。《担保法》规定定金的数额不得超过主合同标的额的20%。这一比例为强制性规定,当事人不得违反。如果当事人约定的定金比例超过了20%,并非整个定金条款无效,而只是超过部分无效。例如,双方约定的定金比例为合同总价款的25%,则超过部分的5%为无效。

定金与预付款的区别在于:预付款是由双方当事人商定的在合同履行前所支付的一部分价款。预付款的交付在性质上是一方履行主合同的行为,合同履行时预付款要充抵价款,合同不履行时预付款应当返还。预付款的适用不存在制裁违约行为的问题,无论发生何种违约行为,都不发生预付款的丧失和双倍返还。所以,预付款与定金的性质是完全不同的。

当事人既约定违约金,又约定定金的,一方违约时,对方可以选择适用违约金或者定金条款。这就是说,定金和违约金不能同时并用,只能选择其一适用,适用了定金责任就不能再适用违约金责任,适用了违约金责任就不能再适用定金责任,二者只能是单罚而不能是双罚,否则会给违约方施以过重的责任,是不公平的。当然,是选择定金还是选择违约金,这一权利属于守约方。

定金责任与赔偿损失的区别:定金责任不以实际发生的损害为前提,定金责任的承担也不能替代赔偿损失。所以,在既有定金条款又有实际损失时,应分别适用定金责任和赔偿损失的责任,二者同时执行,这与前面所讲的定金与违约金的关系是不同的。当然,如果同时适用定金和赔偿损失,其总值超过标的物价金总和的,法院应酌情减少定金的数额。

40. 在房地产拍卖活动中,属于要约表示的是( )。

A. 告知评估价 B. 公布保留价
C. 给出起拍价 D. 竞买人报价

参考答案:D

要点:无论是增价拍卖还是减价拍卖,都遵循谁叫价谁要约的原则,另一方表示接受即为承诺,拍卖合同即告成立。但是,在买方报价拍卖中,拍卖人宣布的起拍价不是要约表示,只有竞买人报出的价格才是要约表示。

二、多项选择题（共15题，每题2分。每题的备选参考答案中有2个或2个以上符合题意，请在答题卡上涂黑其相应的编号。全部选对的，得2分；错选或多选的，不得分；少选且选择正确的，每个选项得0.5分）

1. 下列建设项目用地中，属于应采用招标、拍卖或者挂牌方式出让的有（　　）。
   A. 旅游设施用地　　　　　　B. 商品住宅开发用地
   C. 廉租住房用地　　　　　　D. 高新技术研发用地
   E. 烟草企业用地

   参考答案：ABE

   要点：《物权法》规定，工业、商业、旅游、娱乐和商品住宅等经营性用地以及同一土地有两个以上意向用地者的，应当采取招标、拍卖等公开竞价的方式出让。《城镇国有土地使用权出让和转让暂行条例》规定，国有土地使用权出让可以采取拍卖、招标或者双方协议的方式。国土资源部出台的《招标拍卖挂牌出让国有土地使用权规定》（国土资源部令第11号，以下简称11号令）增加了国有土地使用权挂牌出让方式。11号令规定，商业、旅游、娱乐和商品住宅用地，必须采取拍卖、招标或者挂牌方式出让。除此之外其他用途的土地供应计划公布后，同一宗地有两个以上意向用地者的，也应当采用招标拍卖或者挂牌方式出让。《招标拍卖挂牌出让国有建设用地使用权规定》（国土资源部令第39号，以下简称39号令）。关于招标拍卖挂牌出让范围，鉴于《物权法》将工业用地出让纳入招标拍卖挂牌范围，39号令第四条第一款规定："工业、商业、旅游、娱乐和商品住宅等经营性用地以及同一宗地有两个以上意向用地者的，应当以招标、拍卖或者挂牌方式出让"，进一步明确将工业用地纳入招拍挂范围。

2. 下列集体土地中，属于应由省级人民政府批准征收的有（　　）。
   A. 基本农田 10hm²　　　　　B. 基本农田 20hm²
   C. 其他土地 60hm²　　　　　D. 基本农田以外的耕地 20hm²
   E. 基本农田以外的耕地 40hm²

   参考答案：CD

   要点：征收土地批准权限的规定：①征收土地实行两级审批制度，即由国务院和省级人民政府审批；②建设占用土地，涉及农用地转为建设用地的，应办理农用地转用审批手续；③征收基本农田，基本农田以外的耕地超过35公顷的，其他土地超过70公顷的，由国务院审批；④其他用地和已经批准农用地转用范围内的具体项目，由省级人民政府审批并报国务院备案。

3. 房地产估价机构提交的国有土地上房屋征收评估分户初步评估结果，应包括（　　）。

A. 房屋评估价值
B. 评估对象的构成
C. 装饰装修评估结果
D. 评估对象基本情况
E. 停产停业损失评估结果

参考答案：ABD

要点：房地产估价机构应当在委托书或者委托合同约定期限内将分户初步评估结果提交房屋征收部门。分户的初步评估结果应当包括评估对象的构成及其基本情况和评估价值。房屋征收部门将该结果在征收范围内向被征收人公示。公示期间，房地产估价机构应安排注册房地产估价师进行现场说明解释，听取有关意见。公示期满后，房地产估价机构应向房屋征收部门提供委托范围内被征收房屋的整体评估报告和分户评估报告。整体评估报告和分户评估报告应当由负责该房屋征收评估项目的两名以上注册房地产估价师签字，并加盖房地产估价机构公章。房屋征收部门应向被征收人转交分户评估报告。

4. 商品房现售条件与预售条件的不同之处有（　　）。

A. 已通过竣工验收
B. 取得建设工程规划许可证
C. 取得建设用地使用权证书
D. 取得建筑工程施工许可证
E. 物业管理方案已落实

参考答案：AE

要点：详见教材 P110、P112。

5. 下列房地产中，属于可以转让的有（　　）。

A. 被查封的房地产
B. 异议登记期间的房地产
C. 抵押权人同意转让的房地产
D. 购买已满五年的经济适用住房
E. 已登记尚未领取房屋所有权证的住房

参考答案：ABE

要点：房地产转让最主要的特征是发生权属变化，即房屋所有权连同房屋所占用的土地使用权发生转移。《城市房地产管理法》及《城市房地产转让管理规定》都明确规定了房地产转让应当符合的条件，采取排除法规定了下列房地产不得转让：

（1）达不到下列条件的房地产不得转让。①以出让方式取得土地使用权用于投资开发的，按照土地使用权出让合同约定进行投资开发，属于房屋建设工程的，应完成开发投资总额的 25% 以上；②属于成片开发的，形成工业用地或者其他建设用地条件；③按照出让合同约定已经支付全部土地使用权出让金，并取得土地使用权证书。

（2）司法机关和行政机关依法裁定、决定查封或以其他形式限制房地产权利的。司法机关和行政机关可以根据合法申请人的申请或社会公共利益的需要，依法裁定、决定限制房地产权利，如查封、限制转移等。在权利受到限制期间，房地产权利人不得转让该项房地产。

(3) 依法收回土地使用权的。根据国家利益或社会公共利益的需要，国家有权决定收回出让或划拨给他人使用的土地，任何单位和个人应当服从国家的决定，在国家依法做出收回土地使用权决定之后，原土地使用权人不得再行转让土地使用权。

(4) 共有房地产，未经其他共有人书面同意的。共有房地产，是指房屋的所有权、国有土地使用权为两个或两个以上权利人所共同拥有。其中，共同共有房地产权利的行使需经全体共有人同意，不能因某一个权利人的请求而转让。

(5) 权属有争议的。权属有争议的房地产，是指有关当事人对房屋所有权和土地使用权的归属发生争议，致使该项房地产权属难以确定。转让该类房地产，可能影响交易的合法性，因此在权属争议解决之前，该项房地产不得转让。

(6) 未依法进行登记领取权属证书的。产权登记是国家依法确认房地产权属的法定手续，未履行该项法律手续，房地产权利人的权利不具有法律效力，因此也不得转让该项房地产。

(7) 法律和行政法规规定禁止转让的其他情况。法律、行政法规规定禁止转让的其他情形，是指上述情形之外，其他法律、行政法规规定禁止转让的其他情形。

6. 在建工程抵押登记包括（　　）。

A. 预告登记　　　　　　　　B. 设立登记
C. 变更登记　　　　　　　　D. 转移登记
E. 注销登记

参考答案：BCDE

要点：参见教材 P137。

7. 可以申请预告登记的情形有（　　）。

A. 在建工程抵押　　　　　　B. 预购商品房
C. 预购商品房抵押　　　　　D. 房屋所有权抵押
E. 房屋所有权转让

参考答案：BE

要点：预登记，是指在本登记之前进行的登记，其不具有终局、确定的效力，主要目的在于保护权利人的合法权益。如预购商品房预告登记。《物权法》第二十条规定：当事人签订买卖房屋或者其他不动产物权的协议，为保障将来实现物权，按照约定可以向登记机构申请预告登记。预告登记后，未经预告登记的权利人同意，处分该不动产的，不发生物权效力。预告登记后，债权消灭或者自能够进行不动产登记之日起三个月内未申请登记的，预告登记失效。

8. 三级资质的房地产估价机构不得从事（　　）等评估。

A. 企业清算　　　　　　　　B. 房地产课税

C. 房地产抵押 D. 房地产司法鉴定
E. 房屋征收补偿

参考答案：AD

要点：三级资质房地产估价机构可以从事除公司上市、企业清算、司法鉴定以外的房地产估价业务。暂定期内的三级资质房地产估价机构可以从事除公司上市、企业清算、司法鉴定、城镇房屋拆迁、在建工程抵押以外的房地产估价业务。

9. 下列房地产中，属于免征房产税的有(   )。

A. 监狱用房 B. 高校招待所
C. 部队营房 D. 法院办公楼
E. 房地产开发企业自用房地产

参考答案：ACD

要点：下述房产免征房产税：

（1）国家机关、人民团体、军队自用的房产。但是，上述单位的出租房产以及非自身业务使用的生产、经营用房，不属于免税范围。

（2）由国家财政部门拨付事业经费的单位自用的房产。

（3）宗教寺庙、公园、名胜古迹自用的房产。但其附设的营业用房及出租的房产，不属于免税范围。

（4）个人所有非营业用的房产。房地产开发企业开发的商品房在出售前，对房地产开发企业而言是一种产品，因此，对房地产开发企业建造的商品房，在售出前，不征收房产税；但对售出前房地产开发企业已使用或出租、出借的商品房应按规定征收房产税。

（5）经财政部批准免税的其他房产。包括：

1）损坏不堪使用的房屋和危险房屋，经有关部门鉴定后，可免征房产税。

2）房产大修停用半年以上的，经纳税人申请，税务机关审核，在大修期间可免征房产税。

3）在基建工地为基建工地服务的各种工棚、材料棚、休息棚和办公室、食堂、茶炉房、汽车房等临时性房屋，在施工期间一律免征房产税。但是，工程结束后，施工企业将这种临时性房屋交还或估价转让给基建单位的，应从基建单位接收的次月起，依照规定征税。

4）企业办的各类学校、医院、托儿所、幼儿园自用的房产，可免征房产税。

5）老年服务机构自用的房产免税。

6）自2011年1月1日至2015年12月31日，对向居民供热而收取采暖费的供热企业，为居民供热所使用的厂房免征房产税；对高校学生公寓免征房产税；对商品储备管理公司及其直属库承担商品储备业务自用的房产免征房产税。

7）自 2013 年 1 月 1 日至 2015 年 12 月 31 日，对专门经营农产品的农产品批发市场、农贸市场使用的房产，暂免征收房产税。

10. 下列绿地中，属于可计入绿地率指标的有(　　)。

A. 公共绿地　　　　　　　　　B. 宅旁绿地
C. 屋顶绿地　　　　　　　　　D. 晒台绿地
E. 公共服务设施所属绿地

参考答案：ABE

要点：绿地率。规划地块内各类绿地面积的总和占规划地块面积的比率，即：

绿地率＝绿地面积/土地面积

绿地率通常以下限控制。这里的绿地包括公共绿地、宅旁绿地、公共服务设施所属绿地（道路红线内的绿地），不包括屋顶、晒台的人工绿地。公共绿地内占地面积不大于百分之一的雕塑、水池、亭榭等绿化小品建筑可视为绿地。

11. 下列区域中，属于1类声环境功能区的有(　　)。

A. 康复疗养区　　　　　　　　B. 居住住宅区
C. 文化体育区　　　　　　　　D. 商业金融区
E. 集市贸易区

参考答案：ABC

要点：0 类声环境功能区：指康复疗养区等特别需要安静的区域。

（1）类声环境功能区：指以居民住宅、医疗卫生、文化体育、科研设计、行政办公为主要功能，需要保持安静的区域。

（2）类声环境功能区：指以商业金融、集市贸易为主要功能，或者居住、商业、工业混杂，需要维护住宅安静的区域。

（3）类声环境功能区：指以工业生产、仓储物流为主要功能，需要防止工业噪声对周围环境产生严重影响的区域。

（4）类声环境功能区：指交通干线两侧一定区域之内，需要防止交通噪声对周围环境产生严重影响的区域，包括 4a 类和 4b 类两种类型。4a 类为高速公路、一级公路、二级公路、城市快速路、城市主干路、城市次干路、城市轨道交通（地面段）、内河航道两侧区域；4b 类为铁路干线两侧区域。

12. 下列表达式中，属于正确表达房地产开发项目"经济成本"内涵的有(　　)。

A. 会计成本＋正常利润　　　　B. 会计成本＋隐成本
C. 显成本＋隐成本　　　　　　D. 会计成本＋经济利润－隐成本
E. 销售收入－经济利润

参考答案：ABCE

要点：经济学中的成本概念不同于会计成本，是指厂商生产经营活动中所使用的各种生产要素的支出总和，称为"经济成本"。经济成本除了会计成本，还包括未计入会计成本中的厂商自有生产要素的报酬。这种报酬通常以企业"正常利润"的形式出现，主要补偿企业主自有资本投入应获的利息、企业主为企业提供劳务应得的薪金等。在经济分析中，正常利润被作为成本项目计入产品的经济成本之内，又被称为"隐成本"。它是组织生产所必须付出的代价，也可理解为生产经营过程中使用自有生产要素的机会成本。与此相应，会计成本也被称作"显成本"。经济成本等于显成本与隐成本之和。当商品的销售收入正好能补偿经济成本时，厂商获得了正常利润。若销售收入超过经济成本，则厂商可获得超过正常利润的经济利润，即超额利润。以上各种涵义的成本及利润的相互关系可用以下关系式表示：

经济成本＝会计成本（显成本）＋隐成本

经济利润＝销售收入－会计成本－隐成本。

13. 下列金融工具中，属于短期信用工具的有（　　）。

A. 本票　　　　　　　　B. 汇票

C. 支票　　　　　　　　D. 股票

E. 大额可转让定期存单

参考答案：ABCE

要点：按期限划分，金融工具可分为短期信用工具、长期信用工具和不定期信用工具。短期信用工具主要指票据，包括本票、汇票、支票及大额可转让存单、短期债券等。长期信用工具也称为有价证券，主要是股票和债券两类。不定期信用工具主要指银行券和纸币。

14. 债券的基本要素包括债券（　　）。

A. 利率　　　　　　　　B. 价格

C. 持有人　　　　　　　D. 偿还期限

E. 票面价值

参考答案：ABDE

要点：作为一种债权债务凭证，债券包含以下基本要素。

（1）债券的票面价值。这包括两方面的内容：①票面价值的币种，即以何种货币作为债券价值的计量单位。币种的选择主要依其发行对象和实际需要来确定。一般而言，若发行对象是国内有关经济主体，则选择国内货币作为债券价值的计量单位；若向国外发行，则选择债券发行地国家的货币或国际通用货币如美元作为债券价值的计量单位。②债券的票面金额。票面金额不同，对于债券的发行成本、发行数额和持有者的分布，具有不同的影响。若票面金额较小，则有利于小额投资者购买从而有利于债券发行，但可能加大发行工作量和增加发行费用；若票面金额较大，则会减轻工作量和降低发行费用，但可能减少债券发行量。

(2) 债券的价格。债券的票面价值，是债券价格形成的主要依据。一般地说，债券的发行价格与债券的票面价值是一致的，即平价发行。在实践中，发行者出于种种考虑或者由于市场供求关系的影响，也可能折价发行或溢价发行。折价发行或溢价发行，都是债券价格对债券票面价值一定程度的背离。债券一旦进入证券交易市场，其交易价格则常常与票面价值不一致。

若市场利率低于债券利率，则溢价发行；若市场利率等于债券利率，则平价发行；若市场利率高于债券利率，则折价发行。

(3) 债券的利率。指债券持有人每年获取的利息与债券票面价值的比率。债券利率的高低，主要受银行利率、发行者的资信级别、偿还期限、利率计算方式和资本市场资金供求关系等因素的影响。

(4) 债券的偿还期限。指从债券发行日起到本息偿清之日止的时间。债券偿还期限的确定，主要受发行者未来一定期限内可调配的资金规模、未来市场利率的发展趋势、证券交易市场的发达程度、投资者的投资意向、心理状态和行为偏好等因素的影响。债券的偿还期限，一般分为短期、中期和长期。偿还期在1年以内的为短期；1年以上、10年以下的为中期；10年以上的为长期。

(5) 其他。主要包括发行主体的名称、发行时间、债券类别以及批准单位及批准文号等。

15. 通过资产负债表，可以了解企业的(　　)。
　　A. 偿债能力　　　　　　　　B. 经营能力
　　C. 经济实力　　　　　　　　D. 现金流量情况
　　E. 经营成果

参考答案：ABC

要点：资产负债表综合地反映企业一定日期财务状况的报表，由企业的经济资源即资产，企业的债务即负债，以及投资者对企业的所有权即所有者权益三个部分组成。通过资产负债表可以了解企业的经济实力、企业的偿债能力、企业的经营能力等情况，以及企业未来的财务趋向等方面的信息。这是企业的投资者和债权人最关心的重要报表之一。它对于促使企业合理使用经济资源，改善、加强经营管理，具有重要意义。

资产负债表是根据会计等式的原理设计的。它的左方反映资产类；它的右方反映负债及所有者权益类。左右两方的金额合计必定相等，保持平衡。

资产负债表中资产类所列项目，有以下几类：

(1) 流动资产，包括货币资金、短期投资、应收票据、应收账款（减坏账准备）、存货、待摊费用等。

(2) 长期投资，反映长期投资的情况。

(3) 固定资产，包括固定资产（减累计折旧）、固定资产清理、在建工程等。

(4) 无形及递延资产，反映无形及递延资产及其他资产等。

资产负债表中负债及所有者权益类所列项目，有以下几类：

(1) 流动负债，包括短期借款、应付票据、应付账款、应交税费、应付利润及预提费用等。

(2) 长期负债，包括长期借款、应付债券等。

(3) 所有者权益，包括实收资本、资本公积、盈余公积及未分配利润等。

三、判断题（共40题，每题0.5分。请根据判断结果，在答题卡上涂黑其相应的符号，用"√"表示正确，用"×"表示错误。不答不得分，判断错误扣0.5分，本题总分最多扣至0分）

1. 宅基地和自留山、自留地所有权属于集体所有。　　　　　　　　（　　）

参考答案：√

要点：农村和城市郊区的土地，除由法律规定属于国家所有的以外，属于集体所有；宅基地和自留地、自留山，也属于集体所有。第九条规定："矿藏、水流、森林、山岭、草原、荒地、滩涂等自然资源，都属于国家所有，即全民所有；由法律规定属于集体所有的森林和山岭、草原、荒地、滩涂除外。"

党的十八届三中全会提出加快"建立城乡统一建设用地市场"，在符合规划和用途管制前提下，允许农村集体经营建设用地出让、租赁、入股，实行与国有土地同等入市、同权。同时，改革农村宅基地制度，选择若干试点，慎重稳妥推进农民住房财产权抵押、担保、转让。

2. 以划拨方式取得的建设用地使用权没有使用期限的限制，任何情况下都不可以转让、抵押。　　　　　　　　　　　　　　　　　　　（　　）

参考答案：×

要点：《城市房地产管理法》和《城镇国有土地使用权出让和转让暂行条例》对划拨土地使用权的管理有以下规定：

(1) 划拨土地的转让。划拨土地的转让有两种规定：一是报有批准权的人民政府审批准予转让的，应当由受让方办理土地使用权出让手续，并依照国家有关规定缴纳土地使用权出让金；二是可不办理出让手续，但转让方应将所获得的收益中的土地收益上缴国家。

经依法批准利用原有划拨土地进行经营性开发建设的，应当按照市场价补缴土地出让金。经依法批准转让原划拨土地使用权的，应当在土地有形市场公开交易，按照市场价补缴土地出让金；低于市场价交易的，政府应当行使优先购买权。

(2) 划拨土地使用权的出租。①房产所有权人以营利为目的,将划拨土地使用权的地上建筑物出租的,应当将租金中所含土地收益上缴国家。②用地单位因发生转让、出租、企业改制和改变土地用途等不宜办理土地出让的,可实行租赁。③租赁时间超过6个月的,应签订租赁合同。

(3) 划拨土地使用权的抵押。划拨土地使用权抵押时,其抵押价值应当为划拨土地使用权下的市场价值。因抵押划拨土地使用权造成土地使用权转移的,应办理土地出让手续并向国家缴纳地价款才能变更土地权属。

(4) 对未经批准擅自转让、出租、抵押划拨土地使用权的单位和个人,县级以上人民政府土地管理部门应当没收其非法收入,并根据情节处以罚款。

3. 对于收回的闲置土地,政府可以采用招标等方式重新确定土地使用权人。
( )

参考答案:√

要点:对依法收回的闲置土地,市、县国土资源主管部门可以采取下列方式利用:

(1) 依据国家土地供应政策,确定新的国有建设用地使用权人开发利用;

(2) 纳入政府土地储备;

(3) 对耕作条件未被破坏且近期无法安排建设项目的,由市、县国土资源主管部门委托有关农村集体经济组织、单位或者个人组织恢复耕种。

4. 被征收人对房屋征收决定不服的,可以依法提起民事诉讼。 ( )

参考答案:×

要点:对未进行登记的建筑物先行调查、认定和处理。为了避免在房屋征收时矛盾过分集中,市、县级人民政府应当依法加强建设活动管理,对违反城乡规划进行建设的,依法予以处理;另外,市、县级人民政府做出房屋征收决定前,应当组织有关部门依法对征收范围内未经登记的建筑进行调查、认定和处理。当事人对有关部门的认定和处理结果不服的,可以依法提起行政复议或者诉讼。

房屋征收部门与被征收人就补偿方式、补偿金额和支付期限、用于产权调换房屋的地点和面积、搬迁费、临时安置费或者周转用房、停产停业损失、搬迁期限、过渡方式和过渡期限等事项,订立补偿协议。补偿协议订立后,一方当事人不履行补偿协议约定的义务的,另一方当事人可以依法提起诉讼。

5. 同一征收范围内的房屋征收评估工作,只能由一家房地产估价机构承担。
( )

参考答案:×

要点:同一征收项目的房屋征收评估工作,原则上由一家房地产价格评估机构承担。房屋征收范围较大的,可以由两家以上房地产价格评估机构共同承担。

两家以上房地产价格评估机构承担的,应当共同协商确定一家房地产价格评估机构为牵头单位；牵头单位应当组织相关房地产价格评估机构就评估对象、评估时点、价值内涵、评估依据、评估假设、评估原则、评估技术路线、评估方法、重要参数选取、评估结果确定方式等进行沟通，统一标准。

6. 房地产开发项目资本金是指在项目总投资中投资者实际投入的出资额。

（　　）

参考答案：×

要点：投资项目资本金，是指在投资项目总投资中，由投资者认购的出资额，对投资项目来说是非债务性资金，项目法人不承担这部分资金的任何利息和债务；投资者可按其出资的比例依法享有所有者权益，也可转让其出资，但不得以任何方式抽出。

房地产开发项目实行资本金制度，即规定房地产开发企业承揽项目必须有一定比例的资本金，可以有效地防止部分不规范的企业的不规范行为，减少楼盘"烂尾"等现象的发生。

7. 转让房地产开发项目，当事人应持转让合同到房地产开发主管部门备案。

（　　）

参考答案：√

要点：《城市房地产管理法》第四十条规定了以划拨方式取得的土地使用权，转让房地产开发项目时的条件。对于以划拨方式取得土地使用权的房地产项目，要转让的前提是必须经有批准权的人民政府审批。

《城市房地产开发经营管理条例》第二十一条规定，转让房地产开发项目，转让人和受让人应当自土地使用权变更登记手续办理完毕之日起 30 日内，持房地产开发项目转让合同到房地产开发主管部门备案。

8. 所有工程建设项目，均需向城乡规划主管部门申请核发选址意见书。

（　　）

参考答案：×

要点：国家对于建设项目，特别是国家的大、中型建设项目的宏观管理，在可行性研究阶段，主要是通过计划管理和规划管理来实现。将计划管理和规划管理有机结合起来，就能保证各项建设工程有计划并按照规划进行建设。《城乡规划法》规定："按照国家规定需要有关部门批准或者核准的建设项目，以划拨方式提供国有土地使用权的，建设单位在报送有关部门批准或者核准前，应当向城乡规划主管部门申请核发选址意见书。"其他的建设项目不需要申请选址意见书。

9. 建筑面积在 500 m^2 以下的建筑工程，可以不办理建筑工程施工许可证。

（　　）

参考答案：×

要点：工程投资额在 30 万元以下或者建筑面积在 300 m^2 以下的建筑工程，

可以不申请办理施工许可证。省、自治区、直辖市人民政府住房城乡建设主管部门可以根据当地的实际情况，对限额进行调整，并报国务院住房城乡建设主管部门备案。

10. 成套房屋的建筑面积等于套内使用面积加分摊的共有建筑面积之和。

（　　）

参考答案：×

要点：商品房建筑面积由套内建筑面积和分摊的共有建筑面积组成，套内建筑面积部分为专有部分，分摊的共有面积部分为共有产权，买受人按照法律、法规的规定对其享有权利、承担责任。按套（单元）计价或者按套内建筑面积计价的，商品房买卖合同中应当注明建筑面积和分摊的共有建筑面积。

11. 抵押房地产转让价款超过债权数额的部分归抵押人所有，不足部分由抵押人清偿。（　　）

参考答案：√

要点：抵押人经抵押权人同意转让抵押财产的，应当将转让所得的价款向抵押权人提前清偿债务或者提存。转让的价款超过债权数额部分归抵押人所有，不足部分由债务人清偿。抵押期间，抵押人未经抵押权人同意，不得转让抵押财产，但受让人代为清偿债务消灭抵押权的除外。

12. 根据《不动产登记暂行条例》不动产登记必须由不动产所在地的县级人民政府不动产登记机构办理。（　　）

参考答案：×

要点：参见教材 P138。

13. 不动产登记申请人可以是自然人，也可以是法人或其他组织。（　　）

参考答案：√

要点：参见教材 P139。

14. 住宅楼共有建筑面积应以幢为单元进行分摊。（　　）

参考答案：√

要点：共有建筑面积分摊的方法：

（1）住宅楼：住宅楼以幢（栋）为单元，按各套内建筑面积比例分摊共有建筑面积。

（2）商住楼：将幢应分摊的共有建筑面积，根据住宅、商业不同使用功能，按建筑面积比例分摊成住宅和商业两部分。

住宅部分：将幢摊分给住宅的共有建筑面积，作为住宅共有建筑面积的一部分，再加上住宅本身的共有建筑面积，按住宅各套的建筑面积比例分摊。

商业部分：先将幢摊分给商业的共有建筑面积，加上商业本身的共有建筑面积，按商业各层套内建筑面积比例分摊至各层，作为各层共有建筑的一部分，加至相应各层共有建筑面积内，得到各层总的共有建筑面积，然后，再根据各层各套内建筑面积分摊其相应各层总的共有建筑面积。

（3）综合楼：多功能综合楼共有建筑面积按各自的功能，参照商住楼的分摊方法进行分摊。

15. 房地产估价、经纪的收费都是以房地产交易的市场价格为基数计算的。
（ ）

参考答案：×

要点：房地产估价收费。房地产估价收费一般按照评估总额的一定比例收取。根据《国家发展改革委关于放开部分服务价格的通知》（发改价格〔2014〕2732号），自2015年1月1日起，放开房地产估价收费。放开房地产估价收费后，房地产价格评估机构遵守《价格法》等法律法规要求，合法经营，为委托人等提供质量合格、价格合理的服务；要严格落实明码标价制度，在经营场所醒目位置公示价目表和投诉举报电话等信息；不得利用优势地位，强制服务、强制收费，或只收费不服务、少服务多收费；不得在标价之外收取任何未予标明的费用。

房地产经纪服务收费。根据代理项目的不同，房地产经纪收费采取不同的收费标准。房屋租赁代理收费，无论成交的租赁期限长短，一般均按半月至一月成交租金额标准，由双方协商议定一次性计收。房屋买卖代理收费，一般按成交价格总额的一定比例收取。比例一般为0.5%～3%。根据《国家发展改革委、住房城乡建设部关于放开房地产咨询收费和下放房地产经纪收费管理的通知》（发改价格〔2014〕1289号），自2014年6月13日起，下放房地产经纪服务收费定价权限，房地产经纪服务收费定价权限，由省级人民政府价格、住房城乡建设行政主管部门管理。各地可根据当地市场发育实际情况，决定实行政府指导价管理或市场调节价。实行政府指导价管理的，要制定合理的收费标准并明确收费所对应的服务内容等；实行市场调节价的，房地产经纪服务收费标准由委托和受托双方，依据服务内容、服务成本、服务质量和市场供求状况协商确定。一项服务包含多个项目和标准的，应当明确标示每一个项目名称和收费标准，不得混合标价、捆绑标价；代收代付的税、费也应予以标明。房地产中介服务机构不得收取任何未标明的费用。

16. 只有一级资质的房地产估价机构可以设立分支机构。（ ）

参考答案：√

要点：一级资质房地产估价机构可以设立分支机构。二、三级资质房地产估价机构不得设立分支机构。各资质等级的房地产估价机构不得设立类似分支机构性质的"办事处"、"联络点（站）"等机构。

17. 房地产估价机构合作完成估价业务的，应以合作的名义共同出具估价报

告。 ( )

参考答案：√

要点：经委托人书面同意，房地产估价机构可以与其他房地产估价机构合作完成估价业务，以合作双方的名义共同出具估价报告。

18. 物业服务收费应区分不同物业的性质和特点，分别实行政府指导价和市场调节价。 ( )

参考答案：√

要点：物业服务收费应当区分不同物业的性质和特点，分别实行政府指导价和市场调节价。具体定价形式由省、自治区、直辖市人民政府价格主管部门会同房地产行政主管部门确定。

物业服务收费实行政府指导价的，有定价权限的人民政府价格主管部门应当会同房地产行政主管部门根据物业管理服务等级标准等因素，制定相应的基准价及其浮动幅度，并定期公布。具体收费标准由业主与物业服务企业根据规定的基准价和浮动幅度在物业服务合同中约定。实行市场调节价的物业服务收费，由业主与物业服务企业在物业服务合同中约定。

19. 附加和加成都是加重纳税人负担的措施。 ( )

参考答案：√

要点：附加和加成是加重纳税人负担的措施。

附加是地方附加的简称，是地方政府在正税之外附加征收的一部分税款。通常把按国家税法规定的税率征收的税款称为正税，把正税以外征收的附加称为副税。

加成是加成征收的简称。对特定的纳税人实行加成征税，加一成等于加正税的10%，加二成等于加正税的20%，依此类推。

加成与附加不同，加成只对特定的纳税人加征，附加对所有纳税人加征。加成一般是在收益课税中采用，以便有效地调节某些纳税人的收入，附加则不一定。

20. 甲方提供土地、乙方出资金合作经营，将土地转让到经营企业，暂免征收土地增值税。 ( )

参考答案：√

要点：对于以土地（房地产）作价入股进行投资或联营的，凡所投资、联营的企业从事房地产开发的，或者房地产开发企业以其建造的商品房进行投资和联营的，均不适用《财政部、国家税务总局关于土地增值税一些具体问题规定的通知》（财税字〔1995〕48号）第一条暂免征收土地增值税的规定："对于以房地产进行投资、联营的，投资、联营的一方以土地（房地产）作价入股进行投资或作为联营条件，将房地产转让到所投资、联营的企业中时，暂免征收土地增值税。对投资、联营企业将上述房地产再转让的,应征收土地增值税"。

21. 企业改制重组过程中,同一投资主体内部所属企业之间划转房屋权属的,不征收契税。（　　）

参考答案: √

要点: 企业改制重组过程中,同一投资主体内部所属企业之间土地、房屋权属的无偿划转,不征收契税。自然人与其个人独资企业、一人有限责任公司之间土地、房屋权属的无偿划转属于同一投资主体内部土地、房屋权属的无偿划转,可比照上述规定不征收契税。

22. 2013年7月31日,王某转让购买不足5年住房,按其销售收入减去购房价款的差额征收营业税。（　　）

参考答案: ×

要点: 自2011年1月28日起,对个人购买住房不足5年转手交易的,统一按其销售收入全额征税;个人将购买超过5年（含5年）的非普通住房对外销售的,按照其销售收入减去购买房屋的价款后的差额征收营业税;个人将购买超过5年（含5年）的普通住房对外销售的,免征营业税。

23. 住房公积金包括个人缴存和单位缴存两部分,分别归职工个人所有和单位所有。（　　）

参考答案: ×

要点: 住房公积金是指国家机关、国有企业、城镇集体企业、外商投资企业、城镇私营企业及其他城镇企业、事业单位、民办非企业单位、社会团体及其在职职工缴存的长期住房储金。职工个人缴存的住房公积金和职工所在单位为职工缴存的住房公积金,属于职工个人所有。住房公积金实行住房公积金管理委员会决策、住房公积金管理中心运作、银行专户存储、财政监督。

24. 职工与单位解除劳动关系并出国定居,可以提取住房公积金。（　　）

参考答案: √

要点: 住房公积金提取,是指缴存职工符合住房消费提取条件或丧失缴存条件时,部分或全部提取个人账户内的住房公积金存储余额的行为。职工有下列情形的,可以申请提取个人账户内的住房公积金存储余额:

(1) 购买、建造、翻建、大修自住住房的;
(2) 偿还购建自住住房贷款本息的;
(3) 租赁自住住房,房租超出家庭工资收入一定比例的;
(4) 离休、退休和出境定居的;
(5) 职工死亡、被宣告死亡的;
(6) 享受城镇最低生活保障的;
(7) 完全或部分丧失劳动能力,并与单位终止劳动关系的;

25. 从工程地质条件看，滑坡体本身、地震区都不宜作为城市建设用地。
（   ）

参考答案：×

要点：不稳定的滑坡体本身，以及处于滑坡体下滑方向的地段，均不宜作为城市建设用地。

根据城市用地适用性评价结论，一般可将建设用地分为三类。

一类用地：即适于修建的用地。这类用地一般具有地形平坦、规整、坡度适宜，地质条件良好，没有被洪水淹没的危险，自然环境较为优越等特点，能适应城市各项设施的建设要求的用地。这类用地一般不需或只需稍加简单的工程准备措施，就可以进行修建。其具体要求是：①地形坡度在10度以下，符合各项建设用地的要求；②土质能满足建筑物地基承载力的要求；③地下水位低于建筑物的基础埋置深度；④没有被百年一遇洪水淹没的危险；⑤没有沼泽现象或采用简单工程措施即可排除地面积水的地段；⑥没有冲沟、滑坡、崩塌、岩溶等不良地质现象的地段。

二类用地：即基本上可以修建的用地。这类用地由于受某种或某几种不利条件的影响，需要采取一定的工程措施改善其条件后，才适于修建的用地。这类用地对城市设施或工程项目的布置有一定的限制。其具体情况是：①土质较差，在修建建筑物时，地基需要采取人工加固措施；②地下水位距地表面的深度较浅，修建建筑物时，需降低地下水位或采取排水措施；③属洪水轻度淹没区，淹没深度不超过1～1.5m，需采取防洪措施；④地形坡度较大，修建建筑物时，除需要采取一定的工程措施外，还需动用较大土石方工程；⑤地表面有较严重的积水现象，需要采取专门的工程准备措施加以改善；⑥有轻微的活动性冲沟、滑坡等不良地质现象，需要采取一定工程准备措施等。

三类用地：即不适于修建的用地。这类用地一般说来用地条件极差，其具体情况是：①地基承载力小于60kPa和厚度在2m以上的泥炭层或流砂层的土壤，需要采取很复杂的人工地基和加固措施才能修建；②地形坡度超过20度以上，布置建筑物很困难；③经常被洪水淹没，且淹没深度超过1.5m；④有严重的活动性冲沟、滑坡等不良地质现象，若采取防治措施需花费很大工程量和工程费用；⑤农业生产价值很高的丰产农田，具有开采价值的矿藏埋藏，属给水水源卫生防护地段，存在其他永久性设施和军事设施等。

26. 装修装饰材料是室内环境污染的主要来源，所谓的空调病与办公室综合症都与其密切相关。
（   ）

参考答案：√

要点：室内的污染物来源主要来自建筑材料，尤其是装修装饰材料。人们的居住、办公等室内环境，是由建筑材料所围成的与外界环境隔开的微小环境，这些材料中的某些成分对室内环境质量有很大影响。例如,有些石材和砖中含有高本底的镭,镭可蜕变成放射性很强的氡,能引起肺癌。很多有机合成材料可向室内释放许多挥发性有机物,如甲醛、苯、甲苯、醚类、酯类等。这些污染物的浓度有时虽然不很高,但人在它们的长期综合作用下,会出现不良建筑物综合症、建筑物相关疾患等疾病。尤其是在装有空调系统的建筑物内,由于室内环境污染物得不到及时清除,更容易使人出现某些不良反应及疾病。

27. 建筑物中的伸缩缝可以代替沉降缝,但沉降缝不可以代替伸缩缝。
( )

参考答案: ×

要点: 变形缝是为了避免建筑由于温度变化、建筑物各部分所受荷载的不同以及建筑物相邻部分结构的差异和地震的影响而使建筑物出现变形、开裂、建筑结构破坏而设置的将建筑物垂直分开的缝隙。变形缝包括伸缩缝、沉降缝、防震缝。

伸缩缝,也叫温度缝,是防止由温度影响产生变形而设置的变形缝。伸缩缝要从基础顶面开始,将墙体、楼板、屋顶全部断开。基础部分因埋置于地下,受温度影响较小,所以不必断开,如建筑屋顶采用瓦屋面,屋顶部分也无需另做伸缩缝。伸缩缝的间距与构件所用材料、结构类型、施工方法、构件所处位置和环境等均有密切的关系。

沉降缝是防止因荷载、结构形式、地基能力的差异等原因而产生不均匀沉降的影响所设的变形缝。沉降缝是将建筑物垂直方向划分为若干个刚度较一致的单元,使相邻单元可以自由沉降,而不影响建筑的整体。

防震缝是防止由地震的影响而设置的变形缝。在地震区建造建筑应考虑地震的影响,根据抗震设计规范规定:地震烈度6度以下地区的建筑可不予设防;9度以上的地区,一般避免进行工程建设。防震缝的宽度在任何情况下不得小于50mm。防震缝的宽度在建筑抗震设计规范中按不同烈度根据不同结构、砌体类别、建筑类别、高度等都有不同的规定。防震缝的两侧应采用双墙、双柱。防震缝可以结合伸缩缝、沉降缝的要求统一考虑。

防震缝应沿建筑的全高设置。在平面复杂的建筑中,由于与震动方向有关的建筑各相连部分的刚度差别很大,因此应将基础分开。此外,当防震缝与沉降缝结合设置时,基础也应分开。但在其他情况下基础内可不设防震缝。

28. 在我国建设投资构成中,无形资产费用属于建筑安装工程费用中的间接费。
( )

参考答案: ×

要点: 建筑安装工程费用定额包括三个部分,分别为其他直接费定额、现场经费定额以及间接费定额。其他直接费定额是指预算定额细目内容以外,与建筑安装工程直接有关的各项费用开支标准,也是编制施工图预算和概算的依据。现场经费定额是指与现场施工直接有关,是施工准备、施工组织和管理所需的费用定额。间接费定额是指为企业生产全部产品所必需,为维持整个企业的生产经营活动所必需的各项费用开支标准,与个别产品的建筑安装施工无关。

工程建设其他费用是指应在建设项目的建设投资中开支的,为保证工程建设顺利完成和交付使用后能够正常发挥效用而发生的固定资产其他费用、无形资产费用和其他资产费用。

29. 以国有资金投资为主的工程建设项目必须采用工程量清单计价。( )

参考答案: √

要点: 全部使用国有资金投资或国有资金投资为主(简称"国有资金投资")的工程建设项目,必须采用工程量清单计价。这是国家标准中的《建设工程工程量清单计价规范》GB 50500—2008 中的强制性规定。而非国有资金投资的工程建设项目,也可采用工程量清单计价。

30. 地籍图是表示土地产权、地界、高程和分区的平面图。( )

参考答案: ×

要点: 地籍是反映土地及地上附着物的权属、位置、质量、数量和利用现状等有关土地的自然、社会、经济和法律等基本状况的资料,亦称土地的户籍。为此所做的调查和测绘工作总称地籍测量。地籍测量为土地管理和利用提供图纸、数据、文字资料等基本信息和依据,是地籍管理的基础工作。基础地籍资料包括地籍图、地籍册和地籍登记档案。地籍资料应具有现实性和准确性。一般来说,地籍资料具有三大功能:土地利用管理和规划的功能,财政税收的功能和法律功能。

地籍测量绘制的图件称为地籍图。它是表示土地产权、地界和分区的平面图,图上附有各部分的说明、注解和识别资料。地籍图的内容包括地籍要素和必要的地形要素。地籍要素指土地的编号、利用类别、等级、面积及权属界线,界址点及其编号,各级行政区划界线及房产情况。必要的地形要素指与地籍管理有关的一些房屋、道路、水系、垣栅及地物和地埋名称等。

31. 供给规律反映了商品本身价格与其质量优劣之间变化的依存关系。

( )

参考答案: ×

要点: 供给规律反映了商品本身价格与其供给量之间变化的依存关系。一般情况下在其他条件不变的情况下,商品的供给量与价格之间同向变动,即供给量随商品本身价格的上升而增加,随商品本身价格的下降而减少。

32. 完全垄断厂商总可以通过对产量和价格的控制实现利润最大化,获得超额利润。( )

参考答案：×

要点：完全垄断简称垄断，是指整个行业的市场完全处于独家厂商的控制之下，是一种没有任何竞争、由一家厂商控制某种产品的市场结构。完全垄断市场的特征是：某产品市场只有唯一的生产者，该类产品没有相近的替代品，且该生产者能够排斥竞争者进入此行业，因此他能够控制这类产品的供给，从而控制此类产品的售价。

形成完全垄断的主要原因有：一是政府对某些行业实行直接控制。通常表现为政府对关系到国民经济全局的重要行业、影响居民日常生活的公用事业等实行垄断。二是政府赋予厂商在某一行业具有特许经营权。三是具有高效生产规模的一家厂商即能提供足以满足全部市场需求的产量，其他厂商进入只会出现亏损。四是厂商独家控制了某些特殊的自然资源或矿藏，从而对需要这些资源进行生产的产品形成垄断。五是厂商的技术创新和产品创新受到法律所赋予的专利权保护等。

33. 判断经济是否陷入通货紧缩，关键看物价总水平是否持续下降，且持续期至少半年以上。 （ ）

参考答案：√

要点：通货紧缩是指由于货币供应量的减少或其增幅滞后于生产增长的幅度，致使市场上对商品和劳务的总需求小于总供给，从而出现物价总水平的持续下降。单纯的物价下降并不一定意味着出现了通货紧缩，判断经济是否陷入了通货紧缩，要看价格总水平是否持续下降，且持续期至少在半年以上。

34. 广义货币M2是第二活跃的货币，目的在于"储币待购"，即作为流通手段的准备而存在。 （ ）

参考答案：√

要点：货币包括现金和各种银行存款。根据货币的流动性及在流通中所起的作用，将货币供应量分为三个层次：M0、M1、M2，具体分类如下：

第一层次：M0＝现金流通量

第二层次：M1＝M0＋单位和个人的活期存款

第三层次：M2＝M1＋单位和个人的定期存款＋其他存款

在上述层次中，现金M0为狭义货币，现实货币M1是最活跃的货币，是作为流通手段的准备而存在，随时可以用于购买商品、劳务和其他支付。对于广义货币M2来说，目的在于"储币待购"，为第二活跃的货币。

35. 证券能够定期地给它的持有者带来收益，证券被看成是资本，但不是真实资本。 （ ）

参考答案：√

要点：参见教材P267。

36. 保险基本原则中,由损失补偿原则派生出的权益转让原则和分摊原则均不适用于人身保险。( )

参考答案:×

要点:保险的基本原则是指在保险形成过程中逐渐形成的公认准则,包括最大诚信原则、保险利益原则、近因原则和损失补偿原则。

经济补偿是保险的最基本职能,也是保险产生和发展的最初目的和最终目标,因此,保险的损失补偿原则是保险的重要原则。损失补偿原则是指当保险标的发生保险责任范围内的损失时,保险人应按保险合同的约定,对被保险人给予弥补损失的经济赔偿,但被保险人不能因损失获得额外利益的原则。损失赔偿应该以保险责任范围内的损失发生为前提,即有损失发生则有损失补偿,无损失则无补偿。损失补偿金额受到实际损失、保险合同和保险利益的限制。损失补偿原则进一步派生出权益转让原则和分摊原则。

权益转让原则仅适用于财产保险,而不适用于人身保险。在财产保险中,权益转让原则是指由于保险事故发生,保险人在向被保险人支付赔偿金后,取得相关保险标的的所有权或向第三人的索赔权。

分摊原则与财产保险业务中发生的重复保险密切相关,不适用于人身保险。重复保险是指投保人对同一保险标的、同一保险利益、同一保险事故分别向两个以上的保险人订立合同的保险。原则上重复投保是不允许的,但事实上存在。在重复保险的情况下,若发生保险事故,则由各保险人分摊保险标的所受的损失。如果保险金额总和超过保险价值时,各保险人承担的赔偿金额总和不得超过保险价值。

37. 测定长期趋势值的方法主要有扩大时距法、移动平均法和最小二乘法。( )

参考答案:√

要点:受众多因素影响的动态序列,经过修匀后可以剔除季节波动、循环波动和不规则波动等因素的作用,从而使现象在长期内呈现出逐渐上升或下降的基本变动趋势。长期趋势的测定主要是求趋势值,而测定长期趋势值的方法主要有扩大时距法、移动平均法和最小二乘法。

38. 速动比率是反映企业短期偿债能力的一个辅助指标,但所反映的企业短期偿债能力较流动比率更加可信。( )

参考答案:√

要点:偿债能力是指企业偿还各种到期债务的能力。偿债能力分析主要分为短期偿债能力分析和长期偿债能力分析。短期偿债能力指标主要有流动比率和速动比率,长期偿债能力指标主要是资产负债率。

流动比率是流动资产与流动负债的比率,是反映企业短期偿债能力的主要指标。流动比率越高，说明企业偿还流动负债的能力越强，流动负债得到偿还的保障越大，但是，过高的流动比率也并非好现象，因为流动比率过高，可能是企业滞留在流动资产上的资金过多，未能有效地加以利用，因而可能影响企业的获利能力。根据西方的经验，流动比率在2：1左右比较合适。

速动比率是速动资产与流动负债的比率，是反映企业短期偿债能力的一个辅助指标。速动资产等于流动资产减去存货、待摊费用等的余值，主要包括现金（货币资金）、短期投资、应收票据、应收账款等。

计算速动比率时，扣除存货的主要原因是：①在流动资产中，存货的变现能力最差；②由于某种原因，部分存货可能已经损失报废还没处理；③部分存货可能已经抵押给债权人；④存货估价还存在成本和合理市价相差悬殊的问题。因此，速动比率所反映的企业短期偿债能力更加可信。

通过速动比率来判断企业短期偿债能力比用流动比率进了一步。速动比率越高，说明企业的短期偿债能力越强。根据西方经验，一般认为速动比率为1：1时比较合适。但在实际分析时，应根据企业性质和其他因素综合判断，不可一概而论。

39. 法定代理是依据法律的直接规定而发生的代理关系，而指定代理实质上是实现法定代理的方式。   (   )

参考答案：√

要点：根据代理权发生的依据不同，可将代理分为委托代理、法定代理和指定代理。

委托代理是指基于被代理人的委托而发生的代理关系。委托代理关系成立前，代理人与被代理之间往往并无一定联系。委托代理通常以完成特定事项为代理内容，事项完成后，代理即告终结。

法定代理是指根据法律的直接规定而发生的代理关系。其主要是为无民事行为能力人或限制民事行为能力人行使权利、承担义务而设立的制度。法定代理人的权限来自法律的规定，主要是根据代理人与被代理人之间具有的一定亲属关系而发生，某些特别的情况下也可依据某种行政隶属关系而发生，例如由未成年人父母的所在单位、住所地的居民委员会等作为法定代理人。

指定代理是指根据人民法院或有关单位的指定而发生的代理，其实质是一种实现法定代理的方式。

40. 强制拍卖时，只有法院有权选择拍卖机构进行拍卖。   (   )

参考答案：√

要点：强制拍卖是指国家有关机关依法将被查封、扣押、冻结的财产强制予以拍卖的行为。

法院主导拍卖程序原则，是指整个强制拍卖过程，包括拍卖程序的启动、进行、中止、终结均由法院决定。从本质上看,该原则是由法院强制拍卖的国家强制性和目的的利他性决定的。

法院在强制拍卖过程中的主导地位和主导作用主要体现在以下方面:一是是否委托由法院决定;二是法院有权在出现中止事由时单方中止拍卖程序;三是法院有权在出现终结拍卖事由时单方解除委托拍卖合同,终结拍卖程序;四是法院有权对强制拍卖的各个环节和过程方面进行严格的监督和检查;五是法院有权对拍卖结果依法进行审查,并根据法律规定做出是否予以确认的裁定,如果发现拍卖机构与竞买人之间恶意串通,或者是竞买人之间相互恶意串通,并给他人造成损失时,法院应当宣告拍卖无效。

当然,法院主导拍卖程序原则并不是否认拍卖机构在委托拍卖合同法律关系中享有广泛权利,如请求法院予以配合的权利,请求法院依照约定及时、完全地给付拍卖佣金的权利。对拍卖机构享有的权利,法院不得非法限制和侵犯。

四、综合分析题(共3大题,15小题,每小题2分。每小题的备选答案中有1个或1个以上符合题意,请在答题卡上涂黑其相应的编号。全部选对的,得2分;错选或多选的,不得分;少选且选择正确的,每个选项得0.5分)

(一)

2006年12月,刘某与甲房地产开发企业签订商品房预售合同,约定所购住宅套内建筑面积为$100m^2$,套内封闭阳台面积为$6m^2$。2007年3月,房屋通过竣工验收。经实测,刘某所购住宅共有建筑面积分摊系数为0.25。2007年5月,房屋交付给刘某。2007年6月,刘某领取了房屋权属证书。2013年7月,刘某将该套住宅转让。

1. 刘某所购住宅的建筑面积为(   )。
A. $106.00m^2$ B. $117.50m^2$ C. $125.00m^2$ D. $132.50m^2$

参考答案:C

要点:成套房屋的建筑面积:成套房屋的建筑面积由套内建筑面积及共有建筑面积的分摊组成。套内建筑面积由套内房屋的使用面积、套内墙体面积,套内阳台建筑面积三部分组成。套内房屋的使用面积为套内使用空间的水平投影面积,按以下规定计算:

(1) 套内房屋使用面积为套内卧室、起居室、过厅、过道、厨房、卫生间、厕所、贮藏室、壁柜等空间面积的总和。

(2) 套内楼梯按自然层数的面积总和计入套内房屋使用面积。

(3) 不包括在结构面积内的套内烟囱、通风道、管道井均计入套内房屋使用面积。

（4）内墙面装饰厚度计入套内房屋使用面积。

套内墙体面积是套内使用空间周围的维护或承重墙体或其他承重支撑体所占的面积，其中各套之间的分隔墙和套与公共建筑空间的分隔墙以及外墙（包括山墙）等共有墙，均按水平投影面积的一半计入套内墙体面积。套内自有墙体按水平投影面积全部计入套内墙体面积。

套内阳台建筑面积按阳台外围与房屋外墙之间的水平投影面积计算。其中封闭的阳台按其外围水平投影面积全部计算建筑面积，未封闭的阳台按水平投影的一半计算建筑面积。

共有建筑面积分摊的计算公式。按相关建筑面积比例进行分摊，计算各单元应分摊的面积，按下式计算：

$$\delta S_i = k \cdot S_i$$

式中　　δS_i——各户应分摊的共有公用面积；

　　　　k——分摊比例系数；

　　　　S_i——参加分摊的各户套内建筑面积。

$$k = \sum \delta S_i / \sum S_i$$

2. 甲房地产开发企业对该套住宅保修期从（　　）起计算。

A. 2006 年 12 月　　　　　　B. 2007 年 3 月

C. 2007 年 5 月　　　　　　 D. 2007 年 6 月

参考答案：C

要点：《住宅质量保证书》应当列明工程质量监督部门核验的质量等级、保修范围、保修期和保修单位等内容。房地产开发企业应当按照住宅质量保证书的约定，承担商品房保修责任。商品住宅的保修期从商品住宅交付之日起计算。商品住宅的保修期不得低于建设工程承包单位向建设单位出具的质量保修书约定保修的存续期。非住宅商品房的保修期不得低于建筑工程承包单位向建设单位出具的质量保修书约定保修的存续期。在保修期限内发生的属于保修范围的质量问题，房地产开发企业应当履行保修义务，并对造成的损失承担赔偿责任。因不可抗力或者使用不当造成的损失，房地产开发企业不承担责任。保修期内，因房地产开发企业对商品住宅进行维修，致使房屋使用功能受到影响，给购买人造成损失的，房地产开发企业应当承担赔偿责任。

3. 2007 年 6 月，刘某办理的房屋登记类型为房屋所有权（　　）。

A. 初始登记　　B. 转移登记　　C. 变更登记　　D. 注销登记

参考答案：A

要点：按登记的效力分类：

（1）本登记。本登记是对不动产物权的设立、变更、转让以及消灭等法律事实进行的登记，具有终局、确定的效力，因此又被称为"终局登记"。如房屋所有权初始登记、房屋所有权转移登记等都属于本登记。本登记包括：

1）初始登记，是指不动产所有权的第一次登记，包括土地所有权的第一次登记和房屋所有权的第一次登记。由于土地的国家所有权可以不办理登记，土地的初始登记仅指集体土地所有权的初始登记。

2）设立登记，是指当事人以法律行为设定不动产他物权时进行的登记。包括建设用地使用权、不动产抵押权和地役权的设立登记。根据《物权法》第一百三十九条、第一百八十七条规定，建设用地使用权和不动产抵押权的设立应当登记，不登记则不发生物权变动效力。根据《物权法》第一百五十八条规定：地役权自地役权合同生效时设立。当事人要求登记的，可以向登记机构申请地役权登记；未经登记，不得对抗善意第三人。因此，设立登记是设立建设用地使用权和不动产抵押权的生效要件，是设立地役权的对抗要件。

3）转移登记，是指不动产物权转移时进行的登记。由于我国实行土地公有制即国家所有与集体所有，土地所有权不能转让。即便是集体所有的土地变为国家所有的土地，也只是通过征收的方式。因此，转移登记仅适用于土地使用权、房屋所有权及抵押权等其他物权发生转移的情形。

4）变更登记，是指不动产物权归属的主体不变，而只是物权的内容、客体等发生变化时所为的登记。如不动产的面积发生变化、权利人名称发生变化时，应申请变更登记。

5）注销登记，是指因法定或约定之原因使已登记的不动产物权归于消灭或因自然的、人为的原因使不动产本身灭失时进行的一种登记。如抵押权已实现，应申请抵押权注销等。

6）更正登记和异议登记。更正登记和异议登记是保护事实上的权利人或者真正权利人以及真正权利状态的法律措施。更正登记是对原登记权利的涂销，同时对真正权利进行登记。异议登记是将事实上的权利人以及利害关系人对不动产登记簿中记载的权利所提出的异议记入登记簿中，其法律效力是使登记簿所记载权利失去推定的效力。《物权法》规定，权利人、利害关系人认为不动产登记簿记载的事项错误的，可以申请更正登记。不动产登记簿记载的权利人书面同意更正或者有证据证明登记确有错误的，登记机构应当予以更正。不动产登记簿记载的权利人不同意更正的，利害关系人可以申请异议登记。登记机构予以异议登记的，申请人在异议登记之日起十五日内不起诉，异议登记失效。异议登记不当，造成权利人损害的，权利人可以向申请人请求损害赔偿。

7）查封登记。查封登记是指，不动产登记机构按照人民法院的生效法律文书和协助执行通知书，配合人民法院对指定不动产在不动产登记簿上予以注记，以限制权利人处分被查封的不动产的行为。被查封、预查封的房屋，在查封、预查封期间不得办理抵押、转让等权属变更、转移登记手续。根据最高人民法院、住建部、国土资源部联合下发的《关于依法规范人民法院执行和国土资源房地产管理部门协助执行若干问题的通知》(法发〔2004〕5号)规定,不动产登记机构在协助人民法院执行房屋时,不对生效法律文书和协助执行通知书进行实体审查,认为人民法院查封、预查封的不动产权属错误的,可以向人民法院提出审查建议,但不应当停止办理协助执行事项。

(2)预登记。预登记,是指在本登记之前进行的登记,其不具有终局、确定的效力,主要目的在于保护权利人的合法权益。如预告商品房预告登记。《物权法》第二十条规定:当事人签订买卖房屋或者其他不动产物权的协议,为保障将来实现物权,按照约定可以向登记机构申请预告登记。预告登记后,未经预告登记的权利人同意,处分该不动产的,不发生物权效力。预告登记后,债权消灭或者自能够进行不动产登记之日起三个月内未申请登记的,预告登记失效。

4. 刘某转让该住宅计算个人所得税时,允许从其转让收入中减除的有关合理费用包括( )。

A. 装修费用　　　B. 交易手续费　　C. 物业管理费　　D. 住房贷款利息

参考答案:ABD

要点:1. 对住房转让所得征收个人所得税时,以实际成交价格为转让收入。纳税人申报的住房成交价格明显低于市场价格且无正当理由的,征收机关依法有权根据有关信息核定其转让收入,但必须保证各税种计税价格一致。

2. 对转让住房收入计算个人所得税应纳税所得额时,纳税人可凭原购房合同、发票等有效凭证,经税务机关审核后,允许从其转让收入中减除房屋原值、转让住房过程中缴纳的税金及有关合理费用。

(1)房屋原值具体为:商品房为购置该房屋时实际支付的房价款及缴纳的相关税费。

自建住房为实际发生的建造费用及建造和取得产权时实际交纳的相关税费。经济适用房(含集资合作建房、安居工程住房)为原购房人实际支付的房价款及相关税费,以及按规定交纳的土地出让金。已购公有住房为原购公有住房标准面积按当地经济适用房价格计算的房价款,加上原购公有住房超标准面积实际支付的房价款以及按规定向财政部门(或原产权单位)交纳的所得收益及相关税费。

已购公有住房是指城镇职工根据国家和县级(含县级)以上人民政府有关城镇住房制度改革政策规定,按照成本价(或标准价)购买的公有住房。

经济适用房价格按县级(含县级)以上地方人民政府规定的标准确定。城镇拆迁安置住房:根据《城市房屋拆迁管理条例》和《建设部关于印发〈城市房屋拆迁估价指导意见〉的通知》(建住房〔2003〕234号)等有关规定,其原值分别为:房屋拆迁取得货币补偿后购置房屋的,为购置该房屋实际支付的房价款及交纳的相关税费;房屋拆迁采取产权调换方式的,所调换房屋原值为《房屋拆迁补偿安置协议》注明的价款及交纳的相关税费；房屋拆迁采取产权调换方式，被拆迁人除取得所调换房屋，又取得部分货币补偿的，所调换房屋原值为《房屋拆迁补偿安置协议》注明的价款和交纳的相关税费，减去货币补偿后的余额；房屋拆迁采取产权调换方式，被拆迁人取得所调换房屋，又支付部分货币的，所调换房屋原值为《房屋拆迁补偿安置协议》注明的价款，加上所支付的货币及交纳的相关税费。

（2）转让住房过程中缴纳的税金是指：纳税人在转让住房时实际缴纳的营业税、城市维护建设税、教育费附加、土地增值税、印花税等税金。

（3）合理费用是指：纳税人按照规定实际支付的住房装修费用、住房贷款利息、手续费、公证费等费用。

（二）

2013年6月20日，某市人民政府根据城市规划实施旧城改造，决定征收城区内某处国有土地上的房屋。李某在征收范围内拥有一套建筑面积为100m^2的住宅，其中，10m^2自行改为商业用房，另还自行搭建了5m^2违章建筑。住宅抵押给银行尚有500000元贷款未还，同时，该套住宅已出租，租期3年，年租金为30000元。经测算，该区域类似住宅的市场价格为10000元/m^2。李某收到房屋征收估价报告后，对估价结果有异议。

5. 该市人民政府在做出房屋征收决定前，应完成的工作为（　　）。

A. 进行社会稳定风险评估

B. 足额到位征收补偿费

C. 评估被征收房屋的价值

D. 组织有关部门对征收补偿方案进行论证

参考答案：A

要点：市、县级人民政府做出房屋征收决定前，应当按照有关规定进行社会稳定风险评估；房屋征收决定涉及被征收人数量较多的，应当经政府常务会议讨论决定。市、县级人民政府做出房屋征收决定后应当及时公告。公告应当载明征收补偿方案和行政复议、行政诉讼权利等事项。市、县级人民政府及房屋征收部门应当做好房屋征收与补偿的宣传、解释工作。房屋被依法征收的，国有土地使用权同时收回。

6. 征收补偿李某房屋的建筑面积应为（　　）。

A. 90m^2　　　　B. 100m^2　　　　C. 110m^2　　　　D. 115m^2

参考答案：B

要点：房屋征收部门应当向受托的房地产估价机构提供征收范围内房屋情况。一是在委托书和委托合同中明确评估对象范围。房屋征收评估前，房屋征收部门应当组织有关单位对被征收房屋情况进行调查，明确评估对象。评估对象应当全面、客观，不得遗漏、虚构。二是提供征收范围内已经登记的房屋情况和未经登记建筑的认定、处理结果情况。对于已经登记的房屋，其性质、用途和建筑面积，一般以房屋权属证书和房屋登记簿的记载为准；房屋权属证书与房屋登记簿的记载不一致的，除有证据证明房屋登记簿确有错误外，以房屋登记簿为准；对于未经登记的建筑，应当按照市、县级人民政府的认定、处理结果进行评估。

7. 李某出租房屋，每年应缴纳的个人所得税、营业税、房产税总和为（　　）元。

A. 4650　　　　B. 5100　　　　C. 5700　　　　D. 8100

参考答案：A

要点： 房产税。对于出租的房产，以房产租金收入为计税依据。租金收入是房屋所有权人出租房产使用权所得的报酬，包括货币收入和实物收入。对以劳务或其他形式为报酬抵付房租收入的，应根据当地房产的租金水平，确定一个标准租金额按租计征。房产税采用比例税率。按房产余值计征的，税率为1.2%；按房产租金收入计征的，税率为12%。下述房产免征房产税：

（1）国家机关、人民团体、军队自用的房产。但是，上述单位的出租房产以及非自身业务使用的生产、经营用房，不属于免税范围。

（2）由国家财政部门拨付事业经费的单位自用的房产。

（3）宗教寺庙、公园、名胜古迹自用的房产。但其附设的营业用房及出租的房产，不属于免税范围。

（4）个人所有非营业用的房产。

房地产开发企业开发的商品房在出售前，对房地产开发企业而言是一种产品，因此，对房地产开发企业建造的商品房，在售出前，不征收房产税；但对售出前房地产开发企业已使用或出租、出借的商品房应按规定征收房产税。

（5）经财政部批准免税的其他房产。包括：

1）损坏不堪使用的房屋和危险房屋，经有关部门鉴定后，可免征房产税。

2）房产大修停用半年以上的，经纳税人申请，税务机关审核，在大修期间可免征房产税。

3）在基建工地为基建工地服务的各种工棚、材料棚、休息棚和办公室、食堂、茶炉房、汽车房等临时性房屋，在施工期间一律免征房产税。但是，工程结束后，施工企业将这种临时性房屋交还或估价转让给基建单位的，应从基建单位接收的次月起，依照规定征税。

4）企业办的各类学校、医院、托儿所、幼儿园自用的房产，可免征房产税。

5）老年服务机构自用的房产免税。

6）自2011年1月1日至2015年12月31日，对向居民供热而收取采暖费的供热企业,为居民供热所使用的厂房免征房产税;对高校学生公寓免征房产税;对商品储备管理公司及其直属库承担商品储备业务自用的房产免征房产税。

7) 自2013年1月1日至2015年12月31日,对专门经营农产品的农产品批发市场、农贸市场使用的房产,暂免征收房产税。

营业税。营业税是对提供应税劳务、转让无形资产和销售不动产的单位和个人开征的一种税。销售不动产的营业税税率为5%。营业税税率的调整,由国务院决定。营业额以人民币计算。纳税人以人民币以外的货币结算营业额的,应当折合成人民币计算。纳税人销售、出租不动产应当向不动产所在地的主管税务机关申报纳税。中华人民共和国境外的单位或者个人在境内销售不动产,在境内未设有经营机构的,以其境内代理人为扣缴义务人;在境内没有代理人的,以受让方或者购买方为扣缴义务人。纳税人销售不动产的价格明显偏低并无正当理由的,由主管税务机关核定其营业额。

个人所得税等。自2008年3月1日起,房屋租赁市场税收按以下规定执行。

(1) 对个人出租住房取得的所得税按10%的税率征收个人所得税。

(2) 对个人出租、承租住房签订的租赁合同,免征印花税。

(3) 对个人出租住房取得的收入,不区分用途,在3%税率的基础上减半征收营业税,按4%的税率征收房产税,免征城镇土地使用税。

(4) 对企事业单位、社会团体以及其他组织按市场价格向个人出租用于居住的住房取得的收入,减按4%的税率征收房产税。

8. 征收李某房屋的补偿金额应不低于( )万元。
A. 50   B. 59   C. 100   D. 109

参考答案:C

要点:被征收房屋价值的补偿。对被征收房屋价值的补偿,不得低于房屋征收决定公告之日被征收房屋类似房地产的市场价格。

9. 李某收到估价报告后,可以选择的处理方式为( )。
A. 向出具报告的房地产估价机构咨询
B. 另行委托其他房地产估价机构重新估价
C. 在规定期限内向原房地产估价机构书面申请复核估价
D. 直接向被征收房屋所在地房地产价格评估专家委员会申请鉴定

参考答案:C

要点:《房屋征收条例》第十九条规定:"对评估确定的被征收房屋价值有异议的,可以向房地产价格评估机构申请复核评估。对复核结果有异议的,可以向房地产价格评估专家委员会申请鉴定。"

被征收人或者房屋征收部门对评估报告有疑问的,可以向出具报告的房地产估价机构咨询。房地产估价机构应当向其解释和说明,包括房屋征收评估的依据、原则、程序、方法、参数选取和评估结果产生的过程等。

房屋征收当事人对评估结果有异议的,应当自收到评估报告之日起10日内,向原房地产估价机构书面申请复核评估。该房地产估价机构应当自收到书面复核评估申请之日起10日内对评估结果进行复核。复核后改变原评估结果的,应当重新出具评估报告;评估结果没有改变的,书面告知复核评估申请人。

被征收人或者房屋征收部门对房地产估价机构的复核结果有异议的,应当自收到复核结果之日起10日内,向被征收房屋所在地房地产价格评估专家委员会申请鉴定。

评估专家委员会应当自收到鉴定申请之日起10日内,对申请鉴定评估报告的评估依据、评估假设、评估技术路线、评估方法选用、参数选取、评估结果确定方式等评估技术问题进行审核,出具书面鉴定意见。经鉴定,评估报告不存在技术问题的,应维持评估报告;评估报告存在技术问题的,出具报告的房地产估价机构应当改正错误,重新出具评估报告。

被征收人或者房屋征收部门对鉴定意见不服的,可以依法申请行政复议,也可以依法提起行政诉讼。

(三)

甲公司于2013年6月以出让方式取得一宗居住用地,出让合同约定容积率≤3.0,建筑密度≤33%,绿地率≥35%,人口容量≤8000人/hm²,以中、高层住宅为主。该宗地周边有大型商业中心和中学、小学及医疗、文化等设施,市政配套齐全。甲公司另有一幢账面原值为3000万元的商业用房,于2013年1月出租给乙公司,并收到预付年租金240万元。同时,甲公司用商业用房向银行抵押贷款1500万元,年利率为8%,借款期限为3年,每年年末支付利息,到期一次性归还本金。甲公司2013年1月除租金收入外,另发生经营收入300万元,支出200万元(含税费),其中包括缴纳商业用房财产保险年费6万元,约定保险金额为2000万元。2013年3月商业用房发生火灾,发生火灾前,该商业用房现值为3100万元。经调查认定,火灾事故乙公司应承担主要责任,火灾造成商业用房损失额为800万元。保险公司根据调查结果给予了赔付。

10. 甲公司以出让方式取得的该宗地用地类型为(　　)居住用地。
A. 一类　　　　B. 二类　　　　C. 三类　　　　D. 四类
参考答案: B
要点: 一类居住用地市政公用设施齐全、布局完整、环境良好、以低层住宅为主的用地;二类居住用地市政公用设施齐全、布局完整、环境较好、以多、中、高层住宅为主的用地;三类居住用地市政公用设施比较齐全、布局不完整、环境一般或住宅与工业等用地混合的用地;四类居住用地以简陋住宅为主的用地。

11. 出让合同约定的控制性详细规划指标中，属于规定性指标的为（　　）。

A. 容积率　　　　B. 绿地率　　　C. 建筑密度　　　D. 人口容量

参考答案：ABC

要点：控制性详细规划的控制体系指标包括以下各项：

（1）用地控制指标。包括用地性质、用地面积、土地与建筑使用相容性。

（2）环境容量控制指标。包括容积率、建筑密度、绿地率、人口容量。

（3）建筑形态控制指标。包括建筑高度、建筑间距、建筑后退红线距离、沿路建筑高度、相邻地段的建筑规定。

（4）交通控制指标。包括交通出入口方位、停车位。

（5）城市设计引导及控制指标。包括对城市重要地段的地块，需对地块内建筑的形式、色彩、体量、风格提出设计要求。

（6）配套设施体系。包括生活服务设施布置、市政公用设施、交通设施和管理要求。

以上前五项属地块控制指标，可分为规定性指标和指导性指标两类。规定性指标是一旦确定下来，就必须严格遵照的指标；指导性指标则是参照执行的指标。

规定性指标一般包括以下各项：

（1）用地性质。指规划用地的使用功能，或土地用途，可根据用地分类标准进行标注。

（2）用地面积。规划地块划定的面积。

（3）建筑密度。即规划地块内各类建筑基底占地面积与地块面积之比，通常以上限控制。

（4）建筑控制高度。即由室外明沟面或散水坡面量至建筑物主体最高点的垂直距离。

（5）建筑红线后退距离。即建筑相对于规划内道路红线后退的距离。通常以下限控制。

（6）容积率。即规划地块内各类总建筑面积与地块面积之比。容积率可根据需要制定上限和下限。容积率的下限保证地块开发的效益，防止无效益或低效益开发造成的土地浪费。容积率上限防止过度开发带来的城市基础设施超负荷运行。容积率还可以根据建筑的用途不同分为全部建筑容积率、住宅建筑容积率、公共建筑容积率等。全部建筑容积率、住宅建筑容积率、公共建筑容积率等的分子分别对应全部建筑面积、住宅建筑面积和公共建筑面积等。同样上边的建筑密度也可以有全部建筑密度、住宅建筑密度和公共建筑密度等。

（7）绿地率。规划地块内各类绿地面积的总和占规划地块面积的比率。绿地率通常以下限控制。这里的绿地包括公共绿地、宅旁绿地、公共服务设施所属绿地（道路红线内的绿地），不包括屋顶、晒台的人工绿地。公共绿地内占地面积不大于百分之一的雕塑、水池、亭榭等绿化小品建筑可视为绿地。

（8）交通出入口方位。规划地块内允许设置出入口的方向和位置。具体可分为以下几个指标：

1）机动车出入口方位。尽量避免在城市主要道路上设置车辆出入口，一般情况下，每个地块应设1~2个出入口。

2）禁止机动车开口地段。为保证规划区交通系统的高效安全运行，对一些地段禁止机动车开口，如主要道路的交叉口附近和商业步行街等特殊地段。

3）主要人流出入口方位。为了实现高效、安全和舒适的交通体系，可能会有必要将人、车进行分流，为此规定主要人流出入口方位。

（9）停车泊位及其他需要配置的公共设施。停车泊位指地块内应配置的停车车位数，通常按下限控制。其他设施的配置包括：居住区服务设施（中小学、幼托、居住区级公建），环卫设施（垃圾转运站、公共厕所），电力设施（变电站、配电所），电信设施（电话局、邮政局），燃气设施（煤气调气站）。

指导性指标一般包括以下各项：

（1）人口容量。即规划地块内部每公顷用地的居住人口数，通常以上限控制。

（2）建筑形式、体量、色彩、风格要求。对规划区重点地段的建筑形体和布局应进行特别控制（包括广场控制线、绿地控制线、裙房建筑控制线、主体建筑控制线、建筑架空控制线、建筑高度控制范围、建筑颜色等具体指标）。

（3）其他环境要求。

12. 按照权责发生制原则，甲公司2013年1月的利润应为（　　）万元。
A. 110.0　　　　B. 115.5　　　　C. 125.5　　　　D. 340.0

参考答案：A

要点：由于会计分期，产生了当期与其他期间的差别，从而出现权责发生制和收付实现制的区别，进而出现了应收、应付、递延、预提、待摊这样的会计方法。

企业会计的确认、计量和报告都应该以权责发生制为基础。权责发生制是指，凡是当期已经实现的收入和已经发生或应负担的费用，无论是否收付，都应该作为当期的收入和费用，计入利润表；凡是不属于当期的收入和费用，即使款项已在当期收付，也不应该作为当期的收入和费用。

与权责发生制对应的是收付实现制，即以收到或支付货币作为确认收入和费用的依据。目前我国行政事业单位是以收付实现制为会计基础的。

利润是指企业在一定会计期间的经营成果，利润包括收入减去费用后的净额、直接计入当期利润的利得和损失等。直接计入当期利润的利得和损失，是指应当计入当期损益、会导致所有者权益发生增减变动的、与所有者投入资本或者向所有者分配利润无关的利得或者损失。利润金额取决于收入和费用、直接计入当期利润的利得和损失金额的计量。

2013年1月利润：$\frac{240}{12}+(300-200)-\frac{1500\times 8\%}{12}=110$ 万元。

13. 甲公司取得1500万元贷款的种类属于（　　）。

A. 保证贷款　　　B. 质押贷款　　　C. 自营贷款　　　D. 中期贷款

参考答案：CD

要点：（1）按贷款发放时是否承担本息收回的责任及责任大小，可将贷款分为自营贷款、委托贷款和特定贷款。

自营贷款是指贷款人以合法方式筹集资金、自主发放的贷款，风险由贷款人承担，并由贷款人收回本金和利息。

委托贷款是指由政府部门、企事业单位及个人等委托人提供资金，由贷款人（即受托人）根据委托人确定的贷款对象、用途、金额期限、利率等代为发放、监督使用并协助收回的贷款。贷款人只收取手续费，不承担贷款风险。

特定贷款是指经国务院批准并对贷款可能造成的损失采取相应补救措施后责成国有独资商业银行发放的贷款。

（2）按贷款使用期限的长短，可将贷款分为短期贷款、中期贷款和长期贷款。

短期贷款指贷款期限在1年以内（含1年）的贷款。

中期贷款指贷款期限在1年（不含1年）以上5年以下（含5年）的贷款。

长期贷款指贷款期限在5年以上（不含5年）的贷款。

（3）按贷款发放时有无担保品，贷款分为信用贷款、担保贷款、票据贴现。

信用贷款是指以借款人的信誉发放的贷款。这种贷款的突出特点是不需要任何担保和抵押，借款人仅凭信誉就可取得贷款，因此贷款风险较大。随着市场经济的发展，为有效防范信用风险，商业银行已逐步从过去以信用贷款为主过渡到以担保贷款为主，信用贷款主要是对信誉卓著、确实有偿还能力的借款人发放。

担保贷款是指贷款人对借款人以自己或其保证人的资产作担保而发放的贷款。根据担保形式不同，可将担保贷款分为保证贷款、抵押贷款和质押贷款。保证贷款是指以一定的保证方式，第三人承诺在借款人不能偿还贷款时，按约定承担一般保证责任或者连带责任而发放的贷款。当债务人不能履行债务时，保证人要按约定履行债务或承担责任。抵押贷款是指按一定的抵押方式以借款人或第三人的财产作为抵押物发放的贷款。当债务人不能履行债务时，债权人（贷款人）有权依照法律规定处置抵押财产并优先受偿。可以抵押的财产主要有房地产等。

质押贷款是指按一定的质押方式以借款人或第三人的动产或权利作为质物而发放的贷款。当债务人不能履行债务时，债权人（贷款人）有权依照法律规定将质押动产或权利折价或者拍卖并优先受偿。可以质押的动产和权利主要有存款单、仓单、提单、债券、可转让的股份和商标权、专利权等。

票据贴现是贷款业务的一种，与其他贷款业务的区别是：①贷款是事后收取利息，票据贴现是在业务发生时即从票据面额中预扣利息；②贷款的债务人是借款人，而票据贴现的债务人不是持票据贴现的人，而是票据的出票人或承兑付款人；③贷款的期限相对较长，而票据贴现的期限一般较短。

14. 保险公司应赔付甲公司（　　）万元。
A. 800　　　　　　B. 2000　　　　　　C. 3000　　　　　　D. 3100
参考答案：A
要点：以保险标的的价值确定与否为标准，可将保险分为定值保险与不定值保险。

（1）定值保险。定值保险是指保险当事人双方在订立保险合同时即已确定保险标的的保险价值，并将其在保险合同中载明的保险。由于保险合同订立与保险事故发生通常存在时间差异，因此保险合同中所载明的保险标的的实际价值可能随时间发生变化。然而对于定值保险而言，一旦发生保险事故，无论保险标的实际价值是否随时间发生了变化，保险人给付保险赔偿金的计算依据均为保险合同双方事先约定的保险价值。如果保险事故造成保险标的灭失或者价值全部损失，则无论该保险标的的实际损失如何，保险人都应按保险合同约定的保险金额全额支付，不必重新估价。如果保险事故仅造成保险标的部分损失，则只需确定损失的比例，该比例与保险合同约定的保险金额的乘积，即为保险人应支付的赔偿金额。

（2）不定值保险。不定值保险是指保险当事人双方在订立保险合同时不预先确定保险标的的保险价值，仅载明须至事故发生后再估价和确定损失与赔偿的保险。对于不定值保险而言，保险当事人双方事先仅约定了保险人最高赔偿限额的保险金额，而将保险标的实际价值的估算留待保险事故发生后，需要确定赔偿金额时进行。一般财产保险，尤其是火灾保险，都采用不定值保险的形式。不定值保险的特点在于，保险标的的损失额以保险事故发生时保险标的的实际价值为计算依据，而保险标的的实际价值通常根据保险事故发生时当地同类财产的市场价格来确定。但是，无论保险标的的实际价值如何变化，保险人应支付的赔偿金额都不得超过保险合同约定的保险金额。如果实际损失小于保险金额，保险人仅赔偿实际损失；如果实际损失大于保险金额，保险人的赔偿额以保险金额为限。例如，某保险标的因保险事故造成了全部损失，若该标的发生保险事故前的市场价格已低于订立保险时约定的保险金额，则保险人有权按该标的的全部实际损失

（即该标的发生事故前的实际价值，低于保险金额）支付赔偿；若该标的当时的市场价格高于约定的保险金额，则保险人按约定的保险金额支付赔偿。

15. 乙公司应承担的民事责任有（　　）。
A. 停止侵害　　　　B. 消除危险　　　　C. 返还财产　　　　D. 赔偿损失

参考答案：D

要点：承担民事责任的方式主要有下列10种：

（1）停止侵害。这是指行为人停止其正在实施的侵害行为。

（2）排除妨碍。这是指排除对权利人权利行使的不正当妨碍。

（3）消除危险。这是指消除对权利人的人身或财产所造成的危险。

（4）返还财产。这是指不法侵占他人财产的人，应交还原物给原所有人或原合法占有人。

（5）恢复原状。这是指当财产被不法损害而有恢复原状可能时，应予以恢复。

（6）修理、重作、更换。这是指交付的标的物质量不符合规定或约定时，予以修理、重作或更换。

（7）赔偿损失。这是指以一定量的金钱对他人所受损害加以赔偿。

（8）支付违约金。这是指以要求违约方支付一定量的金钱的方式对违约进行制裁并对违约造成的后果进行补偿。

（9）消除影响、恢复名誉。这是指在侵犯他人名誉权等人格权时，采取一定措施恢复他人的名誉。

（10）赔礼道歉。这是指加害人向受害人承认错误，表示歉意。

第2章 房地产开发经营与管理

房地产开发经营与管理（一）

一、单项选择题（共35题，每题1分。每题的备选答案中只有1个最符合题意，请在答题卡上涂黑其相应的编号）

1. 收益性房地产经济寿命的起始点，是地上建筑物（　　）之日。
A. 开始施工　　B. 竣工　　C. 登记　　D. 开始营业
参考答案：D
要点：房地产同时具有经济寿命和自然寿命。经济寿命是指地上建筑物对房地产价值持续产生贡献的时间周期。对于收益性房地产来说，其经济寿命就是从地上建筑物竣工之日开始，在正常市场和运营状态下，出租经营收入大于运营费用，即净收益大于零的持续时间。自然寿命是指从地上建筑物竣工之日开始，到建筑物的主要结构构件和设备因自然老化或损坏而不能继续保证建筑物安全使用为止的持续时间。

2. 下列房地产投资风险中，直接导致投资的实际收益率降低的系统风险是（　　）。
A. 时间风险　　B. 比较风险　　C. 持有期风险　　D. 通货膨胀风险
参考答案：D
要点：由于通货膨胀风险直接降低投资的实际收益率，房地产投资者非常重视此风险因素的影响，并通过适当调整其要求的最低收益率来降低该风险对实际收益率影响的程度。但房地产投资的保值性，又使投资者要求的最低收益率并不是通货膨胀率与行业基准折现率的直接相加。

3. 以开发居住物业见长的房地产开发企业，在其经营策略中投资一定比例的商业物业，这是通过投资项目的（　　）组合来提高收益、降低风险。
A. 地理区域　　B. 时间分布　　C. 物业类型　　D. 收益形式
参考答案：C

4. 下列房地产指标中，属于房地产供给指标的是（　　）。
A. 空置率　　　　　　　　B. 预售面积
C. 房地产价格　　　　　　D. 房屋空间使用数量

参考答案：A

要点：反映和描述房地产市场状况的指标包括供给指标、需求指标和市场交易指标三种类型。供给指标包括新竣工量、灭失量、存量、空置量、空置率、可供租售量、房屋施工面积、房屋新开工面积、平均建设周期、竣工房屋价值。需求指标包括国内生产总值、人口数量、城市家庭人口规模、就业人员数量、就业分布、城镇登记失业率、城市家庭可支配收入、城市家庭总支出、房屋空间使用数量、商品零售价格指数、城市居民消费价格指数。市场交易指标包括销售量、出租量、吸纳量、吸纳率、吸纳周期、预售面积、房地产价格、房地产租金、房地产价格指数。

5. 某城市写字楼市场年初存量为 1000 万 m^2，空置量为 40 万 m^2；本年写字楼施工面积为 100 万 m^2，新开工面积为 60 万 m^2，新竣工面积为 50 万 m^2。该城市写字楼的平均建设周期为（　　）年。

A. 1.20　　　　B. 1.67　　　　C. 2.00　　　　D. 2.80

参考答案：C

要点：平均建设周期（Construction Period，CP_t），是指某种类型的房地产开发项目从开工到竣工交付使用所占用的时间长度。在数值上，平均建设周期=房屋施工面积/新竣工面积（$CP_t=BUC_t/NC_t$）。

房屋施工面积（Buildings Under Construction，BUC_t），是指报告期内施工的全部房屋建筑面积。包括报告期新开工的面积和上期开工跨入报告期继续施工的房屋面积，以及上期已停建在报告期恢复施工的房屋面积。报告期竣工和报告期施工后又停建缓建的房屋面积仍包括在施工面积中，多层建筑应为各层建筑面积之和。

房屋新开工面积（Construction Starts，CS_t），是指在报告期内新开工建设的房屋面积，不包括上期跨入报告期继续施工的房屋面积和上期停缓建而在报告期恢复施工的房屋面积。房屋的开工日期应以房屋正式开始破土刨槽（地基处理或打永久桩）的日期为准。

新竣工量（New Completions，NC_t），是指报告期（如第 t 年或半年、季度、月，下同）内新竣工房屋的数量，单位为建筑面积或套数，可按物业类型分别统计。我国新竣工量统计指标是竣工面积，指报告期内房屋建筑按照设计要求已全部完工，达到入住和使用条件，经验收鉴定合格（或达到竣工验收标准），可正式移交使用的各栋房屋建筑面积的总和。

6. 某大型房地产开发项目对该区域的商业、教育、金融等配套带来较大改善，也提升了周边房地产的市场价值，这说明该项目具有（　　）。

A. 垄断性　　　B. 外部性　　　C. 复杂性　　　D. 信息不对称性

参考答案：B

要点：经济外部性是指一个经济主体的活动对另一个主体的影响并不能通过市场运作而在交易中得以反映的那一部分，分为正外部性和负外部性。正外部性是某个经济行为个体的活动使他人或社会受益，而受益者无须花费代价。负外部性是某个经济行为个体的活动使他人或社会受损，而造成外部不经济的人却没有为此承担成本。

7. 对房地产开发项目退让用地边界的规划设计要求，应在城乡规划管理部门下发的( )中提出。
   A.《规划意见书（选址）》　　B.《设计方案审查意见》
   C.《建设工程规划许可证》　　D.《建设用地规划许可证》

参考答案：A

要点：城乡规划管理部门在《规划意见书（选址）》中，将确定建设用地及代征城市公共用地范围和面积，根据项目情况提出规划设计要求。规划设计要求包括三个方面的内容：①规划土地使用要求（建筑规模、容积率、建筑高度、绿地率等）；②居住建筑（含居住区、居住小区、居住组团）的公共服务设施配套建设指标；③建设项目与退让用地边界、城市道路、铁路干线、河道、高压电力线等距离要求。

8. 房地产开发项目竣工验收之前的初步检查工作，由( )组织。
   A. 项目施工单位　　B. 项目监理单位
   C. 项目建设单位　　D. 建设行政主管部门

参考答案：C

要点：在正式办理竣工验收之前，开发商为了做好充分准备，需要进行初步检查。初步检查是指在单项工程或整个项目即将竣工或完全竣工之后，由开发商自己组织统一检查工程的质量情况、隐蔽工程验收资料、关键部位施工记录、按图施工情况及有无漏项等。根据初步检查情况，由项目的监理工程师列出需要修补的质量缺陷"清单"，这时承包商应切实落实修复这些缺陷，以便通过最终的正式验收。

9. 在房地产市场调控趋严的市场环境下，房地产开发企业采取"以价换量"的销售策略，该策略下的定价方法是( )。
   A. 领导定价法　　B. 认知价值定价法
   C. 成本加成定价法　　D. 随行就市定价法

参考答案：D

要点：开发商定价主要有三类方法，即成本导向定价法、购买者导向定价法和竞争导向定价法。其中，成本导向包括成本加成定价法和目标定价法；购买者导向包括认知价值定价法和价值定价法；竞争导向包括领导定价法、挑战定价法和随行就市定价法。

（1）成本加成定价法。指开发商按照所开发物业的成本加上一定百分比的加成来制定房地产的销售价格。加成的含义就是一定比率的利润。这是最基本的定价方法。

（2）目标定价法。指根据估计的总销售收入和估计的销售量来制定价格的一种方法。目标定价法要使用损益平衡图这一概念。损益平衡图描述了在不同的销售水平上预期的总成本和总收入。

（3）认知价值定价法。是开发商根据购买者对物业的认知价值来制定价格的一种方法。用这种方法定价的开发商认为定价的关键是顾客对物业价值的认知，而不是生产者或销售者的成本。他们利用市场营销组合中的非价格变量，在购买者心目中确立认知价值，并要求所制定的价格必须符合认知价值。

（4）价值定价法。指确定的价格对于消费者来说，代表着"较低（相同）的价格，相同（更高）的质量"，即"物美价廉"。价值定价法不仅是制定的产品价格比竞争对手低，而且是对公司整体经营的重新设计，造成公司接近大众、关怀民生的良好形象，同时也能使公司成为真正的低成本开发商，做到"薄利多销"或"中利多销"。

（5）领导定价法。领导定价法实际上是一种定价策略，处于市场领导者地位的开发商可以采用领导定价法。通常情况下，如果某公司在房地产业或同类物业开发中踞龙头老大地位，实力雄厚，声望极佳，就具备了采用领导定价法的条件，使其制定的价格在同类物业中居较高的价位。

（6）挑战定价法。当物业质量与市场领导者的物业质量相近时，如果定价比市场领导者定价稍低或低得较多，则认为该开发商采用了挑战定价法。如果公司具有向市场领导者挑战的实力，或者是其成本较低，或者是其资金雄厚，则开发商可以采用挑战定价法，虽然利润较低，但可以扩大市场份额，提高声望，以争取成为市场领导者。

（7）随行就市定价法。指开发商按照房地产市场中同类物业的平均现行价格水平定价的方法。市场追随者在以下情况下往往采用这种定价方法：①难以估算成本；②公司打算与同行和平共处；③如果另行定价，很难了解购买者和竞争者对本公司的价格的反应。采用随行就市定价法，公司在很大程度上就是以竞争对手的价格为定价基础的，而不太注重自己产品的成本或需求。

10. 房地产开发企业为了确定开盘价，对其楼盘所在区域房价的市场认可情况进行市场调查，该市场调查的类型属于（　　）。

A. 试探性调查　　B. 预测性调查　　C. 因果性调查　　D. 描述性调查

参考答案：A

要点：调查项目可以分成三类。一是试探性调查，即通过收集初步的数据揭示问题的真正性质，从而提出一些推测和新想法，如在经历了2009～2010年中国城市住房价格普遍大幅度上涨、价格向下调整压力日增的情况下，调查有意向在 2011 年购买商品住宅的家庭数量。二是描述性调查，即明确一些特定的量值，例如有多少人愿意花费 60 万元在郊区买一套两居室商品住宅。三是因果性调查，即检验因果关系，如假设上述的两居室商品住宅每套价格下降 10 万元，能够增加多少购买者。

11. 购买者对其购买活动的满意感（S）是其产品期望（E）和该产品可察觉性能（P）的函数，即 $S=f(E,P)$。若购买者非常满意，则(　　)。

A. $P=0$　　　B. $E>P$　　　C. $E=P$　　　D. $E<P$

参考答案：D

要点：消费者在购买产品后会产生某种程度的满意感和不满意感，进而采取一些使市场营销人员感兴趣的买后行为。所以，产品在被购买之后，就进入了买后阶段，此时，市场营销人员的工作并没有结束，购买者对其购买活动的满意感（S）是其产品期望（E）和该产品可觉察性能（P）的函数，即 $S=f(E,P)$。若 $E=P$，则消费者会满意；若 $E>P$，则消费者不满意，若 $E<P$ 则消费者会非常满意。

12. 在时间序列分析法中，按各期销售量的时间顺序逐点推移，根据最后的移动平均值来预测未来某一期销售量的方法是(　　)。

A. 指数平滑法　　B. 移动平均法　　C. 简单平均法　　D. 加权移动平均法

参考答案：B

要点：指数平滑法也是加权平均法的一种。它不仅考虑了近期数据的重要性，同时大大减少了数据计算时的存储量。其计算公式为：

$$Q_t = \alpha S_{t-1} + (1-\alpha) Q_{t-1}$$

式中　Q_t——本期预测值；

S_{t-1}——前期实际销售量；

Q_{t-1}——前期预测值；

α——平滑指数，$1 \geqslant \alpha \geqslant 0$。

移动平均法是指引用越来越近期的销售量来不断修改平均值，使之更能反映销售量的增减趋势和接近实际。显然，它是一种比简单平均法更有效的预测方法。移动平均法是把简单平均法改为分段平均，即按各期销售量的时间顺序逐点推移，然后根据最后的移动平均值来预测未来某一期的销售量。

加权移动平均法就是在计算平均数时，再考虑每期资料的重要性。具体说，就是把每期资料的重要性用一个权数来代表，然后求出每期资料与对应的权数乘积之和。权数的选择可按需要加以判断，一般情况下，越近期的资料权数越大。

13. 在房地产市场分析中，对特定区域内商品住宅市场的供需分析属于(　　)。

A. 区域房地产市场分析　　　　B. 专业房地产市场分析
C. 项目房地产市场分析　　　　D. 总体房地产市场分析

参考答案：B

要点：区域房地产市场分析，是研究区域内所有物业类型及总的地区经济，是对某一特定地区总的房地产市场及各专业市场总的供需分析。它侧重于地区经济分析、区位分析、市场供求与价格概况分析、市场趋势分析等内容。

专业房地产市场分析，是对特定区域内某一物业类型房地产市场（住宅、商业或工业物业）或特定房地产子市场的供需分析，是在区域房地产市场分析的基础上，对特定的子市场进行单独的估计和预测。它侧重于专业市场供求分析内容。

项目房地产市场分析，是对一个特定地点特定项目做竞争能力分析，得出一定价格和特征下的销售率情况，对项目的租金及售价、市场占有率及吸纳量计划进行预测。它侧重于项目竞争分析、营销建议、吸纳量计划预测、售价和租金预测、回报率预测、敏感性分析等内容。

14. 与房地产投资"开发—销售"经营模式相比，"开发—持有出租—出售"模式的现金流出项中增加了(　　)。

A. 运营成本　　B. 装修费用　　C. 土地费用　　D. 开发成本

参考答案：A

要点：开发—销售模式主要适用于商品住宅开发项目，部分其他用途类型的开发项目也可能采用开发—销售模式。这种业务模式下的现金流出包括土地成本、建造成本、开发费用（管理费用、销售费用和财务费用）、营业现金及附加，现金流入是销售收入。

开发—持有出租—出售模式主要适用于写字楼、零售物业、高级公寓等收益性房地产项目。部分政策性租赁住宅、普通商品住宅也可采用这种模式。这种业务模式下的现金流出包括土地成本、建造成本、开发费用（管理费用、销售费用和财务费用）、运营成本，现金流入是出租收入和持有期末的转售收入。

15. 认为利率是由货币的供给与需求决定的理论是(　　)。

A. 可贷资金利率理论　　　　B. 储蓄投资决定理论
C. 流动性偏好利率理论　　　D. 马克思利率决定理论

参考答案：C

要点：古典学派的储蓄投资决定理论的倡导者为马歇尔，认为利率是由储蓄和投资等非货币的实际因素所决定的。

流动性偏好利率理论的倡导者是凯恩斯，认为利率不是由储蓄与投资决定的，而是由货币的供给与需求决定的。

可贷资金利率理论认为，利率是由可贷资金的供求决定的。

马克思的利率决定论以剩余价值在不同的资本家之间分割为起点，认为利息是贷出资本的资本家从借入资本的资本家那里分割来的一部分剩余价值。

16. 某房地产投资项目的实际收益率为 8.0%，若银行的存、贷款年利率分别为 3.5% 和 6.5%，通货膨胀率为 4.0%，则该项目投资的名义收益率是（   ）。

A. 11.78%   B. 12.00%   C. 12.32%   D. 15.02%

参考答案：C

要点： 设名义利率为 r，若年初借款为 P，在一年中计算利息 m 次，则每一计息周期的利率为 rm，一年后的本利和为：$F=P_1\left(1+\dfrac{r}{m}\right)^m$，其中利息为 $I=F-P=P_1\left(1+\dfrac{r}{m}\right)^m-P$。故实际利率 i 与名义利率 r 的关系式为：

$$i=(F-P)/P=[P(1+r/m)^m-P]/P=(1+r/m)^m-1$$

通过上述分析和计算，可以得出名义利率与实际利率存在着下述关系：

(1) 实际利率比名义利率更能反映资金的时间价值。
(2) 名义利率越大，计息周期越短，实际利率与名义利率的差异就越大。
(3) 当每年计息周期数 $m=1$ 时，名义利率与实际利率相等。
(4) 当每年计息周期数 $m>1$ 时，实际利率大于名义利率。
(5) 当每年计息周期数 $m\to\infty$ 时，名义利率 r 与实际利率 i 的关系为：

$$i=e^r-1$$

当然，对名义利率和实际利率及其相互关系，还可以从是否剔除了通货膨胀因素的影响来区分。名义利率是包含了通货膨胀因素的利率；实际利率是名义利率剔除通货膨胀因素影响后的真实利率。假如名义利率为 r、实际利率为 i、通货膨胀率为 R_d，则三者的关系为：

$$i=[(1+r)/(1+R_d)]-1。$$

17. 某家庭向银行申请了一笔年利率为 6.5%、期限为 15 年的住房抵押贷款，月还款额按 0.4% 等比递增，若该家庭第 10 年最后一个月的还款额为 3044.54 元，则该笔贷款最后一个月的还款额是（   ）元。

A. 3853.10   B. 3868.52   C. 3883.99   D. 4187.36

参考答案：B

要点： $A_{15年末}=3044.54\times1.004^{60}=3868.52$ 元。

18. 某房地产开发企业向银行贷款 3000 万元，期限为 2 年，年利率为 7.5%。若该笔贷款的还款方式是期间按月付息，到期后一次偿还本金，则该企业支付的本息总额是（   ）万元。

A. 3450.00   B. 3466.88   C. 3480.67   D. 3483.88

参考答案：A

要点：本息合计＝3000×7.5％/12×24＋3000＝3450万元。

19. 采用分期收款方式销售的房地产开发项目，当期应结转的营业成本通常按( )计算。

A. 工程进度
B. 当期开发建设实际投入
C. 当期销售面积占全部销售面积的比率
D. 当期开发建设实际投入与项目总投资的比例

参考答案：C

要点：营业成本是指房地产产品出售、出租时，将开发产品成本按照国家有关财务和会计制度结转的成本。主要包括土地转让成本、商品房销售成本、配套设施销售成本和房地产出租营业成本。对于分期收款的房地产开发项目，房地产投资的营业成本通常按当期销售面积占全部销售面积的比率，计算本期应结转的营业成本。房地产出租过程中的营业成本，通常包括固定资产折旧、土地使用权等无形资产摊销。

20. 某房地产投资项目的总投资为1000万元，其中60％来自银行贷款，其余为资本金，贷款财务费用水平为10％。若项目全部投资的收益率为16％，则其资本金的投资收益率是( )。

A. 16％ B. 25％ C. 26％ D. 40％

参考答案：B

要点：资本金收益率＝[16％－60％×10％]/(1－60％)＝25％。

21. 由于通货膨胀会对投资收益产生影响，所以投资者在进行投资分析时，通常要用( )作为评价指标。

A. 较高的期望投资回报率 B. 较高的实际投资回报率
C. 较低的期望投资回报率 D. 较低的实际投资回报率

参考答案：A

要点：参见教材P179。

22. 某房地产开发企业年初未偿还贷款本息累计为10200万元，其中未偿还利息累计为200万元。年初新增贷款300万元，若贷款年利率为7％，当年只付息不还本，则当年应计利息为( )万元。

A. 717.50 B. 721.00 C. 724.50 D. 735.00

参考答案：D

要点：当年应计利息＝(10200＋300)×7％＝735万元。

23. 房地产开发企业的资产负债率较高，表明其( )。

A. 资本金较充裕 B. 财务风险较高

C. 偿债能力较强　　　　　　D. 资金应变能力较强

参考答案：B

要点：资产负债率高，则企业或项目的资本金不足，对负债的依赖性强，在经济萎缩或信贷政策有所改变时，应变能力较差；资产负债率低则企业或项目的资本金充裕，企业应变能力强。房地产开发属于资金密集型经济活动，且普遍使用较高的财务杠杆，所以房地产开发企业或项目的资产负债率一般较高。

24. 某项目的投资额为500万元，运营期为3年，各年的运营费用分别为160万元、200万元和220万元，残值为100万元。若投资发生在年初，费用发生在年末，折现率为10%，则该项目的费用现值为（　　）万元。

A. 876.03　　B. 900.90　　C. 1051.16　　D. 1076.03

参考答案：B

要点：费用现值 $=500+\dfrac{160}{1+10\%}+\dfrac{200}{(1+10\%)^2}+\dfrac{220-100}{(1+10\%)^3}=900.90$ 万元。

25. 某房地产开发企业投资开发一占地面积为30000m²的住宅项目，容积率为3.0，预计总开发成本为45000万元，营业税金及附加为销售收入的5.5%。如要实现30%的成本利润率，则住宅的平均销售单价为（　　）元/m²。

A. 6500.00　　B. 6878.31　　C. 7142.86　　D. 7751.94

参考答案：B

要点：建筑面积 $=30000\times3=90000\mathrm{m}^2$

利润 $=45000\times30\%=13500$ 万元

平均销售单价 $=\dfrac{(45000+13500)\times10000}{90000(1-5.5\%)}=6878.31$ 元/m²。

26. 在对房地产项目进行多因素敏感性分析时，通常假定同时变化的几个因素发生变化的概率相同，而且是（　　）的。

A. 相互关联　　B. 相互排斥　　C. 相互独立　　D. 相互制约

参考答案：C

要点：多因素敏感性分析一般是在单因素敏感性分析基础上进行，且分析的基本原理与单因素敏感性分析大体相同，但需要注意的是，多因素敏感性分析须进一步假定同时变动的几个因素都是相互独立的，且各因素发生变化的概率相同。

27. 某房地产经营项目在市场前景为好、中、差的情况下的净现值分别为500万元、300万元和-80万元，市场前景好、中、差出现的概率分别为30%、50%和20%，该项目净现值的期望值是（　　）万元。

A. 240　　B. 284　　C. 300　　D. 316

参考答案：B

要点：净现值的期望值=500×30％+300×50％+(−80)×20％=284 万元。

28. 在利用期望值法进行项目风险分析时，各不确定性因素发生的概率 P_i 的取值范围是（　　）。

A. $P_i \geqslant 0$　　　B. $P_i \leqslant 1$　　　C. $0 \leqslant P_i \leqslant 1$　　　D. $P_i \geqslant 1$

参考答案：C

29. 下列房地产投资项目经济评价参数中，属于评价标准类基础参数的是（　　）。

A. 出租率　　　B. 贷款利率　　　C. 基准收益率　　　D. 资本金投入比例

参考答案：C

要点：评价标准类指标包括基准收益率、目标成本利润率、目标投资利润率、目标投资回报率等指标。

30. 在估算房地产开发项目的房屋开发费用时，用单位工程量投资乘以工程量来估算单项工程投资的方法是（　　）。

A. 单元估算法　　　　　　B. 概算指标法
C. 单位指标估算法　　　　D. 工程量近似匡算法

参考答案：C

要点：单元估算法是指以基本建设单元的综合投资乘以单元数得到项目或单项工程总投资的估算方法。如以每间客房的综合投资乘以客房数估算一座酒店的总投资、以每张病床的综合投资乘以病床数估算一座医院的总投资等。

单位指标估算法是指以单位工程量投资乘以工程量得到单项工程投资的估算方法。一般来说，土建工程、给排水工程、照明工程可按建筑平方米造价计算，采暖工程按耗热量（kW/h）指标计算，变配电安装按设备容量（kVA）指标计算，集中空调安装按冷负荷量（kW/h）指标计算，供热锅炉安装按每小时产生蒸汽量（m³/h）指标计算，各类围墙、室外管线工程按长度（m）指标计算，室外道路按道路面积（m²）指标计算等。

工程量近似匡算法采用与工程概预算类似的方法，先近似匡算工程量，配上相应的概预算定额单价和取费，近似计算项目投资。

31. 用于计算房地产开发项目全部投资动态经济评价指标的财务报表是（　　）现金流量表。

A. 资本金　　　B. 财务计划　　　C. 项目投资　　　D. 投资者各方

参考答案：C

要点：项目投资现金流量表。该表不分投资资金来源，以全部投资作为计算基础，用以计算全部投资财务内部收益率、财务净现值及投资回收期等评价指标，考察项目全部投资的盈利能力，为各个投资方案（不论其资金来源及利息多少）进行比较建立共同的基础。

资本金现金流量表。该表从投资者整体的角度出发,以投资者的出资额作为计算基础,把借款本金偿还和利息支付视为现金流出,用以计算资本金财务内部收益率、财务净现值等评价指标,考察项目资本金的盈利能力。

投资者各方现金流量表。该表以投资者各方的出资额作为计算基础,用以计算投资者各方财务内部收益率、财务净现值等评价指标,反映投资者各方投入资本的盈利能力。

32. 从法律角度分析,认股权证本质上是一种( )契约。

A. 权利　　　　B. 义务　　　　C. 信用　　　　D. 债务

答案:A

要点:从法律角度分析,认股权证本质上为一权利契约,投资人支付权利金购得权证后,有权于某一特定期间或到期日,按约定的价格(行使价),认购或沽出一定数量的标的资产(如股票等)。

33. 李某的月均收入为4500元,购买小汽车每月须偿还的贷款额为800元,住房抵押贷款月偿还额为1440元,每月支出的物业管理费为120元。李某的所有债务与收入比是( )。

A. 32.00%　　　B. 34.67%　　　C. 49.78%　　　D. 52.44%

参考答案:D

要点:房产支出与收入比=(本次贷款的月还款额+月物业管理费)/月均收入。

所有债务与收入比=(本次贷款的月还款额+月物业管理费+其他债务月偿付额)/月均收入=(800+1440+120)/4500=52.44%。

34. 证券市场上的资金供给者是( )。

A. 证券发行人　　　　　　　　B. 证券投资者
C. 证券监管机构　　　　　　　D. 证券市场的中介机构

参考答案:B

要点:证券投资者是证券市场的资金供给者,也是金融工具的购买者。证券投资者类型甚多,投资的目的也各不相同。证券投资者可分为机构投资者和个人投资者两大类,典型的机构投资者包括企业、商业银行、非银行金融机构(如养老基金、保险基金、证券投资基金)等。

35. 关于收益性物业的说法,正确的是( )。

A. 零售商业物业的租约很少对租金调整做出规定
B. 收益性物业管理的收入构成中除租金收入外,还有保证金和大修基金
C. 在写字楼物业租约中,并非所有的物业运营费用都包含在租金中
D. 当出租率达到100%时,收益性物业获得的净经营收入最高

参考答案:C

要点：参见教材 P351，P361，P371。

二、多项选择题（共 15 题，每题 2 分。每题的备选答案中有 2 个或 2 个以上符合题意，请在答题卡上涂黑其相应的编号。全部选对的，得 2 分；错选或多选的，不得分；少选且选择正确的，每个选项得 0.5 分）

1. 关于商业物业投资的说法，正确的有（   ）。
   A. 商业物业分割产权销售越来越成为一种趋势
   B. 商业物业交易常在机构投资者之间进行
   C. 区位选择对商业物业投资有着特殊的重要性
   D. 商业物业不适合长期投资
   E. 商业物业投资收益全部来自出租收益
   参考答案：BC

要点：商用物业又称经营性物业、收益性物业或投资性物业，是指能出租经营、为投资者带来经常性现金流收入的房地产，包括写字楼、零售商业用房（店铺、超市、购物中心等）和出租公寓等。

随着房地产市场的发展，商业物业投资的开发—出售模式，即将建成后的商用物业分割产权销售的模式越来越缺乏生命力，而开发—持有或整体出售给机构投资者统一持有经营模式越来越成为一种趋势。由于商用物业投资的收益主要来自物业出租经营收入和物业资产升值，因而更适合作为长期投资，且收益水平与投资者管理商用物业的能力密切相关。

商用物业市场的繁荣除了与当地整体社会经济状况相关，还与工商贸易、金融保险、咨询服务、旅游等行业的发展状况密切相关。这类物业交易涉及的资金数量巨大，所以常在机构投资者之间进行。物业的使用者多用其提供的空间进行商业经营，并用部分经营所得支付物业租金。由于商用物业内经营者的效益在很大程度上受其与市场或客户接近程度的影响，所以位置对于这类物业有着特殊的重要性。

2. 王某化 50 万元购买了某宗物业，预期目标收益率为 10%。但该投资第 1 年末出现了风险损失，该物业第 1 年的实际收益可能为（   ）万元。
   A. 2   B. 3
   C. 4   D. 5
   E. 6
   参考答案：ABC

3. 关于房地产市场周期循环的说法，正确的有（   ）。
   A. 房地产市场信息不充分是房地产市场周期循环存在的主要原因之一
   B. 传统房地产周期理论认为，房地产市场的发展呈现一种自我修正的周

期性

C. 合理空置率可作为房地产市场自然周期中的平衡点
D. 在房地产市场自然周期的第二阶段，市场空置率高于合理空置率
E. 房地产市场租金的下滑始于房地产市场自然周期的第三阶段

参考答案 ABC

要点：房地产周期循环的主要原因包括：供需因素的影响，其中以金融相关因素的变动最为关键；市场信息不充分，导致从供需两方面调整不均衡的时间存在时滞；生产者与消费者心理因素的影响，如追涨不追跌、一窝蜂地投机或非理性预期；政策因素的影响，如容积率控制、农地征用控制；政治冲击，如社会政治动荡；制度因素的影响，如预售制度的期货效应、中介等房地产专业服务制度的健全程度等；生产时间落差、季节性调整、总体经济形势等。

传统房地产周期理论的主要内容包括：在市场供求平衡的前提下，房地产市场会正常运作，且这种平衡性会持续一定的时期；在此时期内，投入房地产市场的资金的利润预期保持不变，投资者具有自我调节投资量的能力。房地产市场的发展呈现一种自我修正的周期性，且不同周期之间的时间差异和投资回报差异微乎其微。根据传统房地产周期理论，房地产市场的发展呈现出一种自我修正的模式。在每一个运行周期中，均经过扩张、缓慢、萧条、调节、复苏和再次扩张的过程。

研究表明，从历史多个周期变化的资料中计算出的长期平均空置率（又称合理空置率或结构空置率），就是房地产市场自然周期中的平衡点。从供需相互作用的特性出发，房地产市场自然周期可分为四个阶段：自然周期的第一个阶段始于市场周期的谷底。由于前一时期新开发建设的数量过多或需求的负增长导致了市场上供给过剩，所以谷底的空置率达到了峰值。在自然周期的第二阶段（增长超过了平衡点），需求继续以一定的速度增长，形成了对额外房屋空间的需求。由于空置率降到了合理空置率以下，表明市场上的供给吃紧，租金开始迅速上涨，直至达到一个令开发商觉得开始建设新项目有利可图的水平。自然周期的第三阶段始于供求转折点，此时由于房地产空置率低于合理空置率，所以看起来市场情况还不错。此时，供给增长速度高于需求增长速度，空置率回升并逐渐接近合理空置率水平。由于在该过程中不存在过剩供给，新竣工的项目在市场上竞争租户，租金上涨趋势减缓甚至停止。当市场参与者最终认识到市场开始转向时，新开工的开发建设项目将会减少甚至停止。但竣工项目的大量增加所导致的供给高速增长，推动市场进入自然周期运动的第四阶段。自然周期的第四阶段始于市场运行到平衡点水平并向下运动，此时供给高增长，需求低增长或负增长。市场下滑过程的时间长短，取决于市场供给超出市场需求数量的大小。在该阶段，如果物业租金缺乏竞争力或不及时下调租金的话，就可能很快失去市场份额，租金

收入甚至会降到只能支付物业运营费用的水平。

4. 衡量房地产泡沫常用的指标有( )。
A. 房价收入比　　　　　　　B. 租金售价比
C. 实际价格与理论价格之比　　D. 房地产供求比
E. 房地产价格指数与居民消费价格指数之比

参考答案：ABC

要点：我们可以从多个角度，来考察房地产市场上是否存在价格泡沫。从房地产泡沫的成因入手，"实际价格/理论价格"、"房价收入比"、"房价租金比"等指标，都从某一个侧面反映了房地产泡沫的程度。由于房地产泡沫问题的复杂性，很难用单一指标来衡量房地产市场上是否存在价格泡沫。

5. 房地产开发企业申领《建设工程施工许可证》应具备的条件包括( )。
A. 建筑工程用地批准手续已经办理
B. 建设工期不足一年的，到位资金原则上不少于工程合同价的30%
C. 已按规定办理了工程安全监督手续
D. 已按规定确定了施工企业
E. 施工图设计文件已按规定进行了审查

参考答案：BCDE

要点：根据该办法的有关规定，在中华人民共和国境内从事各类房屋建筑及其附属设施的建造、装修装饰和与其配套的线路、管道、设备的安装，以及城镇市政基础设施工程的施工，建设单位在开工前，向工程所在地的县级以上人民政府建设行政主管部门（以下简称发证机关）申请领取《建设工程施工许可证》。申请领取《建设工程施工许可证》应具备的条件：

（1）已经办理该建筑工程用地批准手续。

（2）在城市规划区的建筑工程，已经取得《建设工程规划许可证》。

（3）施工场地已经基本具备施工条件，需要拆迁的，其拆迁进度符合施工要求。

（4）已经确定施工企业，按照规定应该招标的工程没有招标，应该公开招标的工程没有公开招标，或者肢解发包工程，以及将工程发包给不具备相应资质条件的，所确定的施工企业无效。

（5）有满足施工需要的施工图纸及技术资料，施工图设计文件已按规定进行了审查。

（6）有保证工程质量和安全的具体措施。施工企业编制的施工组织设计中有根据建筑工程特点制定的相应质量、安全技术措施，专业性较强的工程项目编制的专项质量、安全施工组织设计，并按照规定办理了工程质量、安全监督手续。

（7）按照规定应该委托监理的工程已委托监理。

（8）建设资金已经落实。建设工期不足一年的，到位资金原则上不得少于工程合同价的50%，建设工期超过一年的，到位资金原则上不得少于工程合同价的30%。建设单位应当提供银行出具的到位资金证明，有条件的可以实行银行付款保函或者其他第三方担保。

（9）法律、行政法规规定的其他条件。

6. 下列房地产市场调查的内容中，属于房地产市场营销因素调查的有（　　）。

　　A. 房地产销售价格调查　　　　B. 房地产促销策略调查
　　C. 城镇居民家庭收入调查　　　D. 城市人口地理分布调查
　　E. 城市基础设施状况调查

参考答案：ABD

要点：市场营销因素调查。包括产品调查、价格调查、分销渠道调查和促销策略调查四种类型。

7. 从投资的角度来看，决定资金时间价值大小的主要因素有（　　）。

　　A. 投资利润率　　　　　　　B. 通货膨胀率
　　C. 投资风险　　　　　　　　D. 经济增长率
　　E. 存款准备金率

参考答案：ABC

要点：资金时间价值的大小，取决于多方面的因素。从投资的角度来看主要有：①投资利润率，即单位投资所能取得的利润；②通货膨胀率，即对因货币贬值造成的损失所应得到的补偿；③风险因素，即对因风险可能带来的损失所应获得的补偿。

8. 张某以400万元购买了一商铺用于自营，流动资金为50万元。如果张某投入的资本金为240万元，经营期内的年平均经营收入为150万元，经营成本、运营费用以及营业税金及附加等占年平均经营收入的40%，财务费用占年平均经营收入的10%，则该投资在借款偿还期内经济指标测算正确的有（　　）。

　　A. 投资利润率为16.67%　　　B. 投资利润率为22.50%
　　C. 资本金利润率为31.25%　　D. 资本金利润率为37.50%
　　E. 资本金利润率为62.50%

参考答案：BD

要点：投资利润率的计算公式为：

投资利润率＝年利润总额或年平均利润总额/总投资×100%

资本金利润率，是指项目经营期内一个正常年份的年利润总额或项目经营期内年平均利润总额与资本金的比率，它反映投入项目的资本金的盈利能力。资本金是投资者为房地产投资项目投入的权益资本。资本金利润率的计算公式为：

资本金利润率＝年利润总额或年平均利润总额/资本金×100％。

9. 房地产投资项目互斥方案在进行经济比选时应遵循的准则有（　　）。

A. 备选方案差异原则　　　　B. 备选方案独立原则
C. 最低可接受收益率原则　　D. 不行动原则
E. 备选方案关联性原则

参考答案：AD

要点：在对互斥方案进行比较选择的过程中，通常要遵循三个决策准则。这些准则是备选方案差异原则、最低可接受收益率原则和不行动原则。

10. 盈亏平衡分析中，产品成本与产量、销售收入与销量之间呈线性关系的假设条件有（　　）。

A. 产品总成本不随产销量变化
B. 产品销售量等于生产量
C. 单位产品变动成本不随产销量变化
D. 单位产品销售价格不随产销量变化
E. 单位产品固定成本不随产销量变化

参考答案：AD

要点：盈亏平衡分析包括线性盈亏平衡分析和非线性盈亏平衡分析。当产量等于销量且产销量的变化不影响市场销售价格和生产成本时，成本与产量、销售收入与销量之间呈线性关系，此时的盈亏平衡分析属于线性盈亏平衡分析。当市场上存在垄断竞争因素的影响时，产销量的变化会导致市场销售价格和生产成本的变化，此时的成本与产量、销售收入与销量之间呈非线性关系，所对应的盈亏平衡分析也就属于非线性盈亏平衡分析。实际工作中，线性盈亏平衡分析最常用，因此这里主要介绍线性盈亏平衡分析的方法。

11. 决策的有效性程度通常从决策的（　　）等方面来评价。

A. 合理性　　　　B. 可接受性
C. 时效性　　　　D. 参与性
E. 经济性

参考答案：ABCE

要点：决策的评价标准主要是评价决策的有效性程度，通常从决策的质量或合理性、决策的可接受性、决策的时效性和决策的经济性四个方面来评价。

12. 房地产投资的可行性研究工作阶段包括（　　）。

A. 接受委托　　　　B. 投资机会研究
C. 初步可行性研究　　D. 详细可行性研究
E. 项目评估与决策

参考答案：BCDE

要点： 可行性研究是在投资前期所做的工作。它分为四个工作阶段，每个阶段的内容逐步由浅到深。包括投资机会研究、初步可行性研究、详细可行性研究报告和项目评估与决策四个工作阶段。

13. 房地产开发项目投资中其他工程费用包括（　　）。
    A. 可行性研究费　　　　　　B. 临时用地费
    C. 场地平整费　　　　　　　D. 施工执照费
    E. 竣工图编制费
    参考答案：BDE

要点： 其他工程费主要包括临时用地费和临时建设费、工程造价咨询费、总承包管理费、合同公证费、施工执照费、工程质量监督费、工程监理费、竣工图编制费、工程保险费等杂项费用。

14. 房地产开发企业在融资方案比选时，通常会选择（　　）的方案。
    A. 资金来源可靠　　　　　　B. 审核程序复杂
    C. 资金结构合理　　　　　　D. 融资成本较低
    E. 融资风险较小
    参考答案：ACDE

要点： 在初步确定项目的资金筹措方式和资金来源后，接下来的工作就是进行融资方案分析，比较并挑选资金来源可靠、资金结构合理、融资成本低、融资风险小的方案。

15. 下列费用中，应计入收益性物业运营费用的有（　　）。
    A. 公用设施的维修费　　　　B. 人员的工资
    C. 抵押贷款还本付息额　　　D. 房产税
    E. 保险费
    参考答案：ABDE

要点： 收益性物业的运营费用是除抵押贷款还本付息外物业发生的所有费用，包括人员工资及办公费用、保持物业正常运转的成本（建筑物及相关场地的维护、维修费）、为租户提供服务的费用（公共设施的维护维修、清洁、保安等）、保险费、营业税金及附加、城镇土地使用税、房产税和法律费用等也属于运营费用的范畴。

三、判断题（共 15 题，每题 1 分。请根据判断结果，在答题卡上涂黑其相应的符号，用"√"表示正确，用"×"表示错误。不答不得分，判断错误扣 1 分，本题总分最多扣至 0 分）

1. 在资本资产定价模型中，β_j 是综合考虑了资产 j 的系统风险和个别风险后得出的风险系数。　　　　　　　　　　　　　　　　　　　　　　　　（　　）

参考答案：×

要点：$E(R_j) = R_f + \beta_j[E(R_m) - R_f]$

式中　$E(R_j)$——在同一时间段内，资产 j 应有的预期收益率；

R_f——无风险资产的收益率；

$E(R_m)$——在同一时间段内，市场整体平均收益率；

β_j——资产 j 的系统性市场风险系数[相关系数，$\beta_j = \text{COV}(R_j, R_m)\text{VAR}(R_m)$]。

从上述公式中可以看到系统性市场风险系数 β，是代表某一种投资项目相对于整个市场变化反应幅度的参考指标。

2. 由于买卖双方主要为分散的普通居民，所以存量住房市场的结构特征为竞争多于垄断。（　　）

参考答案：√

要点：房地产市场的垄断竞争特征，给予房地产供给者一定程度的销售控制能力，包括销售时间控制、销售数量控制和销售价格控制等。以住房市场为例，由于存量住房市场的交易双方主要为分散的家庭，因此存量住房市场的垄断竞争市场结构特征表现为竞争多于垄断；而在新建住房市场上，由于房地产开发企业集中开发建设商品住房项目是市场供应的主要组成部分，如果同期在某一区域市场的新建住房开发项目较少，就容易形成区域性垄断，导致垄断多于竞争。

3. 投机需求膨胀是房地产泡沫产生的直接诱因。（　　）

参考答案：√

要点：一般来说，房地产泡沫的成因，主要有三个方面。首先，土地的稀缺性是房地产泡沫产生的基础。其次，投机需求膨胀是房地产泡沫产生的直接诱因。再有，金融机构过度放贷是房地产泡沫产生的直接助燃剂。

4. 全部使用国有资金投资的建设项目应采用公开招标方式确定施工单位。（　　）

参考答案：√

要点：公开招标，是指招标人以招标公告的方式邀请不特定的法人或者其他组织投标。依法必须进行招标的项目，全部使用国有资金投资、国有资金投资控股或占主导地位的建设项目，应采用公开招标方式确定承包商。

5. 在一定的时间范围内，首套住房需求量与改善型住房需求量之间的距离表示住房需求的市场营销敏感性。（　　）

参考答案：×

要点：市场最低量与市场潜量间的距离表示需求的市场营销敏感性。

6. 复利可分为间断复利和连续复利，由于资金在不停地运动，所以在实际使用中通常采用的是连续复利计息方式。（　　）

参考答案：×

要点：复利计息还有间断复利和连续复利之分。如果计息周期为一定的时间区间（如年、季、月等），并按复利计息，称为间断复利；如果计息周期无限期缩短，称为连续复利。从理论上讲，资金在不停地运动，每时每刻都在通过生产和流通领域增值，因而应该采用连续复利计息，但是在实际使用中都采用较为简便的间断复利计息方式计算。

7. 从名义利率与实际利率的关系来看，实际利率一定大于名义利率。
（　　）

参考答案：×

要点：（1）当每年计息周期数 $m=1$ 时，名义利率与实际利率相等。
（2）当每年计息周期数 $m>1$ 时，实际利率大于名义利率。

8. 对于房地产开发投资来说，投资回收主要表现为项目的开发利润。
（　　）

参考答案：×

要点：投资回收和投资回报对投资者来说都是非常重要的，投资回收通常是用提取折旧的方式获得，而投资回报则常常表现为投资者所获得的或期望获得的收益率或利息率。就房地产开发投资来说，投资回收主要是指开发商所投入的总开发成本的回收，而其投资回报则主要表现为开发利润。

9. 房地产开发的资金密集性和较高的资金借贷额，使得房地产开发项目具有较高的资产负债率和流动比率。
（　　）

参考答案：×

要点：房地产开发属于资金密集型经济活动，且普遍使用较高的财务杠杆，所以房地产开发企业或项目的资产负债率一般较高。此外，房地产开发项目通常采取预售期房的方式筹集资金。这些特点使得房地产开发项目的流动负债数额较大，流动比率相对较低。

10. 如果房地产开发项目的总收入和总费用是同步变化的，那么该项目的净利润将基本保持不变。
（　　）

参考答案：√

要点：房地产开发过程中所涉及的这些不确定性因素，或者以独立的形式，或者以相互同步或不同步的形式发生着变化。这些变化的最终结果，是对房地产开发投资项目的成本费用和效益产生影响。假如开发项目的总收入和总费用是以同步形式发生变化的，那么开发商的纯利润将基本保持不变。在这种前提下对项目进行不确定性分析的意义不大。

但在房地产开发投资过程中，总收入和总费用的变化并不同步。因此，有必要对各不确定性因素的变化情况，以及这些变化对开发商或投资者的收益有何影响、影响程度怎样，进行详细分析，为房地产开发投资决策提供充分依据。

11. 不确定分析中的盈亏平衡分析和敏感性分析可以代替风险分析。（　　）

参考答案：×

要点：盈亏平衡分析是在完全竞争或垄断竞争的市场条件下，研究投资项目产品成本、产销量与盈利的平衡关系的方法。对于一个投资项目而言，随着产销量的变化，盈利与亏损之间一般至少有一个转折点，我们称这种转折点为盈亏平衡点（Break Even Point，BEP），在这一点上，销售收入和总成本费用相等，既不亏损也不盈利。盈亏平衡分析就是要找出项目方案的盈亏平衡点。

盈亏平衡分析的基本方法是建立成本与产量、销售收入与销量之间的函数关系，通过对这两个函数及其图形的分析，找出平衡点。

敏感性分析是指从众多不确定性因素中找出对投资项目经济效益指标有重要影响的敏感性因素，并分析、测算其对项目经济效益指标的影响程度和敏感性程度，进而判断项目承受风险能力的一种不确定性分析方法。

不确定分析中的盈亏平衡分析和敏感性分析，是在风险因素确定发生概率未知条件下的抗风险分析，它不能代替风险分析。风险分析常用的比较成熟的方法是概率分析法，它不但考虑了风险因素在未来变动的幅度，还考虑了这种变动幅度在未来发生变动的可能性的大小及对项目主要经济效益指标的影响。

12. 构造房地产开发项目评价方案，就是在对项目进行策划的基础上，构造出可供评价比较的具体开发经营方案。（　　）

参考答案：√

要点：在编制项目可行性研究报告的过程中，项目策划、构造可供评价比较的开发经营方案、选择相关基础参数，是可行性研究中定量分析的基础。其中：构造评价方案，就是在项目策划的基础上，构造出可供评价比较的具体开发经营方案。项目是否分期进行以及如何分期、项目拟建设的物业类型及不同物业类型的比例关系、建筑面积的规模和物业档次、合作方式与合作条件、拟投入资本金的数量和在总投资中的比例、租售与自营的选择及各自在总建筑面积中的比例等，都需要在具体的评价方案中加以明确。

13. 房地产开发项目资金使用计划表应根据可能的建设进度与将会发生的实际付款时间和金额进行编制。（　　）

参考答案：√

要点：开发项目应根据可能的建设进度和将会发生的实际付款时间和金额，编制资金使用计划表。在项目可行性研究阶段，可以年、半年、季度、月为计算期单位，按期编制资金使用计划。编制资金使用计划，应考虑各种投资款项的付款特点，要充分考虑预收款、欠付款、预付定金以及按工程进度付款的具体情况。

14. REITs可以促进房地产开发企业和物业所有者融资渠道的多元化，吸引资本市场的资金不断流入房地产市场。（　　）

参考答案：√

要点：REITs可以促使房地产开发商和物业所有者融资渠道的多元化，将单一的银行贷款融资形式向机构投资者、个人投资者融资转变，吸引资本市场的资金不断流入房地产市场。

15. 物业管理人员一般通过强调租金低廉的宣传方式来吸引租户。（　　）

参考答案：×

要点：为使物业达到一个较为理想的租金水平，物业管理人员还要进行市场宣传工作。这种宣传一般围绕着物业的特性来进行，如宣传物业所处的位置、周围景观、通达性和方便性等。一般很少通过强调租金低廉来吸引租户，因为对于某些物业如收益性物业、工业物业等来说，租金水平相对于物业的其他特性可能并不十分重要。所以一般认为，只要租金相对于其他竞争性物业来说相差不大，则物业的特性和质量是吸引租户的主要因素。通过对大量承租人的调查表明，他们选择物业时所考虑的众多因素中，租金是否便宜只占第五或第六位。

四、计算题（共2题，20分。要求列出算式、计算过程；需按公式计算的，要写出公式；只有计算结果而无计算过程的，不得分。计算结果保留小数点后两位。请在答题纸上作答）

1. 甲公司花4.3亿元购买了一幢写字楼用于出租经营。该公司自有资金投入为购买价格的60%，其余为年利率7.5%、期限20年、按年等额还款的抵押贷款。该写字楼可出租面积为36000m^2，前两年的租金均为150元/m^2·月，以后租金每年递增5%。另有地下停车位310个，租金为500元/个·月。写字楼与停车位的空置和收租损失为潜在毛租金收入的10%；包括营业税和房产税在内的运营费用为潜在毛租金收入的30%。建筑物采用直线折旧，年折旧额为600万元，土地使用权等无形资产年摊销额为800万元，其他设备的年折旧额为200万元。请计算该项目第5年的税前现金回报率和偿债备付率。（8分）

参考答案：

解：

$$税前现金回报率 = \frac{年净收入-年还本付息额}{资本金或权益资本} = \frac{年税前现金流量}{资本金或权益资本}$$

第一年净收入=(150×12×36000+500×12×310)×(1-10%-30%)=39996000元

第五年净收入=39996000×(1+5%)³=46300369.50元

$$\text{每年还本付息额} = \frac{430000000 \times 7.5\%}{1 - \dfrac{1}{(1+7.5\%)^{20}}} = 16871856.96 \text{ 元}$$

$$\text{第 5 年现金回报率} = \frac{46300369.50 + 16871856.96}{430000000 \times 60\%} = 11.41\%$$

$$\text{偿债备付率} = \frac{\text{可用于还本付息资金}}{\text{当年应还本付息资金}} = \frac{\text{年净收益}}{\text{年还本付息资金}}$$

$$= \frac{46300369.50}{16871856.96} = 2.744。$$

2. 甲公司于 2009 年 12 月 31 日通过竞拍，以 400 万元/亩的价格获得一宗面积为 200 亩的建设用地，土地费用一次性付清。该宗土地为居住用途，使用期限为 70 年，容积率为 2.0。该项目的计划开发周期为 6 年，其中建设期 5 年。经市场调研和方案设计，确定项目建设成本为 3200 元/m²。甲公司在获得该宗土地后的第 1 年和第 2 年，分别投入了总建设成本的 20%、5% 以及共计 1200 万元的管理费，未进行项目预售。由于资金原因，甲公司计划从第 3 年开始，寻找合作伙伴共同开发该项目。甲公司与乙公司签订了项目合作开发合同，并约定从第 3 年开始，乙公司全面负责项目的开发和销售及承担项目续建的全部成本和费用，项目开发周期不变，销售收入的 60% 归甲公司所有，40% 归乙公司所有。乙公司的开发及销售计划是：项目续建的开发建设成本分 3 年投入，投入比例分别占总建设成本的 20%、25% 和 30%；销售从合作开发的第 1 年开始，各年销售量占总销售量的比例分别为 20%、30%、30% 和 20%，销售均价为 8500 元/m²；管理费、销售费和营业税金及附加分别占销售收入的 2%、3% 和 5.5%。假定管理费和销售费在开发周期内平均支出，营业税金及附加与销售收入同步发生，除土地费用外，开发周期内的项目收支均发生在年末。(1) 请计算该开发项目的财务内部收益率；(2) 若乙公司的目标收益率为 10%，请计算其财务净现值并说明乙公司能否达到投资目标（不考虑企业所得税和土地增值税）。(12 分)

参考答案：

解：

总建筑面积 $= 200 \times 666.67 \times 2 = 266668 \text{m}^2$

总建设成本 $= 3200 \times 266668/10000 = 85333.76$ 万元

总销售收入 $= 8500 \times 266668/10000 = 226667.80$ 万元

(1) 计算内部收益率

设 $i_1 = 7\%$

$$NPV1 = -400 \times 200 - \frac{85333.76 \times 20\%}{1+7\%} - \frac{85333.76 \times 5\%}{(1+7\%)^2} - \frac{1200}{(1+7\%)^{2/2}}$$

$$-\frac{85333.76 \times 20\%}{(1+7\%)^3} - \frac{85333.76 \times 25\%}{(1+7\%)^4}$$

$$-\frac{85333.76 \times 30\%}{(1+7\%)^5} - \frac{226667.80 \times (2\%+3\%)}{(1+7\%)^{(2+4/2)}} + 226667.80$$

$$\times (1-5.5\%) \times \left[\frac{20\%}{(1+7\%)^3} + \frac{30\%}{(1+7\%)^4} + \frac{30\%}{(1+7\%)^5}\right.$$

$$\left.+\frac{20\%}{(1+7\%)^6}\right] = 453.35 \text{ 万元}$$

设 $i_2 = 8\%$

$$NPV2 = -400 \times 200 - \frac{85333.76 \times 20\%}{1+8\%} - \frac{85333.76 \times 5\%}{(1+8\%)^2} - \frac{1200}{(1+8\%)^{2/2}}$$

$$-\frac{85333.76 \times 20\%}{(1+8\%)^3} - \frac{85333.76 \times 25\%}{(1+8\%)^4}$$

$$-\frac{85333.76 \times 30\%}{(1+8\%)^5} - \frac{226667.80 \times (2\%+3\%)}{(1+8\%)^{(2+4/2)}} + 226667.80$$

$$\times (1-5.5\%)$$

$$\times \left[\frac{20\%}{(1+8\%)^3} + \frac{30\%}{(1+8\%)^4} + \frac{30\%}{(1+8\%)^5}\right.$$

$$\left.+\frac{20\%}{(1+8\%)^6}\right] = -3581.62 \text{ 万元}$$

$$FIRR = i_1 + \frac{|NPV1|}{|NPV1|+|NPV2|} \times (i_2 - i_1)$$

$$= \frac{453.35}{453.35 + 3581.62} \times (8\% - 7\%)$$

$$= 7.11\%。$$

（2）计算乙公司的财务净现值

$$FNPV = \sum_{i=0}^{n}(CI-CO)_t \times (1+i_t)^{-t}$$

$$= -85333.76 \times \left[\frac{20\%}{(1+10\%)} + \frac{25\%}{(1+10\%)^2}\right.$$

$$\left.+\frac{30\%}{(1+10\%)^3}\right] + 226667.80 \times (1-5.5\%)$$

$$\times \left[\frac{20\%}{1+10\%} + \frac{30\%}{(1+10\%)^2} + \frac{30\%}{(1+10\%)^3} + \frac{20\%}{(1+8\%)^4}\right]$$

$$-\frac{226667.80\times(2\%+3\%)}{(1+10\%)^{4/2}}=6091.05 \text{ 万元} > 0$$

所以,乙公司的目标可以实现。

房地产开发经营与管理(二)

一、单项选择题(共35题,每题1分。每题的备选答案中只有1个最符合题意,请在答题卡上涂黑其相应的编号)

1. 新建重点中学周边的房价迅速上涨,表明房地产投资具有( )的特征。
A. 易产生资本价值风险 B. 易受政策影响
C. 存在效益外溢和转移 D. 适于长期投资

参考答案:C

要点: 存在效益外溢和转移。房地产投资收益状况受其周边物业、城市基础设施与市政公用设施和环境变化的影响。政府在道路、公园、博物馆等公共设施方面的投资,能显著提高附近房地产的市场价值和收益水平。例如城市快速轨道交通线的建设,使沿线房地产资产由于出租率和租金水平的上升而大幅升值;城市棚户区改造、城中村改造等大型城市更新项目的实施,也会使周边房地产的市场价值大大提高。

2. 张某以固定租金方式出租其所有的一套住宅,租期为三年,张某面临较大的风险是( )风险。
A. 政策 B. 通货膨胀 C. 利率 D. 或然损失

参考答案:B

要点: 通货膨胀风险又称购买力风险,是指投资完成后所收回的资金与初始投入的资金相比,购买力降低给投资者带来的风险。所有的投资均要求有一定的时间周期,房地产投资周期长,所以只要存在通货膨胀因素,投资者就要面临通货膨胀风险。收益是通过其他人分期付款的方式获得时,投资者就会面临购买力风险。同时不论是以固定利率借出一笔资金,还是以固定不变的租金长期出租一宗物业,都面临着由于商品或服务价格上涨所带来的风险。以固定租金方式出租物业的租期越长,投资者所承担的购买力风险就越大。由于通货膨胀将导致未来收益的价值下降,按长期固定租金方式出租所拥有物业的投资者,实际上承担了本来应由承租人承担的风险。

3. 整个投资市场的平均收益率为20%,国债的收益率为10%,房地产投资市场相对于整个投资市场的系统性风险系数为0.4,写字楼市场相对于房地产投资市场的系统性风险系数为0.9,写字楼市场的预期收益率为( )。

A. 13.6% B. 14.0% C. 19.0% D. 23.6%

参考答案： A

要点： $E(R_j) = R_f + \beta_j[E(R_m) - R_f]$

式中　$E(R_j)$——在同一时间段内，资产 j 应有的预期收益率；

　　　R_f——无风险资产的收益率；

　　　$E(R_m)$——在同一时间段内，市场整体平均收益率；

　　　β_j——资产 j 的系统性市场风险系数［相关系数，$\beta_j = \mathrm{COV}(R_j, R_m)\mathrm{VAR}(R_m)$］。

4. 国有建设用地使用权出让市场是(　)市场。

A. 完全竞争　　B. 垄断竞争　　C. 寡头垄断　　D. 完全垄断

参考答案： D

5. 对一线、二线、三线城市之间房地产市场发育情况的差异和特点的分析，是房地产市场的(　)分析。

A. 总量结构　　B. 产品结构　　C. 投资结构　　D. 区域结构

参考答案： D

要点：（1）总量结构：从房地产市场整体出发，分析开发和销售之间的数量结构关系，考察房地产供给和需求之间的总量差距。

（2）区域结构：分析在全国不同地区之间，房地产市场发育情况的差异和特点，考察不同区域或城市之间，房地产市场的开发规模、主要物业类型、房价水平和政策措施的差异。

（3）产品结构：从经济发展阶段出发，考察房地产市场中住宅、写字楼和商业用房等不同物业类型之间或某一特定物业类型中不同档次产品或产品细分之间的供给比例或交易比例关系，分析其产品结构布局的合理程度。

（4）供求结构：针对某一物业类型，分析其市场内部不同档次物业的供求关系；并从市场发展的实际情况出发，判别供给档次和需求水平之间是否处于错位的状态。

（5）投资结构：根据投资者参与房地产市场投资的不同目的和方式，分析不同投资目的或方式之间的比例关系及其动态变化。

（6）租买结构：租买结构是当前使用中的房地产空间中，租住空间和购买自住空间的比例关系。承租和购买两种方式，都可以满足房地产空间的使用需求，相应的也就形成了房地产市场上的租买结构。一个城市或区域的租买结构，与市场上租金和价格的关系、人们对房地产所有权的偏好、市场上可供出租房地产空间的数量、城市或区域的经济发展水平等因素相关。

6. 某城市 2012 年可供租售的写字楼面积为 90 万 m^2，全年写字楼销售量为 60 万 m^2，房地产开发企业直接出租量为 15 万 m^2，该城市 2012 年写字楼的吸纳周期为( )年。

  A. 0.67   B. 0.83   C. 1.20   D. 1.50

参考答案：C

要点：(1) 销售量（Houses Sold，HSt），是指报告期内出售房屋的数量，单位为建筑面积或套数。在统计过程中，可按存量房屋和新建房屋、不同物业类型分别统计。我国销售量统计指标为商品房销售面积，指报告期内出售商品房屋的合同总面积（即双方签署的正式买卖合同中所确定的建筑面积），由现房销售建筑面积和期房销售建筑面积两部分组成。

（2）出租量（Houses Rented，HRt），是指报告期内出租房屋的数量，单位为建筑面积或套数。在统计过程中，可按房屋类型和新建房屋分别统计。我国房地产开发统计中的出租面积，是指在报告期期末房屋开发单位出租的商品房屋的全部面积。

（3）吸纳量（Absorption Volume，AVt），是指报告期内销售量和出租量之和（AVt＝HSt＋HRt），单位为建筑面积或套数。实际统计过程中，可按销售或出租、存量房屋和新建房屋、不同物业类型等分别统计。

（4）吸纳周期（Absorption Period，APt），是指按报告期内的吸纳速度（单位时间内的吸纳量）计算，同期可供租售量可以全部被市场吸纳所需要花费的时间（APt＝HSRt/AVt），单位为年、季度或月，在数值上等于吸纳率的倒数。在计算过程中，可按销售或出租、存量房屋和新建房屋、不同物业类型等分别计算。在新建商品房销售市场，吸纳周期又称为销售周期。

7. 下列房地产市场预警指标中，属于考察房地产价格是否过度偏离其价值的是( )。

  A. 住房可支付性指数   B. 住房价格合理性指数

  C. 房价租金比   D. 量价弹性

参考答案：C

要点：国内外通常还通过构造下述指标，来实现对房地产市场的进一步监测和预警。

（1）土地转化率，是指报告期内政府批准新建商品房预售和销售面积与当期出让土地规则建筑面积的比例，用于监测土地供应与住房供应之间的关系，反映土地转化为房屋的效率。

（2）开发强度系数，是指房地产开发投资与GDP或固定资产投资的比例，反映房地产开发投资与宏观经济协调发展的总体状况。

（3）开发投资杠杆率，是指房地产开发投资与开发商投入的权益资本的比率，开发投资杠杆率反映开发企业的财务风险水平，它的数值越高，说明开发商投入权益资金越少，利用杠杆资金越多，财务风险也越大。

(4) 住房可支付性指数（Housing Affordability Index，HAI），是指中位数收入水平的家庭对中位数价格的住房的承受能力，在数值上等于家庭可承受房价的上限与该城市实际住房中位数价格之比，如果 HAI＝100，说明中位数收入水平的家庭正好能够承受中位数价格的住房；如果 HAI＞100，说明居民家庭能够承受更高价格的住房；如果 HAI＜100，说明居民家庭只能承受更低价格的住房。

(5) 住房价格合理性指数，是指从城市经济基本面可支撑住房价格的角度，对当前实际住房价格合理性做出的判断，反映了实际住房价格与城市经济基本面指标的协调关系。

(6) 房价租金比，是指房地产价格与租金的比值，用来考察房地产价格是否过度偏离其使用价值。

(7) 量价弹性，是指报告期内房地产价格变化率与交易变化率的比值。依据交易量和价格的升降关系，可以判断市场所处的景气阶段。

(8) 个人住房抵押贷款还款收入比，是指住房抵押贷款月还款额占月家庭收入的比例，反映个人住房抵押贷款违约风险水平。

(9) 住房市场指数（HMI），是反映房地产开发商对未来市场预期的指标，根据开发商对当前销售量、未来 6 个月内销售量的预期（好、一般、差）以及开发商对潜在购买者数量预期（高、平均、低）的调查结果构造。

(10) 消费者信心指数，是指消费者近期的购房意愿，通常根据对消费者"未来 6 个月内是否计划买房？未来 6 个月内是否计划买自住房？"的调查结果来构造。

8. 房地产开发项目的财务评价是房地产开发（　　）阶段的重要工作。
A. 投资分析决策　　B. 施工准备　　C. 建设　　D. 租售
参考答案：A
要点：投资决策分析主要包括市场分析、项目财务评价和投资决策三部分工作。市场分析主要分析市场宏观环境、政府政策、房地产供求关系、竞争环境、目标市场及其可支付的价格或租金水平。项目财务评价是根据市场分析的结果以及相关的项目资本结构设计，就项目的经营收入、成本费用与盈利能力进行分析评价。投资决策则是结合企业发展战略、财务状况以及项目财务评价的结果，对是否进行本项目的投资开发做出决策。投资决策分析工作应该在尚未签署任何协议之前进行，以便使开发商有充分的时间和自由度来考虑有关问题。

9. 通过招拍挂方式获得国有建设用地使用权的建设项目，不需要房地产开发企业自行办理（　　）。
A. 规划意见书（选址）　　　　　B. 建设用地规划许可证
C. 国有土地使用证　　　　　　　D. 建设工程规划许可证

参考答案：A

要点： 按照开发建设项目用地的国有建设用地使用权获取方式不同，开发商需要办理的规划审批工作要求有一定差异。该差异主要体现在：以招拍挂出让方式获得国有建设用地使用权的开发建设项目，其项目选址阶段的《规划意见书（选址）》审批环节已经在土地一级开发环节完成，出让地块的位置、使用性质、开发强度等规划条件，已经作为《国有建设用地使用权出让合同》的组成部分确定下来，开发商只需向政府城乡规划主管部门领取《建设用地规划许可证》，而不是像划拨土地开发项目的开发商那样，需要向政府城乡规划主管部门提出建设用地规划许可申请，经政府城乡规划主管部门依据控制性详细规划核定建设用地的位置、面积和允许建设范围后，核发《建设用地规划许可证》。

10. 某资金实力雄厚的房地产开发企业，在对其开发的某个住宅项目定价时，销售价格明显低于相邻同档次的其他住宅项目，该企业采用的定价方法是（　　）。

A. 目标定价法　　　　　　B. 领导定价法
C. 挑战定价法　　　　　　D. 随行就市定价法

参考答案：C

要点： 开发商定价主要有三类方法，即成本导向定价法、购买者导向定价法和竞争导向定价法。其中，成本导向包括成本加成定价法和目标定价法；购买者导向包括认知价值定价法和价值定价法；竞争导向包括领导定价法、挑战定价法和随行就市定价法。

（1）成本加成定价法。指开发商按照所开发物业的成本加上一定百分比的加成来制定房地产的销售价格。加成的含义就是一定比率的利润。这是最基本的定价方法。

（2）目标定价法。指根据估计的总销售收入和估计的销售量来制定价格的一种方法。目标定价法要使用损益平衡图这一概念。损益平衡图描述了在不同的销售水平上预期的总成本和总收入。

（3）认知价值定价法。是开发商根据购买者对物业的认知价值来制定价格的一种方法。用这种方法定价的开发商认为定价的关键是顾客对物业价值的认知，而不是生产者或销售者的成本。他们利用市场营销组合中的非价格变量，在购买者心目中确立认知价值，并要求所制定的价格必须符合认知价值。

（4）价值定价法。指确定的价格对于消费者来说，代表着"较低（相同）的价格，相同（更高）的质量"，即"物美价廉"。价值定价法不仅是制定的产品价格比竞争对手低，而且是对公司整体经营的重新设计，造成公司接近大众、关怀民生的良好形象，同时也能使公司成为真正的低成本开发商，做到"薄利多销"或"中利多销"。

(5) 领导定价法。领导定价法实际上是一种定价策略，处于市场领导者地位的开发商可以采用领导定价法。通常情况下，如果某公司在房地产业或同类物业开发中踞龙头老大地位，实力雄厚，声望极佳，就具备了采用领导定价法的条件，使其制定的价格在同类物业中居较高的价位。

(6) 挑战定价法。当物业质量与市场领导者的物业质量相近时，如果定价比市场领导者定价稍低或低得较多，则认为该开发商采用了挑战定价法。如果公司具有向市场领导者挑战的实力，或者是其成本较低，或者是其资金雄厚，则开发商可以采用挑战定价法，虽然利润较低，但可以扩大市场份额，提高声望，以争取成为市场领导者。

(7) 随行就市定价法。指开发商按照房地产市场中同类物业的平均现行价格水平定价的方法。市场追随者在以下情况下往往采用这种定价方法：①难以估算成本；②公司打算与同行和平共处；③如果另行定价，很难了解购买者和竞争者对本公司的价格的反应。采用随行就市定价法，公司在很大程度上就是以竞争对手的价格为定价基础的，而不太注重自己产品的成本或需求。

11. 从市场营销的角度，房地产市场之所以能够进行市场细分，主要是由于（ ）存在着差异性。
 A. 房地产产品　　B. 项目区位　　C. 房地产需求　　D. 住房价格
参考答案：C
要点：市场细分就是以消费需求的某些特征或变量为依据，区分具有不同需求的顾客群体。市场细分后所形成的具有相同需求的顾客群体称为细分市场。在同类产品市场上，同一细分市场的顾客需求具有较多的共同性，不同细分市场之间需求具有较多的差异性，企业应明确有多少细分市场及各细分市场的主要特征。对企业而言，市场细分工作有利于掌握目标市场的特点，有利于制定市场营销组合策略，有利于提高企业的竞争能力。

12. 对房地产市场调查的分析与评估，主要是考察房地产市场调查的（ ）。
 A. 有效性　　　B. 经济性　　　C. 参与性　　　D. 广泛性
参考答案：A
要点：对市场调查的分析与评估，主要是考察市场调查的有效性。一般来讲，有效的市场调查必须具备以下特点：(1) 方法科学。(2) 调查具有创造性。(3) 调查方法多样。(4) 模型和数据相互依赖。(5) 合理的信息价值和成本比率。(6) 正常的怀疑态度。(7) 市场调查过程遵守职业道德。

13. 房地产市场营销中的"金九银十"现象，描述了房地产消费者市场的（ ）特征。
 A. 分散性　　　B. 替代性　　　C. 易变性　　　D. 季节性

参考答案：D

要点：消费者市场的特点包括：①广泛性。消费者市场人数众多，范围广泛。②分散性。消费者的购买单位是个人或家庭，每次购买数量零星，购买次数频繁。③复杂性。消费者受多种因素的影响而具有不同的消费需求和消费行为，所购商品千差万别。④易变性。随着市场商品供应的丰富和企业竞争的加剧，消费风潮的变化速度加快，商品的流行周期缩短，千变万化。⑤发展性。科学技术不断进步，新产品不断出现，消费需求呈现出由少到多、由粗到精和由低级到高级的发展趋势。⑥情感性。消费者多属非专家购买，受情感因素影响大。⑦伸缩性。消费需求受多方面因素影响，在购买选择上表现出较大的需求弹性或伸缩性。⑧替代性。消费品种类繁多，不同品牌甚至不同品种之间往往可以互相替代。⑨地区性。不同地区消费者的消费行为往往表现出较大的差异性。⑩季节性。分为三种情况：一是季节性气候变化引起的季节性消费；二是季节性生产而引起的季节性消费；三是风俗习惯和传统节日引起的季节性消费。

14. 在房地产市场分析报告中，不包括的内容是（　　）。
A. 开发地点的最佳用途分析　　B. 开发项目的SWOT分析
C. 开发项目的偿债能力分析　　D. 房地产市场供求分析

参考答案：C

要点：市场分析报告通常由以下几部分内容组成。

（1）地区经济分析。该部分主要研究地区经济环境，通常分为两个部分：一是地区经济的基本趋势分析；二是地区基础产业和新兴战略产业的发展趋势分析。地区经济及基础产业、新兴产业的发展方向、增长速度，对整个地区所有房地产业的发展都有重要影响。任何房地产的价格起伏及供求变化，其基础影响因素都来自房地产所处地区的经济环境，所以对地区经济环境的基本判断是对各类房地产市场研究的基础。

（2）区位分析。该部分是开发地点多种用途比较分析，是为一块土地选择用途，即该地点的最佳用途分析。这项内容是进行投资决策时的主要分析内容。严格地说，它是一项非常复杂的工作，往往要将项目地块所在区位与类似区位进行比较，发现市场机会；在有两个或两个以上的可选用途时，就要对每一种可能的用途进行分析比较。此处所指的区位分析是在宏观层次上的。如果是在宏观和微观层次上都做比较，它就可称作是可行性研究的全部，包含了房地产市场分析的全部内容。

（3）市场概况分析。该部分是对地区房地产发展概况的分析，预测本地区房地产各类市场总的未来趋势，并把项目及其所在的专业市场放在整个地区经济中，考察它们的地位和状况，分析人口、公共政策、经济、法律是否支持该项目。在这项分析中，要通过人口、就业、收入等资料，推算出各类专业市场总的供需趋势，及项目所在专业市场的总需求增量。

（4）市场供求分析。市场供求分析需要进行两个方面的分析，一是分析市场中各子市场的供需关系，求出各子市场的供需缺口；二是将供需缺口最大的子市场确定为目标子市场，具体求出目标子市场供需缺口量（即未满足的需求量）。该部分要确定市场研究区域并进行市场细分，通过区域内同类产品子市场已建、在建、拟建及空置情况分析预测供给。通过区域内同类产品子市场所对应的人口数量、就业情况、居民的收入细分、居住水平情况，估计子市场需求。对比供给与需求，得到子市场的供需缺口。

（5）项目竞争分析。该部分内容主要是将目标项目与其竞争项目进行对比分析，估计其市场占有率（市场份额）。具体又分为两个方面：一是在项目所在的子市场上，选择竞争项目，并指出销售最好的竞争项目。集中研究某一项目和单一户型，分析竞争项目的位置特征和销售率，认识竞争项目的竞争特点，指出其优势和劣势。二是将竞争项目与目标项目进行竞争分析，预测项目一定价格和特征下的销售率情况，确定目标项目的竞争特点，估计其市场占有率。

（6）营销建议。该部分是在竞争分析的基础上，通过SWOT分析，找出目标项目的竞争优势，提出强化目标项目竞争优势、弱化其劣势的措施，进行项目规划设计和产品功能定位。本部分要分析项目的地段、周围环境状况、户型、和娱乐状况，进行消费者研究，指出房屋销售最好的户型，对项目产品进行市场定位，并指出其市场风险来源。

（7）售价和租金预测。该部分通过分析项目所在子市场未满足的需求量及各竞争项目的市场占有率情况，总结竞争项目在历史上的出售率、出租率及租金、售价情况，将目标项目与竞争项目进行对比分析，预测目标项目的租金和售价。

（8）吸纳量计划预测。该部分通过研究地区、价格和市场份额间的关系，将项目所在子市场中未满足的需求，按照各竞争项目的市场占有率进行分配，预测市场对目标项目的吸纳能力；同时进行消费者研究，估计市场销售情况，合理定出项目的吸纳量计划（即项目建成后一年或一段时间每月出租的面积或出售的房地产数量计划，或项目完全出租或出售的时间计划）。

（9）回报率预测。市场研究报告中也需要对目标项目的经济特性进行简要分析判断。这里首先要对项目的总开发成本进行预测，再根据项目最有可能的售价和租金、吸纳量计划分析结果，估计项目可以得到的回报率水平。该部分要进行一些现金流分析，作为可行性研究中财务分析的基础。

（10）敏感性分析。该部分要测定关键参数的敏感性，确定分析结果适用的范围，反映市场分析面对的不确定性。即测定关键参数变动范围，对分析中的关键假设，测定它们在确保项目满足投资目标要求的情况下，允许变动范围有多大。

15. 下图表示的是房地产开发企业（　　）经营模式下的典型现金流量图。

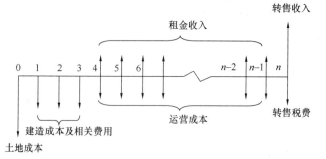

A. 开发—销售　　　　　　　　　B. 开发—持有出租—出售
C. 购买—持有出租—出售　　　　D. 购买—更新改造—出租—出售

参考答案：C

要点：根据房地产开发经营企业的业务经营模式类型，可以将房地产投资业务划分为"开发—销售"、"开发—持有出租—出售"、"购买—持有出租—出售"、"购买—更新改造—出售"、"购买—更新改造—出租—出售"等基本模式。

16. 某笔贷款的年名义利率为6.60%，年实际利率为6.77%，该笔贷款的计息周期是（　　）。

A. 月　　　　　　B. 季度　　　　　　C. 半年　　　　　　D. 年

参考答案：B

要点：$i=(1+r/n)^n-1$，i 为实际年利率，n 为年计息次数。
$n=2$，$i=6.71\%$，$n=4$，$i=6.77\%$。

17. 甲、乙两人分别向银行贷款，贷款金额、利率、期限均相同，贷款期限为1年，甲的偿还方式为按月付息到期一次偿还本金，乙的偿还方式为按月计息到期一次还本付息。甲实际支付的利息额 $I_甲$ 和乙实际支付的利息额 $I_乙$ 之间的关系为（　　）。

A. $I_甲 > I_乙$　　B. $I_甲 < I_乙$　　C. $I_甲 = I_乙$　　D. $I_甲 \geq I_乙$

参考答案：A

要点：设名义利率为 r，若年初借款为 P，在一年中计算利息 m 次，则每一计息周期的利率为 rm，一年后的本利和为：$F=P_1(1+r/m)^m$，其中利息为 $I=F-P=P_1(1+r/m)^m-P$。故实际利率 i 与名义利率 r 的关系式为：
$$i=(F-P)/P=[P(1+r/m)^m-P]/P=(1+r/m)^m-1$$

通过上述分析和计算，可以得出名义利率与实际利率存在着下述关系：

（1）实际利率比名义利率更能反映资金的时间价值。

（2）名义利率越大，计息周期越短，实际利率与名义利率的差异就越大。

（3）当每年计息周期数 $m=1$ 时，名义利率与实际利率相等。

(4) 当每年计息周期数 $m>1$ 时，实际利率大于名义利率。

(5) 当每年计息周期数 $m \to \infty$ 时，名义利率 r 与实际利率 i 的关系为：
$$i = e^r - 1。$$

18. 关于资金等效值的说法，错误的是（　　）。
A. 在资金等效值计算中，终值、时值都可以与现值相等
B. 在资金等效值计算中，年值是序列值
C. 资金运动起点时的金额称为时值
D. 绝对数额不等的资金额，在一定的时间和利率条件下，价值可以相等

参考答案：A

要点：资金等效值是指在考虑时间因素的情况下，不同时点发生的绝对值不等的资金可能具有相同的价值。也可以解释为"与某一时间点上一定金额的实际经济价值相等的另一时间点上的价值"。在以后的讨论中，把等效值简称为等值。

通常情况下，在资金等效值计算的过程中，人们把资金运动起点时的金额称为现值，把资金运动结束时与现值等值的金额称为终值或未来值，而把资金运动过程中某一时间点上与现值等值的金额称为时值。

19. 某物业未来 10 年租金收入的终值为 20 万元，年租金增长率为 6%，租金在每年末支付。若年利率为 6%，则第 5 年末的租金是（　　）元。
A. 14945.16　　B. 15841.87　　C. 26764.51　　D. 28370.38

参考答案：A

要点：$P = \dfrac{20 \times 10000}{(1+6\%)^{10}} = 111678.96$ 元

$$A_1 = \dfrac{111678.96}{10} \times (1+6\%) = 11837.97 \text{ 元}$$

$$A_5 = 11837.97 \times 1.06^4 = 14945.16 \text{ 元}。$$

20. 某人用 1000 万元购买了一商铺用于出租经营，如果投资收益率为 10%，经营期为 20 年，每年净经营收益相等，其投资回报是（　　）万元。
A. 17.46　　B. 100.00　　C. 117.46　　D. 672.75

参考答案：A

要点：投资回收 $= 1000 \times 10\% / [1 - 1/(1+10\%)^{20}] - 1000 \times 10\% = 17.46$ 万元。

21. 甲、乙两个可供比较的房地产投资方案中，甲方案的开发经营期为 4 年，乙方案的开发经营期为 3 年，两方案比选宜采用的方法是（　　）。
A. 净现值法　　　　　　　　　B. 等额年值法
C. 差额投资内部收益率法　　　D. 费用年值比较法

参考答案：B

要点：（1）方案经济比选定量分析方法：

1）净现值法。净现值法是通过比较不同备选方案财务净现值大小来进行方案选择的方法。用净现值法进行方案比选时，先对各个备选方案，分别按照公式

$$FNPV = \sum_{t=0}^{n}(CI-CO)_t \times (1+MARR)^{-t}$$

计算各方案的财务净现值，以财务净现值大的方案为优选方案。如果所有的备选方案的财务净现值均小于零，则选择不行动方案。

2）差额投资内部收益率法。差额投资内部收益率，是两个方案各期净现金流量差额的现值之和等于零时的折现率。其表达式为：

$$\sum_{t=0}^{n}[(CI-CO)'_t - (CI-CO)''_t] \times (1+\Delta IRR)^{-t} = 0$$

式中　$(CI-CO)'_t$——投资大的方案第 t 期净现金流量；

　　　$(CI-CO)''_t$——投资小的方案第 t 期净现金流量；

　　　n——开发经营期。

在进行方案比选时，可将上述求得的差额投资内部收益率与投资者的最低可接受收益率（MARR）或基准收益率 i_c 进行比较，当 $\Delta IRR \geqslant MARR$ 或 i_c 时，以投资大的方案为优选方案；反之，以投资小的方案为优选方案。当多个方案比选时，首选按投资由小到大排序，再依次就相邻方案两两比选，从中确定优选方案。

3）等额年值法。当不同开发经营方案的经营期不同时，应将不同方案的财务净现值换算为年值（AW），通过公式 $AW = NPV i_c (1+i_c) n (1+i_c) n - 1$ 计算各备选方案的等额年值，以等额年值大的方案为优选方案。

4）费用现值比较法和费用年值比较法。对效益相同或基本相同的房地产项目方案进行比选时，为简化计算，可采用费用现值指标和等额年费用指标直接进行项目方案费用部分的比选。

当采用费用现值比较法时，主要是利用项目费用（PC）计算公式，计算不同方案的费用，以费用现值小的方案为优选方案。项目费用计算公式为：

$$PC = \sum_{t=0}^{n}(C-T)_t \times (1+i_c)^{-t}$$

式中　C——第 t 期投入总额；

　　　T——期末余值回收。

当采用费用年值比较法时，主要是利用等额年费用公式，计算不同方案的等额年费用，以等额年费用小的方案为优选方案。等额年费用的计算公式为：

$$AC = PC \times i_c \div \left[1 - \frac{1}{(1+i_c)^n}\right]$$

$$= PC \times i_c \div \frac{(1+i_c)^n - 1}{(1+i_c)^n}$$

5）其他经济比选方法。对于开发经营期较短的出售型房地产项目，可直接采用利润总额、投资利润率等静态指标进行方案比选。

（2）比选方法选择规则：

在方案比选过程中，应该注意选择适宜的比选方法。具体比选方法选择规则，表现在以下3个方面。

1）当可供比较方案的开发经营期相同，且项目无资金约束的条件下，一般采用净现值法、等额年值法和差额投资内部收益率法。

2）当可供比较方案的开发经营期不同时，一般宜采用等额年值法进行比选。如果要采用差额投资内部收益率法或净现值法进行方案比选，须对各可供比较方案的开发经营期，通过运用最小公倍数法和研究期法进行调整，然后再进行比选。

3）当可供比较方案的效益相同或基本相同时，可采用费用现值比较法和费用年值比较法。

22. 房地产投资项目的 $FIRR$ 能够反映项目投资所能接受的（　　）。

A. 最低投资报酬率　　　　B. 最高现金回报率
C. 最低偿债备付率　　　　D. 最高贷款利率

参考答案：D

要点：财务内部收益率（$FIRR$），是指项目在整个计算期内，各年净现金流量现值累计等于零时的折现率，是评估项目盈利性的基本指标。其计算公式为：

$$\sum_{t=0}^{n}(CI-CO)_t \times (1+FIRR)^{-t} = 0$$

财务内部收益率的经济含义是在项目寿命期内项目内部未收回投资每年的净收益率。同时意味着，到项目寿命期终了时，所有投资可以被完全收回。

内部收益率表明了项目投资所能支付的最高贷款利率。如果贷款利率高于内部收益率，项目投资就会面临亏损。因此所求出的内部收益率是可以接受贷款的最高利率。将所求出的内部收益率与行业基准收益率或目标收益率 i_c 比较，当 $FIRR$ 大于或等于 i_c 时，则认为项目在财务上是可以接受的。如 $FIRR$ 小于 i_c，则项目不可接受。

23. 王某以总价150万元购买一商铺用于出租经营，其中贷款额为60万元，每年的还本付息额为7.8万元，扣除运营费用的年租金收入为18万元，王某在贷款期内的税前现金回报率是（　　）。

A. 11.33%　　　　B. 12.00%　　　　C. 17.00%　　　　D. 20.00%

参考答案：A

要点：现金回报率是指房地产置业投资中，每年所获得的现金报酬与投资者初始投入的权益资本的比率。该指标反映了初始现金投资或首付款与年现金收入之间的关系。现金回报率有税前现金回报率和税后现金回报率。其中，税前现金回报率等于营业利润（净经营收入）扣除还本付息后的净现金流量除以投资者的初始现金投资；税后现金回报率等于税后净现金流量除以投资者的初始现金投资。

初始现金投资为90万元，税前净现金流量为10.2万元（18－7.8），则税前现金回报率为11.33%（10.2/90×100%）。

24. 张某购买一商铺用于出租经营，在商铺购买中，银行提供了贷款额20万元、贷款期限10年、年贷款利率7%、按年等额还本付息的抵押贷款。该商铺潜在年毛租金收入为5.5万元，空置与租金损失为潜在毛租金收入的10%，运营费用为实际租金收入的30%，该项目的偿债备付率为（   ）。

A．1.16　　　　B．1.22　　　　C．1.74　　　　D．1.93

参考答案：B

要点：偿债备付率（Debt Coverage Ratio，DCR），指项目在借款偿还期内各年用于还本付息的资金与当期应还本付息金额的比值，表示可用于还本付息的资金偿还借款本息的保障倍数。一般情况下偿债备付率的计算公式为：

偿债备付率＝可用于还本付息资金/当期应还本付息金额

可用于还本付息资金，包括可用于还款的折旧和摊销、在成本中列支的利息费用、可用于还款的利润以及管理人员超绩效指标奖金等。当期应还本付息金额包括当期应还贷款本金及计入成本费用的利息，国际上通常还加上应付的租金支出。当考虑所得税因素影响时，国内计算偿债备付率的方法是：[息税前利润加折旧和摊销（EBITDA）－所得税（Tax）]/当期应还本付息金额；国际上的计算方法是：EBITDA/（利息支出＋所得税预提）。

25. 房地产开发项目盈亏平衡分析中的保本点，是分析计算风险因素变化而使项目达到（   ）时的极限值。

A．利润为零　　　　　　　　B．财务净现值为零
C．基准收益率　　　　　　　D．财务内部收益率

参考答案：A

要点：房地产项目的盈亏平衡分析，有临界点分析和保本点分析两种，两者的主要差异在于平衡点的设置。临界点分析，是分析计算一个或多个风险因素变化而使房地产项目达到允许的最低经济效益指标的极限值，以风险因素的临界值组合显示房地产项目的风险程度。保本点分析，是分析计算一个或多个风险因素变化而使房地产项目达到利润为零时的极限值，以风险因素的临界值组合显示房

地产项目的风险程度。

26. 线性盈亏平衡分析中的盈亏平衡价格是（　　）。
A. 销售量等于盈亏平衡产量时单位产品销售价格
B. 销售量小于盈亏平衡产量时单位产品销售价格
C. 销售量等于生产能力产量时单位产品最低销售价格
D. 销售量等于生产能力产量时单位产品最高销售价格

参考答案：A

要点：线性盈亏平衡分析的基本公式是：
年销售收入方程：$S = P \times Q$
年总成本费用方程：$C = C_f + C_v \times Q$

其中，S 为销售收入，P 为销售单价，C 为总成本，C_f 为总固定成本，C_v 为单位变动成本，Q 为产销量。

当实现盈亏平衡时，有 $S = C$，即，由此可以推导出：盈亏平衡产量 $Q = C_f P^* - C_v$；盈亏平衡价格 $P^* = C_v + C_f Q^*$；盈亏平衡单位产品变动成本 $C^*_v = P^* - C_f Q^*$。

当产销量超过平衡点数量 Q^* 时，项目处于盈利区域；当产销量小于平衡点数量 Q^* 时，项目处于亏损区域。

27. 某房地产开发企业拟开发总建筑面积为 50000m² 的住宅项目，可销售面积为 47500m²，项目的开发成本为 5000 元/m²，销售均价为 6500 元/m²，营业税金及附加为销售收入的 5.5%。当该项目利润为零时，售价允许降低的最大幅度是（　　）。

A. 14.32%　　　　B. 18.62%　　　　C. 19.03%　　　　D. 23.08%

参考答案：C

要点：$\dfrac{5000 \times 5}{4.75 \times (1 - 5.5\%) \times 6500} - 1 = -19.03\%$。

28. 下列房地产投资风险分析内容中，在风险估计阶段应完成的是（　　）。
A. 识别投资项目可能面临的风险　　B. 测算风险发生的概率大小
C. 分析风险产生的原因　　D. 提出风险应对的建议

参考答案：B

要点：对一个房地产项目进行风险分析的过程，可以分为风险辨识、风险估计、风险评价三个阶段。

风险辨识就是从系统的观点出发，横观项目所涉及的各个方面，纵观项目建设的发展过程，将引起风险的极其复杂的事物分解成比较简单的、容易被认识的基本单元。在众多的影响中抓住主要因素，并且分析它们引起投资效果变化的严重程度。常用方法有专家调查法（其中代表性的有专家个人判断法、头脑风暴法、德尔菲法）、故障树分析法、幕景分析法以及筛选—监测—诊断技术。

风险估计与评价是指应用各种管理科学技术，采用定性与定量相结合的方式，最终定量地估计风险大小，并评价风险的可能影响，以此为依据对风险采取相应的对策。常用的风险评价的方法有调查和专家打分法、解析法、蒙特卡洛模拟法。

29. 某公司拟投资兴建一停车场，如果按照每个车位的综合投资乘以车位数估算其总投资额，这种投资估算方法是（　　）。

A. 单元估算法　　　　　　　　B. 单位指标估算法
C. 工程量近似匡算法　　　　　D. 概算指标法

参考答案：A

要点：单元估算法是指以基本建设单元的综合投资乘以单元数得到项目或单项工程总投资的估算方法。如以每间客房的综合投资乘以客房数估算一座酒店的总投资、以每张病床的综合投资乘以病床数估算一座医院的总投资等。

单位指标估算法是指以单位工程量投资乘以工程量得到单项工程投资的估算方法。一般来说，土建工程、给排水工程、照明工程可按建筑平方米造价计算，采暖工程按耗热量（kW/h）指标计算，变配电安装按设备容量（kVA）指标计算，集中空调安装按冷负荷量（kW/h）指标计算，供热锅炉安装按每小时产生蒸汽量（m^3/h）指标计算，各类围墙、室外管线工程按长度（m）指标计算，室外道路按道路面积（m^2）指标计算等。

工程量近似匡算法采用与工程概预算类似的方法，先近似匡算工程量，配上相应的概预算定额单价和取费，近似计算项目投资。

30. 考察项目全部投资的盈利能力，为各投资方案比较建立共同的基础，需要编制（　　）。

A. 项目投资现金流量表　　　　B. 资本金现金流量表
C. 投资者各方现金流量表　　　D. 财务计划现金流量表

参考答案：A

要点：项目投资现金流量表。该表不分投资资金来源，以全部投资作为计算基础，用以计算全部投资财务内部收益率、财务净现值及投资回收期等评价指标，考察项目全部投资的盈利能力，为各个投资方案（不论其资金来源及利息多少）进行比较建立共同的基础。

资本金现金流量表。该表从投资者整体的角度出发，以投资者的出资额作为计算基础，把借款本金偿还和利息支付视为现金流出，用以计算资本金财务内部收益率、财务净现值等评价指标，考察项目资本金的盈利能力。

投资者各方现金流量表。该表以投资者各方的出资额作为计算基础，用以计算投资者各方财务内部收益率、财务净现值等评价指标,反映投资者各方投入资本的盈利能力。

31. 房地产开发项目产生的利润总额,应首先用于( )。
   A. 向投资者分配　　　　　　　　B. 提取法定盈余公积金
   C. 缴纳企业所得税　　　　　　　D. 弥补企业 5 年内的累计亏损

   参考答案:D

   要点:开发商发生的年度亏损,可以用下一年度的所得税前利润弥补;下一年度税前利润不足弥补的,可以在 5 年内延续弥补;5 年内不足弥补的,用税后利润弥补。在实际操作中,房地产开发项目的所得税,采用了按销售收入一定比例预征的方式,即不论项目整体上是否已经盈利,只要实现了销售收入,就按其一定比例征收所得税。

   税后利润的分配顺序,首先是弥补企业以前年度的亏损,然后是提取法定盈余公积金,之后是可向投资者分配的利润。

32. 在股票市场的融资方式中,增发与配股相比具有的优点是( )。
   A. 成本较低　　　　　　　　　　B. 限制条件较少
   C. 操作较简单　　　　　　　　　D. 不需要还本付息

   参考答案:B

   要点:股票市场融资包括首次公开发行、配发、增发和认股权证四种融资方式,以下主要介绍前三种。

   配股和增发是上市公司在证券市场上进行再融资的重要手段。再融资对上市公司的发展起到了较大的推动作用,证券市场的再融资功能越来越受到有关方面的重视。

   配股是上市公司根据公司发展的需要,依据有关规定和相应程序,向原股东配售股票、筹集资金的行为。上市公司配股有拟配售股份数量不超过本次配售股份前股本总额的 30%、控股股东应当公开承诺认配股份数量等特殊要求。按照惯例,公司配股时新股的认购权按照原有股权比例在原股东之间分配,即原股东拥有优先认购权。配股具有限制条件较多、融资规模受限、股本加大使得业绩指标被稀释等缺点,但由于配股融资具有实施时间短、操作较简单、成本较低、不需要还本付息、有利于改善资本结构等优点,因此已经成为上市公司最为熟悉和得心应手的融资方式。

   增发是指上市公司为了再融资而向不特定对象公开募集股份、发行股票的行为。上市公司增发股票,要求其最近 3 个会计年度加权平均净资产收益率不低于 6%、发行价格不低于公告招股意向书前 20 个交易日公司股票均价或前 1 个交易日均价等特殊要求。

   增发与配股在本质上没有大的区别,但增发融资与配股相比具有限制条件

213

少、融资规模大的优点,而且定向增发在一定程度上还可以有效解决控制权和业绩指标被稀释的问题,因而越来越多地被房地产公司利用。

33. 个人住房抵押贷款与商用房地产抵押贷款相比,个人住房抵押贷款的( )。

  A. 贷款期限更短   B. 贷款价值比率更高
  C. 贷款利率更高   D. 还款方式更复杂

参考答案: B

要点: 房地产抵押贷款,包括个人住房抵押贷款、商用房地产抵押贷款和在建工程抵押贷款。

商用房地产抵押贷款的还款来源主要是商用房地产的净经营收入,而净经营收入的高低又受到租金水平、出租率、运营成本等市场因素的影响,导致商用房地产抵押贷款相对于个人住房抵押贷款来说,承担了更高的风险。因此,国内商业银行发放商用房地产抵押贷款时,贷款价值比率(LTV)通常不超过60%,贷款期限最长不超过10年,贷款利率也通常高于个人住房抵押贷款,而且仅对已经通过竣工验收的商用房地产发放。

34. 某投资者以30%的预付款订购了一写字楼,一年后该写字楼价格上涨了15%,该投资者预付款的收益率是( )。

  A. 15.0%   B. 21.4%   C. 30.0%   D. 50.0%

参考答案: D

要点: 在房地产市场前景看好的情况下,大部分投资置业人士和机构,对预售楼宇感兴趣,因为他们只需先期支付少量定金或预付款,就可以享受到未来一段时间内的房地产增值收益。例如,某单位以现时楼价15%的预付款订购了开发商开发建设过程中的楼宇,如果一年后楼宇竣工交付使用时楼价上涨了12%,则其预付款的收益率高达12%÷15%×100%=80%。

本题答案:15%/30%×100%=50%。

35. 写字楼的可出租面积是指( )。

  A. 出租单元内使用面积加上分摊公用建筑面积
  B. 出租单元内使用面积加上外墙、单元间分隔墙及单元与公用建筑空间之间分隔墙的水平投影面积
  C. 出租单元内使用面积加上外墙、单元间分隔墙及单元与公用建筑空间之间分隔墙的水平投影面积一半
  D. 出租单元内建筑面积加上分摊公用建筑面积

参考答案: D

要点: 在量测写字楼面积时,有三个概念非常重要,即建筑面积、可出租面积和出租单元内建筑面积。根据建设部做出的有关规定,建筑面积按国家《建筑

面积计算规则》计算，出租单元内建筑面积包括单元内使用面积和外墙、单元间分隔墙及单元与公用建筑空间之间的分隔墙水平投影面积的一半；可出租面积是出租单元内建筑面积加上分摊公用建筑面积。

二、多项选择题（共 15 题，每题 2 分。每题的备选答案中有 2 个或 2 个以上符合题意，请在答题卡上涂黑其相应的编号。全部选对的，得 2 分；错选或多选的，不得分；少选且选择正确的，每个选项得 0.5 分）

1. 按物业用途不同划分的房地产投资类型包括（　　）。
A. 居住物业投资　　　　　　　　B. 商用物业投资
C. 土地开发投资　　　　　　　　D. 房地产经营投资
E. 酒店投资
参考答案：ABE
要点：根据房地产投资主体不同，房地产投资可分为政府投资、非盈利机构投资、企业投资和个人投资。

根据房地产业经济活动类型的不同，可以将房地产投资划分为从事土地开发活动的土地开发投资、从事各类房屋开发活动的房地产开发投资和从事各类房地产出租经营活动的房地产经营投资。

按照物业用途类型划分，房地产投资可以分为居住物业投资、商用物业投资、工业物业投资、酒店与休闲娱乐设施投资和特殊物业投资。

2. 按照增量存量细分，房地产二级市场包括（　　）市场。
A. 土地使用权出让　　　　　　　B. 土地使用权转让
C. 新建商品住宅销售　　　　　　D. 新建写字楼出租
E. 二手房买卖
参考答案：BC
要点：通常将房地产市场划分为三级市场：一级市场（土地使用权出让市场）、二级市场（土地转让、新建商品房租售市场）、三级市场（存量房地产交易市场）。而更加清晰的划分是按照增量存量的方式，将土地划分为一级土地市场和二级土地市场，将房屋划分为一级房屋市场（增量市场或一手房市场）和二级房屋市场（存量市场或二手房市场）。房地产增量和存量市场之间是一种互动关系，存量市场的活跃，不仅有利于存量房地产资源的有效配置，而且由于房地产市场中存在的"过滤"现象，能促进增量市场的发展。

3. 关于房地产泡沫与房地产过度开发的说法，正确的有（　　）。
A. 房地产过度开发反映市场的供求关系失衡
B. 房地产泡沫反映市场价格和价值背离
C. 过度开发与房地产泡沫具有同等程度的危害性

D. 房地产泡沫通常会引起过度开发

E. 房地产市场上不存在泡沫也可能出现过度开发

参考答案：ABDE

要点：房地产泡沫和过度开发的区别：

（1）过度开发和泡沫是反映两个不同层面的市场指标。过度开发反映市场上的供求关系，当新增供给的增长速度超过了需求的增长速度，就产生了过度开发现象；而泡沫则是反映市场价格和实际价值之间的关系，如果市场价格偏离实际价值太远，而且这种偏离是由于过度投机所产生的，房地产泡沫就出现了。

（2）过度开发和泡沫在严重程度和危害性方面不同。房地产泡沫比过度开发的严重程度更高，危害更大，属于房地产市场不正常的大起大落。房地产泡沫一旦产生，就很难通过自我调整而回复至平衡状态。

（3）过度开发和泡沫在房地产周期循环中所处的阶段不同。如果投机性泡沫存在的话，往往会出现在周期循环的上升阶段。过度开发一般存在于循环的下降阶段，这时供给的增长速度已经超过需求，空置率上升，价格出现下跌趋势。也就是说，当泡沫产生时，市场还处在上升阶段；而出现过度开发的现象时，市场已经开始下滑了。从另一个角度来说，如果泡沫产生，就必然会引起过度开发；但过度开发却不一定是由泡沫引发的。

（4）市场参与者的参与动机不同。"过热"表现为投资者基于土地开发利用的目的而加大投资，通常是为获得长期收益；而"泡沫"则表现为市场参与者对短期资本收益的追逐，他们不考虑土地的用途和开发，通常表现为增加现期的购买与囤积，以待价格更高时抛出。

房地产泡沫和过度开发的联系：房地产泡沫和过度开发，虽然有很大区别，但两者也存在着一定程度上的联系。如果在房地产周期循环的上升阶段，投机性行为没有得到有效抑制（包括市场规则和政府政策），市场信息的不透明程度较高，且开发商的财务杠杆也比较高，那么开发商做出非理性预期的可能性就比较大，且投机性行为容易迅速蔓延。在这种情况下房地产泡沫比较容易产生，同时会伴随过度开发、银行资产过多地向房地产行业集中等现象。

4. 地方政府的年度土地储备计划包括（　　）。

A. 年初和年末土地储备规模　　B. 年度前期开发规模

C. 年度土地出让金总额　　　　D. 年度土地供应规模

E. 年度土地储备临时利用计划

参考答案：ABDE

要点：土地储备是指市、县人民政府国土资源管理部门为实现调控土地市场、促进土地资源合理利用的目标，依法取得土地，进行前期开发、储存以备供应土地的行为。土地储备工作的具体实施，由土地储备机构承担。土地储备机构是由市、县人民政府批准成立、具有独立的法人资格、隶属于国土资源管理部门、统一承担本行政辖区内土地储备工作的事业单位。

土地储备实行计划管理。年度土地储备计划包括年初与年末土地储备规模、年度前期开发规模、年度供应规模和年度土地储备临时利用计划，由地方人民政府相关部门依据当地经济和社会发展规划、土地利用总体规划、城市总体规划、土地利用年度计划和土地市场供求状况等联合编制。

土地储备的范围包括依法收回的国有土地、收购的土地、行使优先购买权取得的土地、已办理农用地转用和土地征收批准手续的土地以及其他依法取得的土地。

土地储备的运作程序有四个步骤，包括：①收购，指土地储备机构根据政府授权和土地储备计划，收回或收购市区范围内国有土地使用权，征收农村集体土地使用权并对农民进行补偿的行为。②开发整理，指根据城市总体规划、土地利用总体规划和经济发展的客观需要，对收购得到的土地通过行政、经济、技术和法律的方法有计划地进行旧城区综合改造，如房屋拆迁改造、土地平整归并，进行基础设施建设。③储备，指土地储备中心将已经完成土地整理和基础设施建设的"熟地"储备起来，等待供应。④供应，指对纳入政府土地储备体系的土地，根据客观需要和土地供应计划，向市场供应。

5. 下列分析房地产市场趋势的方法中，属于定性分析的有（　　）。

A. 购买者意图调查法　　　　B. 销售人员意见综合法
C. 时间序列分析法　　　　　D. 相关分析法
E. 专家意见法

参考答案：ABE

要点：分析市场趋势通常包括三个步骤：①宏观环境预测；②行业预测；③企业的销售预测。宏观环境预测要求说明通货膨胀、失业、利率、消费开支、投资、净出口额等，最终是对国民生产总值的预测，再应用它并结合其他环境指标来预测行业销售情况。最后，通过假定本企业的市场份额，从而得到企业的销售预测。分析市场趋势的方法主要有：

（1）购买者意图调查法。购买者意图调查法就是通过直接询问消费者在某一时期需要哪些商品及其数量来进行分析的方法。

（2）销售人员意见综合法。当不能直接调查购买者或费用太高时，可通过询问销售人员来判断市场需求和企业需求。由于销售人员接近消费者，对情况比较熟悉，因此综合若干销售人员的估计往往能得到很有价值的结果。

（3）专家意见法。专家意见法又称为德尔菲（Delphi）法，是美国兰德公司于20世纪40年代末提出的。运用专家调查法时，首先组成由经销商、分销商、市场影响顾问或其他权威人士组成的专家小组，人数不宜过多，一般在20人左右，各专家只与调查员发生联系，然后按下列程序进行：

1）提出所要预测的问题及有关要求，必要时附上有关这个问题的背景材料，然后一并寄给各专家。

2）各专家根据所掌握的资料和经验提出自己的预测意见，并说明自己主要使用哪些资料提出预测值的，这些意见要以书面形式返回调查人员。

3）将各专家的第一次预测值说明列成表，并再次分发给各位专家，以便他们比较自己和他人的不同意见，修改自己的意见和判断。

4）将所有专家的修改意见置于一个修正表内，分发给各位专家做第二次或多次修改。最后综合各位专家的意见便可获得比较可靠的预测值。

（4）时间序列分析法。时间序列分析法是利用过去的数据或资料来预测未来的状态，即根据过去数据中的因果关系来预测未来的值，过去和未来的状态仅是时间的函数。时间序列分析法可进一步分为如下几类：

1）简单平均法。简单平均法也称为算术平均法，即把资料中各期实际销售量的平均值作为下一期销售量的预测值。简单平均法在时间序列比较平稳，即随时间变化各期实际销售量增减变化不大时可以采用，但它既看不出数据的离散程度，也不能反映近、远期数据变化的趋势，因此一般在要求不太高的情况下适用。

2）移动平均法。移动平均法是指引用越来越近期的销售量来不断修改平均值，使之更能反映销售量的增减趋势和接近实际。显然，它是一种比简单平均法更有效的预测方法。移动平均法是把简单平均法改为分段平均，即按各期销售量的时间顺序逐点推移，然后根据最后的移动平均值来预测未来某一期的销售量。利用这种方法可以看出数据变化的发展过程和演变趋势，其实质是取各段内各点求平均值，且令其权数相等，而将以前的权数视为零。

3）加权移动平均法。移动平均法虽然考虑了销售量增减的趋势，但却没有考虑到各期资料的重要性的不同。加权移动平均法就是在计算平均数时，再考虑每期资料的重要性。具体说，就是把每期资料的重要性用一个权数来代表，然后求出每期资料与对应的权数乘积之和。权数的选择可按需要加以判断，一般情况下，越近期的资料权数越大。因为其实际销售额正是最近发生的状态。加权移动平均法就是把加权平均法与移动平均法结合起来加以运用，既考虑了变量的非线性趋势，又保留了移动平均法预测的优点，但是，如果所用各期的销售量比较平均，则不采用加权平均法效果更好。

4）指数平滑法。指数平滑法也是加权平均法的一种。它不仅考虑了近期数据的重要性，同时大大减少了数据计算时的存储量。

（5）相关分析法。时间序列分析法是仅对时间为变量的函数的定量预测方法，它没有考虑其他众多影响市场需求的实际因素，因此在许多情况下是不适用的。此时可运用相关分析的理论判断销售量与其他因素相关的性质和强度，从而做出预测。这种方法尤其适用于中、长期预测。

1) 回归分析法。回归分析法是借助回归分析这一数理统计工具进行定量预测的方法，即利用预测对象和影响因素之间的关系，通过建立回归方程式来进行预测。

回归分析法实际上是根据现有的一组数据来确定变量之间的定量关系，并且可以对所建立的关系式的可信程度进行统计检验，同时可以判断哪些变量对预测值的影响最为显著。由于这种方法定量地揭示了事物之间因果关系的规律性，所以具有比较高的可信度。

根据自变量的多少，回归分析法分为一元回归和多元回归；根据自变量与因变量之间函数关系类型的不同，可分为线性回归和非线性回归。

2) 市场因子推演法。所谓市场因子，就是能够明显引起某种产品市场需求变化的实际因素。市场因子推演法实际上也是通过分析市场因子与销售量的相关关系来预测未来的销售量。对连带产品和配套性产品，利用这种方法就比较简单。

6. 企业不论从何种角度进行市场细分，所确定的细分市场必须具备（　　）。
   A. 可衡量性　　　　　　　B. 可实现性
   C. 可整合性　　　　　　　D. 可盈利性
   E. 可区分性

参考答案：ABDE

要点：现代营销战略的核心可以称为 STP 营销，即市场细分（Segmenting）、目标市场选择（Targeting）和市场定位（Positioning）。

（1）消费者市场细分的标准。随着市场细分化理论在企业营销中的普遍应用，消费者市场细分标准可归纳为四大类：①地理环境因素，即按照消费者所处的地理位置、自然环境来细分市场；②人口因素，即按照各种人口统计变量，包括年龄、职业、性别、收入等来细分市场；③消费心理，即按照消费者心理特征来细分市场；④消费行为因素，即按照消费者购买行为的类型来细分市场。这些因素有的相对稳定，但多数处于动态变化中。

（2）生产者市场细分的标准。细分消费者市场的标准，有些同样适用于生产者市场，如地理因素、追求的利益和使用者状况等因素；但还需要使用一些其他的变量，如行业、企业规模与地理位置变量、经营变量、采购方法与其他因素等。

从企业的角度而言，不论从何种角度进行市场细分，所确定的细分市场必须具备可衡量性、可实现性、可盈利性和可区分性。

7. 利率的储蓄投资决定理论认为（　　）。

A. 利率是由货币的供给与需求决定的
B. 利率是资本的租用价格
C. 利率是由可贷资金的供求决定的
D. 利率的高低取决于平均利润率
E. 利率不受货币因素的影响

参考答案：ABE

要点： 古典学派的储蓄投资决定理论。该理论的倡导者为马歇尔，认为利率是由储蓄和投资等非货币的实际因素所决定的。主要内容是：储蓄代表资本供给，投资代表资本需求，利率则是资本的租用价格，若资本供大于求，资本使用者付给储蓄者的报酬就低，反则反之。所以，资本供求即储蓄与投资决定利率水平。且利率灵活变动，具有自我调节功能，使储蓄与投资趋于一致。该理论是一种实际利率理论，认为利率不受货币因素的影响。

8. 某投资者购买了一幢写字楼出租经营，购楼投资的60%来自银行提供的期限10年、年利率10%、按年等额还本付息的抵押贷款。假设写字楼的出租率一直稳定在85%，且净租金收入每年以6%的速度上涨（收入发生在期初），计划第10年末转售。投资者的期望收益率为10%。该写字楼资本金现金流量现值的计算所涉及的公式包括（   ）。

A. $A = P \dfrac{i(1+i)^n}{(1+i)^n - 1}$ B. $P = F \dfrac{1}{(1+i)^n}$

C. $P = nA_1/(1+i)$ D. $P = A_0 + \dfrac{A_1}{i-s}\left[1 - \left(\dfrac{1+s}{1+i}\right)^{n-1}\right]$

E. $P = A_1 + \dfrac{(1+i)^n - 1}{i(1+i)^n} + \dfrac{G}{i}\left[\dfrac{(1+i)^n - 1}{i(1+i)^n} - \dfrac{n}{(1+i)^n}\right]$

参考答案：ABD

9. 下列经济效果评价指标中，属于衡量房地产开发项目"开发—销售"经营模式的指标有（   ）。

A. 投资收益率   B. 物业增值率
C. 开发利润   D. 成本利润率
E. 股权增加率

参考答案：ACD

要点： 开发—销售模式主要适用于商品住宅开发项目，部分其他用途类型的开发项目也可能采用开发—销售模式。这种业务模式下的现金流出包括土地成本、建造成本、开发费用（管理费用、销售费用和财务费用）、营业税金及附加，现金流入是销售收入。各项成本费用支出和销售收入发生的方式（一次支出、分期支出、在某个时间段内等额支出等；一次获得、分期获得）、发生的时点，通常与开发项目的开发建设计划及销售计划安排相关。

10. 关于开发后出租或自营的房地产投资项目计算期的说法，正确的有( )。
   A. 计算期为项目的开发期
   B. 计算期为项目的经营期
   C. 计算期为项目的开发期与经营期之和
   D. 计算期以土地使用权剩余年限和建筑物经济使用寿命中较短的年限为最大值
   E. 计算期的单位可为年、半年、季、月

参考答案：CDE

要点：项目的计算期。出售为项目开发期与销售期之和。开发期是从购买土地使用权开始到项目竣工验收的时间周期，包括准备期和建造期；销售期是从正式销售（含预售）开始到销售完毕的时间周期；当预售商品房时，开发期与销售期有部分时间重叠。

出租或自营为开发期与经营期之和。经营期为预计出租经营或自营的时间周期；以土地使用权剩余年限和建筑物经济使用寿命中较短的年限为最大值；为计算方便，也可视分析精度的要求，取10~20年。

置业投资为经营准备期和经营期之和。经营准备期为开业准备活动所占用的时间，从获取物业所有权（使用权）开始，到出租经营或自营活动正式开始截止；经营准备期的时间长短，与购入物业的初始装修状态等因素相关。

11. 对房地产开发项目进行临界点分析时，通常要进行( )分析。
   A. 最低租售价格　　　　　B. 最高土地取得价格
   C. 最高工程费用　　　　　D. 最低租售数量
   E. 最高销售价格

参考答案：ABCD

要点：房地产项目的盈亏平衡分析，有临界点分析和保本点分析两种，两者的主要差异在于平衡点的设置。临界点分析，是分析计算一个或多个风险因素变化而使房地产项目达到允许的最低经济效益指标的极限值，以风险因素的临界值组合显示房地产项目的风险程度。保本点分析，是分析计算一个或多个风险因素变化而使房地产项目达到利润为零时的极限值，以风险因素的临界值组合显示房地产项目的风险程度。

单个风险因素临界值的分析计算可以采用列表法和图解法进行，多个风险因素临界值组合的分析计算可以采用列表法进行。

（1）最低租售价格分析。租金和售价，是房地产项目最主要的不确定性因素，能否实现预定的租售价格，通常是房地产开发投资项目成败的关键。

最低售价是指开发项目的房屋售价下降到预定可接受最低盈利时的价格，房屋售价低于这一价格时,开发项目的盈利将不能满足预定的要求。

最低租金是指开发投资项目的房屋租金下降到预定可接受最低盈利时的水平,房屋租金低于这一水平时,开发投资项目的盈利将不能满足预定的要求。

最低租售价格与预测租售价格之间差距越大,说明房地产项目抗市场风险的能力越强。

(2)最低租售数量分析。最低销售量和最低出租率,也是房地产项目最主要的不确定性因素,能否在预定售价下销售出理想的数量,或在一定的租金水平下达到理想的出租率,通常是开发投资项目成败的关键。

最低销售量是指在预定的房屋售价条件下,要达到预定的最低盈利,所必须达到的销售量。最低出租率,是指在预定的房屋租金水平下,要达到预期的最低盈利,所必须达到的出租率水平。

最低销售量与可供销售数量之间的差距越大,最低出租率的值越低,说明房地产项目抗市场风险的能力越强。

(3)最高土地取得价格是指开发项目销售额和其他费用不变条件下,保持满足预期收益水平,所能承受的最高土地取得价格。土地取得价格超过这一价格时,开发项目将无法获得足够的收益。最高土地取得价格与实际估测的土地取得价格之间差距越大,开发项目承受土地取得价格风险的能力越强。

(4)最高工程费用。最高工程费用是指在预定销售额下,要满足预期的开发项目收益要求,所能承受的最高工程费用。最高工程费用与预测可能的工程费用之间差距越大,说明开发项目承受工程费用增加风险的能力越大。

(5)最高购买价格。对于房地产置业投资项目,初始购买价格,对能否实现预期投资收益目标非常重要。最高购买价格是指在这样的购买价格水平下,项目投资刚好满足投资者的收益目标要求。最高购买价格高出实际购买价格的数额越大,说明该置业投资项目抵抗风险的能力越强。

(6)最高运营费用比率。运营费用比率是指投资性物业中运营费用支出占毛租金收入的比率。该比率越高,则预示着投资项目所获得的净经营收入越低,进而影响到投资项目的投资绩效。最高运营费用比率,是指满足投资者预期收益目标时的运营费用比率。最高运营费用比率越高,说明投资项目抵抗风险的能力越强。

(7)多因素临界点组合。多个风险因素同时发生变化,引起开发项目经济效益指标的变化,达到临界点,这时各因素变化值组合成为多因素临界点组合。多因素临界点组合的寻找可通过计算机完成。

12. 按决策性质不同划分的投资决策类型包括(　　)决策。

A. 业务型　　　　　　　　　B. 风险型

C. 确定型 D. 群体型
E. 不确定型

参考答案：BCE

要点：决策可以按不同的标准划分类型。按决策的层次划分，包括战略性决策、管理性决策和业务性决策；按决策的性质划分，包括确定型决策、风险型决策和不确定型决策；按参与决策的人数划分，包括个人决策和群体决策。房地产投资决策通常属于风险型或不确定型的群体管理决策。

13. 在房地产开发投资的项目投资现金流量表中，现金流出不包括（　　）。

A. 开发建设投资 B. 土地增值税
C. 借款本金偿还 D. 借款利息支付
E. 运营费用

参考答案：AB

要点：项目投资现金流量表。现金流入包括销售收入、租金收入、自营收入、净转售收入和其他收入。现金流出包括开发建设投资、经营资金、运营费用、修理费用、营业税金及附加、土地增值税、所得税。

14. 相对于债务融资，权益融资的特点有（　　）。

A. 需到期偿还 B. 无需还本付息
C. 税收负担轻 D. 共担投资风险
E. 共享投资利润

参考答案：BCDE

要点：按照房地产市场各类资金的来源渠道划分，房地产资本市场由私人权益融资、私人债务融资、公开权益融资和公开债务融资四个部分组成。

权益融资所得资金属于资本金，不需要还本付息，投资者的收益来自于税后盈利的分配，也就是股利；债务融资形成的是企业的负债，需要还本付息，其支付的利息进入财务费用，可以在税前扣除。

15. 能够改变收益性物业潜在毛租金收入的因素有（　　）。

A. 空置面积 B. 租金水平
C. 收租损失水平 D. 可出租面积
E. 经营费用

参考答案：BD

要点：物业可以获取的最大租金收入称为潜在毛租金收入。它等于物业内全部可出租面积与最大可能租金水平的乘积。一旦建立起这个潜在毛租金收入水平，该数字就在每个月的报告中保持相对稳定。能够改变潜在毛租金收入的唯一因素，是租金水平的变化或可出租面积的变化。潜在毛租金收入并不代表物业实际获取的收入；它只是在建筑物全部出租且所有的租户均按时全额缴纳租金时，可以获得的租金收入。

三、判断题（共 15 题，每题 1 分。请根据判断结果，在答题卡上涂黑其相应的符号，用"√"表示正确，用"×"表示错误。不答不得分，判断错误扣 1 分，本题总分最多扣至 0 分）

1. 从房地产投资的角度来说，风险是指过去获得的实际收益与预期收益的差异程度。（　）

参考答案：×

要点：从房地产投资的角度来说，风险可以定义为未获得预期收益可能性的大小。完成投资过程进入经营阶段后，人们就可以计算实际获得的收益与预期收益之间的差别，进而也就可以计算获取预期收益可能性的大小。因此，在房地产投资分析前期风险过程中，通常要假设投资项目进入经营阶段的可能收益状态，并依此来定量估算房地产投资风险。

风险涉及变动和可能性，而变动常常又可以用标准差来表示，用以描述分散的各种可能收益与收益期望值偏离的程度。一般来说，标准差越小，各种可能收益的分布就越集中，投资风险也就越小。反之，标准差越大，各种可能收益的分布就越分散，风险就越大。

2. 一般来说，在增量房市场上，卖方对房地产信息的了解程度要高于买方。（　）

参考答案：√

要点：信息不对称性，是指在市场交易中，产品的卖方和买方对产品的质量、性能等所拥有的信息是不相对称的，通常产品的卖方对自己所生产或提供的产品拥有更多的信息，而产品的买方对所要购买的产品拥有很少的信息。由于房地产具有的位置固定性、异质性、弱流动性和价值量大等特性，导致房地产质量离散、交易分散、不频繁且私密性强，使卖方对房地产信息的了解程度要远远高于买方，进而导致房地产市场中存在更严重的信息不对称问题。因此，在缺乏完善的法律保护的情况下，消费者的利益就很容易受到损害，甚至出现"逆向选择"和"道德风险"等问题。解决房地产市场信息不对称问题的主要途径，就是发展房地产估价等专业服务业，政府加强房地产市场信息的发布工作，提高房地产市场的透明度。

3. 如果一宗商业用地只有一个意向用地者，则可以采取协议方式出让该宗土地的使用权。（　）

参考答案：×

要点：为规范国有建设用地使用权出让行为，优化土地资源配置，建立公开、公平、公正的土地使用制度，国土资源部于 2002 年 4 月颁布了《招标拍卖挂牌出让国有建设用地使用权规定》，并于2007年9月对该规定进行了修订，形成了《招标拍卖挂牌出让国有建设用地使用权规定》。从加强国有土地资产管理、优化土地资源配置、规范协议出让国有建设用地使用权行为的角度出发，国土资源部于2003年8月颁布了《协议出让国有土地使用权规定》。按照这些规定，工业（包括仓储用地、但不包括采矿用地）、商业、旅游、娱乐和商品住宅等经营性用地以及同一宗地有两个以上意向用地者的，应当以招标、拍卖或者挂牌方式出让。不适合采用招标、拍卖或者挂牌方式出让的，才允许以协议方式出让。各种出让方式的具体界定是：

(1) 招标出让国有建设用地使用权。是指市、县人民政府国土资源行政主管部门（以下简称出让人）发布招标公告，邀请特定或者不特定的自然人、法人或者其他组织参加国有建设用地使用权投标，根据投标结果确定国有建设用地使用权人的行为。

(2) 拍卖出让国有建设用地使用权。是指出让人发布拍卖公告，由竞买人在指定的时间、地点进行公开竞价，根据出价结果确定国有建设用地使用权人的行为。

(3) 挂牌出让国有建设用地使用权。是指出让人发布挂牌公告，按公告规定的期限将拟出让宗地的交易条件在指定的土地交易场所挂牌公布，接受竞买人的报价申请并更新挂牌价格，根据挂牌期限截止时的出价结果或者现场竞价结果确定国有建设用地使用权人的行为。

(4) 协议出让国有建设用地使用权。是指出让人与特定的土地使用者通过协商方式有偿出让国有建设用地使用权的行为。该方式仅当依照法律、法规和规章的规定不适合采用招标、拍卖或者挂牌方式出让时，方可采用。即"在公布的地段上，同一地块只有一个意向用地者的，方可采取协议方式出让"，但商业、旅游、娱乐和商品住宅等经营性用地除外。

4. 房地产开发项目一般只需进行单项工程竣工验收。   (   )

参考答案：×

要点：项目的竣工验收是建设过程的最后一个程序，是全面检验设计和施工质量，考核工程造价的重要环节。通过竣工验收，质量合格的建筑物即可投入使用，出售或出租给客户，令开发商回收投资。对于预售或预租的项目，通过投入使用，开发商就此可以得到预付款外的款项。因此，开发商对于确已符合竣工验收条件的项目，都应按有关规定和国家质量标准，及时进行竣工验收。对竣工的项目和单项工程，应尽量建成一个验收一个，并抓紧投入经营和交付使用，使之尽快发挥经济效益。

开发商取得《建设工程规划许可证》后，应按照城市规划监督有关规定，办理规划验线、验收事宜。工程竣工验收后，按规定应编制竣工图的建设项目，须依法按照国家编制竣工图的有关规定编制并报送城市档案馆。

项目竣工验收的工作程序一般分为三个阶段。

(1) 单项工程竣工验收。在开发小区总体建设项目中,一个单项工程完工后,根据承包商的竣工报告,开发商首先进行检查,并组织施工单位(承包商)和设计单位整理有关施工技术资料(如隐蔽工程验收单,分部分项工程施工验收资料和质量评定结果,设计变更通知单,施工记录、标高、定位、沉陷测量资料等)和竣工图纸。然后,由开发商组织承包商、设计单位、客户(使用方)、质量监督部门,正式进行竣工验收,开具竣工证书。

(2) 综合验收。综合验收是指开发项目按规划、设计要求全部建设完成,并符合施工验收标准后,即应按规定要求组织综合验收。验收准备工作,以开发商为主,组织设计单位、承包商、客户、质量监督部门进行初验,然后邀请有关城市建设管理部门,如建委、发展改革委、建设银行、人防、环保、消防、开发办公室、规划管理部门等,参加正式综合验收,签发验收报告。

综合验收中的规划验收,是竣工项目投入使用前的关键环节。申请规划验收时,开发商应提供建设工程竣工图(包括:图纸目录、无障碍设施设计说明、设计总平面图、各层平面图、剖面图、各向立面图、各主要部位平面图、基础平面图、基础剖面图)、由具有相应测绘资质登记的测绘单位编制的《建设工程竣工测量成果报告书》和《建设工程规划许可证》附件及附图复印件。城乡规划主管部门将审查建设项目的平面位置、层数、高度、外轮廓线、立面、建筑规模、使用性质等是否符合《建设工程规划许可证》的许可内容,审查项目用地范围内和代征地范围内应当拆除的建筑物、构筑物及其他设施的拆除情况、绿化用地的腾退情况、单体配套设施的建设情况,要求居住区(含居住小区、居住组团)的配套设施和环境建设与住宅建设同步完成,未能同步完成的则对相应的住宅部分不予进行规划验收。

(3) 竣工验收备案。开发商应当自工程竣工验收合格之日起 15 日内,将建设工程竣工验收报告和规划、公安消防、环保等部门出具的认可文件或者准许使用文件报建设行政主管部门或者其他有关部门备案。

5. 房地产开发项目的市场定位就是塑造本企业产品的鲜明个性或形象,使该项目在细分市场上占据有利的竞争位置。   (   )

参考答案:×

要点:市场定位也被称为产品定位或竞争性定位,是根据竞争者现有产品在细分市场上所处的地位和客户对产品某些属性的重视程度,塑造出本企业产品与众不同的鲜明个性或形象并传递给目标客户,使该产品在细分市场上占据强有力的竞争位置。可以说,市场定位是塑造一种产品在细分市场的位置。

6. 若某房地产投资项目的季度收益率为 3%，则其年实际收益率为 12%。
（　　）

参考答案：×

要点：实际收益率（R_r）、名义收益率（R_a）和通货膨胀率（R_d）之间的关系式为：

$$(1+R_a) = (1+R_r) / (1+R_d)。$$

7. 在我国，房地产开发贷款以单利计算利息，个人住房抵押贷款以复利计算利息。
（　　）

参考答案：×

要点：我国房地产开发贷款和住房抵押贷款等都是按复利计息的。由于复利计息比较符合资金在社会再生产过程中运动的实际状况，所以在投资分析中，一般采用复利计息。

8. 计算期较长的房地产投资项目的经济评价宜采用动态评价指标。（　　）

参考答案：√

要点：盈利能力指标是用来考察项目盈利能力水平的指标，包括静态指标和动态指标两类。其中，静态指标是在不考虑资金的时间价值因素影响的情况下，直接通过现金流量计算出来的经济评价指标。静态指标的计算简便，通常在概略评价时采用。动态指标是考虑了资金的时间价值因素的影响，要对发生在不同时间的收入、费用计算资金的时间价值，将现金流量进行等值化处理后计算出来的经济评价指标。动态评价指标能较全面反映投资方案整个计算期的经济效果，适用于详细可行性研究阶段的经济评价和计算期较长的投资项目。

9. 在房地产投资的互斥方案比选中，如果差额投资内部收益率大于基准收益率且有足够的资金，则应选择投资额较大的方案。
（　　）

参考答案：√

要点：差额投资内部收益率，是两个方案各期净现金流量差额的现值之和等于零时的折现率。其表达式为：

$$\sum_{t=0}^{n}[(CI-CO)'_t - (CI-CO)''_t] \times (1+\Delta IRR)^{-t} = 0$$

式中　　$(CI-CO)'_t$——投资大的方案第 t 期净现金流量；

$(CI-CO)''_t$——投资小的方案第 t 期净现金流量；

n——开发经营期。

在进行方案比选时，可将上述求得的差额投资内部收益率与投资者的最低可接受收益率（MARR）或基准收益率 i_c 进行比较，当 $\Delta IRR \geqslant MARR$ 或 i_c 时，以投资大的方案为优选方案；反之，以投资小的方案为优选方案。当多个方案比选时，首选按投资由小到大排序，再依次就相邻方案两两比选，从中确定优选方案。

10. 在房地产置业投资中，权益投资比率越低，资本金占投资总额的比例就越高。（　）

参考答案：×

要点：权益投资比例指投资者所投入的权益资本或资本金占初始资本投资总额的比例。权益投资比率低，意味着投资者使用了高的财务杠杆，使投资者所承担的投资风险和风险报酬相应增加，权益投资收益率提高。通常情况下，当长期抵押贷款利率较低、资金可获得性较好时，风险承受能力较强的投资者喜欢选用较低的权益投资比率。但金融机构出于控制信贷风险的考虑，通常要求投资者权益投资的比率不得低于某一要求的比率。

11. 房地产投资决策问题可以转换为实物期权定价问题，是因为在不确定性条件下，房地产投资具有不可逆性和可延期性。（　）

参考答案：√

要点：传统投资决策方法隐含两种假定，即可逆性和不可延期性。但在不确定的市场环境里，房地产投资往往是不可逆和可延期的。

房地产投资具有不可逆性，主要是因为：一方面，房地产资产形态位置相对固定，相对于其他资产而言，资产流动性较差，投资形成的资产容易成为"沉淀"资本，造成投资不可逆（如投资不能用于其他生产项目的专用厂房，一旦投入则其产品用途就难以改变）；另一方面，房地产交易费税较高，投资形成的资产短期内往往很难通过交易获利，这在客观上阻碍了房地产资产流动，使房地产投资不可逆。

在不确定的市场条件下，房地产投资又具有可延期性，这是由房地产市场的特性所决定的。正常情况下，房地产市场效率较低（甚至是无效率的），市场信息短期内往往难以得到反映，但随着时间推移，许多信息的不确定性会发生变化，甚至可能消除。因此，选择投资的时机不同，投资收益与风险就会随之改变，延期投资可能将获得更多的信息并使投资价值发生变化。一方面，延期投资可能规避风险，使决策者有更多的时间和信息，来检验自身对市场环境变化的预期，有机会避免不利条件所造成的损失；另一方面，延期投资也可能保持了未来获利的机会。

房地产投资具有不可逆性和可延期性，也就具有了期权性质。由于投资是可延期性的，使得投资者可以收集更多与项目有关的信息，寻找更有利的投资机会，这时候延期投资的权利实际上就是一种期权（期权价格就是获得这种权利所投入的人力、物力、财力、技术；执行期权相当于在有利的投资机会下进一步投资）。由于投资是不可逆的，投资决策时就不能仅考虑项目净现值，也要考虑投资期权的价值（因为既存在风险可能使投资无法收回，又存在投资机会可能使投资收益超出预期)。

因此,不确定条件下房地产投资的期权特性,使其决策问题可以转换为实物期权定价问题。

12. 房地产开发企业通过招、拍、挂方式获得国有建设用地使用权所缴纳的契税,属于房地产开发的期间费用。　　　　　　　　　　　　　　(　　)

参考答案：×

要点：土地费用中,除了包括上述直接费用外,还应包括土地购置过程中所支付的税金和相关费用。例如,开发商通过招拍挂方式获取土地使用权时,需要按照土地交易价格的3%缴纳契税;开发商在参与土地出让招拍挂竞投时,需要支付前期市场及竞投方案分析研究费用、竞投保证金利息、手续费用等土地竞投费用。

13. 不确定因素对房地产投资项目经济效益的影响,可以运用概率分析的方法进行定量分析。　　　　　　　　　　　　　　　　　　(　　)

参考答案：√

要点：在风险分析中的解析法和蒙特卡洛模拟法,实际上都采用了概率分析,来研究预测不确定性因素对房地产项目经济效益的影响。通过分析不确定性因素的变化情况和发生的概率,计算在不同概率条件下房地产项目的财务评价指标,就可以说明房地产项目在特定收益状况下的风险程度。

14. 房地产开发贷款的主要抵押物是开发项目的建设用地使用权和在建工程。　　　　　　　　　　　　　　　　　　　　　　　　　　(　　)

参考答案：√

要点：房地产开发贷款是指向借款人发放的用于开发、建造向市场销售、出租等用途的房地产项目的贷款。房地产开发包括土地开发和房屋开发两类。相应地,房地产开发贷款也分为地产开发贷款(又称"土地开发贷款")和房产开发贷款(又称"房屋开发贷款")两类。其中,房产开发贷款通常按照开发项目的类型,进一步划分为住房开发贷款、商业用房开发贷款、经济适用住房开发贷款和其他房地产开发贷款。

土地储备机构向商业银行贷款的担保主要采用保证和土地使用权抵押两种方式。

在建工程抵押,是指抵押人为取得在建工程后续建造资金的贷款,以其合法方式取得的土地使用权连同在建工程的投入资产,以不转移占有的方式抵押给贷款银行作为偿还贷款履行担保的行为。在建工程抵押将项目完工部分抵押与建筑工程承包合同的房屋期权抵押相结合,是银行与开发商设定房地产抵押,办理房地产开发贷款的一种较好的方式。采取这种方式进行房地产项目融资时,既有利于满足开发商对在建工程进行续建的资金需求,又有利于银行对抵押物的监控,对降低贷款风险、促进开发商提高经营管理水平都有积极意义。

15. 某写字楼的租金水平高于写字楼市场平均租金水平,则其获利水平也高于写字楼市场的平均收益水平。   （   ）

参考答案:×

要点:租金方案十分重要。从理论上来说,租金要根据物业出租经营成本、税费和业主希望的投资回报率来确定,但市场经济条件下,物业租金水平的高低主要取决于同类型物业的市场供求关系。维护较好的旧有建筑,由于其建造成本和融资费用较低,往往限制了新建筑的租金水平,因此对旧有建筑而言,租金收入常常使回报率超出预期的水平,且建造成本和融资费用上升越快,这种情况就越明显。

从总体上说,物业租金收益必须能抵偿所有投资成本,并能为投资者带来一个合理的投资回报。否则就不会有人再来进行开发建设投资。物业管理人员还必须了解市场,过高或过低的租金都有可能导致业主利益的损失,因为若某宗待出租物业确定的租金高于市场租金水平,则意味着物业的空置率会上升;而低于市场租金水平,虽然可能使出租率达到100%,但可获得的总租金收入并不一定理想。

四、计算题(共2题,20分。要求列出算式、计算过程;需按公式计算的,要写出公式;只有计算结果而无计算过程的,不得分。计算结果保留小数点后两位。请在答题纸上作答)

1. 某房地产开发企业于2010年3月末以20000万元购得一宗用途为商品住宅的土地。项目于2010年6月末动工建设,建设投资中有12000万元为年利率7.5%、按季计息、分三期发放的银行贷款:第一笔贷款为4000万元,发放时间为2010年6月末;第二笔贷款为6000万元,发放时间为2010年9月末;第三笔贷款为2000万元,发放时间为2010年12月末。借款合同约定的还款方式是:2011年6月前只计息不还息;2011年6月起在每期末支付当期利息;本金于2012年3月末归还5000万元,2012年6月末一次归还所剩本金和利息。请计算该项目各期借款的还本付息额,完成下列项目各期还本付息表。(8分)

项目各期还本付息表　　　　　　　　　　单位:万元

期末	2010.6	2010.9	2010.12	2011.3	2011.6	2011.9	2011.12	2012.3	2012.6
期初借款本息累计									
本期借款增加									
本期应计利息									
本期还本									
本期付息									
期末借款本息累计									

参考答案：

解：

（1）2016.6 月应计利息＝4000×7.5％/4＝75 万元。

（2）2010.9 应计利息＝（4000＋75）×7.5％/4＝188.91 万元。

项目各期还本付息表 单位：万元

期末	2010.6	2010.9	2010.12	2011.3	2011.6	2011.9	2011.12	2012.3	2012.6
期初借款本息累计	0.00	4075.00	10263.91	12493.86	12728.12	12966.77	12966.77	12966.77	7966.77
本期借款增加	4000	6000	2000	0.00	0.00	0.00	0.00	0.00	0.00
本期应计利息	75.00	188.91	229.95	234.26	238.65	243.13	243.13	243.13	149.38
本期还本	0.00	0.00	0.00	0.00	0.00	0.00	0.00	5000	7966.77
本期付息	0.00	0.00	0.00	0.00	0.00	243.13	243.13	243.13	149.38
期末借款本息累计	4075.00	10263.91	12493.86	12728.12	12966.77	12966.77	12966.77	7966.77	8116.15

2. 某房地产开发企业为参与一宗居住用地竞投进行前期研究。政府挂牌出让资料显示，该宗地规划建设用地面积为 40000m²，容积率为 2.5，需配建 20000m² 公共租赁住房，建成后由政府以 6000 元/m² 的价格回购。假设该项目的开发周期为 4 年，地价款于第一年初一次性投入，契税为地价的 4％；开发建设成本和管理费用等为 4500 元/m²，在开发周期内各年的投资比例分别为 20％、30％、30％和 20％，且发生在各年年初；商品住宅第 2 年开始销售，各年销售面积占总销售面积的比例分别为 25％、40％和 35％，销售均价分别为 15000 元/m²、18000 元/m² 和 20000 元/m²，销售收入发生在年末；销售费用和销售税费为商品住宅销售收入的 10％且与销售收入同步发生。如该房地产开发企业要求的项目投资内部收益率为 16％，则该企业可竞投的最高地价是多少？若政府为控制地价溢价率、增加公共租赁住房供给，规定当土地报价达到 45000 万元后，改为竞投加建公共租赁住房面积，则该企业在保证实现原目标收益水平的前提下，最多可加建的公共租赁住房面积是多少？（不考虑土地增值税和企业所得税）（12 分）

参考答案：

解：

（1）求企业可竞投的最高价

设该企业可竞投的最高地价为 L 万元。则：

（2）计算最多可加建的公共租赁住房面积

1）总建筑面积 ＝ 40000×2.5/10000 ＝ 10 万 m²

$$L \times (1+4\%) + 4500 \times 10 \times \left[20\% + \frac{30\%}{1+16\%} + \frac{30\%}{(1+16\%)^2} + \frac{20\%}{(1+16\%)^3}\right]$$

$$\leqslant 15000 \times (10-2) \times (1-10\%) \times \left[\frac{25\%}{(1+16\%)^2} + \frac{40\%}{(1+16\%)^3} + \frac{35\%}{(1+16\%)^4}\right]$$

$$+ \frac{6000 \times 2}{(1+16\%)^4}$$

$L \leqslant 49330.30$ 万元

该企业最高可竞投的地价为 49330.30 万元。

2) 计算最多可加建的公共租赁住房面积

设最多可加建的公共租赁住房面积为 S 万 m^2

$$45000 \times (1+4\%) + 4500 \times 10$$

$$\times \left[20\% + \frac{30\%}{1+16\%} + \frac{30\%}{(1+16\%)^2} + \frac{20\%}{(1+16\%)^3}\right]$$

$$\leqslant 15000 \times (10-2-S) \times (1-10\%)$$

$$\times \left[\frac{25\%}{(1+16\%)^2} + \frac{40\%}{(1+16\%)^3} + \frac{35\%}{(1+16\%)^4}\right]$$

$$+ \frac{6000 \times (2+S)}{(1+16\%)^4}$$

$S \leqslant 6598.23 m^2$

最多可加建公共租赁住房面积 $6598.23 m^2$。

第3章 房地产估价理论与方法

房地产估价理论与方法（一）

一、单项选择题（共35题，每题1分。每题的备选答案中只有1个最符合题意，请在答题卡上涂黑其相应的编号）

1. 关于房地产估价误差的说法，错误的是（   ）。
A. 判断评估价值的误差大小或者准确性，理论上是将其与真实价值进行比较
B. 估价会有误差，可用一般物理量测量的误差标准来要求估价的误差标准
C. 所有的评估价值都有误差，因此可以说所有的评估价值都是近似值
D. 估价误差应有一定的限度，因此需要确定合理的误差范围

参考答案： B

要点： 对估价准确性问题的认识，主要包括下列几点：

（1）即使都是合格的估价师，也不可能得出完全相同的评估价值，只会得出近似的评估价值。因为估价总是在信息不完全、即人们不能准确掌握关于事物的一切情况，总有不确知的方面，和存在一些不确定因素下做出的，并且不同的估价师掌握的信息一般不可能完全相同。

（2）所有的评估价值都有一定程度的误差，即：评估价值＝真实价值＋误差。估价对象的真实价值只是理论上存在，实际中不可得知，因此评估价值有误差是不可避免的。即使是对高度、面积、重量等一般物理量的测量，被测量物和测量工具都是有形的实物，但也不可避免地存在误差。更何况是估价，在某种意义上它的被测量物是看不见、摸不着的价值或价格，测量工具是无形的估价方法，作为测量结果的评估价值有误差也就不难理解了。

（3）不能用一般物理量测量的误差标准来要求估价的误差标准，应允许估价有较大的误差，但估价的误差又要适度。在英国和其他英联邦国家，在估价委托人起诉估价师的诉讼中，法官使用的误差范围通常是±10%，有时放宽到±15%，对于难度很大的估价业务甚至放宽到±20%。如果评估价值超出了误差范围，即可认为估价师有"专业疏忽（professional negligence）"。但以误差范围来判断估价的准确性，在英国估价行业内一直有争议。尽管如此，估价误差还是

要有个度，因此需要确定一个合理的误差范围，上述英国的估价误差范围可以借鉴。

（4）判断一个评估价值的误差大小或准确性，理论上是将它与真实价值进行比较，实际中一般是将它与合格的估价师的重新估价结果进行比较。由于真实价值不可得知，出现了替代真实价值的两种选择，即实际成交价格和合格的估价师的重新估价结果。评估价值一般是假定在正常交易情况下进行交易的最可能价格，而实际成交时的交易情况不一定是正常的，从而实际成交价格不一定是正常成交价格，另外成交日期和评估价值对应的日期之间通常有"时间错位"，因此一般不能直接选用实际成交价格，而应选用合格的估价师（通常为公认的具有较高专业胜任能力的若干名估价专家或估价专家委员会）对同一估价对象在同一估价目的、同一时间的重新估价结果。如果选用实际成交价格，则需要对它进行适当的修正或调整。

（5）即使可以用上述方法判断一个评估价值的误差大小或准确性，但在实际估价鉴定中一般不轻易直接评判一个评估价值的对与错及其误差大小，而是通过检查估价师和估价机构在履行估价程序方面是否有疏漏，以及估价依据是否正确、估价方法是否适用、估价参数是否合理等，间接地对估价结果予以肯定或否定。

为了避免不同的估价师对同一估价对象在同一估价目的、同一时间的估价结果出现较大偏差，有关国际估价组织、区域估价组织以及许多国家和地区的估价组织或者政府部门制定了估价标准或规范、准则、规则、办法等。

2. 某套住宅的月有效毛收入为 3000 元，运营费用为有效毛收入的 10%。因楼上装修漏水使该住宅被水淹，需要重新装修。预计重新装修等费用为 50000 元，在装修期 3 个月内均匀投入，装修完成后需放置 3 个月方可使用。若月报酬率为 0.5%，则该住宅因被水淹造成的损失为（　　）元。

A. 49627　　　　B. 57647　　　　C. 65548　　　　D. 65920

参考答案：B

要点：$p = \dfrac{3000 \times (1-10\%)}{0.5\%} \times \left[1 - \dfrac{1}{(1+0.5\%)^3}\right] + \dfrac{50000}{(1+0.5\%)^{3/2}}$

$= 57647$ 元

3. 关于确定价值时点与得出评估价值的先后次序的说法，正确的是（　　）。

A. 确定价值时点在先，得出评估价值在后
B. 得出评估价值在先，确定价值时点在后
C. 确定价值时点与得出评估价值应同时进行
D. 确定价值时点与得出评估价值没有先后关系，谁先谁后都可以

参考答案：A

要点：由于同一估价对象在不同的时间会有不同的价值或价格，所以必须搞清楚评估的是估价对象在哪个时间的价值或价格。这个时间就是价值时点。价值时点不是可以随意确定的，应根据估价目的来确定。它可能是现在、过去或将来的某个时间，通常为某个日期。还需要指出的是，确定价值时点应在前，得出评估价值应在后。

4. 经济学所讲的外部性在房地产利用中主要体现为房地产的（　　）。
A. 相互影响性　　B. 寿命长久性　　C. 数量有限性　　D. 保值增值性
参考答案：A

要点：相互影响。一般物品的使用基本上是孤立的，相互间很少有影响，并且由于一般物品可以移动，即使有影响，也易于排除，影响通常是暂时的。而房地产因为不可移动，其用途、建筑高度、外观等状况通常会对周围的房地产甚至社会公众利益产生较大和较长久的影响；反之，周围的房地产状况也会对该房地产产生影响。例如，影响到通风、采光、日照、视野、可视性（或醒目度），使环境美化或脏乱，带来人流、噪声、异味等。因此，房地产具有相互影响特性。从而一宗房地产的价值不仅与其自身状况直接相关，而且与周围的房地产状况密切相关，受周围房地产利用的影响。例如，在一幢住宅附近建垃圾站、公共厕所或工厂，会降低该住宅的价值；而在该住宅旁边建花园、开辟绿地，则会提高其价值。修筑一条道路或建造一个购物中心，对其周围房地产的价值也有很大影响。正是因为房地产具有相互影响特性，产生了"相邻关系"，并且法律规定"不动产的相邻权利人应当按照有利生产、方便生活、团结互助、公平合理的原则，正确处理相邻关系。"《中华人民共和国物权法》第八十四条。

进一步来看，房地产利用存在经济学所讲的"外部性"。外部性也称为外部效应、外部影响，是指某个经济行为主体（生产者或消费者）进行生产或消费等活动时，对其他经济行为主体带来的影响。外部性分为有利的外部性和有害的外部性。有利的外部性也称为正的外部性、外部经济，是指某个经济行为主体的活动使他人或社会受益，而受益者无需为此花费代价。例如，某人在自己的住宅周围种植花草树木、美化环境，其邻居也因赏心悦目和空气新鲜而受益，但邻居不会为此向他支付任何费用。有害的外部性也称为负的外部性、外部不经济，是指某个经济行为主体的活动使他人或社会受损，而该经济行为主体却没有为此承担成本。例如，工厂向河流排放废水、汽车产生噪声，污染了环境使他人受害，但该工厂和汽车驾驶者可能并没有因此向受害者支付补偿费。

5. 某人年初以 3000 万元购买一间商铺，年末将该商铺售出，收回资金 3800 万元，当年通货膨胀率为 5%，该商铺的实际增值额为（　　）万元。
A. 610.00　　　B. 619.05　　　C. 650.00　　　D. 761.90
参考答案：D

要点：$p = (3800 - 3000) \div (1 + 5\%) = 761.90$ 元。

6. 在国有建设用地使用权挂牌出让中，为竞买人确定报价提供参考依据的估价，一般是评估（　　）。

   A. 挂牌底价　　　　　　　　　B. 正常市场价格
   C. 竞买人可承受的最高价　　　D. 最可能的成交价

参考答案：C

要点：在实际估价中，假设开发法测算结果的可靠程度主要取决于以下两个预测：①是否根据房地产估价的合法原则和最高最佳利用原则，正确判断了估价对象的最佳开发利用方式（包括用途、建筑规模、档次等）；②是否根据当地房地产市场状况，正确预测了估价对象开发完成后的价值。由于这两个预测包含着较多的不确定因素，假设开发法有时被指责为较粗糙，具有较大的随意性。这一点也可从国有建设用地使用权招标、拍卖、挂牌出让中，都是采用假设开发法测算报价或出价，但不同的竞买者所愿意支付的最高价格常常相差悬殊中反映出来。当然，各个竞买者在测算其报价或出价时所依据的自身条件以及对未来房地产市场的判断可能不同，因为其测算结果本质上是投资价值而不是市场价值。另外，准确地预测后续开发的必要支出及应得利润，也有较大的难度。不过，当估价对象具有潜在的开发价值时，假设开发法几乎是最主要且实用的一种估价方法。

7. 在为房地产投保火灾险服务的估价中，理论上评估的应是（　　）。

   A. 建筑物重置成本和土地使用权重新取得成本
   B. 建筑物重置成本和重建期间的经济损失
   C. 建筑安装工程造价和重建期间的经济损失
   D. 建筑物重置成本、土地使用权重新取得成本和重建期间的经济损失

参考答案：B

要点：房地产特别是建筑物可能因发生火灾、爆炸、雷击、暴风雨、泥石流、地面突然塌陷、岩崩、突发性滑坡或空中运行物体坠落等自然灾害或意外事故而遭受损毁或灭失，从而需要保险。房地产保险对房地产估价的需要，一是在投保时需要评估保险标的的实际价值，为投保人和保险人约定保险标的的保险价值和保险金额提供参考依据。二是在保险事故发生后需要评估因保险事故发生造成的财产损失，为保险人确定赔偿保险金的数额提供参考依据。此外，在保险期间保险标的的保险价值明显减少的，需要评估保险标的的保险价值，为采取有关补救措施提供参考依据。

8. 某套商品住房期房，尚有 2 年可投入使用，与其类似的现房价格为 4500 元$/m^2$，出租的年末净收益为 500 元$/m^2$。假设年折现率为 8%，风险补偿为现房价格的 3%，该期房目前的价格为（　　）元$/m^2$。

A. 3439　　　　B. 3473　　　　C. 3508　　　　D. 3608

参考答案：B

要点： $p = 4500 \times (1-3\%) - \dfrac{500}{8\%} \times \left(1 - \dfrac{1}{(1+8\%)^2}\right) = 3473 (元/m^2)$。

9. 下列房地产价格影响因素中，不属于区位因素中的位置因素的是（　　）。
A. 朝向　　　　B. 楼层　　　　C. 方位　　　　D. 交通条件

参考答案：C

要点： 房地产区位因素是一个综合性因素，可分解为位置、交通、外部配套设施、周围环境等因素。在房地产价格影响因素中，判定一个因素是否属于区位因素，可以把实际上不可移动的房地产想象成动产那样是可以移动的，然后假设移动它。如果房地产移动之后会发生变化的因素，就属于区位因素；反之，则不属于区位因素。

10. 影响某套住房价格的实物因素不包括（　　）。
A. 装修　　　　B. 户型　　　　C. 层高　　　　D. 楼层

参考答案：D

要点： 房地产自身因素又可分为房地产实物因素、房地产权益因素和房地产区位因素三类。实物状况比较、调整的内容很多，对土地来说，主要有土地的面积、形状、地形、地势、地质、土壤、开发程度等影响房地产价格的因素；对建筑物来说，主要有建筑规模、建筑结构、设施设备、装饰装修、空间布局、防水、保温、隔热、隔声、通风、采光、日照、外观、新旧程度等影响房地产价格的因素。

建筑物的面积、体积、开间、进深、层高、室内净高、层数、高度等规模因素，关系到建筑物的形象、使用性等，对房地产价格有所影响。

11. 某宗房地产在现状下持续经营的价值为5000万元。假定对该房地产进行重新装修后的价值为6500万元，装修费用为800万元，装修期为1年，装修费用均匀投入，装修期间租金净损失现值为500万元；如果对该房地产进行改变用途的改造，改造后的价值为8000万元，改造费用为2160万元，改造期为1年，改造费用均匀投入，改造期间租金净损失现值为500万元；折现率均为10%，该地区不适合拆除重建。根据上述资料，该宗房地产的最高最佳利用应是（　　）。
A. 维持现状　　B. 改变用途　　C. 重新装修　　D. 重新开发

参考答案：B

要点： 现状持续经营：5000万元。

重新装修后：$6500 - 800/(1+10\%)^{0.5} - 500/(1+10\%) = 5283$ 万元。

改变用途改造后：$8000 - 2160/(1+10\%)^{0.5} - 500/(1+10\%) = 5486$

万元。

12. 下列估价中，价值时点应为现在、估价对象应为未来状况的是（   ）。
A. 因解决估价结果异议的需要，对原估价结果进行复核估价
B. 因保险理赔的需要，对投保房地产的价值损失进行评估
C. 因抵押贷款的需要，对作为抵押物的在建工程进行估价
D. 因房屋征收补偿的需要，对用于产权调换的期房进行估价

参考答案：D

要点：（1）价值时点为现在，估价对象状况为现在状况的估价。此种情形是最常见、最大量的，如房地产抵押估价、房屋征收评估、司法拍卖估价，包括在建工程估价。

（2）价值时点为现在，估价对象状况为过去状况的估价。此种情形大多出现在房地产损害赔偿和保险理赔案件中。

（3）价值时点为现在，估价对象状况为未来状况的估价。此种情形如评估期房的价值。在房屋征收中，补偿方式为房屋产权调换且用于产权调换房屋为期房的，为计算被征收房屋价值与用于产权调换房屋价值的差价而评估用于产权调换房屋的价值就属于这种情形。

（4）价值时点为过去，估价对象状况为过去状况的估价。此种情形大多出现在房地产纠纷案件中，特别是出现在对估价结果有异议而引起的估价鉴定或复核估价、重新估价中。

13. 运用成本法评估房地产抵押价值时，按谨慎原则要求，在估计房地产价格构成项目的金额可能会在一定区间波动时，应采用（   ）的估计值。
A. 正常   B. 较低   C. 平均   D. 较高

参考答案：B

要点：理解谨慎原则的关键，是要搞清楚"在存在不确定因素的情况下"。在实际估价中，房地产估价师如果面临的是确定因素，则不存在谨慎问题，应依据确定因素进行估价。如果面临的是不确定因素，当对该因素的乐观、保守（或悲观）和折中判断或估计会导致对抵押价值的相对偏高、偏低和居中估计时，则应采取导致对抵押价值相对偏低的估计。例如，采用收益法评估收益性房地产的抵押价值，当估计未来的收益可能会高也可能会低时，遵循谨慎原则应采用保守的较低的收益估计值，相比之下，一般的房地产价值评估是采用既不偏高也不偏低的居中的收益估计值。

《房地产抵押估价指导意见》针对不同的估价方法，提出了遵循谨慎原则的下列要求：

（1）在运用比较法估价时，不应选取成交价格明显高于市场价格的交易实例作为可比实例，并应对可比实例进行必要的实地查勘。

(2) 在运用收益法估价时，不应高估收入或者低估运营费用，选取的报酬率或者资本化率不应偏低。

(3) 在运用成本法估价时，不应高估土地取得成本、建设成本、有关费税和利润，不应低估折旧。

(4) 在运用假设开发法估价时，不应高估未来开发完成后的价值，不应低估后续开发的必要支出及应得利润。

14. 关于市场法的说法，错误的是(　　)。
A. 测算结果容易被人们理解、认可、接受
B. 测算结果有时并不一定是合理、真实的
C. 需要估价师对当地房地产市场行情有足够的把握
D. 每个影响因素对可比实例成交价格的影响程度都可采用定量分析予以量化

参考答案：D

要点：比较法的本质是以房地产的市场成交价格为导向（简称市场导向）来求取房地产的价值或价格。由于该方法是利用实际发生、经过市场"检验"的与估价对象相似的房地产的成交价格来求取估价对象的价值或价格，所以它是一种最直接、较直观且有说服力的估价方法，其测算结果易于被人们理解、认可或接受。

比较法求得的价值有时并不一定合理、真实，因为在房地产市场参与者群体过于乐观或过于悲观的情况下，房地产价格可能被市场所高估或低估，造成了房地产市场价格不合理偏离房地产本身的价值。有时房地产市场价格变化过快，估价报告尚未完成房地产市场价格就发生了明显变化，这也会给比较法估价带来麻烦，特别是其估价结果难以让人接受，如在房价过快上涨时期的房屋征收评估中。

由于许多因素对可比实例成交价格的影响程度难以采用定量分析予以量化，主要是估价师凭其估价专业知识和实践经验以及对估价对象或可比实例所在地的房地产市场行情、交易习惯等的深入调研后作出判断。因此，如果估价师没有扎实的估价专业知识和丰富的估价实践经验，对估价对象或可比实例所在地的房地产市场行情和交易习惯等不够熟悉，则难以运用比较法得出正确的估价对象价值。

15. 估价对象为一套建筑面积 90m^2 的封闭阳台的成套住宅，其中阳台的水平投影面积为 3m^2。选取的某可比实例为一套建筑面积 95m^2 的未封闭阳台的成套住宅，其中阳台的水平投影面积为 4m^2，成交价格为 90 万元。若该阳台封闭，则成交价格可达到 92 万元。以该可比实例为基础估算估价对象的市场价格为(　　)万元。

A. 83.51　　　　B. 85.26　　　　C. 85.36　　　　D. 87.16

参考答案：D

要点：未封闭阳台建筑面积=4÷2=2m²

封闭阳台后建筑面积=95+2=97m²

可比实例阳台封闭状态下的单价=92÷95=9684元/m²

估价对象市场价格=9834×90=87.16万元。

16. 为评估某估价对象2011年10月15日的市场价格，选取的可比实例价格情况是：交易日期为2011年4月15日，按买卖双方约定，买方付给卖方7000元/m²，交易中涉及的税费全部由卖方支付。该地区买方和卖方应缴纳的税费分别为正常交易价格的3%和6%，又知最近1年来该地区该类房地产价格每月环比增长0.5%，则该可比实例经修正、调整后的价格是(　　)元/m²。

A. 7000　　　　B. 7003　　　　C. 7436　　　　D. 7670

参考答案：B

要点：调整后价格=7000÷(1+3%)×(1+0.5%)⁶=7003元/m²。

17. 某年1月30日购买某房地产的价格为1000美元/m²，首付款为20%，余款半年末一次性支付，月利率为0.6%。当年，该类房地产以美元为基准的价格平均每月比上月上涨1%，人民币兑美元的汇率1月30日为6.59∶1，9月30日为6.46∶1。下列关于该房地产价格的说法，错误的是(　　)。

A. 该房地产的名义交易价格为人民币6590元/m²

B. 该房地产的实际交易价格为人民币6404元/m²

C. 该房地产于该年9月30日的市场价格为1052美元/m²

D. 该类房地产在该年1月30日至9月30日期间以人民币为基准的价格平均每月比上月上涨幅度大于1%

参考答案：C

要点：名义成交价格=1000×6.59=6590元/m²

实际成交价格=6590×20%+6590×80%/(1+0.6%)⁶=6404元/m²

9月30日市场价格=6404/6.59=972元/m²

平均每月上涨=[(1+0.6%)⁶-1]/6=0.61%。

18. 某可比实例卖方应缴纳的税费由买方承担，若买方付给卖方的金额不变，当卖方应缴纳的税费增加时，该可比实例的正常成交价格会(　　)。

A. 上升　　　　B. 下降　　　　C. 不变　　　　D. 无法确定

参考答案：B

要点：统一税费负担是将成交价格调整为依照税法及中央和地方政府的有关规定（没有规定的，按照当地习惯），买卖双方各自缴纳自己应缴纳的交易税费下的价格。计算公式为：

正常负担下的价格－应由卖方缴纳的税费＝卖方实得金额

正常负担下的价格＋应由买方缴纳的税费＝买方实付金额

买方实付金额－卖方实得金额＝应由买卖双方缴纳的税费

如果卖方、买方应缴纳的税费是正常负担下的价格的一定比率，即：

应由卖方缴纳的税费＝正常负担下的价格×应由卖方缴纳的税费比率

应由买方缴纳的税费＝正常负担下的价格×应由买方缴纳的税费比率

则：

正常负担下的价格＝卖方实得金额/（1－应由卖方缴纳的税费比率）

正常负担下的价格＝买方实付金额/（1＋应由买方缴纳的税费比率）。

19. 某写字楼持有 5 年后出售，持有期内年均有效毛收入为 400 万元，运营费用率为 30%，预计 5 年后出售时总价为 6000 万元，销售税费为售价的 6%，无风险报酬率为 6%，风险报酬率为无风险报酬率的 25%。该写字楼目前的价格为（　　）万元。

  A. 5061.44 B. 5546.94 C. 5562.96 D. 6772.85

参考答案：A

要点：风险报酬率＝6%×25%＝1.5%

报酬率＝6%＋1.5%＝7.5%

写字楼价值＝400×（1－30%）/7.5%×[1－1/(1＋7.5%)^5]＋6000×（1－6%）/(1＋7.5)^5＝5061.44 万元。

20. 某房地产未来收益期限内每年的净收益为 20 万元，收益期限结束时该房地产将增值 20%，报酬率为 6%，偿债基金系数为 7.59%。该房地产的价格为（　　）万元。

  A. 313 B. 329 C. 417 D. 446

参考答案：D

要点：$\dfrac{6\%}{(1+6\%)^{n-1}}=7.59\%, n=10$，则：$p=\dfrac{20}{6\%}\left[1-\dfrac{1}{(1+6\%)^{10}}\right]+\dfrac{p\times 12\%}{(1+6\%)^{10}}$

$p=446$ 万元。

21. 某宗房地产的收益期限为 35 年，判定其未来每年的净收益基本上固定不变，通过预测得知其未来 4 年的净收益分别为 15.1 万元、16.3 万元、15.5 万元、17.2 万元，报酬率为 9%。该宗房地产的价格为（　　）万元。

  A. 159.56 B. 168.75 C. 169.39 D. 277.70

参考答案：B

要点：$A=\left(\dfrac{15.1}{1.09}+\dfrac{16.3}{1.09^2}+\dfrac{15.5}{1.09^3}+\dfrac{17.2}{1.09^4}\right)\times 9\%/\left(1-\dfrac{1}{1.09^4}\right)=15.97$

$p=\dfrac{15.97}{9\%}\times\left(1-\dfrac{1}{1.09^{35}}\right)=168.75$ 万元。

22. 某写字楼的建筑面积为540m²，年有效毛收入为108万元，年运营费用与建筑物净收益之和为400元/m²，土地资本化率为10.8%，假设收益年期无限。该写字楼用地的价格为( )万元。

   A. 500　　　　B. 750　　　　C. 800　　　　D. 1000

   参考答案：C

   要点：$P = \dfrac{108 - 400 \times 540/10000}{10.8\%} = 800$ 万元。

23. 在成本法估价中，关于合理确定开发用地取得途径的说法，正确的是( )。

   A. 开发用地取得途径应为估价对象土地的原始取得途径
   B. 开发用地取得途径应为价值时点估价对象所在区域类似土地的主要取得途径
   C. 开发用地取得途径应为价值时点收集的取得成本最高的土地取得途径
   D. 开发用地取得途径应为估价委托人提供的土地取得途径

   参考答案：B

   要点：土地取得成本简称土地成本或土地费用，是指购置土地的必要支出，或开发土地的必要支出及应得利润。

   土地取得成本的具体构成因取得土地的途径不同而有所不同。目前取得土地的途径主要有3个：①市场购买；②征收集体土地；③征收国有土地上房屋。在实际估价中，应根据估价对象中的土地在价值时点取得的主要途径，选取上述三个途径之一来求取。

24. 某写字楼的土地取得成本8000万元，建设成本6000万元，管理费用800万元，销售费用600万元，投资利息720万元，销售税费为售价的6%，销售利润率为16%。该写字楼的价值为( )万元。

   A. 17087.20　　B. 18699.20　　C. 19666.40　　D. 20666.67

   参考答案：D

   要点：写字楼价值＝土地取得成本＋建设成本＋管理费用＋销售费用＋投资利息＋销售税费＋投资利润＝(8000＋6000＋800＋600＋720)/(1－6%－16%)＝20666.67元/m²。

25. 关于建筑物重新购建价格求取方法的说法，错误的是( )。

   A. 单位比较法需要将估价对象的实际建筑安装工程费修正为可比实例建筑物的实际建筑安装工程费
   B. 分部分项法应结合各个构件或分部分项工程的特点使用计量单位
   C. 工料测量法主要用于求取具有历史价值的建筑物的重新购建价格
   D. 指数调整法主要用于检验其他方法的测算结果

参考答案：A

要点： 成本法求取建筑物重新购建价格，相当于成本法求取新建成的建筑物价值，公式为：

建筑物重新购建价格＝建筑安装工程费＋专业费用＋管理费用＋销售费用＋
　　　　　　　　　　投资利息＋销售税费＋开发利润

其中，求取建筑安装工程费的方法有单位比较法（comparative-unit method）、分部分项法（unit-in-place method）、工料测量法（quantity survey method）和指数调整法（index method）。

（1）单位比较法。单位比较法是以建筑物为整体，选取与该类建筑物的建筑安装工程费密切相关的某种计量单位（如单位建筑面积、单位体积、延长米等）为比较单位，调查在价值时点的近期建成的类似建筑物的单位建筑安装工程费，对其进行适当处理后得到建筑物建筑安装工程费的方法。

单位比较法实质上是一种比较法。该方法中的有关处理包括：①把可比实例建筑物实际而可能不是正常的单位建筑安装工程费，修正为正常的单位建筑安装工程费；②把可比实例建筑物在其建造时的建筑安装工程费，调整为在价值时点的建筑安装工程费；③根据可比实例建筑物与估价对象建筑物在对单位建筑安装工程费有影响的建筑规模、建筑设备、装饰装修等方面的差异，对单位建筑安装工程费进行调整，即可得到估价对象建筑物的单位建筑安装工程费。单位比较法较为简单、实用，因此经常被采用，但这种方法比较粗略。单位比较法主要有单位面积法（square foot method）和单位体积法（cubic foot method）。

单位面积法是调查在价值时点的近期建成的相同或相似建筑物的单位建筑面积建筑安装工程费，然后对其进行适当的处理来求取估价对象建筑物建筑安装工程费的方法。这种方法主要适用于同一类型建筑物的单位建筑面积建筑安装工程费基本相同的建筑物，如住宅、办公楼等。

（2）分部分项法。分部分项法是把建筑物分解为各个分部工程或分项工程，测算每个分部工程或分项工程的数量，调查各个分部工程或分项工程在价值时点的单位价格或成本，将各个分部工程或分项工程的数量乘以相应的单位价格或成本后相加得到建筑物建筑安装工程费的方法。

在运用分部分项法测算建筑物的重新购建价格时，需要注意两点：①应结合各个构件或分部分项工程的特点使用计量单位，有的要用面积，有的要用体积，有的要用长度，有的要用容量（如千瓦、千伏安）。例如，基础工程的计量单位通常为体积，墙面抹灰工程的计量单位通常为面积，楼梯栏杆工程的计量单位通常为延长米。②既不要漏项也不要重复计算，以免造成测算不准。

（3）工料测量法。工料测量法是把建筑物还原为建筑材料、建筑构配件和设备，测算重新建造该建筑物所需的建筑材料、建筑构配件、设备的种类和数量、施工机械台班数、人工时数，调查在价值时点相应的单价及人工费标准，将各种建筑材料、建筑构配件、设备、施工机械台班的数量及人工时数乘以相应的单价和人工费标准后相加，并计取相应的措施项目费、规费和税金等得到建筑物建筑安装工程费的方法。

工料测量法的优点是详细、准确，缺点是比较费时、费力，并且需要其他专家（如建筑师、造价工程师）帮助，它主要用于求取具有历史价值的建筑物的重新购建价格。

（4）指数调整法。指数调整法也称为成本指数趋势法（cost indextrending），是利用建筑安装工程费的有关指数或变动率，将估价对象建筑物的历史建筑安装工程费调整到价值时点的建筑安装工程费来求取估价对象建筑物建筑安装工程费的方法。这种方法主要用于检验其他方法的测算结果。

将历史建筑安装工程费调整到价值时点的建筑安装工程费的具体方法，与比较法中市场状况调整的方法相同。

26. 某钢混结构厂房的耐用年限为60年，占用的土地是10年前通过出让方式取得的使用期限为50年的工业用途的土地使用权，厂房建设期为2年。土地使用权出让合同约定土地使用权期满，土地使用权及地上建筑物由国家无偿取得。采用直线法计算该厂房建筑物现在的成新率为(　　)。

A. 70.00%　　　B. 83.33%　　　C. 84.00%　　　D. 86.67%

参考答案：D

要点：成新率＝（60－8）/60＝86.67%。

27. 某商品房在建工程已完成工程的正常建设期为1年，实际建设期为1.5年，现该在建工程被人民法院强制拍卖，办理有关变更等交接手续的正常期限为0.5年，通过市场调查得知类似规模商品房开发项目的正常建设期为3年。在强制拍卖下评估该在建工程的市场价值时，后续建设期应为(　　)年。

A. 1　　　B. 1.5　　　C. 2　　　D. 2.5

参考答案：D

要点：正常建设期－已完工工程正常建设期＋正常办理有关手续期限＝3－1＋0.5＝2.5年。

28. 关于假设开发法的说法，错误的是(　　)。

A. 运用假设开发法估价，开发完成后的价值可以采取收益法求取
B. 投资利息和开发利润只有在传统方法中才需要测算
C. 假设开发法中测算的"扣除项目"金额本质上应是预测的扣除项目在未来发生时的值
D. 在预测开发完成后的价值时，应将估价作业时的类似房地产的市场价格

作为开发完成后的价值

参考答案: A

要点: 假设开发法简要地说是根据估价对象预期开发完成后的价值来求取估价对象价值或价格的方法;较具体地说,是求得估价对象后续开发的必要支出及折现率或后续开发的必要支出及应得利润和开发完成后的价值,将开发完成后的价值和后续开发的必要支出折现到价值时点后相减,或将开发完成后的价值减去后续开发的必要支出及应得利润得到估价对象价值或价格的方法。其中,将开发完成后的价值和后续开发的必要支出折现到价值时点后相减得到估价对象价值或价格的方法,称为动态分析法;将开发完成后的价值减去后续开发的必要支出及应得利润得到估价对象价值或价格的方法,称为静态分析法。

在动态分析法中预测开发完成后的价值时,一般不宜将估价时的类似房地产的市场价格直接"平移"过来作为开发完成后的价值,通常是采用比较法并考虑类似房地产市场价格的未来变化趋势,或者采用比较法与长期趋势法相结合,即根据类似房地产过去和现在的市场价格及其未来可能的变化趋势来推测。比较的单位一般为单价。对于出租或自营的房地产,如写字楼、商店、旅馆、餐馆等,预测开发完成后的价值,可先预测其租赁或自营的净收益,再采用收益法将该净收益转换为价值。在这种情况下,收益法就不是一种独立的估价方法,而被包含在假设开发法之中,成了假设开发法的一个部分。

值得指出的是,运用假设开发法估价,开发完成后的价值不能采用成本法求取,否则表面上是采用假设开发法估价,实质上是采用成本法估价。有人据此认为同一估价对象不能同时采用成本法和假设开发法估价。但这种观点是不正确的。许多待开发房地产,如住宅、写字楼、商场、饭店等在建工程,不仅可以而且应当同时采用成本法和假设开发法估价,只是在运用假设开发法估价时,开发完成后的价值不能采用成本法求取。

29. 某房地产开发项目建筑面积 3850m², 建设期 2 年,根据市场调查分析,该项目建成时可售出 50%, 半年和一年后分别售出 30% 和 20%, 出售时的平均单价为 2850 元/m², 折现率为 15%。开发完成后的房地产于建设期初的价值为( )万元。

A. 572.21　　　B. 765.85　　　C. 791.24　　　D. 912.62

参考答案: C

要点: 建设初期价值 = [2850×50% + 2850×30%/(1+15%)$^{0.5}$ + 2850×20%/(1+15%)] / (1+15%)²×3850 = 791.24 万元。

30. 某类房地产 2006~2010 年的价格见下表,根据平均发展速度法,预测该类房地产 2011 年的价格为( )元/m²。

某类房地产 2006～2010 年的价格

年份	2006	2007	2008	2009	2010
房地产价格（元/m²）	3800	5000	6400	7800	9000

A. 10300　　　B. 10400　　　C. 11165　　　D. 11265

参考答案：C

要点：平均上涨速度 $=\sqrt[4]{\dfrac{9000}{3800}}=11165$ 元/m²。

31. 估价对象为一面临街的矩形宗地，临街宽度为 20m，临街深度为 75m。假设标准宗地临街宽度为 25m，临街深度为 100m，总价格为 400 万元。根据四三二一法则，该估价对象的单价为（　　）元/m²。

A. 1920　　　B. 2400　　　C. 2560　　　D. 3200

参考答案：A

要点：总价 $=400\times(40\%+30\%+20\%)\times\dfrac{20}{25}=288$ 万元

单价 $=\dfrac{288\times10000}{20\times75}=1920$ 元/m²。

32. 某宗工业用地面积为 5000m²，容积率为 1.0，楼面地价为 800 元/m²。若城市规划部门批准将该地块改为商住用地，容积率为 8.0，其中商业用途建筑面积占 40%，楼面地价为 3000 元/m²；居住用途建筑面积占 60%，楼面地价为 1000 元/m²。该宗地块理论上应补交的地价为（　　）万元。

A. 4000　　　B. 5900　　　C. 6800　　　D. 7200

参考答案：C

要点：补地价：$5000\times8\times40\%\times3000+5000\times8\times60\%\times1000-5000\times800\times1=6800$ 万元。

33. 明确估价基本事项是实施估价的重要前提，实际估价中不能明确估价事项的责任主要应归属于（　　）。

A. 估价委托人　　　　　　　　B. 估价利害关系人
C. 承担估价项目的估价师　　　D. 估价对象的权利人

参考答案：C

要点：参见教材 P399。

34. 房屋征收评估中，若被征收人拒绝在估价师对估价对象的实地查勘记录上签字或盖章的，应当由（　　）见证，有关情况应当在评估报告中说明。

A. 房屋征收部门、注册房地产估价师和无利害关系的第三人
B. 与房屋征收部门、注册房地产估价师无利害关系的第三人

C. 公证机关和无利害关系的第三人

D. 人民法院

参考答案：A

要点：为避免实地查勘时遗漏应调查的内容，提高实地查勘工作效率，应事先针对不同类型的房地产和估价目的制作相应的实地查勘记录表，在实地查勘时再按照该表进行调查及填写查勘结果。实地查勘记录应包括查勘对象、查勘内容、查勘结果、查勘人员（包括估价师）以及查勘日期等。执行实地查勘的估价师可以用照片等方式证明自己进行了实地查勘，并应在实地查勘记录上签字。另外，还应尽量要求委托人和被查勘房地产业主等当事人在实地查勘记录上签字或盖章确认。其中，房屋征收评估应按有关要求，由房屋征收部门、被征收人和实地查勘的注册房地产估价师在实地查勘记录上签字或盖章确认。如果被征收人拒绝在实地查勘记录上签字或盖章的，应有房屋征收部门、房地产估价机构和无利害关系的第三人见证，有关情况应在估价报告中说明。

35. 关于估价资料归档要求的说法，错误的是(　　)。

A. 估价资料归档的内容应包括估价中形成的有保存价值的各种文字、图表、影像等资料

B. 记录估价中估价师对估价结果的不同意见的资料应作为必须归档的内容之一

C. 归档的估价资料应采用纸质文档形式，不得只采用电子文档形式

D. 对未正式出具估价报告的估价项目及相关资料也应归档，保存期限不得少于1年

参考答案：C

要点：参见教材P418。

二、多项选择题（共15题，每题2分。每题的备选答案中有2个或2个以上符合题意，请在答题卡上涂黑其相应的编号。全部选对的，得2分；错选或多选的，不得分；少选且选择正确的，每个选项得0.5分）

1. 下列房地产特性中，决定房地产需要专业估价的特性有(　　)。

A. 独一无二　　　　　　　　B. 寿命长久

C. 供给有限　　　　　　　　D. 价值量大

E. 保值增值

参考答案：AD

要点：真正需要专业估价的主要是房地产、古董和艺术品、矿产、企业整体资产以及某些机器设备、无形资产等。具体就房地产来说，不仅房地产具有独一无二和价值较大两个特性，而且房地产市场是典型的不完全市场。

2. 下列房地产估价活动中，不符合职业道德的行为有（　　）。
A. 某估价机构承接了该机构某股东财产的司法鉴定评估
B. 某估价机构在承接估价业务时，涉及特殊构筑物估价，主动聘请有关专家提供专业帮助
C. 某估价机构把在估价工作中需要了解的估价委托人的商业资料提供给房地产估价行业组织检查
D. 估价委托人对估价结果提出了明确要求，由于时间紧，加上估价业务简单，某估价机构按其要求完成了估价
E. 某估价师临时接到出差任务，实际负责估价业务的估价人员以该估价师名义在估价报告上签字后提交估价报告

参考答案：ADE

要点：房地产估价职业道德的主要内容如下：

（1）房地产估价师和房地产估价机构应回避与自己、近亲属、关联方及其他利害关系人有利害关系的房地产估价业务。

（2）房地产估价师和房地产估价机构不得承接超出自己专业胜任能力的估价业务，对于部分超出自己专业胜任能力的工作，应聘请具有相应专业胜任能力的专业人员或专业机构提供帮助，并应在估价报告中说明。

（3）房地产估价师和房地产估价机构应正直诚实，不得做任何虚假的估价，不得按估价委托人或其他单位、个人的高估或低估要求进行估价，也不得按预先设定的价值或价格进行估价。

（4）房地产估价师和房地产估价机构应勤勉尽责，对估价委托人提供的估价所依据的资料应进行审慎检查，应搜集合法、真实、准确、完整的估价所需资料，并应对估价对象进行认真的实地查勘。

（5）房地产估价师和房地产估价机构在估价假设等重大估价事项上，应向估价委托人详细说明，使估价委托人清楚了解估价的限制条件及估价报告、估价结果的使用限制。

（6）房地产估价师和房地产估价机构应保守在执业活动中知悉的国家秘密、当事人的商业秘密和技术秘密，不得泄露个人隐私；应妥善保管估价委托人提供的资料，未经估价委托人同意，不得擅自将其公开或泄露给他人。

（7）房地产估价师和房地产估价机构应维护自己的良好社会形象和房地产估价行业声誉，不得采取迎合估价委托人或估价利害关系人不当要求、恶性低收费、给予回扣、贬低同行、虚假宣传等不正当手段承揽估价业务，不得索贿、受贿或谋取估价委托合同约定费用之外的其他利益。

（8）房地产估价师和房地产估价机构不得允许其他个人和单位以自己的名义从事房地产估价业务，不得以估价者身份在非自己估价的房地产估价报告上签

名、盖章,不得超出本机构的估价业务范围或以其他房地产估价师、房地产估价机构的名义从事房地产估价业务。

3. 房地产由于寿命长久,供给有限,其价值通常可以得到保持,甚至会随着时间的推移而自然增加。会引起房地产自然增值的因素有( )。

A. 对房地产本身进行投资改良
B. 房地产需求增加导致其稀缺性增加
C. 通货膨胀
D. 外部经济性
E. 建造成本提高

参考答案:BDE

要点:引起房地产价格上涨的原因主要有5个方面:①房地产拥有者对房地产进行投资改良,如重新进行装修改造,更新或添加设施设备,改进物业管理等;②外部经济,如政府进行道路、地铁等交通建设,修建广场、公园、公共绿地,调整城市发展方向,改变城市格局等;③需求增加导致稀缺性增加,如人口增加、经济发展、收入增加带动房地产需求增加;④房地产使用管制改变,如将农用地转为建设用地,将原工业用途改变为居住用途或商业用途,增加容积率等;⑤通货膨胀,即商品和服务的货币价格总水平的持续上涨现象,或者简单地说,是物价的持续普遍上涨。其中,房地产拥有者对房地产进行投资改良所引起的房地产价格上涨,不是房地产自然增值;通货膨胀引起的房地产价格上涨,不是真正的房地产增值,而是房地产保值;外部经济、需求增加导致稀缺性增加、房地产使用管制改变所引起的房地产价格上涨,是真正的房地产自然增值。

4. 关于投资价值和市场价值的说法,正确的有( )。

A. 投资价值与市场价值都可以采用收益法评估
B. 评估市场价值所采用的折现率是与该类房地产的风险程度对应的社会一般报酬率
C. 评估投资价值所采用的折现率是某个特定的投资者所要求的最高报酬率
D. 评估投资价值时,净收益应采用税前净收益
E. 评估投资价值时,要求对未来净收益的估计是客观的

参考答案:AB

要点:评估投资价值与评估市场价值的方法通常是相同的,所不同的主要是有关估价参数的取值不同。例如,投资价值和市场价值都可以采用收益法评估——价值是预测的未来净收益的现值之和,但对未来净收益的预测和选取参数的立场不同。例如,不同的投资者对未来净收益的预测,有的可能是乐观的,有的可能是保守的;而评估市场价值时,要求对未来净收益的预测是客观的,或者说是折中的。再如报酬率或折现率,评估市场价值时所采用的应是与该房地产的风

险程度相对应的社会一般收益率（即典型的投资者所要求的收益率），而评估投资价值时所采用的应是某个特定的投资者所要求的最低收益率（通常称为最低期望收益率）。这个特定的投资者所要求的最低收益率，可能高于也可能低于与该房地产的风险程度相对应的社会一般收益率。

由于每个人都希望用最少的钱买到价值最大的东西，所以投资者评估的房地产的投资价值大于或等于该房地产的价格，是其投资行为（如购买行为）能够实现的基本条件。当房地产的投资价值大于该房地产的价格时，说明值得投资（购买）；反之，说明不值得投资（购买）。换一个角度讲，每个房地产投资者对其拟投资（拟购买）的房地产都有一个心理价位，投资价值可以看成是这个心理价位。当价格低于心理价位时，投资者趋向于增加投资；反之，他们将向市场出售过去所投资的房地产。

就投资价值与市场价值相对而言，房地产估价通常是评估房地产的市场价值。但作为房地产估价师，评估房地产的投资价值为投资者决策提供参考依据，也是其服务的一个重要领域。例如，政府以招标、拍卖、挂牌、协议等方式出让国有建设用地使用权，欲取得土地者可能委托房地产估价机构评估其可承受的最高价，为其确定投标报价、最高出价等提供参考依据。这就是一种投资价值评估。

5. 关于评估带租约房地产的说法，错误的有（   ）。

A. 合同租金与市场租金的差异程度对无租约限制条件下的评估价值有影响
B. 抵押估价、转让估价应评估承租人权益价值
C. 在其他条件相同时，无租约限制条件下的评估价值大于有租约限制条件下的出租人权益价值
D. 房屋征收评估应评估无租约限制价值
E. 只要合同约定租金不变，市场租金下跌或上涨时，承租人权益价值始终不变

参考答案：ABCD

要点：出租人权益价值也称为有租约限制价值、带租约的价值，是指出租人对自己的已出租房地产依法享有的权益的价值。其评估价值为已出租部分在租赁期间按合同租金确定租金收入、未出租部分和已出租部分在租赁期间届满后按市场租金确定租金收入所评估的价值。

承租人权益价值即租赁权价值，是指承租人对他人所有的已出租房地产依法享有的权益的价值。其评估价值为按合同租金与市场租金的差额所评估的价值。

合同租金与市场租金的差异程度，对无租约限制价值没有影响，但影响着出租人权益价值和承租人权益价值的大小。如果合同租金低于市场租金，则出租人权益价值会小于无租约限制价值，此时承租人权益价值是正的。如果合同租金高

于市场租金,则出租人权益价值会大于无租约限制价值,此时承租人权益价值是负的。同一宗房地产,无租约限制价值、出租人权益价值和承租人权益价值三者之间的关系为:

无租约限制价值＝出租人权益价值＋承租人权益价值

对于已出租的房地产,估价目的不同,在无租约限制价值、出租人权益价值和承租人权益价值中,要求评估的可能不同。例如,房地产抵押估价、房地产转让估价应评估出租人权益价值,被征收房屋价值评估应评估无租约限制价值。

6. 判定工业房地产区位优劣的主要因素有(　　)。

A. 临街状况　　　　　　　　B. 是否便于动力取得
C. 是否便于废料处理　　　　D. 是否接近大自然
E. 是否便于产品和原料运输

参考答案：BCE

要点：房地产区位优劣的形成,一是先天的自然条件,二是后天的人工影响。在实际估价中,关键要搞清楚什么样的区位为优,什么样的区位为劣。房地产区位优劣的判定标准,虽然因不同的用途而有所不同,但在一般情况下,凡是位于或接近经济活动的中心、要道的通口、行人较多、交通流量较大、环境较好、配套设施较完备位置的房地产,价格一般较高;反之,处于闭塞街巷、郊区僻野的房地产,价格一般较低。较具体地说,居住房地产的区位优劣,主要是看其交通条件、配套设施完备程度、周围环境。其中,别墅的要求是接近大自然,周围环境良好(如有青山、碧水、蓝天),居于其内又可保证一定的生活私密性。商业房地产的区位优劣,主要是看其繁华程度、临街状况、交通条件等。办公房地产的区位优劣,主要是看其商务氛围、交通条件等。工业房地产的区位优劣,通常需要视产业的性质而定,一般地说,凡是有利于原料和产品的运输,便于动力取得和废料处理的区位,价格必有趋高的倾向。

7. 与估价对象相似的房地产是指与估价对象的(　　)等相同或相似的房地产。

A. 区位　　　　　　　　　　B. 用途
C. 权利性质　　　　　　　　D. 总价
E. 外观

参考答案：ABC

要点：比较法简要地说是根据与估价对象相似的房地产的成交价格来求取估价对象价值或价格的方法;较具体地说,是选取一定数量的可比实例,将它们与估价对象进行比较,根据其间的差异对可比实例成交价格进行处理后得到估价对象价值或价格的方法。与估价对象相似的房地产,也称为估价对象的类似房地产,简称类似房地产,是指与估价对象的区位、用途、权利性质、档次、规模、建筑结构、新旧程度等相同或相近的房地产。可比实例是类似房地产中真实成交且符合一定条件的，具体是指交易实例中交易方式适合估价目的、成交日期接近价值时点、成交价格为正常价格或可修正为正常价格的估价对象的类似房地产等财产或相关权益。

8. 估价对象为一宗熟地，对可比实例的成交价格进行权益状况调整时，应包括的内容有（　　）。

　　A. 地役权设立情况　　　　　　　　B. 土地使用期限
　　C. 基础设施完备程度　　　　　　　D. 容积率
　　E. 临街状况

参考答案：ABCD

要点： 权益状况是对房地产价格有影响的房地产权益因素的状况。权益状况调整是将可比实例在其自身权益状况下的价格，调整为在估价对象权益状况下的价格。

由于在选取可比实例时要求可比实例的权利性质与估价对象的权利性质相同，所以权益状况比较、调整的内容主要有规划条件（如容积率）、土地使用期限、共有情况、用益物权设立情况、担保物权设立情况、租赁或占用情况、拖欠税费情况、查封等形式限制权利情况、权属清晰情况等影响房地产价格的因素。

9. 在求取净收益中，运营费用包括（　　）。

　　A. 房地产保有环节的税收　　　　　B. 房地产折旧费
　　C. 房屋保险费　　　　　　　　　　D. 房地产抵押贷款还本付息额
　　E. 为承租人提供的服务费

参考答案：BC

要点： 运营费用（operating expense），是指维持房地产正常使用或营业的必要支出，包括房地产税、房屋保险费、物业服务费、管理费用、维修费、水电费等。运营费用是从估价角度出发的，与会计上的成本费用有所不同，通常不包含房地产抵押贷款还本付息额、房地产折旧额、房地产改扩建费用和所得税。运营费用是从估价角度出发的，与会计上的成本费用有所不同，通常不包含房地产抵押贷款还本付息额、房地产折旧额、房地产改扩建费用和所得税。对此进一步说明如下：

（1）对于已抵押的房地产，运营费用不包含抵押贷款还本付息额是以测算包含自有资金和抵押贷款价值在内的整体房地产价值为前提的。由于抵押贷款并不影响房地产整体的正常收益，并由于抵押贷款额和偿还方式不同，抵押贷款还本付息额会有所不同，所以，如果运营费用包含抵押贷款还本付息额，则会使不同抵押贷款额和偿还方式下的净收益出现差异，从而影响到这种情况下房地产估价的客观性。如果在扣除运营费用后得到的净收益再扣除抵押贷款还本付息额，则得到的收益称为税前现金流量（pre-tax cash flow，PTCF）。即税前现金流量是净收益减去抵押贷款还本付息额后的余额，它被用于评估房地产自有资金权益的价值。

（2）这里所讲的房地产折旧额，是指会计上的建筑物折旧费和土地取得费用摊销，不包含经济寿命比整体建筑物经济寿命短的构件、设施设备、装饰装修等的折旧费。建筑物的一些组成部分（如电梯、空调、锅炉、地毯等）的经济寿命比整体建筑物的经济寿命短，它们在自身经济寿命结束后要重新购置或更换才能继续维持房地产的正常使用（如电梯的经济寿命结束后如果不更换，房地产就不能正常运营），由于它们的购置成本是确实发生的，所以其折旧费或重置提拨款应包含在运营费用中。所谓重置提拨款（replacement allowance），是指在建筑物经济寿命内，为定期更换（需要一次性支付）经济寿命较短的构件、设施设备、装饰装修等所提供的费用；或者在未来持有期结束之前为需要更换的构件、设施设备、装饰装修等所提供的费用。重置提拨款是运营费用的一种。

（3）房地产改扩建能通过增加房地产每年的收入而提高房地产的价值。收益法估价是假设房地产改扩建费用与其所带来的房地产价值增加额相当，从而两者可相抵，因此不将它作为运营费用的一部分。如果房地产改扩建能大大提高房地产的价值，房地产改扩建费用大大低于其所带来的房地产价值增加额，则这种房地产属于"具有投资开发或再开发潜力的房地产"，应采用"假设开发法"来估价。

（4）运营费用中之所以不包含所得税，是因为所得税与特定业主的经营状况直接相关。如果包含所得税，则估价会失去作为客观价值指导的普遍适用性。而在评估投资价值时，通常是采用扣除所得税后的收益，这种收益称为税后现金流量（after-tax cash flow，ATCF）。

10. 关于重新购建价格的说法，正确的有(　　)。
A. 重新购建价格是指重新开发全新状况的估价对象的实际支出
B. 重新购建价格相当于账面价值
C. 重新购建价格是客观的重新购建价格
D. 建筑物的重新购建价格是全新状况的建筑物的重新购建价格
E. 土地的重新购建价格是法定最高出让年限的土地使用权价格

参考答案：CD

要点： 成本法简要地说是根据估价对象的重置成本或重建成本来求取估价对象价值或价格的方法；较具体地说，是测算估价对象在价值时点的重置成本或重建成本和折旧，将重置成本或重建成本减去折旧得到估价对象价值或价格的方法。为叙述上简便，将重置成本和重建成本合称为重新购建价格，是指假设在价值时点重新取得全新状况的估价对象的必要支出，或者重新开发建设全新状况的估价对象的必要支出及应得利润。其中,重新取得可简单地理解为重新购买,重新开发建设可简单地理解为重新生产。折旧是指各种原因造成的估价对象价值减损,其金额为估价对象在价值时点的重新购建价格与在价值时点的市场价值之差。把握重新购建价格的内涵,需要注意下列3点:

(1) 重新购建价格是在价值时点的重新购建价格。例如,在重新开发建设的情况下,重新购建价格是在价值时点的国家财税制度和市场价格体系下,按照价值时点的房地产价格构成来测算的价格。但应注意的是,价值时点并非总是现在,也可能是过去或将来。

(2) 重新购建价格是客观的重新购建价格。具体地说,重新购置的必要支出或重新开发建设的必要支出及应得利润,不是个别单位或个人的实际支出和实际利润,而是必须付出的成本、费用、税金和应当获得的利润,并且为相似的房地产开发活动的平均水平,即为客观成本而非实际成本。如果实际支出超出了平均水平,则超出的部分不仅不能构成价格,而且是一种浪费;反之,实际支出低于平均水平的部分,不会降低价格,只会形成个别单位或个人的超额利润。

(3) 建筑物的重新购建价格是全新状况的建筑物的重新购建价格,土地的重新购建价格是价值时点状况的土地的重新购建价格。因此,建筑物的重新购建价格中未扣除建筑物折旧,而土地的减价和增价因素一般已考虑在土地的重新购建价格中。例如,估价对象中的土地是10年前取得的商业用途法定最高年限40年的建设用地使用权,求取其重新购建价格,不是求取目前40年建设用地使用权的价格,而是求取目前剩余30年建设用地使用权的价格。再如,如果该土地目前的交通条件比其10年前有了很大改善,求取其重新购建价格,不是求取其在10年前交通条件下的价格,而是求取其在目前交通条件下的价格。

11. 引起建筑物物质折旧的因素包括(　　)。
　　A. 地震　　　　　　　　　　B. 电梯数量不够
　　C. 酸雨　　　　　　　　　　D. 单行道
　　E. 门窗的自然破损
　　参考答案:ACE
　　要点:根据引起建筑物折旧的原因,建筑物折旧分为物质折旧、功能折旧和外部折旧。

(1) 物质折旧。物质折旧(physical deterioration)也称为物质损耗、有形损耗,是指因自然力作用或使用导致建筑物老化、磨损或损坏造成的建筑物价值减损。根据引起物质折旧的原因,物质折旧分为下列4种:

1) 自然经过的老化:可称为自然老化折旧,主要是随着时间的流逝由于自然力作用而引起的,如风吹、日晒、雨淋等引起的建筑物腐朽、生锈、风化、基础沉降等。这种折旧与建筑物的实际年龄(建筑物自竣工时起至价值时点止的年数）正相关，并且要看建筑物所在地的气候和环境条件，如酸雨多的地区，建筑物的老化就快。拿人来做比喻，自然经过的老化类似于人随着年龄增长的衰老。

2）正常使用的磨损：可称为使用磨损折旧，主要是由于正常使用而引起的，与建筑物的使用性质、使用强度和使用时间正相关。例如，工业用途的建筑物磨损要大于居住用途的建筑物磨损。受腐蚀的工业用途的建筑物磨损，因受到使用过程中产生的有腐蚀作用的废气、废液等的不良影响，要大于不受腐蚀的工业用途的建筑物磨损。拿人来做比喻，正常使用的磨损类似于是体力劳动还是脑力劳动，体力劳动中是重体力劳动还是轻体力劳动等工作性质的不同对人的损害。

3）意外破坏的损毁：可称为意外损毁折旧，主要是由于突发性的天灾人祸而引起的，包括自然方面的，如地震、水灾、风灾、雷击等；人为方面的，如失火、碰撞等。即使对这些损毁进行了修复，但可能仍然有"内伤"。拿人来做比喻，意外破坏的损毁类似于曾经得过大病对人的损害。

4）延迟维修的损坏残存：可称为延迟维修折旧，主要是由于未适时地采取预防、养护措施或者修理不够及时而引起的，它造成建筑物不应有的损坏或提前损坏，或者已有的损坏仍然存在，如门窗有破损，墙面、地面有裂缝等。拿人来做比喻，延迟维修的损坏残存类似于人平时不注意休养生息，有病不治。

（2）功能折旧。功能折旧（functional obsolescence）也称为无形损耗，是指因建筑物功能不足或过剩造成的建筑物价值减损。导致建筑物功能不足或过剩的原因可能是科学技术进步，人们的消费观念改变，过去的建筑标准过低，建筑设计上的缺陷等。功能折旧可分为下列3种：

1）功能缺乏折旧：是指因建筑物中某些部件、设施设备、功能等缺乏造成的建筑物价值减损。例如，住宅没有卫生间、暖气（北方地区）、燃气、电话线路、有线电视等；办公楼没有电梯、集中空调、宽带等。

2）功能落后折旧：是指因建筑物中某些部件、设施设备、功能等低于市场要求的标准造成的建筑物价值减损。例如，设备、设施陈旧落后或容量不够，建筑式样过时，空间布局欠佳等。以住宅为例，现在时兴"三大、一小、一多"式住宅，即起居室、厨房、卫生间大，卧室小，壁橱多的住宅，过去建造的卧室大、起居室小、厨房小、卫生间小的住宅相对就过时了。再如高档办公楼，现在要求有较好的智能化系统，如果某个所谓高档办公楼的智能化程度不够，则其功能相对就落后了。

3）功能过剩折旧：是指因建筑物中某些部件、设施设备、功能等超过市场要求的标准而对房地产价值的贡献小于其成本造成的建筑物价值减损。例如，某幢厂房的层高为6m，但如果当地该类厂房的标准层高为5m，则该厂房超高的1m因不能被市场接受而使其多花的成本成为无效成本。

（3）外部折旧。外部折旧（external obsolescence）也称为经济折旧（economic obsolescence），是指因建筑物以外的各种不利因素造成的建筑物价值减损。不利因素可能是经济因素（如市场供给过量或需求不足）、区位因素（如周围环境改变，包括原有的较好景观被破坏、自然环境恶化、环境污染、交通拥挤、城市规划改变等），也可能是其他因素（如政府政策变化、采取市场调控措施等）。进一步可把外部折旧分为暂时性的和永久性的。例如，在经济不景气时期房地产价值下降，这就是一种外部折旧，但这种外部折旧不会永久下去，当经济复苏后就会消失。再如，一个高级居住区的附近兴建了一座工厂，使得该居住区的房地产价值下降，这也是一种外部折旧，且这种外部折旧一般是永久性的。

12. 在假设开发法估价中，为确定估价对象的最佳开发利用方式，应确定的主要内容有（　　）。

A. 用途 　　　　　　　　　B. 区位
C. 建筑规模　　　　　　　　D. 建筑档次
E. 房地产开发企业

参考答案：ACD

要点：在实际估价中，假设开发法测算结果的可靠程度主要取决于以下两个预测：①是否根据房地产估价的合法原则和最高最佳利用原则，正确判断了估价对象的最佳开发利用方式（包括用途、建筑规模、档次等）；②是否根据当地房地产市场状况，正确预测了估价对象开发完成后的价值。由于这两个预测包含着较多的不确定因素，假设开发法有时被指责为较粗糙，具有较大的随意性。这一点也可从国有建设用地使用权招标、拍卖、挂牌出让中，都是采用假设开发法测算报价或出价，但不同的竞买者所愿意支付的最高价格常常相差悬殊中反映出来。当然，各个竞买者在测算其报价或出价时所依据的自身条件以及对未来房地产市场的判断可能不同，因为其测算结果本质上是投资价值而不是市场价值。另外，准确地预测后续开发的必要支出及应得利润，也有较大的难度。不过，当估价对象具有潜在的开发价值时，假设开发法几乎是最主要且实用的一种估价方法。

13. 长期趋势法可以用于（　　）。

A. 推测、判断房地产的未来价格
B. 预测收益法中未来的租金、空置率等
C. 市场法中对可比实例的成交价格进行房地产状况调整
D. 比较、分析两宗或两类以上房地产价格的发展趋势或潜力
E. 填补某些房地产历史价格资料的缺乏

参考答案：ABDE

要点：长期趋势法是运用预测科学的有关理论和方法，特别是时间序列分析和回归分析，来推测、判断房地产未来价格的方法。所谓预测，就是由已知的过

去和现在预先推测未知的未来。

长期趋势法是根据房地产价格在过去和现在较长时期内形成的变动规律做出判断，借助历史统计资料和现实调查资料来推测未来，通过对这些资料的统计、分析得出一定的变动规律，并假定其过去形成的趋势在未来继续存在。因此，长期趋势法适用的估价对象是价格无明显季节波动的房地产。

长期趋势法主要用于推测、判断房地产的未来价格，如用于假设开发法中预测开发完成后的价值，此外还有以下作用：①用于收益法中预测未来的租金、经营收入、运营费用、空置率或净收益等；②用于比较法中对可比实例的成交价格进行市场状况调整；③用来比较、分析两宗或两类以上房地产价格的发展趋势或潜力；④用来填补某些房地产历史价格资料的缺乏。

14. 某建筑物共3层，总建筑面积为 $600m^2$，每层建筑面积相等，房地总价值为 600 万元，土地价值为 200 万元。其中一层房地产价值是二层的 0.85 倍，二层房地产价值是三层的 1.2 倍。关于土地份额的计算，正确的有(　　)。

　　A. 按建筑面积分摊，一层占有的土地份额为 33.3%
　　B. 一层按房地产价值分摊的土地份额低于按土地价值分摊的土地份额
　　C. 按房地价值分摊，二层占有的土地份额为 37.3%
　　D. 按土地价值分摊，二层占有的土地份额为 45.2%
　　E. 按土地价值分摊，三层占有的土地份额为 31.7%

参考答案：ABC

要点：参见教材 P386。

15. 在审核房地产估价报告中，发现不同估价方法的测算结果之间有较大差异，其可能的原因有(　　)。

　　A. 隐含的估价对象范围不同　　B. 参数选取不合理
　　C. 估价作业日期不同　　　　　D. 价值类型选取不合理
　　E. 选用的估价方法不切合估价对象

参考答案：AB

要点：当不同的估价方法的测算结果之间有较大差异时，应寻找导致较大差异的原因，并消除不合理的差异。寻找导致较大差异的原因，可从以下方面进行检查：①计算过程是否有误；②基础数据是否正确；③参数选取是否合理；④公式选用是否恰当；⑤不同估价方法的估价对象范围是否一致；⑥选用的估价方法是否适用估价对象和估价目的；⑦是否遵循了应遵循的估价原则；⑧房地产市场是否为特殊状况，如房地产价格是否存在泡沫、房地产市场是否不景气。在房地产价格存在泡沫的情况下，房地产价值通常被市场所高估，从而收益法、成本法的测算结果一般会明显低于比较法的测算结果；而在房地产市场不景气的情况下，房地产价值通常被市场所低估，从而比较法的测算结果一般会明显低于成本法的测算结果（在未考虑外部折旧的情况下）。此外，特别需要强调的是，价值测算中的每个数字都应有其来源依据。

三、判断题（共15题，每题1分。请根据判断结果，在答题卡上涂黑其相应的符号，用"√"表示正确，用"×"表示错误。不答不得分，判断错误扣1分，本题总分最多扣至0分）

1. 在房屋征收评估中，委托人一般是房屋征收部门，是评估报告使用人，被征收人是评估报告使用人和估价利害关系人。　　　　　　　　　　（　　）

参考答案：√

要点：估价委托人可能是也可能不是估价对象权利人、估价利害关系人、估价报告使用者。估价对象权利人一般是估价利害关系人，但可能是也可能不是估价委托人、估价报告使用者。在房地产抵押估价中，委托人可能是非房屋所有权人和建设用地使用权人的贷款人，也可能是以其房地产抵押的借款人，他们都是估价利害关系人，估价报告使用者是贷款人。在房屋征收评估中，委托人一般是房屋征收部门，房屋征收部门和被征收人都是估价利害关系人，也是估价报告使用者。在房地产司法拍卖估价中，人民法院是估价委托人和报告使用者，但不是估价对象权利人，也不是估价利害关系人，申请执行人、被执行人和竞买人是估价利害关系人。

2. 除独立、客观、公正原则外，评估房地产的在用价值时，还应遵循合法原则、价值时点原则、替代原则和最高最佳利用原则。　　　　　　　　（　　）

参考答案：×

要点：估价原则是指估价活动所依据的法则或标准。它是人们在估价的反复实践和理论探索中，在认识价格形成和变动客观规律的基础上，总结和提炼出的。在评估市场价值时，应遵循以下原则：①独立、客观、公正原则；②合法原则；③价值时点原则；④替代原则；⑤最高最佳利用原则。但是，在评估投资价值、现状价值、谨慎价值、快速变现价值和残余价值等其他价值或价格时，上述原则不是全部适用，应根据估价目的和价值类型，从上述原则中选择适用的估价原则，并可增加其他适用的估价原则。如评估现状价值不适用最高最佳利用原则，而评估谨慎价值还应遵循谨慎原则。

3. 一般来说，提高房地产的独立使用性，会提高其变现能力。　　　（　　）

参考答案：√

要点：不同类型的房地产及在不同的房地产市场状况下，变现能力会有所不同。影响某宗房地产变现能力的因素主要有：①该房地产的通用性。所谓通用性，即是否常见、是否被普遍使用。通常情况下，通用性越差的房地产，如用途越专业化的房地产，使用者的范围越窄，越不容易找到买者，变现能力会越弱。

例如，厂房一般比住宅的变现能力弱；厂房中，特殊厂房一般比标准厂房的变现能力弱。②该房地产的独立使用性。所谓独立使用性，即是否能单独地使用及单独使用所受的限制程度。例如，某个单位大院或厂区内的一幢房屋的独立使用性就不好，如果大门关闭，便难以出入。通常情况下，独立使用性越差的房地产，越妨碍房地产的使用，变现能力会越弱。③该房地产的可分割转让性。所谓可分割转让性，是指在物理上、经济上是否可以分离开来使用和转让。例如，保龄球馆的一个球道，高尔夫球场的一个球洞，工厂的一个车间，在物理上一般是不可分割转让的。此外，由于价值越大的房地产变现能力越弱，所以可以分割转让的房地产，变现能力较强；反之，变现能力较弱。④该房地产的价值大小。由于受支付能力的限制，价值越大的房地产，通常越不容易找到买者，变现能力会越弱。例如，面积较大的住宅一般比面积较小的住宅变现能力弱，大型商场一般比小店铺的变现能力弱。⑤该房地产的区位。通常情况下，所处位置越偏僻、越不成熟区域的房地产，变现能力会越弱。例如，郊区的房地产一般比市区的房地产变现能力弱，商圈外的商业用房一般比商圈内的商业用房变现能力弱。⑥该房地产的开发程度。通常情况下，开发程度越低的房地产，不确定因素越多，变现能力会越弱。例如，生地、毛地一般比熟地的变现能力弱，在建工程一般比现房的变现能力弱。⑦该类房地产的市场状况。房地产市场越不景气，出售房地产会越困难，变现能力就越弱。例如，房地产在经济萧条时期一般比在经济繁荣时期的变现能力弱。

4. 甲、乙两块土地，甲地块的容积率为 1.6，土地单价为 3000 元/m^2，乙地块的容积率为 1.8，土地单价为 3500 元/m^2。假设其他条件相同，购买甲地块比购买乙地块更经济。（　　）

参考答案：√

要点：楼面地价简称楼面价，是一种特殊的土地单价，是指一定地块内分摊到单位建筑面积上的土地价格，即：

$$楼面地价 = 土地总价 \div 总建筑面积$$

由此公式可以找到楼面地价、土地单价、容积率三者之间的关系：

$$楼面地价 = 土地总价 \div 建筑面积 = 土地总价 \div （土地面积 \times 容积率）$$
$$= 土地单价 \div 容积率$$

认识楼面地价的作用十分重要，因为地块上规定的容积率或允许建的总建筑面积有所不同，楼面地价通常比土地单价更能反映土地价格水平的高低。

$3000/1.6 = 1875$ 元/m^2

$3500/1.8 = 1944$ 元/m^2

5. 税收是影响房地产价格的制度政策因素之一，在买方市场条件下减少房地产开发环节的税收会使房地产价格下降。（　　）

参考答案： ✓

要点： 新开征、暂停征收、恢复征收或者取消某个与房地产有关的税种（以下简称房地产税收），提高或降低房地产税收的税率或税额标准等，会对房地产价格有影响。但不同种类的房地产税收及其征收范围、纳税人、计税依据、征收方式方法、减免税规定等的不同，导致房地产价格变动的方向、程度和速度是不尽相同的。分析房地产税收对房地产价格的影响，首先应区分它们的征收环节。房地产税收可分为房地产开发环节、交易环节和保有环节的税收。

（1）房地产开发环节的税收。房地产开发环节的税收相当于商品生产环节的税收，如耕地占用税、固定资产投资方向调节税（从 2000 年起暂停征收）。一般地说，增加房地产开发环节的税收，会增加房地产开发成本，从而会推动房地产价格上涨；相反，会使房地产价格下降。

但增加或减少房地产开发环节的税收在短期内是否会导致房地产价格的升降，要看房地产市场是处于卖方市场还是买方市场。如果是卖方市场，则增加房地产开发环节的税收可以通过涨价转嫁给房地产购买者，从而会使房地产价格上涨；而减少房地产开发环节的税收则难以使房地产价格下降，主要会转化为房地产开发企业的"超额利润"。如果是买方市场，则增加房地产开发环节的税收主要会使房地产开发企业通过降低开发利润等而"内部消化"，难以使房地产价格上涨；而减少房地产开发环节的税收则会使房地产价格下降。

（2）房地产交易环节的税收。房地产交易环节的税收也称为房地产流转环节的税收，相当于商品流通环节的税收，如契税、土地增值税、营业税、城市维护建设税、教育费附加（可视同税金）、企业所得税、个人所得税、印花税。考察房地产交易环节的税收对房地产价格的影响，首先需要把它们区分为转让环节的税收（即向卖方征收的税收）和取得环节的税收（即向买方征收的税收）。上述税收中，土地增值税、营业税、城市维护建设税、教育费附加、企业所得税、个人所得税是向卖方征收的税收，契税是向买方征收的税收，印花税是向买卖双方征收的税收。一般地说，增加卖方的税收，比如开征土地增值税、消费税（目前对房地产没有征收消费税，但假如像对烟、酒、化妆品等类消费品那样对高档公寓、别墅征收消费税），会使房地产价格上涨；反之，减少卖方的税收，比如减免营业税，会使房地产价格下降。增加买方的税收，比如提高契税税率，会抑制房地产需求，从而会使房地产价格下降；反之，减免契税，会刺激房地产需求，从而会使房地产价格上涨。

增加或减少卖方的税收在短期内是否会导致房地产价格的升降，同于上述增加或减少房地产开发环节的税收，也要看房地产市场是处于卖方市场还是买方市场。如果是卖方市场，则增加卖方的税收可以通过涨价转嫁给买方，从而会导致房地产价格上涨；而减少卖方的税收则主要会使卖方的收益增加，难以使房地产价格下降。如果是买方市场，则增加卖方的税收主要会降低卖方的收益等而"内部消化"，难以导致房地产价格上涨；而减少卖方的税收则会使房地产价格下降。

(3) 房地产保有环节的税收。房地产保有环节的税收也称为房地产持有环节的税收，相当于商品使用环节的税收，如房产税、城镇土地使用税。增加房地产保有环节的税收，比如开征房产税，实际上是增加了持有房地产的成本，会使自用需求者倾向于购买较小面积的房地产，并会抑制房地产投资和投机，从而会减少房地产需求，还会减少存量房地产囤积而增加房地产供给，进而会使房地产价格下降。对收益性房地产来说，房产税会减少房地产净收益，从而会直接导致房地产价格下降。反之，减免房地产保有环节的税收，会使房地产价格上涨。

6. 某单位于2009年12月1日与市国土局签订的建设用地使用权出让合同规定，土地的规划用途为住宅，容积率为2.0；2010年10月10日报市规划局批准变更用途为住宅、办公；2011年5月9日报市规划局批准变更容积率为3.0；2011年9月1日市国土局委托房地产估价机构评估需补交的土地使用权出让金数额，则价值时点应为2010年10月10日和2011年5月9日。   (   )

参考答案：√

7. 在房地产交易实例搜集工作中，要了解交易双方的名称、关系以及交易目的。   (   )

参考答案：√

要点：运用比较法估价一般分为以下4大步骤：①搜集交易实例，即从现实房地产市场中搜集大量真实成交的房地产及有关信息，如交易对象基本状况、交易双方基本情况、交易方式、成交日期、成交价格、付款方式、融资条件、交易税费负担、交易目的等。②选取可比实例，即从搜集的交易实例中选取一定数量符合一定条件的交易实例。③对可比实例成交价格进行处理。根据处理的内涵不同，分为价格换算、价格修正和价格调整。价格换算主要是对可比实例成交价格的内涵和形式进行处理，使各个可比实例的成交价格之间口径一致、相互可比。这种处理称为建立比较基础。价格修正是把可比实例实际而可能是不正常的成交价格处理成正常价格，即对可比实例的成交价格进行"改正"。这种处理称为交易情况修正。价格调整是对价格"参考系"的调整，即从可比实例"参考系"下的价格调整为估价对象"参考系"下的价格。"参考系"有市场状况和房地产状况两种。这两种处理分别称为市场状况调整和房地产状况调整。因此，该大步骤又分为建立比较基础、交易情况修正、市场状况调整和房地产状况调整四个步骤。④计算比较价值，即把经过上述处理后得到的多个价格综合为一个价格。

在搜集交易实例时应尽量搜集较多的信息，一般包括：①交易对象基本状况，如名称、坐落、范围、规模（如面积）、用途、权属以及土地形状、土地使用期限、建筑物竣工日期（或建成年月、建成年份、建成年代）、建筑结构、周围环境等。②交易双方基本情况，如卖方和买方的名称及之间的关系等。③交易方式，如买卖、互换、租赁，买卖中又如协议、招标、拍卖、挂牌等。④成交日期。⑤成交价格，包括总价、单价及计价方式（是按建筑面积计价还是按套内建筑面积、使用面积计价）。⑥付款方式，例如是一次性付款还是分期付款（包括付款期限、每期付款额或付款比例）。⑦融资条件，如首付款比例、贷款利率、贷款期限等。⑧交易税费负担，如买卖双方是依照规定或按照当地习惯各自缴纳自己应缴纳的税费，还是全部税费由买方负担或卖方负担等。⑨交易目的，如卖方为何而卖，买方为何而买，以及是否有急卖或急买等特殊交易情况。

8. 某收益性房地产按经济寿命计算的建筑物年折旧费为 100 万元，房屋设备年折旧费为 10 万元，室内装饰装修年折旧费为 50 万元，则采用收益期限为有限年的收益法公式估价时，计入年运营费用的折旧费为 160 万元。　　　　（　　）

参考答案：×

要点：参见教材 P238。

9. 资本化率是一种将房地产的预期收益转换为价值的比率，但它并不能明确表示房地产未来各期的获利能力。　　　　（　　）

参考答案：√

要点：资本化率（R）和报酬率（Y）都是将房地产的预期收益转换为价值的比率，但两者有很大区别。资本化率是在直接资本化法中采用的，是一步就将房地产的预期收益转换为价值的比率；报酬率是在报酬资本化法中采用的，是通过折现的方式将房地产的预期收益转换为价值的比率。资本化率是房地产的某种年收益与其价格的比率（通常用未来第一年的净收益除以价格来计算），仅表示从收益到价值的比率，并不明确地表示获利能力；报酬率是用来除一连串的未来各期净收益，以求取未来各期净收益的现值的比率。

10. 某旧商业综合楼，装修改造完成后租期尚有 5 年，承租人有两种装修改造方案：一是重新装修但不改变用途，装修费为 180 万元，每年净收益比装修前增加 50 万元；二是重新装修且改变用途，装修费为 300 万元，每年净收益比装修前增加 80 万元。假定报酬率为 10%，则承租人应选择第二个方案。　　　　（　　）

参考答案：×

要点：第一种方案装修价值 $=\dfrac{50}{10\%}\times\left[1-\dfrac{1}{(1+10\%)^5}\right]-180=9.54$ 万元

第二种方案装修价值 $=\dfrac{80}{10\%}\left[1-\dfrac{1}{(1+10\%)^5}\right]=0.26$ 万元。

11. 在国有建设用地使用权招标出让中，投标人运用假设开发法测算的投标报价本质上是投资价值而不是市场价值。　　　　（　　）

参考答案：√

要点：在实际估价中，假设开发法测算结果的可靠程度主要取决于以下两个预测：①是否根据房地产估价的合法原则和最高最佳利用原则，正确判断了估价对象的最佳开发利用方式（包括用途、建筑规模、档次等）；②是否根据当地房地产市场状况，正确预测了估价对象开发完成后的价值。由于这两个预测包含着较多的不确定因素，假设开发法有时被指责为较粗糙，具有较大的随意性。这一点也可从国有建设用地使用权招标、拍卖、挂牌出让中，都是采用假设开发法测算报价或出价，但不同的竞买者所愿意支付的最高价格常常相差悬殊中反映出来。当然，各个竞买者在测算其报价或出价时所依据的自身条件以及对未来房地产市场的判断可能不同，因为其测算结果本质上是投资价值而不是市场价值。另外，准确地预测后续开发的必要支出及应得利润，也有较大的难度。不过，当估价对象具有潜在的开发价值时，假设开发法几乎是最主要且实用的一种估价方法。

12. 采用假设开发法的传统方法估价时，应计息项目包括后续的开发成本、管理费用、销售费用和销售税费等。（　　）

参考答案：×

要点：在静态分析法中投资利息和开发利润都单独显现出来，在动态分析法中这两项都不显现出来，而是隐含在折现过程中。因此，动态分析法要求折现率既包含安全收益部分（通常的利率），又包含风险收益部分（利润率）。之所以这样处理，是为了与投资项目经济评价中的现金流量分析的口径一致，便于比较。

注：静态分析方法即传统方法。

13. 长期趋势法是运用预测科学的有关理论和方法，根据房地产在未来较长时期内获得收益的变动规律，推测和判断房地产价格的方法。（　　）

参考答案：×

要点：长期趋势法是运用预测科学的有关理论和方法，特别是时间序列分析和回归分析，来推测、判断房地产未来价格的方法。所谓预测，就是由已知的过去和现在预先推测未知的未来。

14. 现行城镇基准地价是在土地使用权出让和转让中形成的地价，而不是通过评估确定的地价。（　　）

参考答案：×

要点：城镇基准地价简称基准地价，是在某个城镇的一定区域范围内，划分土地级别或不同均质地域，按照商业、居住、工业等用途，分别评估确定的一定使用期限的建设用地使用权在某一时点的平均价格。

15. 估价档案保存期限自估价报告出具之日起计算，应不少于 10 年。保存期限届满而估价服务的行为尚未结束的，估价档案应保存至估价服务的行为结束为止。（　　）

参考答案：√

要点：估价资料保存期限自估价报告出具之日起计算，应不少于 10 年。估价资料保存已超过 10 年而估价服务的行为尚未结束的，估价资料应保存到估价服务的行为结束。例如，某个住房抵押贷款估价项目，如果该笔住房抵押贷款期限为 20 年，则为该笔住房抵押贷款服务的估价资料应保存 20 年以上。保存期限届满的估价资料需要销毁的，应按照有关规定编造清册后销毁。

四、计算题（共 2 题，20 分。要求列出算式、计算过程；需按公式计算的，要写出公式；只有计算结果而无计算过程的，不得分。计算结果保留小数点后两位。请在答题纸上作答）

1. 某旧商业用房的面积为 20000m²，业主与某公司签订了租期为 10 年的租赁合同，约定第一年的租金为 240 元/m²，以后每年租金上调 4%。该公司在市场调查基础上确定对该商业用房进行装修改造后经营最有利。装修改造期为 1 年，装修改造费用为 1000 元/m²，分两期投入，前半年均匀投入 60%，后半年均匀投入 40%，装修改造后即可租赁经营。目前市场上装修改造后的类似房地产的年租金为 840 元/m²，年租金增长率为 5%，空置率为 10%，运营费用为有效毛收入的 30%。请根据上述资料计算该公司作为承租人可获得的净收益现值。（报酬率为 10%）

参考答案：

解：

年净收益 $= 840 \times (1-10\%) \times (1-30\%) = 529.2$ 元/m²

承租人装修后租赁收益价值 $= \dfrac{529.2}{10\%-5\%} \times \left[1 - \dfrac{(1+5\%)^9}{(1+10\%)^9}\right] \times \dfrac{1}{1+10\%}$

$= 3291.48$ 元/m²

承租人装修改造费用现值 $= 1000 \times \left(\dfrac{60\%}{(1+10\%)^{0.25}} + \dfrac{40\%}{(1+10\%)^{0.75}}\right)$

$= 958.28$ 元/m²

承租人承租支出现值 $= \dfrac{529.2}{10\%-4\%} \times \left[1 - \dfrac{(1+4\%)^{10}}{(1+10\%)^{10}}\right]$

$= 1717.21$ 元/m²

承租人可获得的净收益现值 $= 3291.48 - 958.28 - 1717.21 = 615.99$ 元/m²

总价 $= 615.99 \times 2 = 1231.98$ 万元。

2. 某建设用地使用权于 2010 年 4 月 15 日以出让方式取得，土地面积为 200000m²，规划容积率为 2.0，其中配建 20% 的限价房，限定价格为 4800 元/m²，其余 80% 为商品房。该项目建筑安装工程费用为 1500 元/m²，前期工程费、管理费分别为建筑安装工程费用的 10% 和 6%；至 2011 年 10 月 15 日完成了主体结构，预计至建成尚需 1.5 年，还需投入 40% 的建设费用，费用均匀投入。目前产权人因资金问题拟转让该在建工程，该转让行为将会使工程停滞 0.5 年后再开始续建。当地房地产交易中，买方需缴纳的税费为购买价的 3%，同类商品房的售价为 7000 元/m²，销售费用和销售税费分别为售价的 3% 和 6%，销售费用在建成前半年开始均匀投入，假设项目在建成时可全部售出。请根据上述资料测算该在建工程 2011 年 10 月 15 日的市场价值。（折现率为 10%）

参考答案：

解：规划建筑面积 $=200000\times2=400000\text{m}^2=40$ 万 m²

商品房建筑面积 $=40\times0.8=32$ 万 m²

限价房建筑面积 $=40\times0.2=8$ 万 m²

未来开发价值现值 $=\dfrac{7000\times32+4800\times8}{(1+10\%)^2}=216859.50$ 万元

续建费用现值：

（1）建安工程费、管理费和前期费用现值 $=\dfrac{1500\times[(1+10\%)+6\%)]\times40\times40\%}{(1+10\%)^{1.25}}=24713.17$ 万元

（2）销售费用现值 $=\dfrac{(7000\times32+4800\times8)\times3\%}{(1+10\%)^{1.75}}=6662.66$ 万元

（3）销售税费现值 $=\dfrac{(7000\times32+4800\times8)\times6\%}{(1+10\%)^2}=13011.57$ 万元

设在建工程市场价值为 B，则：

$B=216859.50-24713.66-6662.66-13011.57-3\%B$

则：$B=167448.65$ 万元。

房地产估价理论与方法（二）

一、单项选择题（共 35 题，每题 1 分。每题的备选答案中只有 1 个最符合题意，请在答题卡上涂黑其相应的编号）

1. 关于房地产估价的特点或本质的说法，正确的是（　　）。
A. 房地产估价是评估房地产的价格而不是价值
B. 房地产估价是模拟市场定价而不是代替市场定价
C. 房地产估价是一种价格保证而不是仅提供参考意见
D. 房地产估价有误差且不能把误差控制在合理范围内

参考答案：B

要点：房地产估价本质上是评估房地产价值而不是价格。房地产估价应是模拟市场定价而不是代替市场定价。房地产估价是提供价值意见而不是做价格保

证。房地产估价难免有误差但误差应在合理范围内。

2. 下列房地产估价活动中，不属于鉴证性估价的是（　　）。

A. 为人民法院强制拍卖房地产确定保留价提供参考

B. 为房地产损害双方当事人确定赔偿金额提供参考

C. 为上市公司涉及房地产的关联交易确定交易价格提供参考

D. 为房地产开发企业在建设用地使用权招标出让中确定投标报价提供参考

参考答案：D

要点：根据提供的专业意见的用途和作用，可以分为两种不同性质的估价：一是鉴证性估价（或称公证性估价、证据性估价），二是咨询性估价（或称参考性估价）。为委托人向第三方证明或者说服第三方而提供的估价，即估价报告是给委托人以外的第三方特别是众多的不特定第三方使用，如为证券发行、上市、上市公司关联交易、房屋征收补偿、房地产抵押贷款、人民法院强制拍卖房地产（也称为房地产司法拍卖）提供参考依据的估价，通常属于鉴证性估价。为委托人自己使用而提供的估价，即估价报告是供委托人自己使用，如为委托人购买房地产确定出价、出售房地产定价提供参考的估价，通常属于咨询性估价。在这两种不同性质的估价中，估价机构和估价师都要承担一定的法律责任，但鉴证性估价承担的法律责任一般要大于咨询性估价承担的法律责任。

3. 某住宅楼因邻近施工项目而出现基础不均匀沉降。该住宅楼总建筑面积$10000m^2$，共有100套住房，有100户居民。经评估，该住宅楼在未受损状况下的市场价格为5000元$/m^2$，平均每套住房的市场租金为1500元$/$月，在受损状况下的市场价格为4500元$/m^2$；如果对该住宅楼进行修复，修复工程费为150万元，并需居民搬迁和在外临时安置6个月，搬迁费平均每户每次1300元；该住宅楼修复后，会因曾受损而导致心理减价5%。关于该住宅楼修复和损害赔偿的说法，正确的是（　　）。

A. 该损害在经济上是可修复的

B. 修复所能带来的价值增加额为500万元

C. 该住宅楼在不修复情况下的价值减损额为500万元

D. 在不修复情况下平均应给予每户的赔偿金额为6.5万元

参考答案：C

要点：（1）未受损情况下的市场价值＝5000×10000＝5000万元

（2）修复后的市场价值＝5000×（1－5%）×10000＝4750万元

（3）受损条件下的市场价值＝4500×10000＝4500万元

（4）修复后增加价值＝4750－4500＝250万元

（5）不修复减损价值＝5000－4500＝500万元

（6）修复后减损价值＝5000－4750＝250万元

(7) 修复费用=150万元

(8) 搬迁安置费用=0.13×2×100+0.15×6×100=116万元

(9) 修复及搬迁安置费用=150+116=266万元

损害在经济上是否可修复，是看修复的必要费用是否小于或等于修复所能带来的价值增加额。如果修复的必要费用小于或等于修复所能带来的价值增加额，则在经济上是可修复的；反之，在经济上是不可修复的。

4. 关于房地产位置固定性的说法，错误的是(   )。

A. 房地产位置固定性决定了房地产市场是一个地区性市场

B. 房地产位置固定性意味着房地产的社会经济位置也固定不变

C. 房地产位置固定性决定了任何一宗房地产只能就地开发、利用或消费

D. 房屋平移技术不能完全改变房地产位置固定这一特性

参考答案： B

要点： 不可移动特性也称为位置固定性，即房地产的位置不可移动，它是房地产最重要的一个特性，也是房地产不同于其他财产、资产、商品的主要之处。

土地上的土壤、砂石等虽然可以移动、搬走，但是作为空间场所的土地，其位置是固定的，不能移动。建筑物由于"扎根"在土地之中，其位置通常也是固定的，不能移动。有时为了道路建设和古建筑保护等，需要对建筑物实施整体平移。尽管如此，建筑物被移动的情况很少见，被移动的建筑物数量相对于现存的建筑物数量微不足道，并且这种移动的耗费很大，往往是不得已而为之，移动的距离也很短。建筑物被拆除的情况倒是比较常见，但建筑物被拆除后就不是建筑物了，而成了废物、建筑垃圾或还原成了建筑材料。

由于不可移动，每宗房地产与重要场所（如市中心、公园、学校、医院等）的距离、对外交通、外部配套设施、周围环境等，均有一定的相对稳定的状态，从而形成了每宗房地产独特的自然地理位置和社会经济位置，使得不同的房地产之间有区位优劣差别。同时值得指出的是，房地产的不可移动主要是其自然地理位置固定不变，房地产的社会经济位置在经过一段时间之后可能会发生变化。因为对外交通、外部配套设施等，均可以影响房地产的社会经济位置，而这些通常是随着城市建设和发展而发生变化的，特别是在中国现阶段城市建设和发展变化较大较快的情况下。

房地产的不可移动特性，决定了任何一宗房地产只能就地开发、利用或消费，并且要受制于其所在的空间环境（如当地的制度政策、社会经济发展状况及邻里关系等），而不像其他产品，原料地、生产地和消费地可以不在同一个地方，可以在不同地区之间调剂余缺，从生产地或者供给过剩、价格较低的地区，运送到消费地或者供给短缺、价格较高的地区。由于人们无法把房地产价格较低地区的房地产搬到房地产价格较高的地区去，所以房地产市场不是一个全国性市场，

更不是一个全球性市场,而是一个地区性市场,房地产的供求状况、价格水平及价格走势等都是地区性的,在不同地区之间可能不同,甚至其变动方向是相反的。通常可将一个城市的房地产市场视为一个市场,但特大城市的东、西、南、北、中等不同区域,其房地产供求状况也会有较大差异,可细分为若干个子市场。

5. 关于估价对象状况描述的说法,正确的是(　　)。
A. 对估价对象范围的描述就是说明其四至
B. 对建筑物外观的描述应说明其周围环境和景观
C. 对建筑物实物状况的描述应说明建筑物朝向和楼层
D. 对土地开发程度的描述应说明到达地块红线的基础设施完备程度

参考答案:D

要点:(1)区位状况调整的内容,区位状况是对房地产价格有影响的房地产区位因素的状况。区位状况调整是将可比实例在其自身区位状况下的价格,调整为在估价对象区位状况下的价格。

区位状况比较、调整的内容。主要有位置(包括所处的方位、与相关场所的距离、临街状况、朝向、楼层等)、交通(包括进、出的方便程度等)、外部配套设施(包括基础设施和公共服务设施)、周围环境(包括自然环境、人文环境和景观)等影响房地产价格的因素。

(2)实物状况调整的内容。实物状况是对房地产价格有影响的房地产实物因素的状况。实物状况调整是将可比实例在其自身实物状况下的价格,调整为在估价对象实物状况下的价格。

实物状况比较、调整的内容很多,对土地来说,主要有土地的面积、形状、地形、地势、地质、土壤、开发程度等影响房地产价格的因素;对建筑物来说,主要有建筑规模、建筑结构、设施设备、装饰装修、空间布局、防水、保温、隔热、隔声、通风、采光、日照、外观、新旧程度等影响房地产价格的因素。

(3)权益状况调整的内容。权益状况是对房地产价格有影响的房地产权益因素的状况。权益状况调整是将可比实例在其自身权益状况下的价格,调整为在估价对象权益状况下的价格。

由于在选取可比实例时要求可比实例的权利性质与估价对象的权利性质相同,所以权益状况比较、调整的内容主要有规划条件(如容积率)、土地使用期限、共有情况、用益物权设立情况、担保物权设立情况、租赁或占用情况、拖欠税费情况、查封等形式限制权利情况、权属清晰情况等影响房地产价格的因素。

6. 某房地产开发企业欲取得一宗以挂牌方式出让的建设用地使用权,委托房地产估价机构评估其可承受的最高价。该估价应采用的价值类型为(　　)。
A. 市场价值　　　B. 投资价值　　　C. 谨慎价值　　　D. 在用价值

参考答案：B

要点：各个竞买者在测算其报价或出价时所依据的自身条件以及对未来房地产市场的判断可能不同，因为其测算结果本质上是投资价值而不是市场价值。

7. 采用成本法评估某新建商品房的价值，测算出的建筑物重置单价为3200元/m²，土地重新取得单价为2100元/m²，容积率为2，建筑密度为40%。该商品房的单价为（　　）元/m²。

A. 3700　　　　B. 4040　　　　C. 4250　　　　D. 5300

参考答案：C

要点：商品房单价＝3200＋2100/2＝4250元/m²。

8. 某套商品住宅现房的建筑面积为100m²，类似商品住宅现房的月租金净收益为1000元/套，年折现率为6%；类似商品住宅期房的市场价值为5000元/m²，尚需10个月才能入住，风险补偿为现房市场价值的5%。该套商品住宅现房的市场价值为（　　）元/m²。

A. 4653　　　　B. 5347　　　　C. 5352　　　　D. 5366

参考答案：A

要点：期房价格＝现房价格－预计从期房达到现房期间现房出租的净收益的折现值－风险补偿

$$现房价值 = 5000 - \frac{1000}{\frac{6\%}{12}} \times \left[1 - \frac{1}{\left(1+\frac{6\%}{12}\right)^{10}}\right] \div 100 - 5000 \times 5\%$$

$$= 4653 \text{元/m}^2$$

9. 下列房地产中，一般情况下，价格对楼层最为敏感的是（　　）。

A. 商业用房　　B. 住宅　　　　C. 写字楼　　　D. 工业用房

参考答案：A

要点：当为某幢房屋中的某层、某套时，楼层是重要的位置因素，因楼层影响到通达性、通风、采光、日照、视野、景观、空气质量、安宁程度、安全、室内温度、自来水洁净（是否有通过水箱、水池等供水的二次污染），以及顶层是否可独享屋面使用权，底层是否可独享室外一定面积空地的使用权等。住宅楼层的优劣通常按总层数和有无电梯来区分。一般地说，没有电梯的传统多层住宅的中间楼层较优，顶层和底层较劣。有电梯的中高层住宅、高层住宅，城市一年四季空气中悬浮层以上的楼层较优，三层以下较劣。

对某层商业用房来说，楼层是十分重要的位置因素。例如，商业用房的地下一层、地上一层、二层、三层等之间的价格或租金水平差异很大。一般地说，地上一层的价格或租金最高，其他层的价格或租金较低，一般不到地上一层价格或租金的60%。

10. 下列房地产价格影响因素中，不属于经济因素的是( )。
A. 居民收入增加　　　　　　　　B. 房产税征收
C. 人民币升值　　　　　　　　　D. 居民消费价格指数上升

参考答案：B

要点： 影响房地产价格的经济因素，主要有经济发展、居民收入、利率、汇率和物价等。影响房地产价格的制度政策因素，主要有房地产制度政策、金融制度政策、税收制度政策、有关规划和计划以及有关特殊政策等。

11. 在房地产估价活动中，合法原则的运用主要体现在( )。
A. 估价主体资格需依法取得　　　B. 估价对象状况需依法判定
C. 估价对象收益需依法确定　　　D. 估价方法需依法选用

参考答案：B

要点： 房地产估价原则主要有：①独立、客观、公正原则；②合法原则；③价值时点原则；④替代原则；⑤最高最佳利用原则；⑥谨慎原则。

合法原则要求估价结果是在依法判定的估价对象状况下的价值或价格。依法是指不仅要依据有关法律、行政法规、最高人民法院和最高人民检察院发布的有关司法解释，还要依据估价对象所在地的有关地方性法规（民族自治地方应同时依据有关自治条例和单行条例），国务院所属部门颁发的有关部门规章和政策，估价对象所在地人民政府颁发的有关地方政府规章和政策，以及估价对象的不动产登记簿（房屋登记簿、土地登记簿）、权属证书、有关批文和合同等（如规划意见书、国有建设用地使用权出让招标文件、国有建设用地使用权出让合同、房地产转让合同、房屋租赁合同等）。因此，合法原则中所讲的"法"，是广义的"法"。

12. 下列估价基本事项中，首先应予以明确的是( )。
A. 估价目的　　　　　　　　　　B. 价值时点
C. 估价对象　　　　　　　　　　D. 价值类型

参考答案：A

要点： 房地产估价的核心内容是为了特定目的，对特定房地产在特定时间的特定价值或价格进行分析、测算、判断。因此，在分析、测算和判断特定价值或价格之前，必须搞清楚特定目的、特定房地产、特定时间和特定价值或价格，即要搞清楚估价目的、估价对象、价值时点和价值类型。这四者通常称为估价基本事项，把搞清楚它们称为确定估价基本事项。

在一个估价项目中，估价目的、估价对象、价值时点和价值类型之间是有着内在联系的，其中估价目的是龙头。因为只有确定了估价目的，才能确定估价对象、价值时点和价值类型。

13. 相似的房地产之间之所以价格相互牵掣、相互接近，是因为相似的房地产之间具有( )。

A. 异质性　　　　B. 排他性　　　　C. 替代性　　　　D. 互补性

参考答案：C

14. 某宗房地产某年 1 月 1 日的成交价格为 1000 美元/m²，同年 1 月 1 日至 9 月 1 日类似房地产以人民币为基准的价格平均每月比上月增加 80 元/m²，该年 9 月 1 日该房地产以美元计算的正常价格为( )美元/m²（假设该年 1 月 1 日的汇率为 1 美元兑换 6.7 元人民币，9 月 1 日的汇率为 1 美元兑换 6.4 元人民币）。

A. 1051　　　　B. 1096　　　　C. 1100　　　　D. 1147

参考答案：D

要点：(1) 1 月 1 日人民币价格＝1000×6.7＝6700 元/m²
(2) 9 月 1 日人民币价格＝6700＋80×8＝7340 元/m²
(3) 9 月 1 日美元价格＝7340÷6.4＝1147 美元/m²。

15. 某套住宅的使用面积为 100m²，成交总价为 80 万元，其中附带家具和电器的价值为 2 万元，成交价款在成交当日支付 50%，余款一年后支付；假设年折现率为 6%，使用面积与建筑面积的比率为 75%，则在成交当日以建筑面积计算的该住宅"纯粹"房地产的实际交易价格为( )元/m²。

A. 5680　　　　B. 5830　　　　C. 5850　　　　D. 7574

参考答案：A

要点：建筑面积＝使用面积/使用面积与建筑面积的比率＝100/0.75＝133.33m²

纯粹房地产现值价格＝40＋40/(1＋6%)－2＝75.7358 万元

纯粹房地产交易价格＝75.7358×10000/133.33＝5680 元/m²。

16. 某宗房地产的成交价格比正常价格低 8%，买卖双方约定所有交易税费均由买方负担。当地该类房地产交易中卖方和买方应缴纳的税费分别为正常价格的 5% 和 3%。现将该房地产交易实例选作可比实例，其相应的修正系数为( )。

A. 103.26%　　　　B. 105.43%　　　　C. 112.06%　　　　D. 114.42%

参考答案：D

要点：正常成交价格＝卖方实际支付的价格/(1－应由卖方支付的税率)
修正系数＝1/(1－8%)×[1/(1－应由买方支付的税率)]＝114.42%。

17. 某类房地产 2012 年 1 月的市场价格为 4230 元/m²，2012 年 9 月的市场价格为 4654 元/m²。根据上述数据，2012 年 1 月至 9 月该类房地产市场价格的平均环比月上涨率为( )。

A. 1.07%　　　　B. 1.11%　　　　C. 1.20%　　　　D. 1.25%

参考答案：C

要点： $\sqrt[8]{\dfrac{4654}{4230}}-1=1.20\%$。

18. 估价对象为总楼层 6 层的住宅楼中第 4 层的一套住宅，可比实例为总楼层 5 层的住宅楼中顶层的一套住宅。可比实例的成交价格为 5700 元/m²，所有交易税费均由买方负担。估价对象所在区域同类 5 层和 6 层住宅楼以第 1 层为基准的不同楼层住宅价格差异系数见下表；6 层住宅楼中第 1 层住宅价格为 5 层住宅楼中第 1 层住宅价格的 98%。买方和卖方应缴纳的交易税费分别为成交价格的 3% 和 6%。除上述因素外，估价对象与可比实例的其他情况均相同。由可比实例成交价格求取的比准价值为（　　）元/m²。

5 层、6 层住宅楼不同楼层的价格差异系数

总楼层 \ 所在楼层	1 层	2 层	3 层	4 层	5 层	6 层
5 层	100%	105%	110%	105%	95%	—
6 层	100%	105%	110%	110%	100%	90%

A. 6280　　　B. 6408　　　C. 6881　　　D. 7021

参考答案：C

要点： 5 层的顶层正常成交价格＝卖方实际收到的价格/（1－卖方税率）

5 层的 1 层价格＝5 层的顶层价格×100/95

6 层的 1 层价格＝5 层的 1 层价格×0.98

6 层的 4 层价格＝6 层的 1 层价格×105/100＝5700/（1－6%）×100/95×0.98×105/100＝6881 元/m²。

19. 某宗房地产的报酬率为 7%，收益年限为 40 年条件下的市场价值为 5500 元/m²；若报酬率为 8%，收益年限为 30 年，则该房地产的市场价值为（　　）元/m²。

A. 4644　　　B. 5192　　　C. 5308　　　D. 5500

参考答案：A

要点： 市场价值＝$5500\times\left[\dfrac{1}{r_1}\times\left(1-\dfrac{1}{(1+r_1)^{n_1}}\right)\right]/\left[\dfrac{1}{r_2}\times\left(1-\dfrac{1}{(1+r_2)^{n_2}}\right)\right]$
＝4644 元/m²。

20. 某宗商业用途房地产未来第一年的净收益为 30 万元，此后每年的净收益在上一年的基础上减少 2.4 万元，该房地产的合理经营期限为（　　）年。

A. 10.0　　　B. 12.5　　　C. 13.5　　　D. 40.0

参考答案：C

要点： $n = 30/2.4 + 1 = 13.5$ 年。

21. 已知一年期国债年利率为3.31%，贷款年利率为5.43%，投资风险补偿率为2.23%，管理负担补偿率为1.32%，缺乏流动性补偿率为1.42%，投资带来的优惠率为0.50%，利用累加法计算的报酬率为（　　）。

A. 7.78%　　　　B. 8.28%　　　　C. 13.21%　　　　D. 14.21%

参考答案：A

要点： 报酬率＝安全利率＋投资风险补偿率＋管理负担补偿率＋缺乏流动性补偿率－投资带来的优惠率

$$= 3.31\% + 2.23\% + 1.32\% + 1.42\% - 0.50\% = 7.78\%$$

22. 有效毛收入乘数法没有考虑估价对象与类似房地产在（　　）方面的差异。

A. 房地产租金以外的收入　　　　B. 运营费用率
C. 空置率　　　　　　　　　　　D. 可出租面积的比率

参考答案：C

要点： 潜在毛收入乘数法是将估价对象未来第一年的潜在毛收入（PGI）乘以潜在毛收入乘数（PGIM）来求取估价对象价值的方法，即：

$$V = PGI \times PGIM$$

潜在毛收入乘数是类似房地产的价格除以其年潜在毛收入所得的倍数，即：

$$PGIM = V PGI$$

潜在毛收入乘数法没有考虑房地产空置率和运营费用的差异。因此，如果估价对象与可比实例的空置率差异不大，并且运营费用比率相似，则使用潜在毛收入乘数法是一种简单可行的方法。但总的来说，该方法较粗糙，适用于估价对象资料不充分或精度要求不高的估价。

23. 某房地产在未来6年均可以获得稳定的年净收益50万元，预测在这6年内房地产价值将上涨20%，报酬率为10%。若采用直接资本化法评估该房地产的市场价值，则资本化率为（　　）。

A. 6.67%　　　　B. 7.41%　　　　C. 12.60%　　　　D. 13.33%

参考答案：B

要点： 资本化率 $= \left[\dfrac{10\%}{1-\dfrac{1}{(1+10\%)^6}}\right] \times \left[1 - \dfrac{120\%}{(1+10\%)^6}\right] = 7.41\%$。

24. 某建筑物的建筑面积为120m²，于9年前建成交付使用，单位建筑面积的重置价格为3200元/m²，建筑物残值率为4%，年折旧率为2%，用直线法计算该建筑物当前的成新率为（　　）。

A. 78.40% B. 82.00% C. 82.70% D. 85.60%

参考答案：B

要点：经济耐用年限＝(100－4)/2＝48 年

成新率＝1－(1－4%)×9/48＝82%。

25. 某幢办公楼应配置电梯，但实际未安装。现单独增加电梯（包括土建工程费用、电梯购置与安装费用等）需要 100 万元。类似带电梯的办公楼的重置价格为 2500 万元，其中电梯配置费用为 90 万元。扣除因没有电梯引起的折旧后，该办公楼的价值为(　　)万元。

A. 2400 B. 2410 C. 2490 D. 2500

参考答案：C

要点：办公楼价值＝2500－(100－90)＝2490 万元。

26. 在原划拨土地上建造的某办公楼，建成于 2001 年 8 月 31 日，经济寿命为 60 年。后于 2011 年 8 月 31 日补办了建设用地使用权出让手续，土地使用期限为 40 年（自 2011 年 8 月 31 日起计），建设用地使用权期间届满后对建筑物按残余价值给予补偿。2012 年 8 月 31 日对该办公楼进行评估，经测算，该办公楼的土地重新取得价格为 3000 万元，建筑物重置价格为 4500 万元，残值率为 0。该办公楼在 2012 年 8 月 31 日的评估价值为(　　)万元。

A. 5850 B. 6125 C. 6510 D. 6675

参考答案：C

要点：评估价值＝3000＋4500×(50－11)/50＝6510 万元。

27. 某房地产开发项目的土地使用期限为 50 年，项目建设期为 5 年，自价值时点至建成还需 2.5 年，建成后的建筑面积为 11000m²，年净收益为 350 万元。若报酬率为 7%，折现率为 10%，建筑物经济寿命与土地使用期限同时结束，则建成后的房地产于价值时点的价值为(　　)万元。

A. 3752 B. 3806 C. 4128 D. 4830

参考答案：A

要点：房地产价值＝350/7%×[1－1/(1＋7%)^{45}]/(1＋10%)$^{2.5}$＝3752 万元。

28. 运用假设开发法估价时，开发完成后的价值不适用(　　)求取。

A. 市场法 B. 成本法 C. 收益法 D. 长期趋势法

参考答案：A

要点：在动态分析法中预测开发完成后的价值时，一般不宜将估价时的类似房地产的市场价格直接"平移"过来作为开发完成后的价值，通常是采用比较法并考虑类似房地产市场价格的未来变化趋势，或者采用比较法与长期趋势法相结合，即根据类似房地产过去和现在的市场价格及其未来可能的变化趋势来推测。比较的单位一般为单价。

比较法即为市场法。

29. 在假设开发法的传统方法中,一般不计利息的项目为( )。
A. 待开发房地产价值　　　　　B. 管理费用
C. 销售税费　　　　　　　　　D. 购买待开发房地产应负担的税费

参考答案:C

要点:投资利息只有在静态分析法中才需要测算。在测算投资利息时要把握应计息项目、计息周期、计息期、计息方式和利率。其中,应计息项目包括待开发房地产价值及其取得税费,以及后续开发的建设成本、管理费用和销售费用。销售税费一般不计算利息。一项费用的计息期的起点是该项费用发生的时点,终点通常是建设期的终点,一般不考虑预售和延迟销售的情况。另外值得注意的是,待开发房地产价值和待开发房地产取得税费是假设在价值时点一次性付清,因此其计息的起点是价值时点。后续开发的建设成本、管理费用、销售费用通常不是集中在一个时点发生,而是分散在一段时间内(如开发期间或建造期间)不断发生,但计息时通常将其假设为在所发生的时间段内均匀发生,并具体视为集中发生在该时间段的期中。发生的时间段通常按年来划分,精确的测算要求按半年、季或月来划分。

静态分析法为原来的传统方法。

30. 采用长期趋势法估价时,决定直线趋势法公式 $Y=a+bX$ 中的常数 a、b 的因素应是( )。
A. 房地产的历史价格资料
B. 房地产的现时价格资料
C. 房地产的未来价格资料
D. 房地产的历史、现时和未来价格资料的总和

参考答案:A

要点:数学曲线拟合法主要有直线趋势法、指数曲线趋势法和二次抛物线趋势法。运用直线趋势法预测,估价对象或类似房地产的历史价格的时间序列散点图,应表现出明显的直线趋势。在这种条件下,如果以 Y 表示各期的房地产价格,X 表示时间,则 X 为自变量,Y 为因变量,Y 依 X 而变。因此,房地产价格与时间的关系可用下列方程式来描述:

$$Y=a+bX$$

在上式中,a,b 为未知参数,如果确定了它们的值,直线的位置也就确定了。a,b 的值通常采用最小二乘法来确定。

31. 某宗土地的临街深度为 100 英尺,临街宽度为 60 英尺,市场价值为 1500 万元。根据哈柏法则,临街深度为 36 英尺、临街宽度为 60 英尺的土地价值为( )万元。

A. 600 　　　　B. 738 　　　　C. 900 　　　　D. 960

参考答案：C

要点：哈柏法则（Harper rule）：是临街深度为100英尺的临街土地，前各部分的价值占整块土地价值的$10\sqrt{临街深度}$%。例如，临街深度为100英尺的土地，前25英尺部分的价值占整块土地价值的$10\sqrt{25}$%＝50%，前半部分的价值占整块土地价值的$10\sqrt{50}$%＝70%。

土地价值＝$101500\times10\times\sqrt{36}/(10\sqrt{100})$＝900。

32. 某宗土地的总面积为5000m², 容积率为2，剩余使用年限为30年，用途为工业，现可依法变更为商业用地，容积率提高到3，剩余使用年限不变。现时该类工业用地50年期的建设用地使用权楼面地价为2000元/m²，工业用地报酬率为6%；变更后条件下40年期的商业建设用地使用权土地单价为12000元/m²，商业用地报酬率为10%。该土地因变更用途和容积率应补交的地价款为（　　）万元。

A. 4000 　　　　B. 4004 　　　　C. 4021 　　　　D. 4037

参考答案：D

要点：对改变土地用途、容积率等规划条件的，补地价的数额理论上等于批准变更时新旧规划条件下的土地市场价格之差额，即：

补地价＝新规划条件下的土地市场价格－旧规划条件下的土地市场价格

其中，对单纯提高容积率，改变土地用途并提高容积率的补地价来说，补地价的数额为：

补地价（单价）＝新楼面地价×新容积率－旧楼面地价×旧容积率

补地价（总价）＝补地价（单价）×土地总面积

如果楼面地价不随容积率的改变而改变，则：

补地价（单价）＝楼面地价×（新容积率－旧容积率）

或者

补地价（单价）＝旧容积率下的土地单价旧容积率×（新容积率－旧容积率）

或者

补地价（单价）＝新容积率下的土地单价新容积率×（新容积率－旧容积率）。

33. 关于明确估价基本事项的说法，错误的是（　　）。

A. 估价目的本质上由委托人的估价需要决定

B. 价值时点由估价目的决定

C. 估价对象由委托人和估价目的决定

D. 价值类型由估价师决定

参考答案：A

要点：估价目的是由委托人的估价需要决定的，理应由委托人提出。

34. 对运用各种估价方法测算估价对象价值的要求不包括（　　）。

A. 估价方法选用恰当
B. 估价基础数据和技术参数选取准确，依据或理由充分
C. 计算公式和计算过程正确无误
D. 各种估价方法的测算结果一致

参考答案：D

35. 关于估价资料归档的说法，错误的是（　　）。

A. 估价师和相关工作人员不得将估价资料据为己有或者拒不归档
B. 估价项目来源和接洽情况记录、估价报告、估价委托合同、实地查勘记录、估价报告内部审核记录等应归档
C. 估价档案自估价报告出具之日起计算满10年的，即可销毁
D. 估价机构终止的，其估价报告及相关资料应移交当地建设（房地产）行政主管部门或者其指定的机构

参考答案：D

要点：保存估价资料的目的是建立估价档案和估价资料库（如估价实例库和估价参数、评估价值等数据库），为今后的相关估价及管理工作奠定基础。保存估价资料有助于解决日后可能发生的估价争议，有助于估价机构和估价师展现估价业绩，有助于行政主管部门和行业组织对估价机构和估价师开展有关检查。

估价机构应建立估价资料的立卷、归档、保管、查阅和销毁等估价资料管理制度，保证估价资料妥善保管、有序存放、方便查阅，不得擅自改动、更换、删除或销毁。估价师和相关工作人员不得将估价资料据为己有或拒不归档。

保存的估价资料应全面、完整，一般包括：①估价报告；②估价委托书和估价委托合同；③估价所依据的估价委托人提供的资料；④估价项目来源和沟通情况记录；⑤估价对象实地查勘记录；⑥估价报告内部审核记录；⑦估价中的不同意见记录；⑧外部专业帮助的专业意见。

估价资料应采用纸质文档保存，同时可采用电子文档保存。纸质文档应每个估价项目专卷建档，并至少保留一份与交给委托人完全相同的估价报告原件。电子文档保存的，应与纸质文档一致。

估价资料保存期限自估价报告出具之日起计算，应不少于10年。估价资料保存已超过10年而估价服务的行为尚未结束的，估价资料应保存到估价服务的行为结束。例如，某个住房抵押贷款估价项目，如果该笔住房抵押贷款期限为20年，则为该笔住房抵押贷款服务的估价资料应保存20年以上。保存期限届满的估价资料需要销毁的，应按照有关规定编造清册后销毁。

二、多项选择题（共 15 题，每题 2 分。每题的备选答案中有 2 个或 2 个以上符合题意，请在答题卡上涂黑其相应的编号。全部选对的，得 2 分；错选或多选的，不得分；少选且选择正确的，每个选项得 0.5 分）

1. 在估价报告中合理且有依据地说明估价假设，其主要作用有（　　）。
   A. 规避估价风险
   B. 保护估价师和估价机构
   C. 使评估价值更接近实际成交价格
   D. 告知和提醒估价报告使用人注意有关事项
   E. 使委托人能得到其预期的估价结果

   参考答案：ABD

   要点：估价假设和限制条件是估价报告中对估价假设和估价报告使用限制的说明。在说明估价假设和限制条件时，应有针对性并尽量简明，要防止出现以下 3 种情况：①随意编造假设和限制条件；②应说明的假设和限制条件不予以说明；③无针对性地列举一些与本估价项目无关的假设和限制条件。

   估价假设是针对估价对象状况等估价前提所做的必要的、合理的、有依据的假定。注册房地产估价师和房地产估价机构不得为了高估或低估、规避应尽的审慎检查资料、尽职调查情况等勤勉尽责估价义务而滥用估价假设。

   合理且有依据地说明估价假设，既体现了一名合格的估价师的专业胜任能力，又反映了估价师的职业道德。其作用一方面是规避估价风险，保护估价师和估价机构；另一方面是告知、提醒估价报告使用者在使用估价报告时注意，保护估价报告使用者。

2. 下列估价目的中，对已被查封的房地产应视为未被查封的房地产来估价的有（　　）。
   A. 房地产抵押估价
   B. 房屋征收评估
   C. 房地产司法拍卖估价
   D. 房地产转让估价
   E. 房地产投资信托基金估价

   参考答案：BC

   要点：在房屋征收评估中，估价对象实际状况为已出租或抵押、查封的房地产，但估价中假定估价对象未出租或抵押、查封；在房地产司法拍卖估价中，估价对象实际状况为被查封的房地产，但估价中假定估价对象未被查封。

3. 决定某类房地产供给量的主要直接因素有（　　）。
   A. 该类房地产的价格水平
   B. 消费者的收入水平
   C. 该类房地产的开发成本
   D. 该类房地产的开发技术水平
   E. 房地产开发企业对未来的预期

参考答案：ACDE

要点： 某种房地产的供给量是由许多因素决定的，除了随机因素，经常起作用的因素有：①该种房地产的价格水平；②该种房地产的开发成本；③该种房地产的开发技术水平；④房地产开发企业和拥有者对未来的预期。这些因素对房地产供给量的影响如下：

(1) 该种房地产的价格水平。一般地说，某种房地产的价格越高，开发该种房地产就越有利可图，房地产开发企业愿意开发的数量就会越多；相反，房地产开发企业愿意开发的数量就会越少。供给量与价格正相关的这种关系，称为供给规律。

(2) 该种房地产的开发成本。在某种房地产的价格水平不变的情况下，当其开发成本上升，如土地、建筑材料、建筑设备、建筑人工等投入要素中的一种或几种价格上涨时，房地产开发利润率就会下降，从而会使该种房地产的供给减少；相反，会使该种房地产的供给增加。

(3) 该种房地产的开发技术水平。在一般情况下，开发技术水平的提高可以降低开发成本，增加开发利润，房地产开发企业就会开发更多的房地产。

(4) 房地产开发企业和拥有者对未来的预期。如果房地产开发企业和拥有者对未来的房地产市场看好，如预期房地产价格未来会上涨，则房地产开发企业会增加房地产开发量，从而会使未来的房地产供给增加，同时房地产开发企业和拥有者会"捂盘惜售"，从而会减少房地产的当前供给；如果房地产开发企业和拥有者对未来的房地产市场不看好，则结果会相反。

4. 下列估价目的中，对已出租的房地产应考虑租约影响的有（　　）。

A. 房地产抵押估价　　　　　　B. 房屋征收评估
C. 房地产转让估价　　　　　　D. 房地产火灾保险估价
E. 房地产司法拍卖估价

参考答案：AC

要点： 如果是为房地产买卖、抵押目的评估这种房地产价值，就应考虑租赁合同约定的租金（简称合同租金、租约租金）与市场租金差异的影响。但如果是为房屋征收目的而估价，则不考虑房屋租赁因素的影响，应视为无租约限制的房屋来估价。在成本法估价中对价格构成的成本、费用、税金和利润等项目的取舍上，也应根据估价目的作出。此外，估价目的还限制了估价报告的用途。针对某种估价目的得出的估价结果，不能盲目地套用于与其不相符的用途。因此，估价师在估价中应始终谨记估价目的。

5. 下列房地产价格影响因素中，属于房地产区位因素的有（　　）。

A. 税收政策　　　　　　　　　B. 城市规划调整
C. 环境状况　　　　　　　　　D. 城市基础设施状况

E. 汇率

参考答案：CD

要点：房地产区位因素是一个综合性因素，可分解为位置、交通、外部配套设施、周围环境等因素。在房地产价格影响因素中，判定一个因素是否属于区位因素，可以把实际上不可移动的房地产想象成动产那样是可以移动的，然后假设移动它。如果房地产移动之后会发生变化的因素，就属于区位因素；反之，则不属于区位因素。

6. 评估一宗房地产的价值，估价方法的选用主要取决于(　　)。

　　A. 估价对象　　　　　　　　B. 估价师对估价方法的熟悉程度
　　C. 委托人　　　　　　　　　D. 估价机构资料库中可用资料情况
　　E. 当地房地产市场状况

参考答案：ABD

要点：每种估价方法都是从某个角度或某一方面来测量房地产价值或价格的，它们一定程度上都有局限。要求在估价中尽量采用多种估价方法进行估价，就是考虑到不同估价方法都有局限。针对不同的估价对象，如何选用合适的估价方法，如何对不同估价方法测算出的结果进行取舍、调整、综合得出最终的估价结果，这个过程是估价师对估价理论和方法的掌握，对市场规律的把握以及其实务操作能力的体现。最终的估价结果是否合理，也依赖于估价师的判断力。因此，可以说房地产估价既是科学又是艺术。

基于上述原因，世界上许多国家和地区规定要成为执业的房地产估价师，不仅应具有相当程度的估价专业知识，而且应具有一定年限以上的估价实践经验。例如，中国台湾地区《不动产估价师法》第五条规定："领有不动产估价师证书，并具有实际从事估价业务达二年以上之估价经验者，得申请发给开业证书。不动产估价师在未领得开业证书前，不得执行业务。"

每种估价方法都有其适用的估价对象和估价需要具备的条件。它们有时可以同时运用于同一估价对象，如商品住宅、写字楼一般可同时采用比较法、收益法和成本法估价，以相互验证，但不应相互替代。不同的估价方法有时是互补的，如特殊厂房一般不适用比较法估价，但适用成本法估价；待开发的土地一般不适用成本法估价，但适用假设开发法和比较法估价；在建工程一般不适用比较法估价，但适用成本法和假设开发法估价。

7. 市场法中选取可比实例时，应做到可比实例与估价对象的(　　)。

　　A. 区位相近　　　　　　　　B. 权利性质相同
　　C. 面积相等　　　　　　　　D. 档次相当
　　E. 建成年份相同

参考答案：ABD

要点：可比实例房地产应是估价对象的类似房地产，具体应满足下列要求：

（1）与估价对象的区位相近。可比实例与估价对象应在同一地区或同一供求范围内的相似地区。所谓同一供求范围，也称为同一供求圈、同一市场，是指与估价对象有一定的替代关系、价格会相互影响的房地产区域范围。以北京市为例，如果估价对象是位于王府井地区的一个商场，则选取的可比实例最好也位于王府井地区；而如果在王府井地区内可供选取的交易实例不多，则应选取东单这类近邻地区或西单这类同等级别商业区中的交易实例。如果估价对象是位于北京市区某个住宅小区内的一套住房，则选取的可比实例最好也位于同一住宅小区；而如果在同一住宅小区内没有合适的交易实例可供选取，则应选取北京市区内在区位、规模、档次等方面与估价对象小区相当的住宅小区内的交易实例。

（2）与估价对象的用途相同。这里的用途相同主要指大类用途相同，如果能做到小类用途相同则更好。大类用途一般分为居住、商业、办公、旅馆、工业、农业等。

（3）与估价对象的权利性质相同。当不相同时，一般不能作为可比实例。例如，国有土地与集体土地的权利性质不同；出让国有建设用地使用权与划拨国有建设用地使用权的权利性质不同；商品住房与房改所购住房、经济适用住房的权利性质不同。因此，如果估价对象是出让国有建设用地使用权或出让国有建设用地使用权土地上的房地产，则应选取出让国有建设用地使用权或出让国有建设用地使用权土地上的房地产的交易实例，不宜选取划拨国有建设用地使用权或划拨国有建设用地使用权土地上的房地产的交易实例。

（4）与估价对象的档次相当。档次是指按一定标准分成的不同等级。例如，宾馆划分的五星级、四星级、三星级等；写字楼划分的甲级、乙级等。这里的档次相当主要指在设施设备（如电梯、空调、智能化等）、装饰装修、周围环境等方面的齐全、优劣程度应相当。

（5）与估价对象的规模相当。例如，估价对象为一宗土地，则选取的可比实例的土地面积应与该土地的面积大小差不多，既不能过大也不能过小。选取的可比实例规模一般应在估价对象规模的 0.5～2 倍范围内，即：

0.5≤可比实例规模估价对象规模≤2。

（6）与估价对象的建筑结构相同。这里的建筑结构相同主要指大类建筑结构相同，如果能做到小类建筑结构相同则更好。大类建筑结构一般分为钢结构、钢筋混凝土结构、砖混结构、砖木结构、简易结构。

8. 市场法中权益状况调整的内容包括（   ）。

A. 土地使用期限　　　　　　B. 容积率
C. 土地开发程度　　　　　　D. 房屋空间布局
E. 地役权设立

参考答案：ABE

要点：权益状况是对房地产价格有影响的房地产权益因素的状况。权益状况调整是将可比实例在其自身权益状况下的价格，调整为在估价对象权益状况下的价格。

由于在选取可比实例时要求可比实例的权利性质与估价对象的权利性质相同，所以权益状况比较、调整的内容主要有规划条件（如容积率）、土地使用期限、共有情况、用益物权设立情况、担保物权设立情况、租赁或占用情况、拖欠税费情况、查封等形式限制权利情况、权属清晰情况等影响房地产价格的因素。

9. 根据房地产获取收益的方式不同，收益法中的净收益测算包括（　　）。

A. 直接资本化法　　　　　　　B. 基于租赁收入测算

C. 收益乘数法　　　　　　　　D. 基于营业收入测算

E. 现金流量折现法

参考答案：BD

要点：收益性房地产获取收益的方式，可分为出租和营业两大类。据此，求取净收益的途径可分为两种：一是基于租赁收入求取净收益，如有大量租赁实例的住宅、写字楼、商铺、停车场、标准厂房、仓库等类房地产；二是基于营业收入求取净收益，如宾馆、影剧院、娱乐中心、汽车加油站等类房地产。在英国，将前一种情况下的收益法称为投资法，后一种情况下的收益法称为利润法。有些房地产既有大量租赁实例又有营业收入，如商铺、餐馆、农地等。在实际估价中，只要是能够通过租赁收入求取净收益的，应优先通过租赁收入求取净收益。因此，基于租赁收入求取净收益的收益法是收益法的典型形式。

10. 对于同一房地产，关于开发利润率大小的说法，错误的有（　　）。

A. 销售利润率小于投资利润率

B. 投资利润率小于成本利润率

C. 成本利润率小于直接成本利润率

D. 直接成本利润率小于销售利润率

E. 年利润率小于总利润率

参考答案：AB

要点：开发利润通常按照一定的基数乘以相应的利润率来估算。开发利润的计算基数和相应的利润率主要有下列4种：

① 计算基数＝土地取得成本＋建设成本，相应的利润率可称为直接成本利润率，即：

直接成本利润率＝开发利润/（土地取得成本＋建设成本）。

② 计算基数＝土地取得成本＋建设成本＋管理费用＋销售费用，相应的利润率可称为投资利润率，即：

投资利润率＝开发利润/(土地取得成本＋建设成本＋管理费用＋销售费用)。

③ 计算基数＝土地取得成本＋建设成本＋管理费用＋销售费用＋投资利息，相应的利润率可称为成本利润率，即：

成本利润率＝开发利润/(土地取得成本＋建设成本＋管理费用＋销售费用＋投资利息)。

④ 计算基数＝土地取得成本＋建设成本＋管理费用＋销售费用＋投资利息＋销售税费＋开发利润＝开发完成后的房地产价值（售价），相应的利润率可称为销售利润率，即：

销售利润率＝开发利润/开发完成后的房地产价值。

在采用销售利润率估算开发利润的情况下，因为

开发利润＝房地产价值×销售利润率＝(土地取得成本＋建设成本＋管理费用＋销售费用＋投资利息＋销售税费＋开发利润)×销售利润率

所以

开发利润＝(土地取得成本＋建设成本＋管理费用＋销售费用＋投资利息＋销售税费)×销售利润率/(1－销售利润率)。

由于有不同种类的利润率，所以在估算开发利润时要搞清楚利润率的内涵，注意利润率和计算基数相互匹配。各种利润率的分子都是相同的，仅分母不同。其中，销售利润率的分母是所有房地产价格构成项目，成本利润率的分母不包含销售税费和开发利润，投资利润率的分母不包含投资利息、销售税费和开发利润，直接成本利润率的分母不包含管理费用、销售费用、投资利息、销售税费和开发利润。因此，利润率由大到小依次为直接成本利润率、投资利润率、成本利润率、销售利润率。从理论上讲，同一个房地产开发项目的开发利润，无论是采用哪种利润率和与之相应的计算基数来估算，所得出的结果都是相同的。

11. 假设开发法评估待开发土地价值时，选取最佳的开发利用方式包括选取最佳的(　　)。

A. 区位　　　　　　　　B. 用途
C. 档次　　　　　　　　D. 周围环境
E. 建筑规模

参考答案：BCE

要点：在实际估价中，假设开发法测算结果的可靠程度主要取决于以下两个预测：①是否根据房地产估价的合法原则和最高最佳利用原则，正确判断了估价对象的最佳开发利用方式（包括用途、建筑规模、档次等）；②是否根据当地房地产市场状况，正确预测了估价对象开发完成后的价值。由于这两个预测包含着较多的不确定因素，假设开发法有时被指责为较粗糙，具有较大的随意性。这一点也可从国有建设用地使用权招标、拍卖、挂牌出让中，都是采用假设开发法测

283

算报价或出价，但不同的竞买者所愿意支付的最高价格常常相差悬殊中反映出来。当然，各个竞买者在测算其报价或出价时所依据的自身条件以及对未来房地产市场的判断可能不同，因为其测算结果本质上是投资价值而不是市场价值。另外，准确地预测后续开发的必要支出及应得利润，也有较大的难度。不过，当估价对象具有潜在的开发价值时，假设开发法几乎是最主要且实用的一种估价方法。

12. 某类房地产2007～2011年的价格见下表。关于平均增减量法适用条件及其价格趋势值的说法，正确的有（　　）。

某类房地产2007～2011年的价格（元/m²）

年　份	2007	2008	2009	2010	2011
价　格	5734	6105	6489	6870	7254

A. 房地产价格的变动过程应是持续上升或持续下降的
B. 各期房地产价格上升或下降的数额应大致相同
C. 2010年的价格趋势值为6900元/m²
D. 2011年的价格趋势值为7283元/m²
E. 2012年的价格趋势值为7634元/m²

参考答案：ABE

13. 基准地价修正法评估国有建设用地使用权价值应具备的条件有（　　）。
A. 政府确定并公布了征收农地区片价标准
B. 估价对象位于基准地价覆盖区域
C. 有完备的基准地价修正体系
D. 估价对象宗地的开发程度与基准地价对应的开发程度一致
E. 估价对象宗地的使用年限与基准地价对应的使用年限相同

参考答案：BC

14. 从理论上讲，可按（　　）分摊高层建筑地价。
A. 建筑物价值　　　　　B. 房地产价值
C. 土地价值　　　　　　D. 建筑面积
E. 楼层

参考答案：BCD

要点：高层建筑地价分摊的方法有：按照建筑物面积进行分摊、按照房地价值进行分摊和按照土地价值进行分摊等方法。

15. 关于房地产估价报告签名、盖章的说法，正确的有（　　）。
A. 注册房地产估价师可以盖个人印章不签名
B. 注册房地产估价师可以只签名不盖个人印章

C. 至少有两名注册房地产估价师签名
D. 法定代表人或执行合伙人必须签名
E. 房地产估价机构必须加盖公章

参考答案：BCE

要点：行政许可的资格、资质可以说是"行业准入条件"。《行政许可法》第八十一条规定："公民、法人或者其他组织未经行政许可，擅自从事依法应当取得行政许可的活动的，行政机关应当依法采取措施予以制止，并依法给予行政处罚；构成犯罪的，依法追究刑事责任。"因此，不论是何种估价目的、何种类型的房地产估价活动，包括公司上市、资产处置、企业清算等，只有注册房地产估价师和房地产估价机构才能够从事，不是房地产估价机构出具和注册房地产估价师签字的关于房地产价值的评估报告，不具有法律效力。

致估价委托人函应加盖房地产估价机构公章，不得以其他印章代替，法定代表人或执行事务合伙人宜在其上签名或盖章，并注明致函日期。该致函日期即为估价报告出具日期。

三、判断题（共15题，每题1分。请根据判断结果，在答题卡上涂黑其相应的符号，用"√"表示正确，用"×"表示错误。不答不得分，判断错误扣1分，本题总分最多扣至0分）

1. 房地产估价师除了可以从事房地产价值评估业务，还可以从事房地产市场调研、房地产开发项目策划和房地产资产管理等咨询业务。（　　）

参考答案：√

要点：特别需要指出的是，区分估价和评估并不意味着房地产估价师和房地产估价机构只能从事房地产价值或价格评估业务。实际上，房地产估价师和房地产估价机构除了从事房地产价值或价格评估业务（包括为了各种目的，对各种房地产的各种价值和价格进行评估），还经常从事房地产价值或价格评估相关业务和房地产咨询业务。

2. 估价假设是指估价师对估价所必要且能准确确定的前提条件做出的某种假定。（　　）

参考答案：×

要点：估价假设是指针对估价对象状况等估价前提所做的必要、合理且有依据的假定，包括一般假设、未定事项假设、背离事实假设、不相一致假设和依据不足假设。

3. 不同房地产的变现能力不同，房地产的变现能力与其通用性、独立使用性、可分割转让性等有关。（　　）

参考答案：√

要点：不同类型的房地产及在不同的房地产市场状况下，变现能力会有所不同。影响某宗房地产变现能力的因素主要有：①该房地产的通用性。所谓通用性，即是否常见、是否被普遍使用。通常情况下，通用性越差的房地产，如用途越专业化的房地产，使用者的范围越窄，越不容易找到买者，变现能力会越弱。例如，厂房一般比住宅的变现能力弱；厂房中，特殊厂房一般比标准厂房的变现能力弱。②该房地产的独立使用性。所谓独立使用性，即是否能单独地使用及单独使用所受的限制程度。例如，某个单位大院或厂区内的一幢房屋的独立使用性就不好，如果大门关闭，便难以出入。通常情况下，独立使用性越差的房地产，越妨碍房地产的使用，变现能力会越弱。③该房地产的可分割转让性。所谓可分割转让性，是指在物理上、经济上是否可以分离开来使用和转让。例如，保龄球馆的一个球道，高尔夫球场的一个球洞，工厂的一个车间，在物理上一般是不可分割转让的。此外，由于价值越大的房地产变现能力越弱，所以可以分割转让的房地产，变现能力较强；反之，变现能力较弱。④该房地产的价值大小。由于受支付能力的限制，价值越大的房地产，通常越不容易找到买者，变现能力会越弱。例如，面积较大的住宅一般比面积较小的住宅变现能力弱，大型商场一般比小店铺的变现能力弱。⑤该房地产的区位。通常情况下，所处位置越偏僻、越不成熟区域的房地产，变现能力会越弱。例如，郊区的房地产一般比市区的房地产变现能力弱，商圈外的商业用房一般比商圈内的商业用房变现能力弱。⑥该房地产的开发程度。通常情况下，开发程度越低的房地产，不确定因素越多，变现能力会越弱。例如，生地、毛地一般比熟地的变现能力弱，在建工程一般比现房的变现能力弱。⑦该类房地产的市场状况。房地产市场越不景气，出售房地产会越困难，变现能力就越弱。例如，房地产在经济萧条时期一般比在经济繁荣时期的变现能力弱。

4. 在合法利用下，现状利用为最高最佳利用时，房地产在用价值等于市场价值；在不合法利用下，在用价值可能高于市场价值。　　　　　（　　）

参考答案：√

要点：现状价值是指估价对象在某一特定时间的实际状况下的价值。当某一特定时间为现在时，则现状价值是估价对象在现在的实际状况下的价值。实际状况包括当前的用途、规模和档次等，它可能是最高最佳利用，也可能不是最高最佳利用；可能是合法利用，也可能不是合法利用。在合法利用下，现状价值一般低于市场价值。而如果现状利用为最高最佳利用，则现状价值就等于市场价值。在不是合法利用下，现状价值有可能高于市场价值。例如，临街住宅楼的底层住宅被擅自改为商铺，该底层住宅的现状商业用途的价值，通常高于法定居住用途的市场价值。

另外，在合法利用下，必然有

（市场价值－现状价值）≥将现状利用改变为最高最佳利用的必要支出及应得利润。

5. 把交通时间和交通费用统一用货币来衡量的距离，称为交通时间距离。
（　）

参考答案：×

要点：距离可分为空间直线距离、交通路线距离、交通时间距离和经济距离来认识。空间直线距离是最简单、最基础的距离，但在路网不够发达和地形复杂的地区（如山地城市），它往往会失去意义。交通路线距离是指通过道路等来连接的距离，有时受路况（包括路面、交通流量等状况）、交通管制等的影响，虽然距离不远，但通达性可能不好，特别是在时间对人们越来越宝贵的情况下。交通时间距离从理论上讲更为科学，但在实际中往往被误用而产生误导，原因主要是测量所用的交通工具、所处时段不能反映真实的交通时间。例如，大城市的某些房地产广告所称的商品房交通方便、15分钟车程即可到达，可能是在交通流量很小的夜间、用速度很快的高级小轿车测量的，而对依靠公共汽车上下班的购房者来说，在上下班时段可能需要1小时才能到达。因此，在使用交通时间距离时应采用该房地产有代表性的使用者适用的交通工具和出行时段来测量。另外，有些房地产虽然来往所需要的交通时间较短，但要经过较高收费的道路或桥梁、隧道等，这样即使节省了交通时间，但可能并不经济。经济距离是更科学但较复杂的一种距离，它是把交通时间、交通费用统一用货币来衡量，以反映距离。

6. 房地产估价应遵循合法原则，因此只有依法登记的房地产才能成为估价对象。
（　）

参考答案：×

要点：遵循合法原则并不意味着只有合法的房地产才能成为估价对象，而是指依法判定估价对象是哪种状况的房地产，就应将其作为那种状况的房地产来估价。

7. 市场法求得的价值是最真实、可靠的，因为它是市场价格的体现。
（　）

参考答案：×

8. 甲乙两块其他条件相同的土地，甲土地单价为1400元/m^2，容积率为4，土地使用年限为40年；乙土地单价为900元/m^2，容积率为2.5，土地使用年限为50年。投资乙土地较投资甲土地更经济（假设土地报酬率为6%）。（　）

参考答案：√

9. 自有资金资本化率通常为未来第一年的税前现金流量与自有资金额的比率，可以由可比实例房地产的税前现金流量除以自有资金额得到。
（　）

参考答案：√

10. 住宅小区内的营业性用房与其设施的建设费用不能计入本小区内商品住宅的价格中。（ ）

　　参考答案：√

11. 某房地产由于空间布局欠佳而引起的折旧属于外部折旧。（ ）

　　参考答案：×

12. 在假设开发法中，折现率是在采用现金流量折现法时需要确定的一个重要参数，它与报酬资本化法中的报酬率的性质和求取方法相同。（ ）

　　参考答案：√

13. 运用平均发展速度法进行预测的条件是，房地产价格的变动过程是持续上升或持续下降的，并且各期上升或下降的数额大致相同。（ ）

　　参考答案：×

14. 有一幢总楼层为 4 层的房地产，每层建筑面积相等，已知第二层的房地价为第一层的 1.35 倍，第三层的房地价为第四层的 1.45 倍，第四层的房地价为第二层的 91%。按房地价分摊法计算出的第三层房地产占用的土地份额为 33.24%。（ ）

　　参考答案：√

15. 接受估价委托后，受托估价机构不得转让或者变相转让受托的估价业务，并应明确合适的估价人员负责该估价项目。（ ）

　　参考答案：×

四、计算题（共 2 题，20 分。要求列出算式、计算过程；需按公式计算的，要写出公式；只有计算结果而无计算过程，不得分。计算结果保留小数点后两位。请在答题纸上作答）

1. 某写字楼的持有期估计为 10 年，预测其未来第一年的有效毛收入为 50 万元，运营费用为 18 万元，有效毛收入每年增长 5%，运营费用每年增长 3%；该类房地产的报酬率为 8%，持有期结束时的资本化率为 10%，转让税费为转售价格的 6%。请计算该写字楼目前的收益价值。（8 分）

参考答案：

$$估价对象收益价值 = \frac{50}{8\% - 5\%} \times \left[1 - \frac{(1+5\%)^{10}}{(1+8\%)^{10}}\right] -$$

$$\frac{18}{8\% - 3\%} \times \left[1 - \frac{(1+3\%)^{10}}{(1+8\%)^{10}}\right] +$$

$$\left[\frac{50 \times (1+5\%)^{10} - 18 \times (1+3\%)^{10}}{10\%}\right] \div (1+8\%)^{10}$$

= 522.56 万元。

2. 某厂房的建筑面积为 4800m²，建筑结构为钢筋混凝土结构，耐用年限为 50 年，于 5 年前建成并投入使用；土地面积为 8000m²，于 6 年前取得土地使用权，土地使用年限为 50 年，届满后土地使用权及其地上建筑物和其他不动产所有权由国家无偿取得。已知该厂房所在位置的工业用地土地使用权出让最高年限的基准地价为 450 元/m²，目前的工业地价指数为 102.10（为定基价格指数，基期为基准地价对应的评估基准日），土地综合状况较基准地价对应的土地综合状况好 1.70%。重新建造该厂房的建筑安装工程费为 1500 元/m²，专业费为建筑安装工程费的 6%，管理费用为建筑安装工程费与专业费之和的 3%，销售费用为重新购建价格的 2%，年利息率为 6%，建设期为 1 年，建筑安装工程费、专业费、管理费用、销售费用可视为均匀投入，销售税费为重新购建价格的 6%，建筑物的投资利润率为 15%。该厂房的部分门窗、地面等有损坏，修复费用为 5 万元；其内没有行车，出租率为 80%，月租金为 15 元/m²；如果目前单独增加行车，需要 66 万元，而如果重置该厂房随同增加行车，仅需要 50 万元；市场上类似有行车厂房的出租率为 85%，正常月租金为 16 元/m²。当地该类房地产的报酬率为 7.50%，土地报酬率为 6.50%，建筑物残值率为 0。请计算该房地产目前的积算价值。(12 分)

参考答案：

解：

成本法房地产计算价格计算公式：

房地产计算价格＝土地重新购建价格＋建筑物重新购建价格－建筑物折旧。

(1) 土地重新购建价格

$$\text{土地重新购建价格} = 450 \times \frac{102.10}{100} \times (1+1.70\%) \times \frac{1-\frac{1}{(1+6.5\%)^{44}}}{1-\frac{1}{(1+6.5)^{50}}}$$

$$= 457.64 \text{ 元}/m^2。$$

(2) 计算建筑物重新购建价格

建筑物重新购建价格＝建设成本＋管理费＋销售费用
　　　　　　　　　＋投资利息＋销售税费＋开发利润

设建筑物重新购建价格为 B，则：

$B = 1500 \times (1+6\%) + 1500 \times (1+6\%) \times 3\% + 2\% \times B +$
$\quad [1500 \times (1+6\%) \times (1+3\%) + 2\% \times B] \times [(1+6\%)^{0.5} - 1] +$
$\quad 6\% \times B + [1500 \times (1+6\%) \times (1+3\%) + 2\% \times B] \times 15\%$

解得：$B = 2107.98$ 元/m²。

(3) 建筑物折旧的求取

1) 物质折旧 = 5000 + (2107.98 × 4800 − 50000) × 5 × 1/(50 − 1) = 1027378 元。

2) 功能性折旧

$$增加行车厂房所带来的房地产价值增加额 = \frac{(16 \times 85\% - 15 \times 80\%) \times 12}{7.5\%} \times \left[1 - \frac{1}{(1+7.5\%)^{44}}\right] \times 4800$$

$$= 1177807.21 \text{ 元} > 60 \text{ 万元}$$

该功能性折旧为可修复折旧，则：

$$功能性折旧 = 66 - 50 = 16 \text{ 万元}。$$

(4) 该房地产成本价值 = 457.74 × 8000 + 2107.98 × 4800 − 1027378 − 160000 = 12602046 元。

第4章 房地产估价案例与分析

房地产估价案例与分析（一）

一、问答题（共3题，每题10分。请将答案写在答题纸对应的题号下）

（一）某房地产估价机构委托评估A写字楼的市场价值，注册房地产估价师拟采用收益法作为其中一种估价方法。在进行实地查勘和市场调查时，发现相邻的B写字楼在周边环境、交通条件、建筑规模、外观形象等方面均与A写字楼有很好的可比性，但该两栋写字楼的单位租金有较大差异。请问：

1. 造成该两栋写字楼单位租金差异的主要原因可能有哪些？
2. 在用市场法确定A写字楼的市场租金时，如选取B写字楼作为其中一个可比实例，那么应当对B写字楼的租金作那些方面的处理？

答题参考：1. 两个写字楼的租金内涵可能不同；租金单位可能不同；估价对象和B写字楼的内部条件可能不同，写字楼之间声望或形象、容积率、建筑形式、大堂、电梯、走廊、写字楼室内空间布局、为承租人提供的服务、建筑设备系统、装饰装修、物业管理水平和承租人类型等均可能存在差异。

2. 需要对B写字楼租金进行与A写字楼租金统一租金内涵、统一单位标准，并进行差异修正，在区域因素相同的情况下主要是个别因素差异修正。

要点：随着时代的发展，写字楼的分类和分级标准也在发生变化。目前写字楼市场流行两大评定标准，即甲级写字楼和5A写字楼。但其实，无论是甲级写字楼还是5A写字楼，国际和国内都没有固定而统一的界定标准。在实际生活中，要结合写字楼所处的位置、交通方便性、声望或形象、建筑形式、大堂、电梯、走廊、写字楼室内空间布置、为承租人提供的服务、建筑设备系统、物业管理水平和承租人类型等来判断写字楼的档次。

（二）某市因进行道路建设，需征收王某拥有的一处独栋住宅，甲房地产估价机构接受委托对该房屋及其室内装修的价值进行了评估。王某对估价报告中房屋部分的评估结果没有异议，但认为室内装饰装修评估结果仅为15万元被严重低估，理由是他3年前装修连同购置家具的实际费用超过30万元，为此向甲房地产估价机构申请复核评估。请问：

1. 如果甲房地产估价机构复核后认为该房屋室内装饰装修的评估结果并无差错,你认为可以从哪些方面对王某的疑问进行解释和说明?

2. 一般而言,评估房屋室内装饰装修价值主要适宜采用哪种估价方法?请简要说明主要步骤。

答题参考:1. 室内装饰装修评估结果低于原购置价格的原因可能在于以下几个方面:

(1) 价值所对应的范围不同,装修评估不包含家具购置费用;

(2) 价值时点不同,市场变化可能造成造价下降;

(3) 折旧贬值因素,建筑装饰贬值快。

2. 宜采用成本法和收益法。

(1) 成本法首先是按照地区装饰装修造价标准评估造价费用,然后按照成本法步骤评估前期费用、管理费用、销售费用、装饰装修期间的利息、利润;第三步求取装饰装修工程的重新购置成本;第四步评估其成新率;第五步求取重置成新价格。

(2) 收益法首先分别评估不带装修和带装修情况下房屋价值,然后根据二者之差求取装饰装修价值。

(三) 李某有意购买一间商铺用于出租。已获取较稳定的租金收益,并期望收益率不低于现行一年期银行存款利率。李某为此委托房地产估价机构评估其对该商铺的最高出价。请问:

1. 该估价项目属于鉴证性估价还是咨询性估价?

2. 估价时应采用哪种价值类型?

3. 该估价项目主要适宜采用哪种估价方法?请简述该方法的估价技术路线。

答题参考:1. 咨询性估价。

2. 投资价值。

3. 收益法。收益法的技术路线。确定收益期限;确定未来预期收益;确定报酬率;选取适应的公式计算。

要点:根据提供的专业意见的用途和作用,可以分为两种不同性质的估价:一是鉴证性估价(或称公证性估价、证据性估价),二是咨询性估价(或称参考性估价)。为委托人向第三方证明或者说服第三方而提供的估价,即估价报告是给委托人以外的第三方特别是众多的不特定第三方使用,如为证券发行、上市、上市公司关联交易、房屋征收补偿、房地产抵押贷款、人民法院强制拍卖房地产(也称为房地产司法拍卖)提供参考依据的估价,通常属于鉴证性估价。为委托人自己使用而提供的估价,即估价报告是供委托人自己使用,如为委托人购买房地产确定出价、出售房地产定价提供参考的估价,通常属于咨询性估价。在这两种不同性质的估价中,估价机构和估价师都要承担一定的法律责任,但鉴证性估价承担的法律责任一般要大于咨询性估价承担的法律责任。

投资价值（investment value）一词有两种含义：一是值得投资，如人们在为某个项目或商品、资产等做销售宣传时，经常称其具有投资价值；二是从某个特定的投资者（如某个购买者）的角度来衡量的价值。估价中的投资价值是指后者。因此，投资价值是指估价对象对某个特定单位或个人的价值。

评估投资价值与评估市场价值的方法通常是相同的，所不同的主要是有关估价参数的取值不同。例如，投资价值和市场价值都可以采用收益法评估——价值是预测的未来净收益的现值之和，但对未来净收益的预测和选取参数的立场不同。例如，不同的投资者对未来净收益的预测，有的可能是乐观的，有的可能是保守的；而评估市场价值时，要求对未来净收益的预测是客观的，或者说是折中的。再如报酬率或折现率，评估市场价值时所采用的应是与该房地产的风险程度相对应的社会一般收益率（即典型的投资者所要求的收益率），而评估投资价值时所采用的应是某个特定的投资者所要求的最低收益率（通常称为最低期望收益率）。这个特定的投资者所要求的最低收益率，可能高于也可能低于与该房地产的风险程度相对应的社会一般收益率。

二、单项选择题（共 3 大题，10 小题，每小题 2 分。每小题的备选答案中只有 1 个最符合题意，请将这个答案对应的字母填在答题纸各小题相应的括号内）

(一)

甲房地产估价机构接受乙公司委托，对其拥有和经营的××酒楼的市场价值进行评估。该酒楼位于××市繁华商业区，是该市著名的老字号餐饮店。根据乙公司提供的经营资料，该酒楼年总经营收入 5320 万元，其中老字号品牌带来的收入占 8%；年主营业务成本和税金为 2260 万元，管理费用为 130 万元，财务费用为 250 万元，市场推广及销售费用为 210 万元。根据市场调查，该市餐饮业的年平均年利润为 10%。

1. 该酒楼归属于房地产的年收入为（　　）万元。
   A. 4362.40　　　　　　　　　　B. 4788.00
   C. 4894.40　　　　　　　　　　D. 5320.00

   参考答案：A

   要点：归属于房地产的收入 $= 5320 \times (1-8\%) - 5320 \times (1-10\%) = 4362.4$ 万元

2. 该酒楼房地产的年净收益为（　　）万元。
   A. 1512.40　　　　　　　　　　B. 1554.96
   C. 1938.00　　　　　　　　　　D. 1980.56

参考答案： A

要点： 年净收益=4362.40－2260－130－250－210=1512.40万元

3. 对该酒楼内部进行实地查勘时，一般不作为重点查勘内容的是（　　）。

　A. 采光通风　　　　　　　　B. 建筑层高
　C. 内部布局　　　　　　　　D. 装饰装修

参考答案： B

要点： 餐饮房地产属于经营性房地产，其收入主要来自其经营收入，然而影响餐饮房地产收入的因素很多，主要有地段、环境、经营特点、菜式品种、经营品牌等，不同地段、环境会带来不同的收益，这部分收入主要由房地产带来，而经营特点、菜式品种、经营品牌等往往会给餐饮房地产带来更大的收入差异。在实际生活中我们常常看到这样的现象，处于同一地段的餐饮房地产，有的门庭若市，生意红火，而有的却比较冷清，而这种收入的差异主要来自于房地产以外的因素。因此估价时要考虑将这部分收入进行剥离。

（二）

注册房地产估价师张某采用市场法和收益法对一间办公用房的市场价值进行评估，测算出的估价对象比准价格为10000元/m²，收益价格为12000元/m²，两个测算结果存在一定差异。

4. 如果测算的收益价格偏高，则其原因可能是（　　）。

　A. 空置率取值偏大　　　　　　B. 报酬率取值偏小
　C. 运营费用率取值偏大　　　　D. 租金增长率取值最小

参考答案： B

要点： 空置率、运营费用率越大，租金增长率越小，收益法价值越小。

5. 如果两个测算结果均无误，则一般而言比准价格低于收益价格的原因不包括（　　）。

　A. 空置率取值偏大　　　　　　B. 报酬率取值偏小
　C. 运营费用率取值偏大　　　　D. 租金增长率取值最小

参考答案： B

要点： 理由同上。

6. 如果两个测算结果均无误，在房屋征收评估和房地产抵押估价两种估价目的下，将上述比准价格和收益价格进行加权平均时，合理的权重取值方式是（　　）。

　A. 对房屋征收评估，比准价格权重大于收益价格权重
　B. 对房屋征收评估，比准价格权重小于收益价格权重
　C. 对房地产抵押估价，比准价格权重等于收益价格权重

D. 对房地产抵押估价，比准价格权重小于收益价格权重

参考答案：D

要点：征收补偿价值不低于市场价值。

抵押价值确定需要满足谨慎原则。

（三）

甲公司两年前以出让方式取得一宗住宅用地使用权，该地块南面为乙公司拥有的坐落于护城河旁的一宗仓储用地。甲公司以河景为卖点设计开发了商品住宅楼，并已出售部分河景房。为确保该商品住宅楼的河景特色，甲公司在开发该商品住宅楼前与乙公司协商签订了书面合同（但未经登记），约定乙公司不得在其地块上建造高层建筑，甲公司一次性向乙公司支付了500万元作为补偿。后乙公司因故将该宗仓储用地转让给丙公司，但未披露其与甲公司签订的上述合同事宜。丙公司购得该地块并办理用途变更手续后，经规划批准开始建造高层住宅楼。

7. 该案例中，甲公司被侵害的权利是（　　）。

A. 相邻权　　　　　　　　B. 租赁权
C. 地役权　　　　　　　　D. 共有使用权

参考答案：C

要点：地役权是以他人土地供自己土地便利而使用的权利。地役权具有以下特征：①地役权是使用他人土地的权利；②地役权是使自己的土地便利的权利；③地役权具有从属性和不可分性。

8. 若甲公司要求丙公司停止开发方案，根据相关法律规定，丙公司（　　）。

A. 必须立即停止开发

B. 应当修改原开发方案

C. 可以继续实施原开发方案

D. 应当待甲乙两公司协商一致后开发

参考答案：C

要点：丙公司为善意取得，甲公司可以对乙公司提出赔偿要求，或由乙公司通知丙公司停止建设，并由乙公司对丙公司进行赔偿。在没有乙方出面情况下，丙方可以继续实施原开发方案。

9. 该案例中河景房购房人及甲公司因权益受到侵害要求经济赔偿，对购房人和甲公司而言，赔偿人分别是（　　）。

A. 甲公司和乙公司　　　　B. 甲公司和丙公司
C. 乙公司和丙公司　　　　D. 丙公司和乙公司

参考答案：D

要点：同上。购房人可以向丙公司提出赔偿。

10. 若相关当事人因协商不成起诉至法院，房地产估价机构接受委托评估侵权人应承担的最低赔偿金额，最合理的估价思路是（　　）。

A. 测算河景房与非河景房的销售差价
B. 测算甲公司支付给乙公司的补偿金及利息
C. 测算河景房与非河景房的销售差价，减去甲公司支付给乙公司的补偿金及利息
D. 测算河景房与非河景房的销售差价，加上甲公司支付给乙公司的补偿金及利息

参考答案：D

三、下列房地产估价报告存在多处错误，请指明其中的 13 处（每指明 1 处错误得 3 分，本题全对得 40 分。请在答题纸上作答。每个错误对应 1 个序号，未将错误内容写在序号后面空格处的不计分）

房地产估价报告

项目名称：××市××街××商业用房及车库房地产司法鉴定估价

估价委托人：××法院

估价机构：××房地产估价有限公司

估价人员：×××　×××

估价作业期：2011 年 6 月 23 日至 2011 年 7 月 5 日

估价报告编号：×× [2011] 第××号

目　录（略）
致估价委托人函

××法院：

受贵院委托，我公司本着独立、客观、公正的原则，对产权属于××有限公司，位于××市××街××号，建筑面积 411.45m^2 的商业用房及建筑面积为 38m^2 的车库的市场价值进行了评估。估价对象土地使用权性质为出让，用途为商住综合用地，土地使用权分摊面积为 61.23m^2，土地使用权剩余年限为 27 年。价值时点为 2011 年 6 月 23 日，估价目的是为委托人执行案件需要而评估房地产市场价值。

本公司根据估价目的，遵循估价原则，根据《房地产估价规范》，采用收益法和市场法进行评估，在认真分析现有资料、市场状况的基础上，结合估价经验与影响房地产市场的价格因素，经过测算，确定估价对象于价值时点 2011 年 6

月 23 日的市场价值评估结果如下：

评估单价：7983 元/m^2

评估总价：408.29 万元

人民币大写：肆佰零捌万贰仟玖佰元整

××房地产估价有限公司（盖章）

法定代表人：（签名、盖章）

二〇一一年七月五日

注册房地产估价师声明

我们郑重声明：

1. 我们在本估价报告中陈述的事实是真实和准确的。

2. 本估价报告中的分析、意见和结论是我们自己公正的专业分析、意见和结论，但受到本估价报告中已说明的假设和限制条件的限制。

3. 我们与本估价报告中的估价对象没有利害关系，也与有关当事人没有个人利害关系或偏见。

4. 估价人员依照中华人民共和国国家标准《房地产估价规范》GB/T 50291—1999 和当事人要求进行分析，形成意见和结论，撰写本估价报告。

5. 注册房地产估价师××× ×××已于 2011 年 6 月 23 日对本估价报告中的估价对象进行了实地查勘，并对查勘的客观性、真实性、公正性承担责任；但我们对估价对象的实地查勘仅限于其外观和使用状况，对被遮盖、未暴露及难以接触到的部分，依据委托人提供的资料进行评估。除非另有委托，我们不承担对估价对象建筑结构质量进行调查的责任。

6. 没有人对本估价报告提供重要的专业帮助。

姓名	执业资格	注册号	签名
×××	注册房地产估价师	×××	（略）
×××	注册房地产估价师	×××	（略）

估价假设和限制条件

1. 本次评估涉及的权属资料均由委托人提供，委托人对所提供资料的真实性和合法性负责。

2. 估价对象在价值时点达到最高最佳利用状态，其运作方式合法。

3. 估价对象房地产本身不存在质量问题。

4. 房地产市场在本估价报告应用的有效期内不发生较大变化。

5. 估价对象房地产在本估价报告应用的有效期内不遭受重大损坏。

6. 至价值时点，第二层商业用房带有尚未到期的租约，鉴于本次评估的特定估价目的，评估时不考虑租赁情况对估价对象评估价值的影响。

7. 至价值时点，估价对象已抵押给××银行××支行，权利价值共计240万元。由于本次估价目的是为委托人执行借款合同纠纷案件而评估房地产市场价值，故本次评估未考虑已抵押他项权利对房地产价值的影响。

（其他假设和限制条件略）

房地产估价结果报告

一、估价委托人（略）

二、估价机构（略）

三、估价对象

估价对象为位于××市××街××号××大楼中的商业用房及车库，该大楼建于2000年，为钢筋混凝土结构，共12层，其中1～4层为非住宅，5～12层为住宅。商业用房位于第二层，房屋所有权人为××有限公司，用途为商业，建筑面积为411.45m^2，层高4m，业主对部分进行了加层，加层面积共100m^2，合计可利用面积为511.45m^2。车库位于第1层，建筑面积为38m^2。

估价对象土地使用权人为某某有限公司，土地用途为商住综合用地，使用权性质为出让，土地使用权分摊面积为61.23m^2，土地使用权剩余年限为27年。所在宗地基础设施完善，宗地内外达到"五通一平"。

估价对象商业用房目前出租给相邻的超市使用，租赁合同尚有2.5年到期。至价值时点，估价对象已抵押给××银行××支行，权利价值共计240万元。

（估价对象其他情况略）

四、估价目的

因××法院审理案件的需要，委托本公司对××有限公司所有的位于××市××街××号第2层商业用房及车库市场价值进行评估，为委托人执行案件了解房地产公开市场价格提供参考。

五、价值时点

2011年6月23日

六、价值定义（略）

七、估价依据（略）

八、估价原则（略）

九、估价方法（略）

十、估价结果（略）

十一、估价人员（略）

十二、估价作业期（略）

十三、估价报告应用的有效期

因本次估价目的所限，本估价报告自出具之日起一年内有效。

房地产估价技术报告

一、估价对象实物状况描述与分析（略）

二、估价对象权益状况描述与分析（略）

三、估价对象区位状况描述与分析（略）

四、市场背景描述与分析（略）

五、最高最佳利用分析（略）

六、估价方法适用性分析

1. 估价方法选用的理由

估价对象为已建成的商业用房和车库，故不宜采用假设开发法；估价对象区域内的土地取得成本难以客观确定，故也不宜采用成本法。第1层车库和第2层商业用房均具有租金收益，同时该区域存在车库和商业用房的转让交易实例，故可选用收益法和市场法进行评估。

2. 估价方法原理和公式

（1）收益法

收益法原理：采用适当的报酬率，将估价对象未来各期（通常为年）的客观净收益折算到价值时点，求其之和得出估价对象的总价值。

收益法公式：

$$V = \frac{A}{Y-g} \times \left[1 - \left(\frac{1+g}{1-g}\right)^n\right]$$

其中：V——房地产价值；

　　　A——未来第1年房地产净收益；

　　　Y——报酬率；

　　　g——净收益逐年递增的比率；

　　　n——房地产剩余收益年限。

（2）市场法（略）

七、估价测算过程

1. 收益法

（1）年有效毛收入

估价对象商业用房为可出租型房地产，故可以获得市场的正常租金价格。根据对估价对象附近区域商业用房的租金及空置率调查，通过比较调整后得到估价对象的租金，详细情况见下表：

商业用房租赁情况调查表

序号	实例名称	用途	建筑面积租金 [元/(m²·月)]	空置率
1	××服装店	商业用途	75	5%
2	××食品店	商业用途	74	5%
3	××百货店	商业用途	67.6	5%

因素条件说明表

比较因素		对象	估价对象	可比实例1	可比实例2	可比实例3
	实例名称		—	××服装店	××食品店	××百货店
	坐落		××街××号第2层	××街××号第2层	××街××号第2层	××街××号第2层
	用途		商业	商业	商业	商业
	交易日期		—	2011.6	2011.1	2011.6
	交易情况		—	正常	正常	正常
	租金价格 [元/(m²·月)]		—	75	74	67.6
区域因素	商业繁华度		较好	较好	较好	较好
	交通条件		较好	较好	较好	较好
	周边环境		较好	较好	较好	较好
	公共配套		完善	完善	完善	完善
	基础设施		完善	完善	完善	完善
个别因素	建筑类型		小高层	小高层	小高层	小高层
	外观形象		较好	较好	较好	较好
	所在层/总楼层		2/12	2/12	2/12	3/12
	设施设备		完善	完善	完善	完善
	装修		简装	简装	简装	简装
	层高（m）		4	4	4	4
	通道出入口距离（m）		3	3	3	3
	建成年份（年）		2000	2000	2000	2000
	物业服务		一般	一般	一般	一般

商业用房租金测算表

对象	可比实例1	可比实例2	可比实例3
名称	××服装店	××食品店	××百货店
坐落	××街××号	××街××号	××街××号
租金价格（元/m²）	75	74	67.6
交易情况修正	100/100	100/100	100/100
交易日期修正	100/100	100/100	100/100
区域因素修正	100/100	100/100	100/100
个别因素修正	100/100	100/100	100/100
修正后租金（元/m²）	75	74	67.6
平均比准租金（元/m²）	72.2		

3个可比实例修正后的租金较为接近，故取三者的简单算术平均值作为估价对象建客观租金水平，即估价对象商业用房的租金为72.2元/m²·月。

根据市场调查和分析，估价对象商业用房有效出租率确定为95%。

年潜在毛收入 = 月租金×12

$$= 72.2 \times 12 = 866.4（元/m²）$$

年有效毛收入 = 年潜在毛收入×有效出租率

$$= 866.4 \times 95\% = 823.08（元/m²）$$

（2）年总费用

① 税金：包括房产税12%、营业税5%、城市建设维护税（营业税的7%）、教育费附加（营业税的3%），综合取年有效毛收入的17.5%。

年税金 = 823.08×17.5% = 144.04（元/m²）

② 维修费：按建筑物重置成本的2%计算，根据估价对象建筑物的实际情况和造价资料，本估价对象建筑物的重置成本按1800元/m²计算。

年维修费 = 1800×2% = 36（元/m²）

③ 保险费：保险费率一般为有效毛收入的1.5%~3%，本次取2%。

年保险费 = 823.08×2% = 1.65（元/m²）

④ 管理费：包括管理人员经费、办公费、广告费等，根据××市一般水平，管理费约占年有效毛收入的2%~4%，根据估价对象现状特点，结合估价人员经验，按年有效毛收入的3%计算。

年管理费 = 年有效毛收入×3%

$$= 866.4 \times 3\% = 25.99（元/m²）$$

⑤ 年总费用：①～④项的合计。
年总费用＝144.04＋36＋1.65＋25.99＝207.68（元/m²）
（3）年净收益
年净收益＝年有效毛收入－年总费用
　　　　＝823.08－207.68＝615.4（元/m²）
（4）报酬率
报酬率确定为6.5%。（确定过程略）
（5）收益年限
估价对象为钢筋混凝土结构，根据有关规定，其经济耐用年限为40年。该房地产竣工于2000年，至价值时点已使用11年，剩余使用年限为29年，因此估价对象的可收益年限确定为29年。
（6）求取房地产评估单价
计算公式为：

$$V = \frac{A}{Y} \times \left[1 - \frac{1}{(1+Y)^n}\right]$$

估价对象单价＝615.4/6.5%×[1－1/(1＋6.5%)²⁹]＝7943（元/m²）（取整）

2. 市场法
经测算，估价对象比准单价为8023元/m²。（测算过程略）

3. 综合确定估价对象评估价格
由上述测算过程得到的收益价格为7943元/m²，比准价格为8023元/m²，两个结果比较接近，客观反映了估价对象的市场价值。因此本次评估采用两者的简单算术平均值作为估价对象评估结果。
估价对象评估单价＝(7943＋8023)/2＝7983(元/m²)
估价对象评估总价＝7983×511.45＝408.29(万元)

八、估价结果确定

本估价机构根据估价目的，遵循估价原则，按照估价程序，采用科学合理的估价方法，在认真分析现有资料的基础上，经估价人员综合分析测算，确定估价对象在价值时点2011年6月23日的评估单价为7983元/m²，评估总价为408.29万元，人民币大写：肆佰零捌万贰仟玖佰元整。

附件（略）

参考答案：

1. 封面中的估价人员应为注册房地产估价师，并需要注明估价师姓名、注册号。
2. 价值时点确定未说明理由。

3. 不考虑租约影响，应予以考虑。
4. 已抵押担保价值应该予以考虑。
5. 估价报告有效期没有说明起止时间。
6. 宗地内外五通一平，没有说明具体内容。
7. 可比实例租金未说明租金的内涵。
8. 可比实例 2 没有进行交易日期修正，也没有说明理由。
9. 可比实例 3 楼层因素未修正。
10. 楼层属于区域因素，不属于个别因素。
11. 保险费不应以有效毛收入为计算基础。
12. 钢筋混凝土结构房屋耐用经济年限不应为 40 年。
13. 估价对象的重置成本不应为建筑物的个别成本。
14. 管理费计算使用潜在毛收入 866.4 元/m^2 应为有效毛收入 823.08 元/m^2。
15. 收益法使用的收益年限 29 年应为土地剩余使用年限 27 年。
16. 估价对象结果没有包含车库的价值。
17. 收益法使用的计算公式与前面给出的计算公式不对应。
没有说明未来收益增长情况。
18. 净收益没有考虑押金或保证金的影响。
19. 最后确定的商业建筑面积和致委托人函中的建筑面积不一致。

四、指出并改正下面估价报告片段中的错误（本题 10 分。错处不超过 4 个。如将正确的内容改错，则每改错 1 处倒扣 2.5 分。本题最多扣至 0 分。请在答题纸上作答，不得在试卷上改错）

本次估价背景情况如下：

估价对象是李某拥有的位于某住宅小区一幢临街住宅楼一层的一套住宅。为解决该住宅小区商业配套不足的问题，规划部门原则同意该住宅楼一层改建为商铺。该住宅楼一层大部分业主已将住宅改为商铺。李某也已申请改建，但尚未办理完变更手续，后因债务问题需转让该套住宅，委托房地产估价机构评估其市场价值。

以下是该房地产估价报告中"最高最佳利用分析"内容片段：

"五、最高最佳利用分析

最高最佳利用，是指法律上允许，技术上可能，经济上允许，经过充分合理的论证，使估价对象的价值最大的一种利用。估价对象最高最佳利用分析具体如下：

1. 法律上的许可。估价对象相关权属证书登记土地用途为综合用地，房屋用途为住宅。鉴于土地法定用途为综合用地，且规划部门已原则同意该幢住宅楼一层改建为商铺，故估价对象变更房屋用途具有可能性。因李某已申请改建，所以估价对象按照商业用途使用在法律上应视为许可。

2. 技术上的可能性。虽然估价对象为已建成住宅，但经估价人员实地查勘，为适应改建为商铺用途的需要，可以拆除承重墙以外的部分墙体。所以，估价对象改建为商铺从建筑材料性能、施工手段等技术方面是可能的。

3. 经济上的可行性。结合估价对象所在区域房地产市场状况，经过分析测算，若估价对象改建为商铺使用，未来作为商铺使用带来的收入现值，大于作为住宅使用带来的收入现值。所以，估价对象改建为商铺使用经济上可行。

4. 价值最大化分析。经调查，于价值时点估价对象类似住宅市场均价为8000元/m^2，类似商铺市场均价为20000元/m^2。若估价对象改建为商铺使用，扣除需支付的改造装修成本及应得利润后，其剩余价值大于作为住宅使用的价值。所以，估价对象作为商铺利用的价值为最大。

综上所述，估价对象的最高最佳利用方式为商铺，故本次估价以重新开发为前提。"

参考答案：

1. 鉴于土地法定用途为综合用地，且规划部门已原则同意该幢住宅楼一层改建为商铺，故估价对象变更房屋用途具有可能性。因李某已申请改建，所以估价对象按照商业用途使用在法律上应视为许可。修改为：

鉴于土地法定用途为综合用地，李某虽然已经申请改建为商铺，但申请事项尚未获得批准，所以估价对象按照法律上认可的住宅用途。

2. 虽然估价对象为已建成住宅，但经估价人员实地查勘，为适应改建为商铺用途的需要，可以拆除承重墙以外的部分墙体。所以，估价对象改建为商铺从建筑材料性能、施工手段等技术方面是可能的。修改为：

估价对象为已建成住宅，作为住宅在技术上是可行的。又经估价人员实地查勘，为适应改建为商铺用途的需要，可以拆除承重墙以外的部分墙体。所以，估价对象改建为商铺从建筑材料性能、施工手段等技术方面也是可能的。

3. 综上所述，估价对象的最高最佳利用方式为商铺，故本次估价以重新开发为前提。修改为：

综上所述，估价对象法律许可的用途为住宅，虽然用于商业用途可以实现价值最大化，但从最高最佳利用分析，估价对象的最高最佳利用方式为住宅，故本次估价以维持原状为前提。

房地产估价案例与分析（二）

一、**问答题**（共 3 题，每题 10 分。请将答案写在答题纸对应的题号下）

（一）某正常营业中的酒店有多种功能用房，其中，客房、餐厅、会议中心等由该酒店业主自行经营，娱乐中心、商场对外出租，由承租人经营。某房地产估价机构接受委托评估该酒店房地产市场价值。注册房地产估价师进行了实地查勘和市场调查，拟选用收益法作为主要的估价方法之一。

针对上述情况，请分别说明该酒店各类功能用房收益测算的技术思路。

答题参考：技术思路：

1. 自营部分。第一步测算客观经营收入；第二部测算客观经营费用、经营成本；第三步根据客观的利润率求取经营利润；第四步将客观收入扣除经营成本、经营费用和经营利润后的余额为其收益。

2. 对于出租部分。第一步求取潜在租金收益；第二步求取有效租金收益；第三步求取经营费用，包括管理费、维修费、保险费、税费；第四步，求取净收益。

3. 将上述两部分收益汇总即为估价对象收益。

（二）某房地产估价机构于 2012 年 7 月 1 日接受委托评估一宗在建工程的转让价值，估价委托合同约定本次估价的价值时点为 2012 年 10 月，注册房地产估价师于 2012 年 7 月 3 日进行了实地查勘，估价作业期间恰逢中国人民银行宣布自 2012 年 7 月 6 日起下调金融机构人民币存贷款基准利率。

请问：采用成本法和假设开发法估价时，是否需要考虑利率调整的影响？如是，哪些参数应当考虑利率调整的影响？

答题参考：

1. 采用成本法和假设开发法估价时，需要考虑利率调整的影响。

2. 应当考虑利率调整影响的参数主要有：

（1）成本法。投资利息计算中的贷款利率、开发利润率；（2）假设开发法。贷款利率或折现率。

（三）张某计划用自有闲置资金 100 万元购买一套房屋用于长期投资，拟持有一段时间后转售，某房地产经纪机构向其推荐了市场价格均为 100 万元的两套房屋，一套为普通住宅，另一套为酒店式公寓，经了解，普通住宅的市场租金为 5000 元/月，酒店式公寓按 70000 元/年的固定收益委托经营。张某认为，普通住宅的投资回报率是（5000×12）/1000000＝6%，而酒店式公寓的投资回报率是 70000/1000000＝7%，所以选择购买酒店式公寓。

请问：

1. 张某的选择是否正确？

2. 针对该两类物业不同的投资经营特点，注册房地产估价师可以从哪些方面为张某投资决策提供专业建议？

答题参考：

1. 张某的选择不一定正确。

2. 一是收益年限没有考虑；二是增值潜力，即市场价格或租金未来变化情况没有考虑；三是投资风险因素没有考虑，包括变现能力、风险差异的补偿因素等。

3. 建议张某：一是确认一下两者各自的收益年限；二是了解并确认各自的未来租金增长率；三是权衡并确定各自的投资报酬率，最终确定投资选择。

二、单项选择题（共 3 大题，10 小题，每小题 2 分。每小题的备选答案中只有 1 个最符合题意，请将这个答案对应的字母填在答题纸各小题相应的括号内）

（一）

某新建住宅楼顶层相邻的两套住房因暴雨导致房屋渗漏进水，房屋室内装修及部分家具家电遭到不同程度的毁坏，但房屋主体结构和安全性未受到影响，该住宅楼开发企业拟对该两户业主做出相应赔偿，委托某房地产估价机构分别对该两户业主的损失价值对进行评估，两个估价结果差异较大。

1. 本估价项目最适宜采用的估价方法是（　　）。

A. 修复费用法　　　　　　　　B. 损失资本化法

C. 赔偿实例比较法　　　　　　D. 损害前后价差法

参考答案：A

2. 本估价项目的估价结果不包括（　　）。

A. 屋面及室内装修修缮费用　　B. 损坏家具家电维修费用

C. 房屋使用人周围安置费用　　D. 房屋市场价值的减损额

参考答案：D

3. 导致两个估价结果差异较大的因素不包括（　　）。

A. 房屋渗透情况　　　　　　　B. 房屋购置价格

C. 修缮工期长短　　　　　　　D. 房屋使用人数

参考答案：B

（二）

因公共利益需要，政府对某棚户改造区域作出了房屋征收决定，甲房地产估价机构被选定为征收评估机构。被征收人张某在征收范围内拥有两处房屋，其中一处办理了权属登记，另一处为其10年前自行建设，未办理相关手续。收到征收评估分户评估报告后，张某对评估范围和评估结果有异议，认为其自建房屋未得到合理补偿。

4. 本案中征收评估机构的选定程序应当是（　　）。

A. 由征收部门对备选估价机构进行综合评分，根据评分结果确定

B. 由被征收人推选的代表对备选估价机构进行综合评分，根据评分结果确定

C. 由征收部门与被征收人协商，协商不成的，由征收部门采取公开方式确定

D. 由被征收人协商，协商不成的，由征收部门组织被征收人投票以得票多的或者采取摇号、抽签等随机方式确定

参考答案：D

5. 关于张某的自建房屋是否应当进行评估的说法，正确的是（　　）。

A. 根据市、县人民政府的认定、处理结果进行评估

B. 根据张某提供的自建房屋相关证明材料，按照合法建筑进行评估

C. 该自建房屋未进行权属，不论何种情况均不应当予以评估

D. 该自建房屋已建10年未被拆除，可认定为合法，按照合法建筑进行评估

参考答案：A

6. 张某对评估结果有异议，首先应当（　　）。

A. 委托其他估价机构另行评估

B. 向原估价机构申请复核评估

C. 向当地评估专家委员会申请鉴定

D. 向当地人民法院提起诉讼

参考答案：B

7. 张某就征收补偿提出的下列要求中，不合理的是（　　）。

A. 张某选择房屋产权调换

B. 张某要求先补偿，后搬迁

C. 张某要求依据搬迁之日类似房地产市场价格补偿

D. 张某要求与房屋征收部门订立书面补偿协议

参考答案：C

（三）

某工厂有甲、乙两个厂区，两个厂区的土地均以划拨方式取得。目前甲厂区已补交土地使用权出让金，办理了出让手续，并整体出租给另一企业使用，租赁合同尚未到期。现该工厂因发展需要，决定转让甲厂区房地产，抵押乙厂区房地产，用筹得的资金在乙厂区扩建厂房，为此委托某房地产估价机构同时对两个厂区进行估价。

8. 针对上述情况，在估价时最恰当的做法是（　　）。

A. 因委托人相同，应当将两个厂区一并估价，出具一份估价报告

B. 因价值时点相同，应当将两个厂区一并估价，出具一份估价报告

C. 因权属状况不同，应当将两个厂区分别估价，并分别出具估价报告

D. 因估价目的不同，应当将两个厂区分别估价，并分别出具估价报告

参考答案：D

9. 评估甲厂区房地产市场价值时，应当优先考虑选用的估价方法是（　　）。

A. 成本法　　　　　　　　　　B. 收益法

C. 假设开发法　　　　　　　　D. 基准地价修正法

参考答案：B

10. 评估乙厂区房地产市场价值时，最适宜的估价思路是（　　）。

A. 采取市场法按照出让土地使用权评估其公开市场价值

B. 采取假设开发法按照出让土地使用权评估其公开市场价值

C. 按照出让土地使用权评估其市场价值，再扣除应缴纳的土地使用权出让金

D. 采用成本法评估乙厂区房地产市场价值，再扣除应缴纳的土地使用权出让金

参考答案：C

三、下列房地产估价报告存在多处错误，请指明其中的 13 处（每指明 1 处错误得 3 分，本题全对得 40 分。请在答题纸上作答。每个错误对应 1 个序号，未将错误内容写在序号后面空格处的不计分）

房地产抵押估价报告

估价项目名称：××市开发区××路××号房地产抵押价值评估

估价委托人：××有限公司

估价机构：××房地产估价有限公司

估价人员：×××（注册号：×××）

　　　　　×××（注册号：×××）

估价作业日期：2012年10月1日至2012年10月8日

估价报告编号：××估字［2012］第××号

目录（略）
致估价委托人函（略）
注册房地产估价师声明（略）

估价假设和限制条件（略）
估价结果报告

一、估价委托人（略）

二、估价机构（略）

三、估价对象

估价对象为××市开发区××路××号的房地产，房屋所有权人和土地使用权人均为××有限公司，房地产权证号为：××号，房屋用途为工业，建筑面积为15000m²；土地用途为工业用地，使用权类型为出让，终止日期为2052年10月13日，土地使用权面积为25000m²。

估价对象位于××市开发区××路与××大道交叉路口的西北角，土地形状较规则，开发程度较高，区域内达到"七通一平"（通洪水、通排水、通电、通风、通路、通煤气、通热、土地平整），公共配套齐全。（土地其他情况略）

估价对象包括两栋建筑物，具体情况如下：

一号车间：单侧、钢结构，建筑面积10000m²，建成于2002年，2011年进行了电力改造，尚有11万元工程尾款未结清，层高16.5m，普通水泥地面，彩钢板顶棚，彩钢板墙面，照明、水、电配套设施齐全，养护情况良好，可正常使用。

二号车间：单层，钢结构，建筑面积5000m²，建成于2002年，层高8m，目前出租给其他公司使用，租期到2015年12月31日。地面、顶棚、墙面、设施及养护情况与一号车间相同。（建筑物其他情况略）

四、估价目的

为确定房地产抵押贷款额度提供参考依据而评估房地产抵押价值。

五、价值时点

本次估价的价值时点为2012年10月13日。

六、价值定义

本报告提供的价值是估价对象在现状合法利用下于价值时点的市场价值。（价值内涵略）

七、估价依据（略）

八、估价依据（略）

九、估价原则（略）

十、估价方法（略）

十一、估价结果

估价人员经过实地查勘和分析测算，确定估价对象在符合本报告估价假设和限制条件下于价值时点的房地产市场价值为：人民币9666万元（大写：人民币玖仟陆佰陆拾陆万元整）。估价对象于价值时点房地产估价师知悉的法定优先受偿款为：人民币0万元（大写：人民币零万元整）。因此，确定估价对象的房地产抵押价值为：人民币9666万元（大写：人民币玖仟陆佰陆拾陆万元整）。单价：6444元/m^2。

十二、估价人员（略）

十三、估价作业期

2012年10月1日至2012年10月8日。

十四、估价报告应用的有效期（略）

十五、估价对象变现能力分析（略）

房地产估价技术报告

一、估价对象实物状况描述与分析（略）

二、估价对象权益状况描述与分析（略）

三、估价对象区位状况描述与分析（略）

四、市场背景描述与分析

1. ××市宏观经济发展状况

××市近年经济快速发展，2012年GDP同比增长12%，财政收入同比增长9%，固定资产投资规模增长15%。（其他经济发展情况略）

2. ××市房地产市场发展状况

××市2012年房地产市场十分活跃，市场呈现量价齐增态势。全年住宅成交量同比增长9%，写字楼成交量同比增长12%，商业物业成交量同比增长5%。住宅成交价格同比上升12%，写字楼成交价格同比上升10%，商业物业成交价格上升16%。

五、最高最佳利用分析（略）

六、估价方法适用性分析（略）

七、估价测算过程

1. 成本法测算过程

（1）土地取得成本

采用市场法计算同类用途出让土地使用权价格为1300元/m^2。（测算过程略）

土地取得成本=1300×25000=3250（万元）

(2) 建设成本

1) 建筑安装工程费

当地同类标准层高的单层钢结构厂房建安工程费单价为 2600 元/m^2。（依据略）

建安工程费＝2600×15000＝3900（万元）

2) 勘察设计和前期工程费

勘察设计和前期工程费为建筑安装工程费的 9%。（依据略）

勘察设计和前期工程费＝3900×9%＝351（万元）

3) 基础设施建设费

基础设施建设费为每平方米建筑面积 290 元。（依据略）

基础设施建设费＝290×15000＝435（万元）

4) 其他工程费

其他工程费为每平方米建筑面积 130 元。（依据略）

其他工程费＝130×15000＝195（万元）

5) 开发期间税费

开发期间税费为每平方米建筑面积 210 元。（依据略）

开发期间税费＝210×15000＝315（万元）

6) 建设成本

建设成本＝3900＋351＋435＋195＋315＝5196（万元）

(3) 管理费用

管理费用比率一般按 4% 计算。（依据略）

管理费用＝5196×4%＝207.84（万元）

(4) 销售费用

销售费用比率一般按 3% 计算。（依据略）

销售费用＝(3250＋5196)×3%＝253.38（万元）

(5) 投资利息

计息期按一年计算，利率按 6.15% 计算。（依据略）

投资利息＝(土地取得成本＋建设成本＋管理费用＋销售费用)×6.15%
　　　　＝(3250＋5196＋207.84＋253.38)×6.15%
　　　　＝547.79(万元)

(6) 销售税费

销售税费一般为销售价格 V（即开发完成后的价值）的 5.65%。（依据略）

销售税费＝V×5.65%

(7) 开发利润

项目成本利润为 15%。（依据略）

开发利润 =（土地取得成本＋建设成本＋管理费用＋销售费用＋投资利息）
         ×15%
       =（3250＋5196＋207.84＋253.38＋547.79）×15%
       = 1418.25(万元)

销售价格 = 土地取得成本＋建设成本＋管理费用＋投资利息
         ＋销售费用＋开发利润＋销售税费
       = 土地取得成本＋建设成本＋管理费用＋投资利息
         ＋销售费用＋开发利润＋销售税费×5.65%

销售价格 =（土地取得成本＋建设成本＋管理费用＋销售费用
         ＋投资利息＋开发利润）/(1－5.65%)
       =（3250＋5196＋207.84＋253.38＋547.79＋1418.25）/(1－5.65%)
       = 11524.39(万元)

（8）折旧
根据实地查勘建筑物的完损程度和使用年限确定建筑物成新率为90%。（确定过程略）

房地产现值为：11524.39×90% = 10371.95（万元）

取整：10372 万元

单价：10372/15000 = 6915（元/m^2）（取整）

2. 收益法测算过程

收益价格　　　$V = \dfrac{A}{Y-g} \times \left[1 - \dfrac{(1+g)^n}{(1+Y)^n}\right]$

其中：A——年净收益；

　　　Y——报酬率；

　　　g——年收益递增率；

　　　n——收益年限。

（1）测算年净收益

年有效毛收入 = 月租金×12×收益总面积×出租率＋其他收入
年运营费用 = 维修费＋管理费＋税金＋保险费＋其他费用（物业管理费、水电费等）
　　　年净收益 = 年有效毛收入－年运营费用

1) 年有效毛收入

该地区同类工业厂房以建筑面积计算的租金为 1.5 元/m^2·天（不包含物业费、水电费），空置率为 5%。（依据及测算过程略）

年有效毛收入 = 日租金×365×(1－5%)
           = 1.5×365×0.95 = 520.13(元/m^2)

2) 年运营费用

a. 营业税及附加

包括营业税、城市建设维护税、教育费附加，占租金有效毛收入的 5.5%

$$营业税及附加 = 520.13 \times 5.5\% = 28.61（元/m^2）$$

b. 房产税

房产税占租金有效毛收入的 12%。

$$房产税 = 520.13 \times 12\% = 62.42（元/m^2）$$

c. 维修费

维修费为 5.2 元/m^2。（依据及测算过程略）

d. 管理费

管理费占租金有效毛收入的 3%。（依据略）

$$管理费 = 520.13 \times 3\% = 15.6（元/m^2）$$

e. 保险费

经测算，保险费为 10.39 元/m^2。（依据及测算过程略）

3）年净收益

年净收益 = 有效毛收入 − 营业税及附加 − 房产税 − 维修费 − 管理费 − 保险费

$= 520.13 - 28.61 - 62.42 - 5.2 - 15.6 - 10.39$

$= 397.91（元/m^2）$

（2）确定报酬率 Y

经测算，报酬率为 7%。（依据及测算过程略）

（3）确定收益逐年递增比率 g

经测算，估价对象净收益每年递增 1%。（依据及测算过程略）

（4）确定尚可收益年限 n

估价对象为钢筋混凝土结构，其耐用年限为 60 年，该房地产建成于 2002 年，则建筑物剩余使用年限为 50 年，在根据委托人提供的估价对象《房屋所有权证》、《国有土地使用证》和《土地使用权出让合同》，土地使用权终止日期为 2052 年 10 月 13 日，土地剩余年限为 40 年，土地出让合同约定建设用地使用权期间届满需要无偿收回建设用地使用权。按照《房地产估价规范》GB/T 50291—1999 的规定，建筑物耐用年限长于土地剩余年限时。应当按土地剩余年限计算。因此，估价对象尚可使用 40 年，即收益年限 n 为 40 年。

（5）测算收益价格

$$V = \frac{A}{Y-g} \times \left[1 - \frac{(1+g)^n}{(1+Y)^n}\right]$$

$$= \frac{397.91}{0.07-0.01} \times \left[1 - \frac{(1+0.01)^{40}}{(1+0.07)^{40}}\right]$$

$$= 5972 元/m^2（取整）$$

八、估价结果确定

采用简单算数平均法确定估价对象评估价格：

$$评估单价＝（6915＋5972）/2＝6444（元/m^2）（取整）$$
$$评估总价＝6444×15000＝9666（万元）$$

估价对象于价值时点的价值为人民币 9666 万元（大写：人民币玖仟陆佰陆拾陆万元整）。

单价：6444 元/m^2。

附件（略）

参考答案：

1. 封面中的估价作业日期应为估价报告出具日期。
2. 土地描述没有四至。
3. "七通一平"中应不包括通风，应该包括通信。
4. 对估价对象是否存在他项权利、共有权利没有说明。
5. 价值时点没有说明理由。
6. 价值定义错误，应为房地产抵押价值，即假定未设立优先受偿权利下的市场价值扣除房地产估价师知悉的法定优先受偿款。
7. 没有现场勘查日期。
8. 市场背景分析中没有同类房地产租赁市场分析。
9. 缺少风险提示。
10. 管理费用的取费基数应该包括土地成本。
11. 投资利息计算没有说明支付方式。
12. 建筑物折旧的计算基数不应该包括土地成本。
13. 计算有效毛收入没有考虑租金押金和保证金，没有考虑其他收入。
14. 确定收益年限时使用钢筋混凝土结构与前面所说的钢结构不符。
15. 没有说明采用算数平均法确定估价结果的理由。
16. 没有说明法定优先受偿款的确定依据和结果。
17. 估价依据重复。

四、指出并改正下面估价报告片段中的错误（本题 10 分。错处不超过 4 个。如将正确的内容改错，则每改错 1 处倒扣 2.5 分。本题最多扣至 0 分。请在答题纸上作答，不得在试卷上改错）

本次估价背景情况如下：

估价对象为某工业厂房及附属办公用房，2012 年 6 月通过竣工验收并办理了权属登记。2009 年 11 月 25 日该宗土地设定抵押，至价值时点他项权利尚未注销。估价目的是为了确定房地产抵押贷款额度提供参考依据而评估房地产价值，价值时点为 2012 年 10 月 20 日，估价作业日期为 2012 年 11 月 1 日至 11 月 8 日。

以下是该房地产抵押估价报告内容片断：

注册房地产估价师声明

1. 我们在本估价报告中陈述的事实是真实和准确的。

2. 本估价报告中的分析、意见和结论是我们自己公正的专业分析、意见和结论，但受到本估价报告中已说明的假设和限制条件的限制。

3. 我们与本估价报告中的估价对象没有利害关系，也与有关当事人没有个人利害关系或偏见。

4. 我们依照国家标准《房地产估价规范》GB/T 50291—1999 和《房地产抵押估价指导意见》进行分析，形成意见和结论，撰写本估价报告。

5. 我们已于 2012 年 11 月 3 日对本估价报告中的估价对象进行了实地查勘。

6. 没有人对本估价报告提供重要的专业帮助。

参加本次估价的注册房地产估价师：

姓名	注册号	签名	日期
×××	×××	（略）	2012-11-8
×××	×××	（略）	2012-11-8

估价假设和限制条件

1. 本次估价以估价对象在实地查勘之日的状况为准。

2. 本次估价以估价对象按照现有用途、持续使用为假设前提。

3. 本次估价以估价对象未设定任何担保及他项权利为假设前提。

4. 本估价报告确定的估价对象范围及面积数据以估价委托人提供的《国有土地使用证》、《房屋所有权证》及相关证明文件所载明的内容为准。

5. 本估价报告的估价结论是在估价委托人提供的资料真实、合法、完整的基础上得出的，估价委托人应当对其提供的相关资料的真实性、合法性和完整性负责。

6. 本估价报告的估价结论是估价对象在价值时点的抵押价值，未考虑未来市场变化风险和短期强制处分等因素对房地产抵押价值的影响。

7. 本估价报告的估价结论未考虑房地产交易时应当缴纳的有关税费，如需转让，应当按国家有关规定办理。

8. 本估价报告结果仅供估价委托人在本次估价目的下使用，不得用于其他用途。

9. 因估价委托人使用估价报告不当而引起的后果，估价机构和估价人员不承担相应的责任。

10. 本估价报告自出具之日起一年内有效。在此期间如果房地产市场发生重大变化，则有效期相应折减。

参考答案：

1. 我们已于 2012 年 11 月 3 日对本估价报告中的估价对象进行了实地查勘。

应改为：

2. 注册房地产估价师×××、×××已于 2012 年 11 月 3 日对本估价报告中的估价对象进行了实地查勘。

3. 本次估价以估价对象未设定任何担保及他项权利为假设前提。

应改为：

4. 本次估价以估价对象土地使用权抵押权已经注销，以未设定任何担保及他项权利为假设前提。

5. 本估价报告自出具之日起一年内有效。在此期间如果房地产市场发生重大变化，则有效期相应折减。

应改为：

6. 本估价报告自出具之日起一年内有效，即自 2012 年 11 月 8 日起至 2013 年 11 月 7 日止。在此期间如果房地产市场发生重大变化，需要重新委托估价。

第 3 篇

试题精练

第1章 房地产基本制度与政策（含相关知识）

房地产基本制度与政策（一）

一、单项选择题（共40题，每题0.5分，每题的备选答案中只有1个是最符合题意，请在答题卡上涂黑其相应的编号）

1. 《国有土地上房屋征收与补偿条例》在我国法律体系中属于（　　）。
   A. 法律　　　　　　　　　　　B. 行政法规
   C. 部门规章　　　　　　　　　D. 地方性法规

2. 征收基本农田须经（　　）批准。
   A. 国务院　　　　　　　　　　B. 省级人民政府
   C. 市级人民政府　　　　　　　D. 县级人民政府

3. 某住宅用地出让年限为50年，建设期为2年，建设期满后，张某购买了其中一套住宅，持有10年后转让给王某，王某取得的该住宅用地使用年限为（　　）年。
   A. 37　　　B. 38　　　C. 40　　　D. 50

4. 国有土地上房屋征收主体（　　）。
   A. 国务院　　　　　　　　　　B. 省级人民政府
   C. 市县级人民政府　　　　　　D. 房屋征收部门

5. 对国有土地上被征收房屋价值的补偿，不得低于房屋征收决定公告之日被征收房屋类似房地产的（　　）。
   A. 重置价格　　　　　　　　　B. 租赁价格
   C. 评估价格　　　　　　　　　D. 市场价格

6. 2011年7月，房地产开发企业开发建设普通商品住房项目的最低资本金比例是（　　）。
   A. 20%　　　B. 25%　　　C. 30%　　　D. 35%

7. 商品房现房广告不得涉及的内容是（　　）。
   A. 销售价格　　　　　　　　　B. 装饰装修
   C. 小区环境　　　　　　　　　D. 升值承诺

8. 城市规划中确定的，必须控制的城市基础设施用地的控制界限称为城市（　　）。

A. 绿线　　　　　B. 蓝线　　　　　C. 黄线　　　　　D. 紫线

9. 建设工程施工和施工管理的最后环节是（　　）。

A. 竣工验收　　　　　　　　　B. 竣工决算
C. 质量保修项目维修　　　　　D. 交付使用

10. 商品房预售许可证的最低规模不得小于（　　）。

A. 居住区　　　B. 居住小区　　　C. 栋　　　　D. 单元

11. 房地产开发企业承担商品房的保修期从房屋（　　）之日起计算。

A. 竣工　　　　　　　　　　　B. 交付
C. 办理房屋所有权登记　　　　D. 入住

12. 房地产抵押估价报告中对估价对象的分析除了包括一般房地产估价报告要求的内容外，还应包括（　　）分析。

A. 区位因素　　　　　　　　　B. 变现能力
C. 市场背景　　　　　　　　　D. 最高最佳使用

13. 在办理房屋登记时，房屋所有权与该房屋所占用的土地使用权不属同一人且原因不明的，房屋登记机构应当（　　）。

A. 办理预告登记　　　　　　　B. 办理更正登记
C. 办理异议登记　　　　　　　D. 不予办理登记

14. 下列房屋部位中，不计算建筑面积的是（　　）。

A. 房屋的天面
B. 与房屋相连无柱有上盖有维护的走廊
C. 有围护结构的门廊
D. 不封闭有顶盖的永久性架空走廊

15. 房地产估价报告及相关资料的保管期限自估价报告出具之日起不得少于（　　）年。

A. 5　　　　　B. 8　　　　　C. 10　　　　　D. 15

16. 房地产估价师的注册管理部门是（　　）。

A. 国务院人力资源和社会保障主管部门
B. 国务院住房城乡建设主管部门
C. 所在地省级住房城乡建设主管部门
D. 所在地市级房地产主管部门

17. 房地产经纪人协理从业资格考试实行全国（　　）。

A. 统一大纲　　　　　　　　　B. 统一命题
C. 统一组织　　　　　　　　　D. 统一阅卷

18. 某住房置业担保公司实有资本 5000 万元，该担保公司担保贷款余额的总额不得超过（　　）亿元。

A. 7.5　　　　　　B. 10.00　　　　　　C. 15.00　　　　　　D. 20.00

19. 出售公有住房时，售房单位从房款中一次性提取的住宅专项维修资金，高层住宅不低于售房款的（　　）。

A. 5%　　　　　　B. 10%　　　　　　C. 20%　　　　　　D. 30%

20. 某企业自用地下商业用房，应税房屋原值为200万元，则应纳房产税的最低税额为（　　）万元。

A. 1.44　　　　　　B. 1.68　　　　　　C. 1.92　　　　　　D. 2.16

21. 下列行为中，应征土地增值税的是（　　）。

A. 继承房地产　　　　　　　　B. 赠与房地产
C. 出售房地产　　　　　　　　D. 出租房地产

22. 某房地产开发企业2010年房地产销售收入为8000万元，扣除项目金额为5000万元，应缴纳的土地增值税为（　　）万元。

A. 500　　　　　　B. 750　　　　　　C. 900　　　　　　D. 950

23. 程某出租一套自有住房，月租金为3000元，每年空置期为1个月，年应缴纳的房产税为（　　）。

A. 1320　　　　　　B. 1440　　　　　　C. 3960　　　　　　D. 4320

24. 个人住房公积金贷款利率调整实行（　　）。

A. 一月一定　　　　　　　　B. 一季一定
C. 一年一定　　　　　　　　D. 年内分段

25. 在居住区绿地系统中，居住组团的小块绿地属于（　　）。

A. 公共绿地　　　　　　　　B. 专用绿地
C. 宅旁绿地　　　　　　　　D. 街道绿地

26. 容易对人的心理产生影响的暂时性污染是（　　）。

A. 放射性物质污染　　　　　　B. 建筑施工噪声污染
C. 生活污染　　　　　　　　D. 固体废物污染

27. 主要用以简要表示建筑物的内部结构形式、空间关系的建筑施工图是（　　）。

A. 建筑立面图　　　　　　　　B. 建筑剖面图
C. 建筑详图　　　　　　　　D. 建筑平面图

28. 建筑安装工程费用中的财务费，属于（　　）。

A. 措施费　　　　　　　　　B. 规费
C. 间接费　　　　　　　　　D. 直接工程费

29. 房地产图中，通常采用比例尺为1∶1000的地形图是（　　）。

A. 城市总体规划图　　　　　　B. 竣工图
C. 城市详细规划图　　　　　　D. 地籍图

30. 2010年某房地产开发企业销售收入等于经济成本，该开发企业（　　）。
    A. 获得正常利润　　　　　　　　B. 获得经济利润
    C. 获得超额利润　　　　　　　　D. 年净利润为零

31. 下列建设项目的外部效应中，属于外部负效应的是（　　）。
    A. 就业增加　　　　　　　　　　B. 污染增加
    C. 税收增加　　　　　　　　　　D. 职工收入增加

32. 下列金融工具中，银行汇票属于（　　）。
    A. 直接金融工具　　　　　　　　B. 短期信用工具
    C. 商业信用工具　　　　　　　　D. 消费信用工具

33. 下列货币政策工具中，属于选择性货币政策工具的是（　　）。
    A. 法定存款准备金率　　　　　　B. 再贴现利率
    C. 公开市场业务　　　　　　　　D. 贷款额度控制

34. 下列证券品种中，属于货币证券的是（　　）。
    A. 股票　　　　　　　　　　　　B. 支票
    C. 债券　　　　　　　　　　　　D. 投资基金

35. 下列涉及房地产的保险中，不属于财产保险的险种是（　　）。
    A. 城乡居民房屋保险　　　　　　B. 建筑工程一切险
    C. 企业财产保险　　　　　　　　D. 安居定期保险

36. 某城市不同地区所有新开盘房地产的价格如下表所示，则该城市新开盘房地产单价的中位数是（　　）元/m²。

楼盘	1	2	3	4	5	6	7	8
单价	2360	2870	3460	2480	2960	4830	3400	3680
楼盘	9	10	11	12	13	14	15	16
单价	2870	3460	4530	2470	2870	3760	4320	5320

    A. 2870　　　　B. 3330　　　　C. 3430　　　　D. 3460

37. 下列项目在资产负债表中，属于非流动负债的项目是（　　）。
    A. 应付票据　　　　　　　　　　B. 应付账款
    C. 应交税费　　　　　　　　　　D. 应付债券

38. 下列代理行为中，属于滥用代理权的是（　　）。
    A. 指定代理　　　　　　　　　　B. 委托代理
    C. 双方代理　　　　　　　　　　D. 法定代理

39. 下列权利中，属于用益物权的是（　　）。
    A. 抵押权　　　　　　　　　　　B. 质权

C. 地役权 D. 留置权

40. 下列房地产中，不得拍卖的是（　　）。

A. 共有房地产 B. 集体土地上的厂房

C. 尚在诉讼中的权属有争议的房地产 D. 划拨用地的住宅

二、多项选择题（共15题，每题2分。每题的备选答案中有2个或2个以上符合题意，请在答题卡上涂黑其相应的编号。全部选对的，得2分，错选或多选的，不得分，少选且选择正确的，每个选项得0.5分）

1. 经营性国有土地使用权可以通过（　　）方式取得。

A. 行政划拨 B. 招标出让

C. 拍卖出让 D. 协议出让

E. 挂牌出让

2. 关于征收耕地的补偿费用的说法，正确的有（　　）。

A. 土地补偿费归农村集体组织所有

B. 土地补偿费归农民个人所有

C. 地上附着物和青苗补偿费一定归农村集体组织所有

D. 地上附着物和青苗补偿费归附着物和青苗所有者所有

E. 安置补助费一定归农村集体组织所有

3. 为了公共利益的需要，可以做出国有土地上房屋征收决定的情形有（　　）。

A. 棚户区改造 B. 城中村改造

C. 廉租房建设 D. 经济适用住房建设

E. 公共租赁住房建设

4. 下列导致土地闲置的情形中，不征收土地闲置费的有（　　）。

A. 资金短缺 B. 洪涝灾害

C. 建材供应短缺 D. 开挖基槽时发现古墓

E. 规划方案上报后审批期限超过一年

5. 商品房预售方案应包括的内容有（　　）。

A. 项目基本情况 B. 预售房屋套数

C. 销售人员姓名和身份证号 D. 竣工交付日期

E. 住宅质量责任承担主体

6. 张某将自己的房屋抵押给甲银行，并办理了抵押登记，下列说法中正确的有（　　）。

A. 该房屋的所有权仍属张某

B. 张某应将该房屋交给甲银行使用

C. 经甲银行书面同意，张某可以出售该房屋
D. 未经甲银行书面同意，张某出租该房屋的租赁合同无效
E. 该房屋所有权证书应交甲银行持有

7. 房屋登记时，由当事人单方申请的情形有（　　）。
   A. 合法建造房屋取得房屋所有权　　B. 权利人放弃房屋所有权
   C. 继承取得房屋所有权　　　　　　D. 产权交换取得所有权
   E. 依据人民法院生效法律文书取得房屋所有权

8. 下列房地产估价业务中，二级资质房地产估价机构可以从事的业务有（　　）。
   A. 司法鉴定　　　　　　　　　　　B. 公司上市
   C. 房屋征收　　　　　　　　　　　D. 企业清算
   E. 在建工程抵押

9. 国有土地使用权转让人应缴纳的税费有（　　）。
   A. 土地增值税　　　　　　　　　　B. 教育费附加
   C. 营业税　　　　　　　　　　　　D. 城市维护建设税
   E. 契税

10. 在控制性详细规划的控制体系中，属于规定性指标的有（　　）。
    A. 用地性质　　　　　　　　　　　B. 容积率
    C. 人口容量　　　　　　　　　　　D. 用地面积
    E. 建筑形式

11. 下列污染源中，属于大气污染源的有（　　）。
    A. 工业污染源　　　　　　　　　　B. 交通污染源
    C. 光污染源　　　　　　　　　　　D. 噪声污染源
    E. 生活污染源

12. 下列影响住房售价因素中，可能引起住房售价下降的情形有（　　）。
    A. 住房消费转向以租赁为主　　　　B. 增加住房持有期间税费
    C. 住房开发成本上升　　　　　　　D. 住房租赁价格下降
    E. 消费者收入水平上升

13. 某房地产开发企业以其土地使用权进行抵押，向特定几个投资商发行为期 3 年、票面年利率为 15% 的债券，债券必须经过背书才能转让。这种债券的类型属于（　　）。
    A. 公债券　　　　　　　　　　　　B. 抵押债券
    C. 私募债券　　　　　　　　　　　D. 记名债券
    E. 公司债券

14. 下列会计行为中，属于会计舞弊的行为有（　　）。

A. 将现金和费用科目同幅度多记以侵占现金
B. 因对会计政策理解错误,未计入应计当期的收入
C. 材料核算人员疏忽,没有登记明细账
D. 会计数据计算抄写差错
E. 为调节利润多记待摊费用

15. 关于诉讼时效的说法,正确的有( )。
A. 诉讼时效灭失的是一种请求权
B. 超过诉讼时效期间,当事人自愿履行的,也要受诉讼时效限制
C. 身体受到伤害要求赔偿的诉讼时效期间为1年
D. 因环境污染损害赔偿提起诉讼时效期间为2年
E. 诉讼时效中止,以前经过的诉讼时效的有效期间不再计算

三、判断题(共40题,每题0.5分,请根据判断结果,在答题卡上涂黑其相应的符号,用"√"表示正确,用"×"表示错误,不答不得分,判断错误扣0.5分,本题总分最多扣至0分)

1. 经济适用房实行土地划拨、税费减免、信贷支持,按照保本微利原则出售。( )
2. 征收集体土地是国家为了公共利益需要而强制取得土地所有权的行为。( )
3. 根据《物权法》,住宅建设用地使用权期间届满的,自动续期。( )
4. 房屋征收部门可以委托房屋征收实施单位承担房屋征收与补偿的具体工作。( )
5. 具有房地产价格评估资质的房地产估价机构都可以从事房屋征收评估工作。( )
6. 购房人在取得《房屋所有权证》后,经确认房屋主体结构不合格的,仍有权退房。( )
7. 按照出让合同约定已经支付全部土地出让金,取得土地使用权证书,房地产开发项目即可以转让。( )
8. 城市规划分为城市总体规划和城市功能区规划。( )
9. 建筑工程监理是监理单位代表政府实施监督的一种行为。( )
10. 出租商品住房,应以原设计的房间为最小出租单位,阳台、地下储藏室、卫生间和厨房不得出租供人员居住。( )
11. 商品房预购人可以将购买的尚未竣工的预售商品房转让。( )
12. 房屋买卖合同签订之后,房屋所有权即发生转移。( )
13. 不动产登记簿是物权归属和内容的依据。( )

14. 房屋查封登记、注销登记和因登记机构错误造成的更正登记，不收取房屋登记费。（ ）
15. 有限责任制的房地产独家机构以其部分财产对其债务承担责任。（ ）
16. 房地产估价机构资质等级分为一、二、三、四级。（ ）
17. 房地产估价师职业资格考试合格，取得《房地产估价师职业资格证书》，即可以房地产估价师的名义从事房地产估价活动。（ ）
18. 住宅小区内的非住宅的业主不必缴纳专项维修资金。（ ）
19. 加成征收只是针对特定的纳税人，附加是对所有的纳税人。（ ）
20. 土地使用权未确定或权属纠纷未解决的土地，暂不缴纳城镇土地使用税。（ ）
21. 个人独资企业，合伙企业不适用《中华人民共和国企业所得税法》。（ ）
22. 自 2010 年 9 月 27 日起，对于公租房经营管理单位购买住房作为公租房，免征契税、印花税。（ ）
23. 单位可只为本单位工作三年以上的在职职工缴存住房公积金。（ ）
24. 住房公积金部分增值收益可用于廉租房建设。（ ）
25. 为满足不同层次规划要求，国家将城市用地按大类、中类、小类三级进行了划分。一般而言，城市总体规划阶段已达到中类为主，城市详细规划阶段应达到小类深度。（ ）
26. 室内环境污染物主要来自建筑材料，尤其是装修装饰材料。（ ）
27. 建筑物防震缝的宽度在任何情况下不得小于 50mm。（ ）
28. 我国现行建筑安装工程费用包括直接费、间接费、利润、利息和税金。（ ）
29. 房产证的附图是房产分户图，房产分户图是在房产分幅图基础上进一步绘制的明细图。（ ）
30. 等产量曲线是一条从左上方向右下方倾斜的曲线，斜率为正值。（ ）
31. 在完全垄断市场上，厂商通过调节产量与价格实现利润最大化，其长期均衡的条件是边际收益大于长期边际成本。（ ）
32. 信用合作社和储蓄贷款协会等其他分银行金融机构一样，不具有信用创造功能。（ ）
33. 物价总水平下降，且持续下降半年以上，就意味着出现通货紧缩。（ ）
34. 证券是一种商品，可以进行依法买卖；同时也是一种资本，可以为持有者带来一定的收益。（ ）
35. 保险利益消失，保险合同随之失效。（ ）

36. 在统计中，收集数据的方法有直接观察法、间接调查法及报告法。（   ）

37. 房地产开发企业以融资租赁方式租入的资产应作为企业的资产，列入企业资产负债表。（   ）

38. 商业广告的内容符合要约规定的，应视为要约。（   ）

39. 房地产开发企业销售商品房时不得一房二卖，属于民事义务中的积极义务。（   ）

40. 保留价并非拍卖的必要条件，但若拍卖国有房地产，则应根据房地产估价机构的估价结果确定保留价。（   ）

四、综合分析题（共3大题，15小题，每小题2分，每小题的备选答案中有1个或1个以上符合题意，请在答题卡上涂黑其相应的编号。全部选对的，得2分，错选或多选的，不得分；少选且选择正确的，每个选项得0.5分）

（一）

2011年8月，某城市作出房屋征收决定，被征收的国有土地由甲房地产开发企业（以下简称甲企业）开发经济适用房，项目总投资预算为6000万元，刘某自有的一套住宅被征收，选择房屋产权调换的补偿方式。补偿协议约定，刘某取得该项目的一套经济适用住房和部分货币补偿。

1. 刘某应获得的补偿为（   ）。
   A. 被征收房屋价值的补偿
   B. 刘某的精神损失的补偿
   C. 因征收房屋造成的搬迁、临时安置的补偿
   D. 因征收房屋造成刘某务工损失的补偿

2. 关于该项目开发建设的说法，正确的为（   ）。
   A. 该项目可采用划拨方式供地
   B. 甲企业通过招标方式成为该项目的建设单位
   C. 该项目的资本金最低2100万元
   D. 该项目开发利润应控制在3%以内

3. 刘某签订补偿协议的另一方为（   ）。
   A. 甲企业
   B. 该市人民政府土地管理部门
   C. 该市人民政府房屋征收部门
   D. 该市人民政府房地产管理部门

4. 关于该项目及刘某享受税收优惠的说法，正确的是（   ）。
   A. 甲企业免交城镇土地使用税
   B. 甲企业免缴营业税
   C. 刘某免交印花税
   D. 刘某免交契税

(二)

在某省会城市，甲房地产开发企业（以下简称甲企业）开发商品房住宅小区，共4栋，每栋10层，5个单元，每个单元均为一梯两户，2011年6月1日，该项目取得《商品房预售许可证》，准许销售300套。

5. 甲企业应取得《商品房预售许可证》10日内，一次性公开（　　）套房源。

　　A. 100　　　　　B. 200　　　　　C. 300　　　　　D. 400

6. 下列关于商品房预售的说法，正确的为（　　）。

　A. 房地产管理部门作出的准予商品房是预售许可的决定，应当予以公开，公众有权查阅

　B. 甲企业可以在未解除合同前，将作为合同标的物的商品房再行销售给他人

　C. 甲企业不得按套内面积计价预售商品房

　D. 甲企业可以与购房人约定面积误差比绝对值超过2%时，买房人有权退房

7. 该项目由商品房预售转为商品房现售，应符合的条件为（　　）。

　A. 已通过竣工验收　　　　　　　B. 公共设备具备交付条件

　C. 物业管理方案已经落实　　　　D. 取得房屋所有权证书

8. 该项目竣工后，建筑区划内依法属于全体业主共有的物业服务用房，应由（　　）申请登记。

　A. 甲企业　　　　　　　　　　　B. 全体业主共同

　C. 业主委员会　　　　　　　　　D. 物业服务企业

9. 该项目预售时，依据国务院有关规定，该市下列居民家庭中，不具备购房资格的为（　　）。

　A. 拥有1套住房的当地户籍居民家庭

　B. 拥有1套住房的非当地户籍居民家庭

　C. 拥有2套住房的当地户籍居民家庭

　D. 拥有2套住房的非当地户籍居民家庭

(三)

2008年，胡某以120万元的总价购买了一套钢筋混凝土结构的住房，各项交易税费为18万元，2011年，胡某将该住房以240万元的价格出售，其经济成本为170万元，正常利润为30万元，胡某将其中的100万元用于自己的商业项目之中，剩余的140万元购买了银行理财产品。2011年胡某拥有的甲公司办理

了火灾保险、运输工具保险，并为公司员工办理了意外伤害保险、基本医疗保险、社会养老保险、劳动工伤保险和失业保险。甲公司 2009 年末应收账款额为 300 万元，2010 年末应收账款余额为 460 万元，全年的累计赊销收入为 28000 万元，平均存货为 320 万元，2011 年 2 月，甲公司拟以 2.3 亿元的价格收购某科技公司，经协商签订了收购合同，并支付了包括定金在内的总额 6000 万元的首付款，余额应于 5 月 31 日前全部支付完毕，由于银根收紧，不能及时从银行取得贷款，也不能采取其他方式筹集资金支付。

10. 该住宅所属的建筑物承受受力方式类型不属于（　　）。
 A. 墙承重结构　　　　　　　　B. 构架式承重结构
 C. 大空间承重结构　　　　　　D. 筒体承重结构

11. 胡某获得的超额利润为（　　）万元。
 A. 20　　　　B. 70　　　　C. 72　　　　D. 102

12. 胡某购买的银行理财产品不能归结为银行中间业务类型中的（　　）。
 A. 担保型中间业务　　　　　　B. 管理型中间业务
 C. 衍生金融工具业务　　　　　D. 融资型中间业务

13. 甲公司为员工办理的保险属于社会保险险种的有（　　）。
 A. 2　　　　B. 3　　　　C. 4　　　　D. 5

14. 甲公司上半年应收账款周转天数为（　　）。
 A. 4 天　　　B. 5 天　　　C. 73 天　　　D. 82 天

15. 如在 5 月 31 日前未能支付余款，甲公司承担违约责任的直接经济损失最大的为（　　）万元。
 A. 4600　　　B. 6000　　　C. 17000　　　D. 23000

参考答案：

一、单项选择题
1. B   2. A   3. A   4. C   5. D   6. A   7. D   8. C   9. A
10. C 11. B 12. B 13. D 14. A 15. C 16. B 17. A 18. C
19. D 20. B 21. C 22. D 23. B 24. C 25. A 26. B 27. B
28. C 29. C 30. A 31. B 32. B 33. D 34. B 35. C 36. C
37. D 38. C 39. C 40. C

二、多项选择题
1. BCE   2. AD   3. ACDE   4. AC   5. ABE
6. AC   7. ABCE 8. ACE   9. BCD   10. ABD
11. ABE 12. ABD 13. BCDE 14. AE   15. AC

三、判断题
1. √   2. √   3. √   4. √   5. ×   6. √   7. ×   8. ×   9. ×

10. √	11. ×	12. ×	13. √	14. √	15. ×	16. √	17. ×	18. ×
19. √	20. ×	21. √	22. √	23. √	24. ×	25. √	26. √	27. √
28. ×	29. ×	30. ×	31. ×	32. √	33. √	34. √	35. √	36. ×
37. √	38. √	39. ×	40. √

四、综合分析题

1. ACD 2. ABD 3. C 4. ABC 5. C 6. AD 7. ABC 8. A
9. BCD 10. ACD 11. B 12. B 13. C 14. B 15. A

房地产基本制度与政策（二）

一、单项选择题（共40题，每题0.5分。每题的备选答案中只有一个最符合题意，请在答题卡上涂黑其相应的编号）

1. 下列房地产估价相关规定中，属于部门规章的是（　　）。

A. 《房地产估价规范》

B. 《房地产估价机构管理办法》

C. 《国有土地上房屋征收评估办法》

D. 《房地产估价师执业资格考试实施办法》

2. 下列建设项目中，国有建设用地使用权法定出让最高年限为50年的是（　　）。

A. 住宅　　　B. 娱乐场　　　C. 宾馆　　　D. 体育场

3. 下列建设项目中，应通过出让方式取得国有土地建设用地使用权的是（　　）。

A. 部队营房　　　　　　　B. 国有企业办公楼

C. 国家投资的核电站　　　D. 科技博物馆扩建

4. 国有土地上房屋征收的主体是（　　）。

A. 市、县级人民政府　　　　B. 市、县级房屋征收部门

C. 房屋征收实施单位　　　　D. 市、县级房地产行政主管部门

5. 根据《国有土地上房屋征收评估办法》，对复合结果进行鉴定时，专家组成员中房地产估价师不少于（　　）。

A. 1/3　　　B. 1/2　　　C. 2/3　　　D. 3/4

6. 编制城市总体规划和详细规划时，必须控制的城市基础设施用地的控制界线称为城市（　　）。

A. 紫线　　　B. 黄线　　　C. 绿线　　　D. 蓝线

7. 《建筑工程施工许可证》由（　　）单位申领。

A. 设计　　　　B. 建设　　　　C. 施工　　　　D. 监理

8. 下列控制指标中，不属于建设监理控制的是（　　）。
A. 质量标准　　　　　　　　B. 投资限额
C. 建设工期　　　　　　　　D. 投资回报率

9. 向购房人承担房地产开发项目质量责任的是（　　）。
A. 设计单位　　　　　　　　B. 施工单位
C. 监理单位　　　　　　　　D. 房地产开发企业

10. 新建商品住房转让手续费由（　　）承担。
A. 转让方　　　　　　　　　B. 销售代理人
C. 受让方　　　　　　　　　D. 转让方和受让方共同

11. 某宗国有建设用地使用权法定出让最高年限为50年，出让合同约定的使用年限为40年，甲使用10年后转让给乙，乙取得该建设用地使用年限为（　　）年。
A. 10　　　　B. 30　　　　C. 40　　　　D. 50

12. 当事人在订立抵押合同时，不得在合同中约定（　　）。
A. 债务履行期限
B. 被担保人的债权数额
C. 抵押权人为抵押物保险赔偿的优先受益人
D. 债务履行期届满时抵押物的所有权转移为债权人所有

13. 李某购房，取得该房屋所有权的时间是（　　）时。
A. 签订房屋买卖合同　　　　B. 付清房价款
C. 记载于房屋登记簿　　　　D. 取得房屋所有权证书

14. 下列房屋登记类型中，房屋登记机构应向权利人发放的登记证明是（　　）。
A. 初始登记　　B. 异议登记　　C. 更正登记　　D. 预告登记

15. 房地产估价机构资质核准属于（　　）。
A. 自律管理　　B. 行政许可　　C. 工商登记　　D. 登记备案

16. 房地产估价师的注册有效期为（　　）年。
A. 2　　　　　B. 3　　　　　C. 4　　　　　D. 6

17. 职业道德调节要求房地产估价人员在估价活动中应以（　　）去支配自己的行为。
A. 法律规范　　B. 掌握的知识　　C. 技术规范　　D. 内心的良知

18. 王某取得房地产估价师执业资格超过3年申请初始注册，需要接受继续教育（　　）学时。
A. 30　　　　B. 60　　　　C. 120　　　　D. 150

19. 商品住房小区前期物业服务合同的甲方是( )。
   A. 建设单位　　　　　　　　　　B. 居民委员会
   C. 业主大会　　　　　　　　　　D. 房地产行政主管部门

20. 李某自用位于地下的工业厂房，应税房产原价为100万元，2013年应缴纳房产税最多为( )元。
   A. 4200　　　B. 5040　　　C. 5400　　　D. 6480

21. 城镇土地使用税的税率是( )。
   A. 差别比例税率　　　　　　　　B. 负的比例税率
   C. 幅度定额税率　　　　　　　　D. 超额累进税率

22. 陈某2013年1月10日以52.50万元购买建筑面积为140m^2的自住房，2015年5月10日转让，售价120万元，应缴纳营业税( )元。
   A. 0　　　B. 33750　　　C. 43800　　　D. 53800

23. 下列取得房屋的行为中，属于应缴纳契税的是( )。
   A. 子女继承取得房屋　　　　　　B. 以获奖方式取得房屋
   C. 接受赠与境外别墅　　　　　　D. 住房所有权更正为夫妻共有

24. 2013年某市职工上一年度平均工资为3500元，该市职工李某上一年度月平均工资为4000元，李某每月住房公积金免税的最高额度是( )元。
   A. 175　　　B. 250　　　C. 420　　　D. 480

25. 某居住区规划总人口5万人，居住用地面积10万m^2，住宅用地面积6万m^2，绿化用地面积3万m^2，该居住区规划人口密度为( )人/hm^2。
   A. 3846　　　B. 5000　　　C. 5556　　　D. 8333

26. 对人体危害最大的大气颗粒污染物是( )。
   A. 尘粒　　　B. 落尘　　　C. 飘尘　　　D. 烟尘

27. 在多层公共建筑中，被广泛使用的最基本的消防供水系统是( )。
   A. 消火栓系统　　　　　　　　　B. 自动喷洒系统
   C. 粉质供水系统　　　　　　　　D. 分区分压供水系统

28. 某房地产项目建设期2年，第一年计划投资额2000万元，第二年计划投资额3000万元，年均价上涨为5%，则该项目建设期间涨价预备费是( )万元。
   A. 150.00　　　B. 250.00　　　C. 400.00　　　D. 407.50

29. 国有土地使用权证和地籍档案的附图是( )。
   A. 宗地图　　　B. 地形图　　　C. 房产分丘图　　　D. 房产分幅图

30. 某城市某类住房需求价格弹性系数为0，表明该城市该类住房的需求价格弹性类型是( )。
   A. 单一价格弹性　　　　　　　　B. 完全无弹性

C. 富有价格弹性   D. 缺乏价格弹性

31. 关于国内生产总值 GDP 与国民生产总值 GNP 关系的说法，错误的是（ ）。
   A. GNP＝GDP＋对外要素收入净额
   B. 在封闭经济中 GDP 与 GNP 完全相等
   C. GDP 与 GNP 都是描述总体经济活动的指标
   D. 本国公民国外创造的收入应计入本国的 GDP，而不是计入本国的 GNP

32. 下列房地产融资方式中，属于直接融资方式的是（ ）
   A. 住房抵押贷款   B. 商品房开发贷款
   C. 住房公积金贷款   D. 房地产开发企业公开发行股票

33. 中央银行规定提高住房贷款的首期付款比例，属于（ ）。
   A. 贷款额度控制   B. 消费信用控制
   C. 间接信用指导   D. 证券市场信用控制

34. 政府债券体现的权利关系是（ ）关系。
   A. 股权   B. 行政   C. 债权债务   D. 信托契约

35. 一份不定值保险投保时，保险标的实际价值为 300 万元，保险金额为 400 万元，发生保险事故时，该标的实际价值为 600 万元，实际损失为 450 万元，则保险人应支付赔偿（ ）万元。
   A. 300   B. 400   C. 450   D. 600

36. 某市 2005～2013 年住宅竣工面积如下表所示

年份	2005	2006	2007	2008	2009	2010	2011	2012	2013
竣工面积（万 m²）	21.20	29.30	37.10	40.60	42.00	43.20	45.30	49.50	57.00

下列算式中，求取该市的 2005～2013 年住宅竣工面积平均发展速度正确的是（ ）。

A. $\dfrac{57.00}{21.20}$ B. $\sqrt[8]{\dfrac{57.00}{21.20}}$

C. $\sqrt[8]{\dfrac{57.00}{21.20}}-1$ D. $\dfrac{57.00-21.20}{21.20}$

37. 下列财务指标中，属于可通过资产负债表直接计算的指标是（ ）。
   A. 流动比率   B. 应收账款周转率
   C. 股东权益报酬率   D. 成本费用净利率

38. 对相邻企业排污造成的环境污染提起损害赔偿的诉讼时效期间是（ ）年。
   A. 1   B. 2   C. 3   D. 4

39. 李某先后向张某、王某借款及通过银行贷款购买了一套住房,并按要求将住房抵押给了银行,办理了抵押登记手续,若李某不能履行债务,则房屋拍卖后的清偿顺序是( )。

A. 银行、张某、王某依次受偿
B. 张某、王某、银行依次受偿
C. 银行优先受偿,其次是张某和王某同时受偿
D. 张某和王某同时优先受偿,其次是银行受偿

40. 关于不同权属状况房地产拍卖的审查与前期处理的说法,错误的是( )。

A. 有共有人的房地产拍卖须有共有人书面同意意见
B. 有租赁登记的房地产拍卖须将拍卖行为告知承租人
C. 产权人为国有单位的房地产拍卖只需取得产权人的许可意见
D. 房屋的附属设施、公用设备与房屋同时拍卖应在公告中说明

二、多项选择题(共15题,每题2分。每题的备选答案中有2个或2个以上符合题意,请在答题卡上涂黑其相应的编号。全部选对的,得2分,错选或多选的,不得分,少选且选择正确的,每个选项得0.5分)

1. 下列建设项目中,应采取招标等公开竞价方式取得国有建设用地使用权的有( )。

A. 工业厂房   B. 公益设施
C. 娱乐场馆   D. 城市基础设施
E. 高档酒店

2. 下列建设项目中,可以采取划拨取得国有建设用地使用权的有( )。

A. 廉租住房   B. 军事设施
C. 城市公共交通枢纽   D. 旅游设施
E. 国家重点扶持的能源设施

3. 国有土地上房屋征收价值评估不考虑被征收房屋的( )等因素的影响。

A. 租赁   B. 查封
C. 抵押   D. 土地使用权
E. 供求关系

4. 成套住宅中,不能出租人员居住的部分有( )。

A. 客厅   B. 卧室
C. 厨房   D. 卫生间
E. 封闭阳台

5. 下列房地产不得抵押的有( )。

A. 幼儿园的教学楼 B. 某大学的校办工厂
C. 依法查封的房屋 D. 在建的商品房
E. 已出租的商品房

6. 根据登记的效力，属于本登记的不动产登记类型有（　　）。
A. 初始登记　　　B. 设立登记　　　C. 变更登记　　　D. 预登记
E. 注销登记

7. 根据《物权法》，不经登记也发生物权效力的行为有（　　）的房屋。
A. 买卖 B. 合法建造
C. 抵押 D. 赠与取得
E. 受遗赠取得

8. 房地产估价师初始注册的条件有（　　）。
A. 年龄小于65周岁
B. 取得房地产估价师执业资格
C. 受聘于房地产估价机构
D. 在房地产估价机构有出资或股份
E. 具有完全民事行为能力

9. 依法转让商业用途的房地产开发项目，应缴纳的税费有（　　）。
A. 营业税 B. 耕地占用税
C. 土地增值税 D. 城市维护建设税
E. 教育费附加

10. 下列居住性用地控制详细规划指标中，属于指导性指标的有（　　）。
A. 建筑密度 B. 用地面积
C. 人口容量 D. 停车泊位
E. 建筑形式

11. 下列区域中，适用2类声标准的环境功能区有（　　）。
A. 商业金融区 B. 仓储物流区
C. 科技研发区 D. 集市贸易区
E. 居住、商业混杂区

12. 房产分户图的主要内容有（　　）。
A. 丘界 B. 房屋边长
C. 房屋建筑面积 D. 房屋权界线
E. 四面墙体归属

13. 普通股股东享有的权利有（　　）。
A. 股票转让权 B. 要求赎回权
C. 参加表决权 D. 公司剩余财产分配权

E. 股息红利分配要求权

14. 下列统计指标中，属于反映总体单位标志值差异程度的变异指标有（　　）。
   A. 全距　　　　　　　　　B. 众数
   C. 标准差　　　　　　　　D. 平均差
   E. 变异系数

15. 在有保留价且保留价保密的拍卖中，邀请公证人参与证明拍卖活动的合法性，此时保留价的知情人有（　　）。
   A. 委托人　　　　　　　　B. 拍卖人
   C. 买受人　　　　　　　　D. 竞买人
   E. 公证人

三、判断题（共40题，每题0.5分，请根据判断结果，在答题卡上涂黑其相应的符号，用"√"表示正确，用"×"表示错误，不答不得分，判断错误扣0.5分，本题总分最多扣至0分）

1. 目前，我国住房供应政策是以商品性住房供应为主。（　　）
2. 受让人未缴清全部国有建设用地使用权价款的，不得按出让价款缴纳比例分割发放国有土地使用权证书。（　　）
3. 以划拨方式取得的国有建设用地使用权转让的前提是转让方办理了建设用地使用权出让手续。（　　）
4. 房屋所有权人同意征收是实施国有土地上房屋征收的前提。（　　）
5. 按照等价有偿的原则，对被征收房屋价值的补偿，不得高于房屋征收决定公告之日被征收房屋类似房地产的市场价格。（　　）
6. 以出让方式取得国有建设用地使用权，建设项目规划条件未纳入国有建设用地使用权出让合同的，该出让合同无效。（　　）
7. 部分使用国有资金投资的工程建设项目必须进行招标。（　　）
8. 因不可抗力造成开工延期，导致土地闲置的，不征收土地闲置费。（　　）
9. 房地产开发项目用地只能以出让方式取得。（　　）
10. 商品房预售合同当事人必须约定房屋面积误差的处理方式。（　　）
11. 抵押人经抵押权人同意转让抵押房地产的，应将转让所得的价款向抵押权人清偿债务或者提存。（　　）
12. 宅基地上的房屋所有权人与房屋所占用土地的所有权人不一致。（　　）
13. 当事人签订的房屋抵押合同，未经登记，不产生法律效力。（　　）
14. 房屋登记信息中的他项权利设定类别可以公开查询。（　　）

15. 房地产估价机构设立分支机构,在分支机构所在地应有 2 名以上注册房地产估价师。（   ）
16. 科研院所从事房地产研究的人员取得房地产估价师资格后,经所在单位书面同意,可在房地产估价机构注册。（   ）
17. 房地产估价机构的不良行为应作为该机构法定代表人或执行合伙人的不良行为记入其信用档案。（   ）
18. 住宅专项维修资金专项用于保修期内住宅共用部位、共用设施设备的维修和更新、改造,不得挪作他用。（   ）
19. 个人自住的别墅不得免征房产税。（   ）
20. 建设用地使用权未确定或权属纠纷未解决的,由实际使用人缴纳城镇土地使用税。（   ）
21. 土地增值税的扣除项目包括了与转让有关的房地产税金。（   ）
22. 在中国境内无住所且在境内居住不满一年的个人,从中国境内取得的所得无需缴纳个人所得税。（   ）
23. 外商投资企业及其在职职工无需缴存住房公积金。（   ）
24. 住房公积金贷款期限在一年以内的,遇法定利率调整,仍可实行合同利率。（   ）
25. 城市土地区位的含义,最重要的是以地理坐标表示的几何位置。（   ）
26. 建筑材料是重要的室内环境污染源,既有辐射污染源,也有致敏源,甚至还有一些有毒物质。（   ）
27. 砖混结构的建筑物宜采用独立基础。（   ）
28. 预算定额是以施工工序为研究对象,为表示生产产品数量和生产要素消耗综合关系而编制的定额。（   ）
29. 房产分幅图是测绘房产分丘图和分户图的基础图件。（   ）
30. "吉芬商品"是指价格下降后,收入效应小于替代效应的商品。（   ）
31. 只要商品的销售收入能够补偿经济成本,厂商就一定能获得正常利润。（   ）
32. 提高法定存款准备金率是为了调节控制社会总需求,进一步控制通货膨胀。（   ）
33. 房地产信托业务属于商业银行的资产业务。（   ）
34. 封闭型基金公司的资产结构中不允许有负债。（   ）
35. 个人抵押贷款保证保险属于强制保险。（   ）
36. 统计中的随机性变量是指受偶然性因素的作用,变量值呈现出上升或下降唯一方向性变动的变量。（   ）
37. 房地产开发集团的分公司,不是法律主体,但可以是会计主体。（   ）

38. 代理人超越代理权,被代理人知道后未做任何表示,由此引起的民事责任被代理人也应承担。（   ）
39. 抵押权、质权、留置权、地役权都属于担保物权。（   ）
40. 强制拍卖过程中出现中止事由时,人民法院不能单方终止拍卖程序。
（   ）

四、综合分析题（共 3 大题,15 小题,每小题 2 分。每小题的备选答案中有 1 个或 1 个以上符合题意,请在答题卡上涂黑其相应的编号,全部选对的,得 2 分,错选或多选的,不得分,少选且选择正确的,每个选项得 0.5 分)

（一）

甲房地产开发公司（以下简称甲公司）拟将正在建设的高档商品房项目作为抵押物,向乙银行贷款 1 亿元,委托丙房地产估价机构（以下简称丙机构）进行评估,丙机构经调查得知,该项目总建筑面积为 15000m²,其中,已被人民法院预查封 1000m²,经批准可预售的建筑面积为 14000m²,其中：有 3000m² 已预售并办理了商品房预告登记。甲公司依法办理该项目抵押登记后,拟将该项目整体转让给丁公司。

1. 开发建设该项目,甲公司应依法取得(   )。
A. 建设项目选址意见书   B. 建设工程施工许可证
C. 建设工程规划许可证   D. 建设用地规划许可证
2. 甲公司本次可抵押的商品房建筑面积为(   )m²。
A. 10000   B. 11000   C. 14000   D. 15000
3. 为准确获得已办理商品房预告登记的信息,丙机构应通过(   )确定。
A. 调查该项目购房人
B. 查询该项目的房屋登记簿
C. 要求甲公司出具其预告登记证明
D. 查询甲公司已备案的商品房预售合同
4. 评估过程中,丙机构应做的工作包括(   )。
A. 进行实地查勘
B. 调查了解法定优先受偿权利情况
C. 要求甲公司提供《国有土地使用证》和《房屋所有权证》
D. 按照甲公司要求确保抵押物评估价值不低于 1 亿元
5. 甲公司转让该项目给丁公司不需要(   )。
A. 乙银行同意   B. 人民法院解除查封
C. 规划部门同意   D. 房屋登记机构批准

(二)

陈某属低保户,拥有某市旧城区一间百年老房的所有权。该市政府从2011年2月开始对该区进行改造。甲房地产估价机构承担该项目房屋征收评估工作。乙房地产开发公司依法取得该地块建设用地使用权,投资10亿元开发建设商业零售、商务办公、酒店餐饮和居住建筑面积各占四分之一的城市综合体,并按居住建筑面积的10%配建公共租赁住房。2013年"十一"黄金周期间,乙房地产开发公司开展该项目营销活动,2013年10月20日该项目取得商品房预售许可证。

6. 关于对陈某住房征收补偿的说法,正确的是( )。
   A. 陈某应与乙房地产开发公司订立补偿协议
   B. 陈某可以要求在改建地段进行房屋产权调换
   C. 陈某对评估结果有异议,可向甲房地产估价机构申请复核评估
   D. 陈某因住房已过设计使用年限而得不到货币补偿,应按低保户标准安置

7. 代理该项目工程招标代理机构的资格应为( )。
   A. 甲级
   B. 乙级及以上
   C. 丙级及以上
   D. 暂定级及以上

8. "十一"黄金周乙房地产开发公司可进行该项目的营销活动为( )。
   A. 制作公交车身广告介绍该项目名称
   B. 向前来参观者免费发放VIP卡
   C. 在项目销售大厅展示该项目沙盘
   D. 在房地产展销会上预售房屋

9. 乙房地产开发公司建造该项目所涉及的印花税可按( )的比例免征。
   A. 1.0‰
   B. 2.50‰
   C. 10.0‰
   D. 25.0‰

(三)

甲公司通过出让方式取得一宗建设用地使用权,规划用途为普通住宅,建筑控制高度为30m,该项目计划建设周期2年,项目可行性研究确定的投资额为3亿元,甲公司取得土地后立即开展了该项目的建筑设计工作,并于半年后开工。由于资金紧张,甲公司以该宗土地及在建工程向乙银行抵押融资,签订了期限为2年的借款合同,并共同办理了抵押登记,1年后,该项目实际投资额占全部开发投资总额的60%。随后,甲公司因拖欠工程款被债权人丙公司起诉,丙公司要求人民法院强制拍卖其土地及在建工程,以偿还到期债务。

10. 作为对本项目建设的规划控制,建筑控制高度属于( )。

A. 用地控制指标   B. 建筑形态控制指标
C. 城市设计引导指标   D. 环境容量控制指标

11. 关于本项目建筑设计的说法，正确的为(　　)。
A. 地上建筑物仅能设计为多层建筑
B. 地上建筑物耐久年限为 15～40 年
C. 按建筑物控制高度设计的地上建筑物应设置电梯
D. 按建筑物控制高度设计的地上建筑物应采用钢筋混凝土结构

12. 本项目可行性研究对 3 亿元投资额确定的方法为(　　)。
A. 通过投资估算指标确定   B. 利用施工定额进行测算
C. 利用预算定额进行测算   D. 利用概算定额进行测算

13. 甲公司从乙银行取得的贷款属于(　　)。
A. 中期贷款   B. 担保贷款
C. 特定贷款   D. 自营贷款

14. "实际投资额占全部开发投资总额的 60％"按统计指标分类为(　　)。
A. 比较相对指标   B. 强度相对指标
C. 结构相对指标   D. 比例相对指标

15. 关于丙公司请求拍卖房地产的说法，错误的为(　　)。
A. 该房地产拍卖委托人应为丙公司
B. 人民法院决定采取拍卖方式处置时应告知乙银行
C. 该房地产因设置有抵押权，人民法院不支持其拍卖请求
D. 人民法院支持该拍卖请求时应以评估价格为基础确定拍卖保留价

参考答案：

一、单项选择题
1. B　2. D　3. B　4. A　5. B　6. B　7. B　8. D　9. D　10. A
11. B　12. D　13. C　14. B　15. B　16. B　17. D　18. C　19. A　20. D
21. C　22. A　23. B　24. D　25. D　26. C　27. A　28. D　29. A　30. B
31. D　32. D　33. B　34. C　35. C　36. B　37. A　38. C　39. C　40. C

二、多项选择题
1. ACE　2. ABCE　3. ABC　4. CDE　5. AC　6. ABCE
7. BDE　8. ABCE　9. CDE　10. AC　11. ADE　12. BCDE
13. ACDE　14. ACDE　15. ABE

三、判断题
1. √　2. √　3. ×　4. ×　5. ×　6. √　7. ×　8. √　9. ×
10. ×　11. √　12. √　13. √　14. √　15. ×　16. √　17. √　18. ×
19. ×　20. √　21. √　22. ×　23. √　24. √　25. ×　26. √　27. ×

339

28. √　29. √　30. ×　31. √　32. √　33. ×　34. √　35. √　36. ×
37. √　38. √　39. ×　40. ×

四、综合分析题

1. BCD　2. A　3. BD　4. ABC　5. BCD　6. BC　7. A　8. ABC
9. A　10. B　11. CD　12. AD　13. AB　14. C　15. BD

第 2 章 房地产开发经营与管理

房地产开发经营与管理（一）

一、单项选择题（共 35 题，每题 1 分，每题的备选答案中只有一个是最符合题意，请在答题卡上涂黑其相应的编号）

1. 房地产投资适合作为一种长期投资，关于其原因分析，错误的是( )。
   A. 土地不会毁损　　　　　　　　B. 地上建筑物有耐久性
   C. 变现性差　　　　　　　　　　D. 土地使用权年限较长

2. 房地产开发投资形成的供给是房地产市场上的( )。
   A. 增量供给　　　　　　　　　　B. 存量供给
   C. 潜在供给　　　　　　　　　　D. 总量供给

3. 关于房地产投资特性的说法，错误的是( )。
   A. 区位选择异常重要　　　　　　B. 不易产生投资价值风险
   C. 存在效益外溢　　　　　　　　D. 易受政策影响

4. 商品房开发市场通常是典型的( )市场。
   A. 完全竞争　　　　　　　　　　B. 垄断竞争
   C. 寡头垄断　　　　　　　　　　D. 完全垄断

5. 某城市 2010 年商品房住房施工面积为 1000 万 m^2，其中从 2009 年跨入 2010 年继续施工的面积为 300 万 m^2，恢复施工的面积为 200 万 m^2，该城市 2010 年商品房新开工面积是( )万 m^2。
   A. 500　　　　　　　　　　　　B. 700
   C. 800　　　　　　　　　　　　D. 1000

6. 从房地产市场的投资周期来看，房地产市场资本流量的显著增加通常发生在房地产市场自然周期的( )。
   A. 第一阶段　　　　　　　　　　B. 第二阶段的后半段
   C. 第三阶段的后半段　　　　　　D. 第四阶段

7. 下列各类土地中，不属于土地储备范围的是( )。
   A. 集体土地中的宅基地　　　　　B. 依法收回的国有土地
   C. 依法收购的土地　　　　　　　D. 依法行使优先购买权取得的土地

8. 房地产开发项目施工阶段的工程质量控制工作不包括（   ）。
   A. 对原材料的检验　　　　　B. 对配套设施的检验
   C. 确立质量文件档案制度　　D. 确立成本控制档案制度

9. 对房地产开发企业来说，下列房地产开发的工作内容中，属于前期工作的是（   ）。
   A. 土地储备　　　　　　　　B. 销售方案的细化
   C. 建设项目的质量控制　　　D. 申领《建设用地规划许可证》

10. 为适应房地产市场波动，某房地产开发企业通过降低成本利润率来确定其商品房销售价格，该定价方法为（   ）。
    A. 认知价值定价法　　　　　B. 成本加成定价法
    C. 挑战定价法　　　　　　　D. 领导定价法

11. 某房地产开发企业针对其开发项目进行市场需求分析，在确定其市场规模时，有效市场、渗透市场、服务市场三者关系正确的是（   ）。
    A. 有效市场＞渗透市场＞服务市场
    B. 服务市场＞有效市场＞渗透市场
    C. 有效市场＞服务市场＞渗透市场
    D. 服务市场＞渗透市场＞有效市场

12. 商品房住房市场之所以能够细分为若干子市场，最主要的原因是（   ）存在差异性。
    A. 房地产开发企业的特点　　B. 城市区域功能
    C. 购房者的需求　　　　　　D. 城市地理环境

13. 对商品住房项目的市场吸纳及趋势的分析，属于房地产市场状况分析中的（   ）。
    A. 需求　　　　　　　　　　B. 供给
    C. 竞争　　　　　　　　　　D. 市场占有率

14. 我国对外筹资成本通常是在（   ）利率的基础上加一定的百分点（或基点）。
    A. 纽约同业拆放　　　　　　B. 香港同业拆放
    C. 伦敦同业拆放　　　　　　D. 新加坡同业拆放

15. 某银行提供的贷款期限和年利率均相同的甲、乙、丙三笔贷款，若甲贷款以年计息，乙贷款以季计息，丙贷款以月计息。则这三笔贷款的实际年利率从大到小排列顺序正确的是（   ）。
    A. 甲＞乙＞丙　　　　　　　B. 丙＞乙＞甲
    C. 乙＞甲＞丙　　　　　　　D. 乙＞丙＞甲

16. 某投资者购买一间商铺用于出租经营，名义利益率为12.0%，如通货膨胀率为5.5%，银行贷款年利率为6.5%，存款年利率为3.0%，则该项目投资的实际收益率是( )。

A. 5.16%
B. 6.16%
C. 6.50%
D. 8.74%

17. 某投资者将其商铺出租经营，租期20年，预计第1年净租金收入为8万元，且每年递增6%，年租金均发生在年末，若折现率为6%，该商铺净租金收入的现值为( )万元。

A. 91.76
B. 142.40
C. 150.94
D. 160.00

18. 某家庭向银行申请了一笔个人住房抵押贷款，若年利率为6%，期限为15年，首月还款为3000元，月还款额等比增长率为0.2%，则该家庭第8年最后一个月的月还款额是( )元。

A. 3627.06
B. 3634.31
C. 4818.34
D. 4842.43

19. 张某用1000万元购买了一间商铺用于出租经营，其要求的投资收益率为10%，经营期为20年，如果每年经营净收益相等，则该投资者的年投资回报为( )万元。

A. 17.46
B. 100.00
C. 117.46
D. 672.75

20. 投资者在投资过程中使用财务杠杆的主要目的，是为了( )。

A. 抵御通货膨胀的影响
B. 提高资本的净投资收益率
C. 提高全部投资的平均收益率
D. 降低借贷资金成本

21. 如果某项目FNPV等于零，说明该项目的获利能力( )。

A. 达到了基准收益率的要求
B. 超过了基准收益率的要求
C. 未达到财务内部收益率的要求
D. 达到了财务内部收益率的要求

22. 某项目净现值和累计净现值如下表，该项目的动态投资回收期是( )年。

年末	0	1	2	3	4	5
净现值（万元）	-2000.00	446.35	432.32	532.59	640.67	455.57
累计净现值（万元）	-2000.00	-1553.65	-1121.33	-588.74	51.93	507.50

A. 3.09
B. 3.48
C. 3.83
D. 3.92

23. 某投资项目每年可获得5000元的资金用于偿付年还本付息，贷款人要求偿债备付率不低于1.3，贷款年利率为12%，贷款期限为20年，按月等额还本付息，则该投资人所能申请的最大贷款额为( )万元。

A. 28.73　　　　　　　　B. 29.11
C. 344.74　　　　　　　 D. 349.31

24. 下列房地产投资项目不确定性因素中,属于置业投资阶段的主要不确定性因素的是(　　)。
　　A. 建安工程费　　　　　B. 土地费用
　　C. 空置率　　　　　　　D. 容积率

25. 在房地产投资项目的不确定性分析中,最高土地取得价格分析属于(　　)。
　　A. 临界点分析　　　　　B. 期望值分析
　　C. 敏感性分析　　　　　D. 概率分析

26. 运用实物期权方法进行房地产投资决策时,对开发规模较大,首期较难产生理想收益的房地产项目,可通过(　　)确定是否进行投资。
　　A. 等待投资型期权估价　B. 放弃型期权估价
　　C. 成长型期权估价　　　D. 柔性期权估价

27. 对于房地产开发项目,不出现在项目投资现金流量表中的是(　　)。
　　A. 销售收入　　　　　　B. 开发建设投资
　　C. 营业税金及附加　　　D. 借款本金偿还

28. 下列征收补偿费中,不属于国有土地上房屋征收补偿费用的是(　　)。
　　A. 房屋价值补偿费　　　B. 搬迁补偿费
　　C. 停产停业损失补偿费　D. 土地补偿费

29. 财务报表中,在编制时需要资金流平衡的是(　　)。
　　A. 总投资估算表　　　　B. 经营成本估算表
　　C. 投资计划与自己筹措表　D. 销售收入与经营税金及附加估算表

30. 某房地产开发企业董事会要求融资部稀释股东控股权,可供选择的融资方式是(　　)。
　　A. 发行可转换债券　　　B. 发行普通股股票
　　C. 发行优先股股票　　　D. 发行公司债券

31. 在房地产开发项目建设过程中,如果不能如期取得政府的相关许可,则该房地产开发项目将面临(　　)。
　　A. 政策风险　　　　　　B. 市场风险
　　C. 财务风险　　　　　　D. 信用风险

32. 以抵押贷款方式向土地储备机构发放的贷款,其贷款额度不超过土地(　　)的70%。
　　A. 评估价值　　　　　　B. 实际价值
　　C. 投资价值　　　　　　D. 出让金收入

33. 为控制个人住房抵押贷款的风险,常用月房产支出与收入比来考核借款人的还款能力,计算月房产支出与收入比的公式是( )。
A. 本次贷款的月还款额/月均收入
B. (本次贷款的月还款额+月物业管理费)/月均收入
C. (本次贷款的月还款额+月物业管理费+其他债务月偿还额)/月均收入
D. (本次贷款月还款额+其他债务月还款额)/月均收入

34. 市场经济条件下,物业租金水平的高低主要取决于( )。
A. 物业出租经营成本
B. 业主希望的投资回报率
C. 通货膨胀率
D. 同类物业的市场供求关系

35. 某写字楼月潜在毛租金收入为100万元,月平均运营费用为60万元,月平均空置率为5%,月平均租金损失是2%,月平均其他收入为潜在毛租金收入的3%,则该写字楼的月经营收入是( )万元。
A. 33.00   B. 33.10   C. 36.00   D. 36.10

二、多项选择题(共15题,每题2分。每题的备选答案中有2个或2个以上符合题意,请在答题卡上涂黑其相应的编号。全部选对的,得2分,错选或多选的,不得分,少选且选择正确的,每个选项得0.5分)

1. 下列房地产投资形式中,属于按经济活动类型划分的有( )。
A. 居住物业投资
B. 商业物业投资
C. 土地开发投资
D. 房地产开发投资
E. 房地产经营投资

2. 下列房地产市场指标中,属于市场交易指标的有( )。
A. 吸纳量
B. 新竣工量
C. 预售面积
D. 可供租售量
E. 房地产价格

3. 下列社会经济活动的表现中,体现了房地产市场功能的有( )。
A. 商品住房限购政策导致住房租金上涨
B. 居民对高层住宅的需求增加使得更多的房地产开发企业愿意建高层住宅
C. 保障性住房供给增加抑制了商品住房价格
D. 房价大幅下降导致美国次贷危机爆发
E. 通货膨胀导致房地产重置成本增加

4. 关于房地产开发企业选择房地产经纪机构代理销售其商品房的说法,正确的有( )。
A. 大型综合性房地产开发项目必须选择联合代理方式
B. 双重代理的房地产经纪机构可以向买卖双方收取佣金

C. 总代理可以委托分代理
D. 房地产开发企业不能直接委托分代理
E. 房地产开发企业最好在某项目前期就确定好代理方式

5. 在各种市场调查方法中，网络联系方法的特点有（   ）。
   A. 成本法   B. 反馈法
   C. 能深入了解被访者情况   D. 回收率高
   E. 能深度访谈

6. 下列现金流量图中，能表示的房地产投资模式有（   ）。
   A. 开发—销售模式   B. 开发—持有出租—出售模式
   C. 购买—持有出租—出售模式   D. 购买—更新改造—出售模式
   E. 购买—更新改造—出租模式

7. 对于"开发—销售"模式下的房地产投资项目，分析其动态盈利能力时的计算期包括（   ）。
   A. 开发期   B. 论证决策期
   C. 经营准备期   D. 经营期
   E. 销售期

8. 甲、乙两个项目均为出售型住宅项目，开发经营期为 2 年，对这两个项目进行比选时，可直接采用的静态盈利能力比选指标有（   ）。
   A. 利润总额   B. 投资利润率
   C. 资产负债率   D. 财务净现值
   E. 偿债备付率

9. 下列分析方法中，属于风险估计与评价的常用方法有（   ）。
   A. 故障树分析法   B. 期望值法
   C. 盈亏平衡法   D. 解析法
   E. 蒙特卡洛模拟法

10. 在风险分析中的风险估计阶段，需要开展的工作包括（   ）。
    A. 风险估算   B. 分析风险概率分布情况
    C. 辨识风险发生的原因   D. 校验各风险变量是否相关
    E. 提出应对风险的建议

11. 在房地产投资项目可行性研究中，调查研究主要是从市场调查和资源调查两方面进行，其中资源调查的主要内容有（   ）。
    A. 项目用地   B. 房地产市场供需
    C. 房价现状及走势   D. 交通运输条件
    E. 外围基础设施

12. 下列房地产开发项目成本费用中，属于土地费用的有（   ）。

A. 土地出让价款　　　　　　　　B. 土地购置税费
C. 基础设施建设费　　　　　　　D. 水文地质勘测费
E. 土地开发工程费

13. 关于房地产权益融资的说法，正确的有（　　）。
A. 资金融入方需要还本付息
B. 在私人市场和公开市场上，均可以进行权益融资
C. 权益融资的资金供给方与房地产开发企业共同承担投资风险
D. 存款性金融机构一般不参与房地产权益融资
E. 权益融资主要来源于个人投资者

14. 银行对房地产开发贷款实行风险管理采取的措施有（　　）。
A. 分期发放贷款，对其资金使用情况进行监控
B. 对房地产开发企业的销售款进行监控，防止销售款挪作他用
C. 要求申请贷款的房地产开发企业的资本金不低于开发项目的总投资的30%
D. 不向房地产开发企业发放用于缴纳土地出让金的贷款
E. 密切关注开发情况，以确保房屋能在合理期限内交付使用

15. 写字楼分类过程中要考虑的因素包括（　　）。
A. 物业所处位置　　　　　　　　B. 辐射区域的范围
C. 建筑设备系统　　　　　　　　D. 建造年代
E. 租户类型

三、判断题（共15题，每题1分，请根据判断结果，在答题卡上涂黑其相应的符号，用"√"表示正确，用"×"表示错误，不答不得分，判断错误扣1分，本题总分最多可扣至0分）

1. 商品房开发投资和保障性住房建设投资都属于房地产开发投资，无论何种类型的房地产投资，其目的都是为了营利。（　　）

2. 在我国，县级及以上地方人民政府垄断了其辖区范围内国有土地使用权出让市场。（　　）

3. 土地储备机构对土地开发过程中涉及的基础设施建设和绿化，土地平整等工作，可以通过公开招标方式选择工程实施单位，实施单位的管理费用不高于土地储备开发成本的2%。（　　）

4. 在房地产市场分析中，区域房地产市场分析应侧重于对具体房地产开发项目的竞争分析和营销建议。（　　）

5. 用期末惯例法进行现金流量分析时，假设在计息期内的所有收支均发生在该计息周期的期末。（　　）

6. 房地产开发项目用于出租或自营时，开发期和经营期发生的期间费用均计入开发建设投资。（   ）

7. 财务杠杆的正向作用是指当全部投资的收益率小于借贷资金成本水平时，借款越多，资本金的收益率越大。（   ）

8. 金融机构在为房地产置业投资者发放抵押贷款前，规定权益投资比率的目的是为了控制信贷风险。（   ）

9. 在进行房地产投资项目盈亏平衡分析时，最高运营费用比率越高，说明投资项目抵抗风险的能力越强。（   ）

10. 在房地产开发项目策划方案中，对拟开发项目应进行开发内容和规模的分析与选择。（   ）

11. 房屋开发费用中的公共配套设施建设费，包括为居民服务配套建设的各种营利性和非营利性配套设施的建设费用。（   ）

12. 借款还本付息估算表属于基本财务报表，因该表中列示了可直接用于计算清偿能力指标的基础数据。（   ）

13. 按照财政部和中国人民银行的规定，土地储备贷款应为担保贷款，故政府的各类财政性资金可以用于土地储备贷款的担保。（   ）

14. 房地产开发企业能否获得其他金融机构提供的抵押贷款承诺，越来越成为金融机构向房地产开发企业发放商用房地产开发贷款的重要条件之一。（   ）

15. 一幢写字楼的潜在毛租金收入减去空置损失后得到的是该写字楼的有效毛收入。（   ）

四、计算题（共 2 题，共 20 分。要求列出算式、计算过程；选公式计算的，要写出公式；只有计算结果而无计算过程的，不得分。计算结果保留小数点后 2 位。请在答题纸上作答）

1. 某投资者购买一间建筑面积为 $100m^2$ 的店铺用于出租经营，购买价格为 180 万元，一次性支付，购买后对该店铺进行装修，装修期为 1 年，装修费用为 60 万元，装修完成后即出租，投资者要求的目标收益率为 12%，动态投资回收期不长于 16 年，假定该类店铺的经营费用占毛租金收入的 30%，装修费用发生在年末，其他现金流量均发生在年初。请计算满足投资者收益目标要求的店铺最低单位面积年租金，并画出该项目投资经营的现金流量图。（8 分）

2. 某投资者欲租赁一间店面，租赁期有 3 年和 5 年两种可能，概率分别为 0.4 和 0.6，若租赁期为 3 年，总租金为 30 万元，一次性付清，若租赁期为 5 年，总租金为 45 万元，也是一次性付清，经市场调研，经营该店面的年净收益分别有 15 万元、12 万元和 10 万元三种可能，概率分别为 0.5、0.3 和 0.2，该投资者要求的投资收益率为 10%。设租金发生在年初，年净收益发生在年

末。请计算该项投资的加权净现值之和以及投资净现值不小于零的累计概率。(12分)

参考答案：

一、单项选择题

1. C 2. A 3. B 4. B 5. A 6. B 7. A 8. D 9. D 10. B
11. C 12. C 13. A 14. C 15. B 16. B 17. C 18. A 19. B 20. B
21. A 22. D 23. B 24. C 25. A 26. C 27. D 28. D 29. C 30. D
31. A 32. A 33. C 34. D 35. C

二、多项选择题

1. CDE 2. ACE 3. ABC 4. BCE 5. AB 6. BC 7. AE
8. AB 9. DE 10. AB 11. ADE 12. AB 13. BCD 14. ABDE
15. ACE

三、判断题

1. × 2. √ 3. √ 4. × 5. √ 6. × 7. × 8. √ 9. √ 10. √
11. × 12. × 13. × 14. √ 15. ×

四、计算题

1.

设单位面积年毛租金为 A 元，则：

单位面积年净租金收入 $=A\times(1-30\%)=0.7A$ 元

估价对象年净租金收入 $=0.7A\times100=70A$ 元

则：

$$-180-\frac{60}{1+12\%}+70A\times\frac{\left[1-\frac{1}{(1+12\%)^{15}}\right]}{12\%}\geqslant 0$$

$$A\geqslant 4899.10 \text{元/m}^2。$$

2.

解：(1) 净收益的期望值 $=15\times0.5+12\times0.3+10\times0.2=13.1$ 万元

租赁期为3年的净现值 $=-30+\frac{13.1}{10\%}\times\left[1-\frac{1}{(1+10\%)^3}\right]=2.58$ 万元

租赁期为5年的净现值 $=-45+\frac{13.1}{10\%}\times\left[1-\frac{1}{(1+10\%)^5}\right]=4.66$ 万元

加权净现值 $=2.58\times0.4+4.66\times0.6=3.83$ 万元。

(2) 计算每个可能的净现值和概率：

第一种可能（租赁期3年，租金收入15万元）：

概率 $=0.4\times0.5=0.20$

净现值 $=-30+\dfrac{15}{10\%}\times\left[1-\dfrac{1}{(1+10\%)^3}\right]=7.30$ 万元

同理计算其他可能的概率和净现值，计算结果如下表：

租赁（年）	概率	年净收益（万元）	概率	综合概率	净现值
3	0.4	15	0.5	0.2	7.3
		12	0.3	0.12	-0.16
		10	0.2	0.08	-5.13
5	0.6	15	0.5	0.3	11.86
		12	0.3	0.18	0.49
		10	0.2	0.12	-7.09

净现值不小于 0 的累计概率 $=0.2+0.3+0.18=0.68$。

房地产开发经营与管理（二）

一、单项选择题（共35题，每题1分。每题的备选答案中只有1个最符合题意，请在答题卡上涂黑其相应的编号）

1. 房地产投资收益受周边环境影响较大的主要原因，是房地产投资具有（　　）的特点。

   A. 依赖专业管理　　　　　　B. 效益外溢和转移

   C. 异质性明显　　　　　　　D. 变现性较差

2. 房地产投资组合的目标之一，是在固定的预期收益率下使（　　）。

   A. 投资利润最大　　　　　　B. 投资效率最高

   C. 投资成本最低　　　　　　D. 投资风险最小

3. 在房地产投资项目估价中，较理想的折现率是采用（　　）。

   A. 银行存款利率　　　　　　B. 银行贷款利率

   C. 通货膨胀加银行存款利率　D. 资金的机会成本加风险调整值

4. 某市2012年房屋施工面积为2000万 m^2，竣工面积为700万 m^2；2013年房屋新开工面积为800万 m^2，竣工面积为900万 m^2。若不考虑停缓建因素，该市2013年房屋施工面积为（　　）万 m^2。

   A. 1200　　　　B. 1900　　　　C. 2100　　　　D. 2800

5. 某市2013年住房可支付指数（HAI）为90，表明该市中位数收入家庭的购房能力（　　）。

   A. 正好能够承受中位数房价

   B. 只能承受中位数房价更低的房价

   C. 能够承受比中位数房价更高的房价

D. 可以承受平均水平的房价

6. 商品住房价格迅速上升，导致居民住房支付能力下降、潜在金融风险增加，进而影响整体经济的持续稳定发展。这表明房地产市场具有（　　）的特性。

A. 信息不对称性　　　　　　B. 交易复杂性
C. 供给垄断性　　　　　　　D. 经济外部性

7. 土地储备资金不能用于支付（　　）。

A. 收储土地上建筑物的补偿费　B. 收储土地后必要的前期开发费用
C. 收储土地发生的银行贷款利息　D. 土地使用权出让价款

8. 在商品房开发项目综合验收中，（　　）是竣工项目投入使用前的关键环节。

A. 环保验收　　　　　　　　B. 市政工程验收
C. 规划验收　　　　　　　　D. 人防验收

9. 以同类物业的当前平均价格为基础，确定商品住房销售价格的方法是（　　）。

A. 领导定价法　　　　　　　B. 挑战定价法
C. 目标定价法　　　　　　　D. 随行就市定价法

10. 某物业服务企业为了分析愿意到小区健身锻炼的业主人数与包月费用之间的相关性，首先确定包月费用为50元/人，看有多少业主参加；再将包月费用降为30元/人，看有多少业主参加。这种调查方法是（　　）。

A. 观察法　　　B. 访问法　　　C. 问卷法　　　D. 实验法

11. 某房地产开发企业专门在国内主要城市开发建设建材超市，其采用的目标市场选择模式是（　　）。

A. 市场集中化　　　　　　　B. 选择专业化
C. 产品专业化　　　　　　　D. 市场专业化

12. 塑造房地产项目的鲜明个性以区别于竞争对手，这是（　　）的主要任务。

A. 市场细分　　B. 识别竞争者　　C. 市场定位　　D. 市场营销

13. 在房地产投资的"开发—持有出租"模式中，现金流量不包括（　　）。

A. 预售收入　B. 土地成本　C. 运营成本　D. 租金收入

14. 等额序列支付资金回收系数正确的表达式是（　　）。

A. $\dfrac{i(1+i)^n}{(1+i)^n-1}$　　　　　B. $\dfrac{(1+i)^n-1}{(1+i)^n}$

C. $\dfrac{i}{(1+i)^n-1}$　　　　　　D. $\dfrac{(1+i)n-1}{i}$

15. 关于资金等效值的说法，正确的是（　　）。

A. 时值是资金运动起点时的金额
B. 现值是资金运动结束时的金额
C. 指与某一时间点上一定金额的实际经济价值相等的另一时间点上的价值
D. 不同时点发生的等额资金具有相同的价值

16. 期限为 10 年，年利率为 6%、按月等额还本付息的个人住房抵押贷款，若月还款额为 2600 元，则第 4 年最后 1 个月还款额中的利息是（　　）元。

　　A. 156.00　　　　B. 648.41　　　　C. 784.41　　　　D. 793.45

17. 某家庭购买一套面积为 88m² 的商品住宅，单价为 9000 元/m²，首付款为房价的 30%。其余为银行提供的年利率 6.48%、月还款额递增比例为 0.5%、期限为 20 年的个人住房抵押贷款，则该家庭第 10 年第 1 个月的还款额是（　　）元。

　　A. 4172.28　　　B. 4193.14　　　C. 7072.32　　　D. 12180.43

18. 某投资者以 100 万元购买了一商铺用于出租经营，其中 40 万元为银行提供的年利率为 8%、按年付息、到期还本的贷款，该投资的年净经营收益为 12 万元，贷款期和经营期相同，该项投资的资本金利润率为（　　）。

　　A. 8.80%　　　　B. 12.00%　　　C. 14.67%　　　D. 20.00%

19. 在房地产投资分析中，求取财务净现值所使用的折现率通常采用（　　）。

　　A. 财务内部收益率　　　　　B. 目标收益率
　　C. 银行贷款利率　　　　　　D. 资本化率

20. 某房地产开发项目的销售利润为 6540 万元，销售利润率为 24%，项目的销售税费为销售收入的 5.5%，该项目的成本利润率为（　　）。

　　A. 18.50%　　　B. 22.68%　　　C. 31.58%　　　D. 34.04%

21. 某居住项目规划建筑面积为 30000m²，含土地费用在内的开发成本为 7500 万元，开发费为 1650 万元，销售税费为销售收入的 5.5%，销售均价为 5500 元/m²，适用的土地增值税税率为 30%，则该项目应缴纳的土地增值税为（　　）万元。

　　A. 1482.75　　　B. 1755.00　　　C. 1932.75　　　D. 2205.00

22. 某房地产项目的初始投资额为 310 万元，基准收益率为 15%，经营期为 15 年，财务净现值为 210 万元，该项目在经营期内的等额年值为（　　）万元。

　　A. 14.00　　　　B. 34.67　　　　C. 35.91　　　　D. 88.93

23. 下列房地产置业投资的不确定因素中，影响有效毛租金收入估算的是（　　）。

　　A. 运营费用　　　　　　　　B. 年还本付息额
　　C. 空置率　　　　　　　　　D. 权益投资比率

24. 关于期望值法判断投资方案优劣的说法，正确的是（　　）。

A. 期望值不同、标准差小的方案为优
B. 期望值相同、标准差大的方案为优
C. 标准差相同、期望值小的方案为优
D. 期望值不同、标准差系数小的方案为优

25. 某房地产开发企业拟投资开发一占地面积 25000m^2、容积率为 2 的住宅项目，预计项目可销售面积为 45000m^2，开发成本为 5000 元/m^2（不含土地费用），销售均价为 8000 元/m^2，销售税费为销售收入的 5.5%。当该项目销售利润为零时，企业能承受的最高楼面地价为（   ）元/m^2。

A. 1804   B. 3608   C. 4608   D. 5120

26. 某房地产开发企业在研究一绿色住宅项目的可行性，对绿色住宅技术的可获得性进行了专题研究，这种专题研究属于项目的（   ）。

A. 一般投资机会研究   B. 特定项目投资机会研究
C. 详细可行性研究   D. 辅助研究

27. 下列房产开发成本中，不计入建筑成本工程费用的是（   ）。

A. "三通一平"费   B. 设备采购费   C. 结构工程费   D. 电梯安装费

28. 下列房地产投资项目财务报表中，属于基本报表的是（   ）。

A. 项目总投资估算表   B. 投资计划与资金筹措表
C. 借款还本付息估算表   D. 财务计划现金流量表

29. 在房地产投资项目可行性研究报告的摘要中，一般不需要表述的内容是（   ）。

A. 项目所在地区的市场情况   B. 项目本身的情况
C. 评价指标的计算过程   D. 可行性研究的结论

30. 关于个人住房抵押贷款风险的说法，错误的是（   ）。

A. 贷款客户众多会带来操作风险
B. 不良率很低，不存在信用风险
C. 房地产市场变化会带来变现风险
D. 贷后管理工作薄弱会带来管理风险

31. 以收益性物业的出租、经营管理和开发为主营业务的房地产投资信托基金（REITs）类型是（   ）。

A. 权益型 REITs   B. 抵押型 REITs
C. 多种合伙 REITs   D. 伞型合伙 REITs

32. 房地产开发企业获得房地产开发贷款的基础条件是开发项目（   ）。

A. 有预售或预租收入   B. 满足资本金投入比例要求
C. 有合作投资方   D. 已落实施工队伍

33. 房地产投资信托基金（REITs）的市场风险是指（   ）。

A. REITs 公司经营能力不同所导致的收益差别
B. REITs 证券价格在交易场所的变化给投资者带来的风险
C. 市场利率变化给 REITs 的实际收益带来的损失
D. REITs 规模大小不同所导致的市场认可度差别

34. 写字楼基础租金主要根据业主希望达到的投资收益率和（　　）确定。
A. 市场租金水平的预测值　　　B. 业主可接受的最低租金水平
C. 市场租金的变化趋势　　　　D. 同类写字楼的平均租金水平

35. 关于写字楼租约中业主为租户提供折让优惠的说法，错误的是（　　）。
A. 折让优惠是为了吸引潜在租户
B. 折让优惠可以使租户节省写字楼的租金开支
C. 折让优惠可以体现为业主给租户的优先承租权
D. 折让优惠可以体现在租约中租金水平的折减上

二、多项选择题（共 15 题，每题 2 分。每题的备选答案中有 2 个或 2 个以上符合题意，请在答题卡上涂黑其相应的编号。全部选对，得 2 分；错选或多选的，不得分；少选且选择正确的，每个选项得 0.5 分）

1. 在资产预期收益率公式 $E(R_j) = R_f + \beta_j [E(R_m) - R_f]$ 中，影响 β_j 确定的风险因素有（　　）。
A. 通货膨胀风险　　　　　　B. 市场供求风险
C. 机会成本风险　　　　　　D. 持有期风险
E. 利率风险

2. 下列房地产市场运行影响因素中，属于社会环境因素的有（　　）。
A. 人口数量和结构　　　　　B. 家庭收入及其分布
C. 家庭生命周期　　　　　　D. 传统观念及消费心理
E. 基础设施状况

3. 下列住房类型中，属于合法供给的城市住房有（　　）。
A. 廉租住房　　　　　　　　B. 公共租赁住房
C. 经济适用住房　　　　　　D. 商品住房
E. 小产权房

4. 通过拍卖方式获得建设用地使用权的建设项目，需要房地产开发企业向城乡规划管理部门申领（　　）。
A.《规划意见书（选址）》　　B.《建设用地规划许可证》
C.《国有土地使用证》　　　　D.《建设工程规划许可证》
E.《建设工程施工许可证》

5. 房地产开发企业识别竞争对手的关键，是从产业和市场两方面将（　　）

结合起来考虑。

A. 产品定位　　　　　　　　B. 市场定位
C. 产品细分　　　　　　　　D. 目标选择
E. 市场细分

6. 从宏观角度考虑，利率的经济功能包括（　　）。

A. 积累资金　　　　　　　　B. 平衡国际收支
C. 调节国民经济结构　　　　D. 提供社会就业率
E. 抑制通货膨胀

7. 下列房地产开发项目的支出中，在计算成本利润率时应计算利息的有（　　）。

A. 建筑安装工程费　　　　　B. 其他工程费用
C. 管理费用　　　　　　　　D. 营业税金
E. 专业人员费用

8. 两个效益不同的房地产投资方案，计算期相同且均无资金约束，宜采用的方案比选方法有（　　）。

A. 净现值法　　　　　　　　B. 费用现值比较法
C. 等额年值法　　　　　　　D. 费用年值比较法
E. 差额投资内部收益率法

9. 进行房地产投资项目敏感性分析，可以选用的盈利性财务评价指标有（　　）。

A. 财务内部收益率　　　　　B. 财务净现值
C. 成本利润率　　　　　　　D. 资产负债率
E. 偿债备付率

10. 不确定性决策常用的决策方法有（　　）。

A. 最大可能法　　　　　　　B. 小中取大法
C. 大中取小法　　　　　　　D. 决策树法
E. 最小最大后悔值法

11. 下列房地产开发项目的成本费用中，属于房屋开发费的有（　　）。

A. 建筑安装工程费　　　　　B. 基础设施建设费
C. 公共配套设施建设费　　　D. 土地取得费用
E. 销售代理费

12. 在房地产开发项目可行性研究报告的结论中，应主要说明项目的（　　）。

A. 盈利能力　　　　　　　　B. 贷款偿还能力
C. 抗风险能力　　　　　　　D. 改善就业能力

E. 资金平衡能力

13. 关于企业债券融资特点的说法，正确的是（   ）。
A. 筹集到的资金需到期偿还
B. 债券持有人是债券发行企业的债权人
C. 发行债券支付利息可以在企业所得税前扣除
D. 债券不能在市场上自由流通
E. 债券风险与债券发行企业的经营状况无关

14. 房地产投资信托基金的特征不包括（   ）。
A. 现金回报较低   B. 市场价值稳定
C. 投资物业类型少且风险大   D. 流动性好
E. 抵御通货膨胀的能力较强

15. 受托物业服务企业为了达到按期收取租金的目的，普遍采取的做法有（   ）。
A. 对迟交租金的租户断电断水
B. 对按时交付租金的租户给予一定额度的优惠
C. 灵活选择收租方式
D. 合理确定收租时间
E. 提供主动收租服务

三、**判断题**（共 15 题，每题 1 分。请根据判断结果，在答题卡上涂黑其相应的符号，用"√"表示正确，用"×"表示错误。不答不得分，判断错误扣 1 分，本题总分最多可扣至 0 分）

1. 因为变现性较差，所以房地产投资不宜作为长期投资。（   ）
2. 房地产市场有其自身的发展规律，政府没有必要进行干预。（   ）
3. 采用工程量清单计价法进行招标时，招标控制价应在招标文件中公布。
（   ）
4. 房地产市场中购买者的非理性购房行为，往往受示范效应和从众心理的影响。（   ）
5. 从消费者的角度看，资金的时间价值体现为放弃即期消费所应得到的补偿。（   ）
6. 我国目前个人储蓄存款、国库券以及个人住房抵押贷款等都是按复利计息的。（   ）
7. 对"开发—持有出租"模式的房地产开发项目进行财务分析时，不应计算土地增值税。（   ）
8. 现金回报率和投资回报率的区别在于前者考虑了物业增值收益。（   ）

9. 房地产开发项目盈亏平衡分析中的临界点分析，是分析项目利润为零时风险因素变化的极限值。（   ）

10. 在不确定的市场环境下，财务评价方法容易造成对房地产投资价值的高估。（   ）

11. 对房地产开发项目进行投资估算时，土地取得费用可以运用比较法来求取。（   ）

12. 反映房地产项目开发经营期内各期资金盈余或短缺情况的报表是财务计划现金流量表。（   ）

13. 房地产资本市场中通过私人融资渠道筹措的资金只能来自民营企业。（   ）

14. 由于商用房地产购买者资金更为雄厚，因此相对于个人住房抵押贷款，商用房地产抵押贷款风险更低。（   ）

15. 收益性物业的运营费用是除抵押贷款还本付息和房产税之外发生的所有费用。（   ）

四、计算题（共 2 题，共 20 分。要求列出算式、计算过程；选公式计算的，要写出公式；只有计算结果而无计算过程的，不得分。计算结果保留小数点后 2 位。请在答题纸上作答）

1. 甲公司承租了一栋建筑面积为 $10000m^2$ 的旧商业大楼，承租期为 20 年，前 3 年租金保持不变，每年为 600 元/m^2，以后每年递增 3%。该公司用 1 年时间，将该商业大楼装修改造成共有 400 个摊位的专业市场，装修改造费用共 1000 万元。装修改造完成后，公司计划将摊位出租，按年收取租金，前 2 年租金保持不变，以后每年递增 5%。如果专业市场的运营费用为摊位年租金的 40%，甲公司目标收益率为 10%，装修改造费用在第 1 年年初一次性投入，其他收支均发生在年末（不考虑空置损失），请计算该公司达到目标收益率时，前 2 年平均每个摊位的最低年租金。（8 分）

2. 某房地产开发企业于 2012 年 6 月末以 16000 万元购得一宗土地用于商品住宅开发。该项目按规划可建 $60000m^2$ 住宅，建造费用为 3000 元/m^2，专业人员费用、其他工程费用、管理费用分别为建造费用的 8%、4%、3%。经政府有关部门批准，项目于 2014 年 6 月末动工建设，建造费用投入进度、销售收入实现进度计划见表 1。专业人员费用在建设初期一次性投入，其他工程费用、管理费用投入进度与建造费用投入进度相同。项目销售均价为 9000 元/m^2，销售费用、营业税金及附加、其他交易费用分别为销售收入的 3.5%、5.5%、1%。销售费用、营业税金及附加、其他交易费用发生的进度与销售收入实现进度相同。建造费用和销售收入均发生在季末（不考虑土地增值税和所得税）。如果以 2014

年6月末为计算时点,该企业期望的投资收益率为14%,请完成项目投资现金流量表(表2),并计算该项目的财务净现值。(12分)

建造费用投入及销售收入实现进度表　　　　　　　　　　　表1

期末	2014.6	2014.9	2014.12	2015.3	2015.6	2015.9	2015.12	2016.3
建造费用投入进度	5%	15%	20%	20%	30%	10%		
销售收入实现进度				5%	20%	35%	30%	10%

项目投资现金流量表(单位:万元)　　　　　　　　　　　　表2

期末	2012.6	2014.6	2014.9	2014.12	2015.3	2015.6	2015.9	2015.12	2016.3
年数									
现金流入									
销售收入									
现金流出									
土地费用									
建造费用									
专业人员费用									
其他工程费用及管理费用									
销售费用、营业税金及附加、其他交易费用									
净现金流量									

参考答案:

一、单项选择题

1. B　　2. D　　3. D　　4. C　　5. B　　6. D　　7. D　　8. C　　9. D　　10. D
11. C　　12. C　　13. A　　14. A　　15. C　　16. D　　17. B　　18. C　　19. B　　20. D
21. C　　22. D　　23. C　　24. D　　25. A　　26. D　　27. B　　28. D　　29. C　　30. B
31. A　　32. B　　33. B　　34. D　　35. A

二、多项选择题

1. ABE　　2. AE　　3. ABCD　　4. BD　　5. AB　　6. ABCE　　7. ABCE
8. ACE　　9. ABC　　10. BE　　11. ABC　　12. ACE　　13. ABC　　14. AC
15. BCDE

三、判断题

1. ×　　2. ×　　3. ×　　4. √　　5. √　　6. ×　　7. √　　8. ×　　9. ×　　10. √
11. √　　12. √　　13. ×　　14. ×　　15. ×

四、计算题

1.

解：

（1）甲公司承租租金现值 $= \dfrac{600 \times 10000}{10\%} \times \left[1 - \dfrac{1}{(1+10\%)^3}\right] +$
$\dfrac{600 \times 10000 \times (1+3\%)^3}{(10\% - 3\%) \times (1+10\%)^3} \times \left[1 - \dfrac{(1+3\%)^{17}}{(1+10\%)^{17}}\right] = 77955185.16$ 元。

（2）乙公司出租的收益现值 $= \dfrac{A \times 400}{10\% \times (1+10\%)} \times \left[1 - \dfrac{1}{(1+10\%)^2}\right] +$
$\dfrac{A \times 400 \times (1+5\%)^2}{(10\% - 5\%) \times (1+10\%)^3} \times \left[1 - \dfrac{(1+5\%)^{17}}{(1+10\%)^{17}}\right] = 4252.78A$ 元。

（3）$4252.78A - 10000000 - 77955185.16 \geqslant 0$

则：

$A \geqslant 20681.79$ 元/个摊位

前 2 年每个摊位最低年租金为 20681.79 元。

2.

解：

建造费用 $= 3000 \times 6 = 18000$ 万元

专业费用 $= 18000 \times 8\% = 1440$ 万元

其他工程费用与管理费用 $= 18000 \times (4\% + 3\%) = 1260$ 万元

销售收入 $= 9000 \times 6 = 54000$ 万元

销售费用、营业税金及附加、其他交易费用 $= 54000 \times (3.5\% + 5.5\% + 1\%) = 5400$ 万元。

项目投资现金流量表（单位：万元）

期末	2012.6	2014.6	2014.9	2014.12	2015.3	2015.6	2015.9	2015.12	2016.3
年数	-2	0	0.25	0.5	0.75	1	1.25	1.5	1.75
现金流入	0	0	0	0	2700	10800	18900	16200	5400
销售收入					2700	10800	18900	16200	5400
现金流出	17440	963	2889	3852	4122	6858	3816	1620	540
土地费用	16000	0	0	0	0	0	0	0	0
建造费用		900	2700	3600	3600	5400	1800	0	0
专业人员费用	1440	0	0	0	0	0	0	0	0
其他工程费用及管理费用		63	189	252	252	378	126	0	0
销售费用、营业税金及附加、其他交易费用					270	1080	1890	1620	540
净现金流量	-17440	-963	-2889	-3852	-1422	3942	15084	14580	4860

$$FNPV = -17440 \times (1+14\%)^2 - 963 - \frac{2889}{(1+14\%)^{0.25}} - \frac{3852}{(1+14\%)^{0.5}} - \frac{1422}{(1+14\%)^{0.75}} + \frac{3942}{(1+14\%)} + \frac{15084}{(1+14\%)^{1.25}} + \frac{14580}{(1+14\%)^{1.5}} + \frac{4860}{(1+14\%)^{1.75}} = 785.09 \text{万元}。$$

第3章 房地产估价理论与方法

房地产估价理论与方法（一）

一、单项选择题（共35题，每题1分。每题的备选答案中只有1个最符合题意，请在答题卡上涂黑其相应的编号）

1. 不同的注册房地产估价师对同一估价对象在同一估价目的、同一价值时点下的评估值可能有所不同，主要原因是（   ）。
   A. 掌握的估价信息不同　　　　B. 遵循的估价原则不同
   C. 履行的估价程序不同　　　　D. 估价对象的状况不同

2. 根据《房地产估价机构管理办法》，不同资质等级房地产估价机构的业务范围按照（   ）划分。
   A. 行政区域　　　　　　　　　B. 估价目的
   C. 估价对象规模　　　　　　　D. 价值类型

3. 在估价中选取估价依据应有针对性，主要是根据（   ）来选取。
   A. 估价假设和估价原则　　　　B. 价值类型和估价结果
   C. 估价程序和估价方法　　　　D. 估价目的和估价对象

4. 房地产利用中存在外部性，这体现了房地产（   ）的特性。
   A. 不可移动　　　　　　　　　B. 独一无二
   C. 相互影响　　　　　　　　　D. 用途多样

5. 关于房地产互补品的说法，正确的是（   ）。
   A. 商业用房与工业用房是互补品
   B. 新建商品房与存量房是互补品
   C. 经济适用住房与普通商品住房是互补品
   D. 郊区住宅与连接它和市区的高速公路收费是互补品

6. 某公司5年前与一办公楼所有权人签订了租赁合同，租用其中建筑面积1000m^2的写字间，约定租赁期限为20年，第一年租金为24万元，以后每年租金在上年租金基础上增加1万元，第8年以后每年租金与第8年租金相同。目前市场上类似办公楼的年租金为360元/m^2（建筑面积）。该类房地产的报酬率为10%，目前该承租人权益价值为（   ）万元。

A. 39.48　　　B. 40.67　　　C. 41.81　　　D. 46.84

7. 某套100m²的期房一年后竣工投入使用，目前类似现房的市场价格为10000/m²，预计一年后涨至10500元/m²，每年年末租赁净收益为40000元/套。年折现率为12%，年贷款利率为7%，期房风险补偿为现房价格的3%，该期房目前的市场价格为（　　）万元。

A. 93.26　　　B. 93.43　　　C. 98.11　　　D. 98.28

8. 关于住宅估价中楼层因素的说法，错误的是（　　）。
A. 估价对象为整幢住宅楼时，楼层属于区位因素
B. 位于同一住宅楼不同楼层的住房，景观有所不同
C. 对于一套住房而言，楼层会影响其通达性
D. 同一住宅小区总层数相同的住宅楼的楼层差价可能不同

9. 下列房地产价格影响因素中，不属于制度政策因素的是（　　）。
A. 开征房产税　　　　　　B. 物价水平变化
C. 调整房地产信贷规模　　D. 城市规划变更

10. 有甲、乙两宗区位、面积、权益、规划条件等相当的土地，甲土地为空地，乙土地上有一幢建筑物。合理正确的估价结果显示乙土地连同地上建筑物的价值低于甲土地的价值，这是因为（　　）。
A. 乙土地价值低于甲土地价值
B. 该建筑物价值小于其重置成本
C. 该建筑物价值小于其拆除费用
D. 该建筑物更新改造后的价值低于其现状价值

11. 某办公楼的建筑面积为1500m²，土地面积为1000m²，目前的房地市场价值为5000元/m²，同类土地的市场单价为2200元/m²。在法律、政策允许下，如果对该办公楼进行装修改造，预计装修改造费用及应得利润为1300元/m²；装修改造后的房地市场价值可达6500元/m²；如果将建筑物拆除后新建较高标准的办公楼，预计拆除费用为300元/m²，旧建筑物残值为50元/m²，新建筑物重置价格为3800元/m²，新建后的房地市场价值可达8000元/m²。该房地产的最高最佳利用方式为（　　）。
A. 维持现状　　　　　　　　B. 装修改造
C. 拆除建筑物作为空地转让　D. 新建较高标准的办公楼

12. 谨慎原则主要是评估房地产（　　）时应遵循的原则。
A. 抵押价值　　B. 征收价值　　C. 现状价值　　D. 投资价值

13. 某可比实例成交价格为100万美元，成交时人民币兑美元的汇率为6.5∶1，至价值时点按人民币计的类似房地产价格上涨5%，人民币兑美元的汇率为6.3∶1。对该可比实例进行市场状况调整后的价格为人民币（　　）万元。

A. 630.0　　　B. 650.0　　　C. 661.5　　　D. 682.5

14. 采用百分率法进行交易情况修正时,应以可比实例( )为基准确定交易情况修正系数。

　　A. 成交价格　　B. 账面价格　　C. 正常价格　　D. 期望价格

15. 某类房地产 2013 年 4 月的市场价格为 6500 元/m^2,该类房地产 2013 年 3 月至 10 月的环比价格指数分别为 105.53、103.85、100.04、99.86、98.28、96.45、92.17、90.08,该类房地产 2013 年 10 月的市场价格为( )元/m^2。

　　A. 5110.51　　B. 5307.26　　C. 5548.37　　D. 5638.13

16. 某套建筑面积为 100m^2 的住宅,含家电家具的成交价格为 50 万元,首付款 40%,余款半年后一次付清。假设年利率为 8%,家电家具价值为 5 万元,现将该交易实例作为可比实例,评估类似住宅不含家电家具的市场价格,可比单价为( )元/m^2。

　　A. 4387　　　B. 4398　　　C. 4500　　　D. 4887

17. 评估某宗房地产的市场价值,选取了甲、乙、丙三个可比实例:甲可比实例的成交价格为 8000 元/m^2,比正常价格低 2%;乙可比实例的卖方实收价格为 7800 元/m^2,交易税费全由买方负担,当地房地产交易中买方和卖方应缴纳的税费分别为正常交易价格的 3% 和 6%;丙可比实例的成交价格为 8300 元/m^2,其装修标准比估价对象的装修标准高 200 元/m^2。假设不考虑其他因素影响,三个可比实例比较价值的权重依次为 0.4、0.2、0.4,该房地产的市场价格为( )元/m^2。

　　A. 8157.60　　B. 8158.91　　C. 8163.57　　D. 8164.88

18. 某宗房地产的收益期限为 8 年,未来第一年的有效毛收入为 80 万元,运营费用为 45 万元,此后每年的有效毛收入和运营费用在上年基础上分别递增 4% 和 3%,该房地产的报酬率为 6%。该房地产的收益价格为( )万元。

　　A. 183.78　　B. 257.55　　C. 873.19　　D. 1427.16

19. 某写字楼年净收益为 420 万元,未来三年内仍然维持该水平,预计三年后该写字楼价格为现在价格的 1.3 倍,该类房地产的报酬率为 13%。该写字楼现在的价格为( )万元。

　　A. 992　　　B. 3306　　　C. 10014　　　D. 12723

20. 关于有租约限制房地产估价的说法,错误的是( )。

　　A. 因估价目的不同,评估有租约限制房地产价值时可不考虑租约限制
　　B. 承租人权益价值可能为负值
　　C. 出租人权益价值与合同租金及市场租金有关
　　D. 承租人权益价值等于房地产剩余经济寿命期间合同租金与市场租金差额的现值之和

21. 某房地产每年净收益为 20 万元，加装空调系统后不考虑空调系统重置提拨款下的每年净收益为 25 万元，空调系统需在 10 年后以 15 万元更换，更换空调系统后立即转售的价格为 260 万元。偿债基金储蓄的年利率为 4%，贷款年利率为 7%，报酬率为 10%，在考虑重置提拨款下，该房地产价值为（　）万元。

　　A. 223.13　　　　B. 246.18　　　　C. 247.18　　　　D. 253.86

22. 某综合楼的土地取得成本为 1000 万元，建设成本为 800 万元，管理费用为 60 万元，投资利息为 140 万元，营业税及附加和其他销售税费分别为售价的 5.6% 和 2%，契税税率为 4%，直接成本利润率为 25%。该综合楼的价值为（　）万元。

　　A. 2651.52　　　B. 2667.75　　　C. 2705.63　　　D. 2771.49

23. 某商品住宅项目开发利润为 300 万元，土地取得成本为 600 万元，建设成本为 900 万元，管理费用为 50 万元，销售费用为 60 万元，投资利息为 150 万元，销售税金为 120 万元。该商品住宅项目的成本利润率为（　）。

　　A. 15.96%　　　B. 17.05%　　　C. 23.44%　　　D. 25.86%

24. 某房屋的建筑面积为 100m²，单位建筑面积的重置价格为 1000 元/m²，建筑物自然寿命为 45 年，残值率为 2.5%。经测算，至价值时点该建筑物有效年龄为 10 年，建筑物市场价格为 7.5 万元。假设该建筑物在经济寿命内每年折旧额相等。该建筑物的经济寿命为（　）年。

　　A. 29　　　　　B. 39　　　　　C. 40　　　　　D. 45

25. 某办公楼的建筑面积 20000m²，土地面积 10000m²，土地已取得 9 年，取得土地 2 年后建成。目前该办公楼的市场价格为 5200 元/m²，土地重新购置价格为 4800 元/m²，建筑物重置价格为 3200 元/m²，建筑物自然寿命为 50 年，残值率为 2%，建筑物折旧总额为（　）万元。

　　A. 800　　　　　B. 878　　　　　C. 896　　　　　D. 1129

26. 某在建商城的建设用地使用权于 2 年前以出让方式取得，土地使用期限 40 年，不可续期。预计尚需 1.5 年建成，总建筑面积为 50000m²，可供出租的面积为总建筑面积的 80%；经市场调查，目前当地该类商城的市场租金为每月 90 元/m²，空置率为 10%；预测该商城建成后当地该类商城的市场租金为每月 100 元/m²，空置率为 15%，运营费用率为 30%，报酬率为 10%，折现率为 12%。该商城开发完成后的现值为（　）万元。

　　A. 22253　　　B. 23352　　　C. 26488　　　D. 27796

27. 关于假设开发法中静态分析法和动态分析法的说法，错误的是（　）。

　A. 静态分析法中应根据价值时点的房地产市场状况测算后续建设成本

　B. 动态分析法中要进行现金流量预测

C. 静态分析法中投资利息和开发利润都不显现出来，而是隐含在折现过程中

D. 动态分析法中要考虑各项收入、支出发生的时间点

28. 某在建工程按正常建设进度建设1年后停工，停工半年后基坑进水，现人民法院强制拍卖该在建工程，预计拍卖处置正常期限为0.5年，之后处理基坑进水、清淤、协调施工约需0.25年。经市场调查，类似开发项目正常建设期为2.5年，开发完成后的市场价格为5000元/m^2。折现率为10%，用动态分析法估价时，开发完成后的市场价格的现值为（   ）元/m^2。

A. 3939.93　　　　　　　　B. 4034.93
C. 4132.23　　　　　　　　D. 4231.87

29. 假设开发法估价中，同一估价对象在业主自行开发、自愿转让开发、被迫转让开发三种估价前提下的评估值由大到小的顺序通常是（   ）。

A. 业主自行开发、自愿转让开发、被迫转让开发
B. 自愿转让开发、业主自行开发、被迫转让开发
C. 被迫转让开发、自愿转让开发、业主自行开发
D. 自愿转让开发、被迫转让开发、业主自行开发

30. 在运用长期趋势法测算房地产未来价格时，当房地产价格的变动过程是持续上升的，并且各期上升的幅度大致接近，宜选用（   ）测算。

A. 指数修匀法　　　　　　B. 平均增减量法
C. 平均发展速度法　　　　D. 二次抛物线趋势法

31. 在应用路线价法估价中，设定的标准临街深度宜为路线价区段内各宗临街土地的临街深度的（   ）。

A. 简单算术平均数　　　　B. 加权算术平均数
C. 众数　　　　　　　　　D. 中位数

32. 根据标准临街宗地单价求得一宗临街深度为50m、临街宽度为20m的土地总价为280万元。标准临街深度为100m，假设相同临街深度的矩形宗地以临街宽度20m为基准，每增加临街宽度1m单价增加1%。根据四三二一法则，求取临街深度为75m、临街宽度为25m的矩形宗地单价为（   ）元/m^2。

A. 2000　　　　　　　　　B. 2100
C. 2400　　　　　　　　　D. 2520

33. 关于明确估价目的的说法，正确的是（   ）。

A. 估价目的由价值类型决定
B. 估价目的根据估价师的经验确定
C. 估价目的由委托人的估价需要决定
D. 估价目的根据估价对象和价值时点综合确定

34. 房屋征收估价中，因房地产占有人拒绝注册房地产估价师进入被征收房屋内进行实地查勘，为完成估价，对估价对象内部状况进行的合理假定属于（   ）。

   A. 未定事项假设   B. 背离事实假设
   C. 不相一致假设   D. 依据不足假设

35. 价值时点为现在的估价，下列日期中不应选为价值时点的是（   ）。

   A. 估价作业期间的某日   B. 实地查勘估价对象期间的某日
   C. 估价报告出具日期   D. 估价报告出具后的某日

二、多项选择题（共 15 题，每题 2 分。每题的备选答案中有 2 个或 2 个以上符合题意，请在答题卡上涂黑其相应的编号。全部选对的，得 2 分；错选或多选的，不得分；少选且选择正确的，每个选项得 0.5 分）

1. 下列估价师的行为中，不符合估价规范的有（   ）。
   A. 仅要求委托人提供估价对象权属证书复印件，但在实地查勘时对复印件中的相关信息进行核对
   B. 委托人将其对估价对象价值的期望主动告知估价师，估价师认为该价值不离谱，便按此出具估价报告
   C. 估价师认为估价对象有较大投资价值，将相关信息告知特定投资人
   D. 估价师在估价过程中接受委托人提供给其个人的加班费
   E. 估价师认为自己的专业能力还不足以做好估价，邀请其他估价师帮助完成估价工作

2. 下列房地产状况描述内容中，属于反映房地产实物状况的有（   ）。
   A. 房屋实际用途   B. 土地开发程度
   C. 房屋建筑结构   D. 房屋出租情况
   E. 房屋维护状况及完损程度

3. 影响工业房地产价格的区位因素主要有（   ）。
   A. 是否适于安装设备   B. 是否易于取得动力
   C. 是否便于处理废料   D. 是否接近大自然
   E. 是否利于获取原料

4. 关于投资价值与市场价值异同点的说法，正确的有（   ）。
   A. 市场价值是客观的价值，而投资价值是建立在主观的、个人因素基础上的价值
   B. 用收益法评估投资价值时，净收益的计算通常要扣除所得税，而评估市场价值时通常不扣除所得税
   C. 用收益法评估投资价值和市场价值时，其中的报酬率取值应相同

D. 用成本法评估投资价值和市场价值时，其中的利息取值可能不同

E. 投资价值的评估结果一般大于市场价值的评估结果

5. 某套期房住宅的套内建筑面积为 120m²，套内墙体面积为 20m²，分摊的共有建筑面积为 30m²，套内建筑面积的购买单价为 15000 元/m²，购房人采用的付款方式为：首付 60 万元，余款向银行申请贷款。关于该房地产价格的说法，正确的有（　　）。

　　A. 使用面积的购买单价为 12500 元/m²

　　B. 建筑面积的购买单价为 12000 元/m²

　　C. 名义价格为 180 万元

　　D. 实际价格为 180 万元

　　E. 现房价格低于 180 万元

6. 下列房地产价格影响因素中，不属于区位因素的有（　　）。

　　A. 地形、地势　　　　　　　　B. 土地开发程度

　　C. 土地用途、容积率　　　　　D. 朝向、楼层

　　E. 外部配套设施

7. 对某房地产转让价格进行评估时，经分析发现将其装修改造后能获得最大收益，这时应遵循的估价原则有（　　）。

　　A. 替代原则　　　　　　　　　B. 谨慎原则

　　C. 合法原则　　　　　　　　　D. 最高最佳利用原则

　　E. 价值时点原则

8. 某小区中有一幢沿街商住楼，1、2 层为商业用房，3 至 6 层为住宅，现需评估其中第 4 层某套住宅价格，拟选取该小区中另一幢 6 层住宅楼第 4 层的某套住宅为可比实例，该楼为同期建造但不临街。对该可比实例与估价对象进行对比，进行房地产状况调整时，判断错误的有（　　）。

　　A. 因位于同一小区，区位因素相同，不需进行区位状况调整

　　B. 因同期建造，质量一致，不需进行实物状况调整

　　C. 因房地产权利性质相同，不需进行权益状况调整

　　D. 因楼层相同，不需进行楼层因素调整

　　E. 因临街状况不同，应进行噪声污染因素调整

9. 收益法估价中求取净收益时，通常不作为运营费用扣除的有（　　）。

　　A. 电梯折旧费　　　　　　　　B. 租赁保证金利息

　　C. 房地产税　　　　　　　　　D. 企业（个人）所得税

　　E. 房屋保险费

10. 关于资本化率应用及内涵的说法，正确的有（　　）。

　　A. 资本化率应用在直接资本化法中

B. 资本化率是有效毛收入乘数的倒数
C. 资本化率是通过折现方式将房地产收益转换为价值的比率
D. 资本化率能明确表示房地产的获利能力
E. 资本化率通常用未来第一年的净收益除以价格来计算

11. 关于假设开发法中开发完成后的价值的说法，正确的有（　　）。
A. 静态分析法中开发完成后的价值是开发完成后的房地产状况在价值时点的房地产市场状况下的价值
B. 动态分析法中对适宜预售的房地产，开发完成后的价值是开发完成后的房地产状况在预售时的房地产市场状况下的价值
C. 评估酒店等在建工程的价值时，预测开发完成后的价值可以包含家具、设备及特许经营权的价值
D. 可用成本法根据当前的客观成本及应得利润测算开发完成后的价值
E. 被迫转让开发前提下开发完成后的价值要低于自愿转让开发前提下开发完成后的价值

12. 在假设开发法的静态分析法中，应计利息的项目有（　　）。
A. 待开发房地产的价值　　　　B. 后续建设成本
C. 后续管理费用　　　　　　　D. 后续销售税费
E. 待开发房地产取得税费

13. 下列房地产估价活动中，适用长期趋势法的有（　　）。
A. 比较某项目在不同档次商品房开发方式下的开发价值
B. 判断某经营性房地产的未来运营费用水平
C. 预测某地区限购政策出台后对房价的影响程度
D. 对可比实例进行市场状况调整
E. 对房地产市场中出现的新型房地产的价格进行评估

14. 关于路线价法中选取标准宗地的说法，正确的有（　　）。
A. 应一面临街
B. 土地形状应为矩形
C. 临街宽度与临街深度之比应为1∶1
D. 用途应为所在区段的代表性用途
E. 容积率一般应设定为1.0

15. 一份完整的房地产估价报告通常包括封面、致估价委托人函、目录及（　　）。
A. 估价师声明　　　　　　　　B. 估价假设和限制条件
C. 估价特殊说明　　　　　　　D. 估价技术报告
E. 估价结果报告

三、判断题（共 15 题，每题 1 分。请根据判断结果，在答题卡上涂黑其相应的符号，用"√"表示正确，用"×"表示错误。不答不得分，判断错误扣 1 分，本题总分最多扣至 0 分）

1. 在房地产损害赔偿估价中，如果损害修复的必要费用大于修复所能带来的价值增加额，则损害在经济上是可修复的。（　）

2. 临街厂房实际用于商业经营，抵押估价时可按商业用途评估，但估价风险应通过估价假设来规避。（　）

3. 城市经济发展和人口增加带来房地产需求增加，从而引起房地产价格上涨，这种房地产价格上涨属于房地产自然增值。（　）

4. 运用收益法评估投资价值时采用的报酬率应是特定投资者所要求的最低期望收益率。（　）

5. 在商品房价格快速上涨情况下，提高购买商品房首付款比例，上调购买商品房贷款利率，会抑制商品房价格上涨。（　）

6. 不论何种估价目的，估价所依据的房地产状况始终是价值时点时的状况，所依据的房地产市场状况不一定是价值时点时的状况。（　）

7. 比较法中权益状况调整的内容主要包括土地使用期限、规划条件、配套设施状况、出租情况、地役权设立情况等影响房地产价格的因素。（　）

8. 某可比实例房地产的实物状况优于标准房地产 3%，估价对象房地产的实物状况劣于标准房地产 5%。若采用直接比较法，可比实例房地产的实物状况调整系数为 0.922。（　）

9. 收益法估价中采用 $V = A \times \{1-[(1+g)/(1+Y)]^n\}/(Y-g)$ 的公式时，按照估价对象类似房地产客观租金逐年递增的比率确定 g 值。（　）

10. 收益法中运营费用包含经济寿命比整体建筑物经济寿命短的构件、设施设备、装饰装修等的重置提拨款。（　）

11. 位于同一住宅楼不同楼层的两套住宅，面积、户型、装修等条件均相同，采用成本法估价时，由于其分摊的成本相同，所以估价结果也相同。（　）

12. 假设开发法估价中运营期的预测主要考虑未来开发完成后的房地产的一般正常持有期或者经济寿命。（　）

13. 运用长期趋势法估价时，若历史价格受短期波动影响较大，可采用加权移动平均法进行趋势分析。（　）

14. 按照建筑面积分摊高层建筑地价的方法主要适用于各层用途相同且价格差异不大的建筑物。（　）

15. 夫妻共有一套房改房，房改售房价格 10 万元，现时市场价值 50 万元。现二人因离婚分割财产委托估价，该房改房的评估价格应为两者的平均值 30

万元。 ( )

四、计算题（共2题，共20分。要求列出算式、计算过程；需按公式计算的，要写出公式；只有计算结果而无计算过程的，不得分。计算结果保留小数点后两位。请在答题纸上作答）

1. 某商场的建筑面积6000m², 土地使用期限40年，从2008年10月1日起计，不可续期。该商场于2010年10月1日进行了抵押贷款，贷款金额600万元，贷款期限10年，贷款年利率6%（贷款期间贷款利率不变），每年等额偿还本息。抵押当时的贷款成数为6成，现时社会一般贷款成数为5成。调查得知，现在附近类似商场较乐观、最可能和较保守的年净收益分别为600万元、560万元和500万元。该商场除上述贷款外无其他法定优先受偿款，房地产报酬率为8%。请计算该商场2013年10月1日的再次抵押价值以及正常市场条件下带抵押合同的购买价格（分别计算以下两种购买方式下的购买价格：一是购买者购买后按原偿还方式承担还款义务；二是购买者一次性偿还剩余贷款后购买）。（10分）

2. 某厂房的建设用地使用权于2004年9月30日以出让方式取得，不可续期；建筑物为钢筋混凝土结构，于2005年9月30日建成，建筑面积10000m²，容积率为1.25。因设计原因空调系统比正常多投入120万元，每年多耗电0.5万元。经调查，2013年9月30日，类似工业用途50年建设用地使用权的取得价格为1500元/m²，取得税费为4.5%。类似房地产开发项目土地重新购置价格是购置空地总成本的1.35倍；类似厂房的正常建设成本为1800元/m²，建筑物重建价格是建设成本的1.32倍；房屋门窗、屋顶破损修复需要30万元，空调系统以外的其他设备重置价格为80万元，平均寿命为10年，残值率为零。土地报酬率为7%，房地产报酬率为8%。请计算该厂房2013年9月30日的市场价值。（10分）

参考答案：

一、单项选择题

1. A 2. B 3. D 4. C 5. D 6. B 7. B 8. A 9. B 10. C
11. B 12. A 13. D 14. C 15. A 16. B 17. D 18. B 19. C 20. D
21. B 22. A 23. B 24. B 25. A 26. B 27. C 28. B 29. A 30. C
31. C 32. D 33. C 34. D 35. D

二、多项选择题

1. ABD 2. BCE 3. BCE 4. AB 5. BCD 6. ABC 7. ACDE
8. ABCD 9. BD 10. AE 11. ABCE 12. ABCE 13. BD 14. ABD
15. ABDE

三、判断题

1. × 2. × 3. √ 4. √ 5. √ 6. × 7. × 8. × 9. √ 10. √

11. × 12. √ 13. √ 14. √ 15. ×

四、计算题

1.

解：

(1) 求解再抵押价值

再抵押价值＝未设立法定优先受偿权利下的市场价值－以抵押贷款余额/社会一般贷款成数－其他法定优先受偿款

1) 市场价值。遵循谨原则，抵押价值评估年净收益应选择保守数据 500 万元。

收益期限＝40－5＝35 年

则：未设定法定优先受偿权利下的市场价值＝$\frac{500}{8\%} \times \left[1 - \frac{1}{(1+8\%)^{35}}\right]$＝5827.28 万元。

2) 已抵押贷款余额

已设抵押贷款额为 600 万元，贷款利率为 6%，贷款期限为 10 年，剩余 7 年，则：

年还款额＝$600 \times 6\% \div \left[1 - \frac{1}{(1+6\%)^{10}}\right]$＝81.52 万元

已抵押贷款余额＝$\frac{81.52}{6\%} \times \left[1 - \frac{1}{(1+6\%)^{7}}\right]$＝455.08 万元。

3) 再抵押价值

再抵押价值＝5827.28－455.08/0.5＝4917.12 万元。

(2) 在正常市场条件下带抵押合同的购买价格

在正常市场条件下带抵押合同的购买价格＝$\frac{560}{8\%} \times \left[1 - \frac{1}{(1+8\%)^{35}}\right] - \frac{81.52}{8\%} \times \left[1 - \frac{1}{(1+8\%)^{7}}\right]$＝6102.24 万元。

(3) 正常市场条件下带抵押合同的购买价格（购买者一次性偿还贷款）

正常市场条件下带抵押合同的购买价格（购买者一次性偿还贷款）＝$\frac{560}{8\%} \times \left[1 - \frac{1}{(1+8\%)^{35}}\right] - \frac{81.52}{6\%} \times \left[1 - \frac{1}{(1+6\%)^{7}}\right]$＝6071.48 万元。

2.

解：成本法计算公式：

估价对象在 2013 年 9 月 30 日的市场价值＝土地重新购建价格＋建筑物重新购建－建筑物折旧。

(1) 土地重新购建价格的求取

$$\text{土地重新购建价格} = 1500 \times (1+4.5\%) \times 1.35 \div 1.25 \times \frac{1-\dfrac{1}{(1+7\%)^{41}}}{1-\dfrac{1}{(1+7\%)^{50}}} =$$

1643.02 万元。

（2）建筑物重置价值

建筑物重建价值 $=1800 \times 1.32 \times 1 = 2376$ 万元。

（3）建筑物折旧

1）物质性折旧

房屋门窗、屋顶破损修复费用 $=30$ 万元

空调系统以外的其他设备折旧 $=80 \times 8/10 = 64$ 万元

长寿命项目折旧费 $=(2376-30-80) \times 8/49 = 369.96$ 万元

物质性折旧 $=30+64+369.96=463.96$ 万元。

2）功能折旧

功能折旧 = 功能无效成本 + 超额持有成本

$$=120+\frac{0.5}{8\%} \times \left[1-\frac{1}{(1+8\%)^{41}}\right] = 125.98 \text{ 万元}$$

建筑物折旧 $=463.96+125.98=589.94$ 万元。

（4）建筑物市场价值

建筑物市场价值 $=2376-589.94=1786.06$ 万元。

（5）估价对象市场价值 $=1642.02+1786.06=3428.08$ 万元。

房地产估价理论与方法（二）

一、单项选择题（共35题，每题1分，每题的备选答案中只有1个最符合题意，请在答题卡上涂黑其相应的编号）

1. 因公共利益的需要征收处于正常生产经营中企业承包的房屋，该房屋占用范围内的建设用地使用权为划拨性质，对该企业给予的补偿不包括（   ）。
   A. 该房屋占用范围内的建设用地使用权价值的补偿
   B. 搬迁后可继续使用的机器设备价值的补偿
   C. 因征收房屋造成的企业搬迁、临时安置的补偿
   D. 因征收房屋造成的企业停产损失的补偿

2. 关于估价依据选取或应用的说法，正确的是（   ）。
   A. 估价依据应根据估价对象和估价结果来选取
   B. 《房地产估价规范》应作为估价依据，且其对估价的要求是最低要求

C. 在估价报告中予以说明的情况下，对估价委托人提供的作为估价依据的资料可不审慎检查

D. 估价报告中的估价师声明和估价假设都是一种估价依据

3. 关于估价结果形成的确定的说法，错误的是（　　）。
A. 估价结果可能受注册房地产估价师的专业水平和职业道德的影响
B. 注册房地产估价师不应在估价之前征求估价委托人对估价结果的意见
C. 注册房地产估价师不应在出具报告之前与估价委托人讨论估价结果
D. 合理的估价结果与估价对象在市场上的成交价格一致

4. 相邻房地产的权利人应正确处理相邻关系。相邻关系的产生是因房地产具有（　　）特性。
A. 易受限制　　　　　　　　　B. 独一无二
C. 相互影响　　　　　　　　　D. 不可移动

5. 下列对某宗房地产状况的描述中，不属于交通条件描述的是（　　）。
A. 该房地产附近有一条收费道路，轿车通行费为每辆10元
B. 该房地产一面临街，所临街道为居住区级道路
C. 该房地产距公交车站约500m，平均每隔6分钟有一辆公交车经过
D. 该房地产附近有社会停车场，停车位数量600个

6. 利用收益法或假设开发法评估房地产的投资价值，采用的报酬率或折现率应是（　　）。
A. 典型投资者所要求的社会一般报酬率
B. 典型投资者所要求的社会最高报酬率
C. 特定投资者所要求的最低报酬率
D. 特定投资者所要求的最高报酬率

7. 某人承租了一商业房地产，租期为3年，每年年末支付租金。该房地产在3年租期内的净租金为50万元/年，同期的市场净租金为65万元/年，报酬率为7%，该承租人权益价值为（　　）万元。
A. 39.36　　　　　　　　　　B. 45.00
C. 131.22　　　　　　　　　 D. 170.58

8. 某房地产的土地面积为3000m^2，容积率为3，市场上类似房地产的市场价格为4200元/m^2，成本法测算的土地重置单价为4800元/m^2、建筑物重置单价为3000元/m^2。该房地产的总价为（　　）万元。
A. 2340　　　　　　　　　　B. 3780
C. 4140　　　　　　　　　　D. 5220

9. 下列影响房地产价格的因素中，会导致房地产价格下降的因素是（　　）。
A. 控制土地供应量　　　　　　B. 增加城镇居民可支配收入

C. 增加房地产保有环节税收 D. 提高城市化水平

10. 实际估价中，评价某建筑物的完损状况时，不需要考虑的实物因素是（　　）。

　　A. 建筑规模 B. 建筑物年龄
　　C. 维修养护情况 D. 工程质量

11. 在房地产司法拍卖估价中，将已被查封的房地产作为未被查封的房地产来估价的假设，属于（　　）。

　　A. 一般假设 B. 背离事实假设
　　C. 不相一致假设 D. 依据不足假设

12. 某房地产的建筑面积为 2500m²，现状价值为 2000 万元，若现在将该房地产拆除重建，拆除费用为 100 万元，残值为 45 万元，后续必要支出及应得利润为 4000 元/m²，重建后的房地产市场价格为 15000 元/m²。该房地产的市场价值为（　　）万元。

　　A. 1945 B. 2000
　　C. 2695 D. 2750

13. 下列房地产估价活动中，价值时点为过去、估价对象状况为过去状况的估价是（　　）。

　　A. 因抵押贷款需要，对拟抵押房地产价值进行评估
　　B. 因保险赔偿需要，对房地产因火灾造成的价值损失进行评估
　　C. 因定罪量刑需要，对受贿案中受贿时的房地产价值进行评估
　　D. 因司法拍卖需要，对拟拍卖房地产价值进行评估

14. 估价对象为一沿街店铺，建筑面积为 300m²，已知其中家电和汽车价值为 60 万元。估价中选取甲、乙、丙三个可比实例，建筑面积分别为 300m²、280m² 和 340m²，总价分别为 420 万元、448 万元和 595 万元，其中可比实例丙的总价中含有价值为 30 万元的家具。根据上述条件，利用简单算术平均法求取的估价对象包含家电和汽车的市场价格为（　　）万元。

　　A. 466 B. 526
　　C. 535 D. 545

15. 某住宅的建筑面积为 100m²，买卖合同约定成交价格为 10000 元/m²，价款分两期支付，于成交日期支付 60 万元，余款于一年后支付；交易税费均由买方承担。已知买方应缴纳的税费为 3 万元，卖方应缴纳的税费为 8 万元，并在支付合同余款时缴纳。若将该交易实例选为可比实例，年折现率为 6%，则对其建立比较基础后的总价为（　　）万元。

　　A. 90.19 B. 95.85
　　C. 100.57 D. 105.28

16. 某房地产在 2014 年 3 月的价格为 7200 元/m², 已知类似房地产在 2014 年 3 月至 9 月的价格指数分别为:99.40, 94.80, 96.60, 105.10, 109.30, 112.70, 118.30 (均以上个月为基数)。该房地产 2014 年 9 月的价格为( )元/m²。

    A. 8485   B. 8536

    C. 10038   D. 10098

17. 为评估某房地产 2014 年 10 月 1 日的市场价格, 选取的可比实例资料是: 成交日期为 2014 年 4 月 1 日, 成交单价为 8000 元/m², 合同约定建筑面积为 95m², 并约定面积有误差时总价不调整, 在 2014 年 6 月 1 日房屋登记时建筑面积为 100m²。自 2014 年 1 月 1 日至 10 月 1 日, 当地该类房地产价格平均每月比上月上涨 0.3%。该可比实例经调整后的比较单价为( )元/m²。

    A. 7737.83   B. 8145.08

    C. 8423.57   D. 8573.77

18. 某房地产未来第 1 年年末的净收益为 20 万元, 以后净收益每年增加 1.5 万元, 价格每年上涨 5%, 报酬率为 8%, 第 4 年年末转售时卖方应缴纳的税费为转售价格的 6%。目前该房地产的市场价格为( )万元。

    A. 318.68   B. 457.68

    C. 789.68   D. 1146.81

19. 某出租的旧写字楼, 剩余租赁期限为 3 年, 在此 3 年期间, 每年可于年初获得净收益 80 万元, 3 年后可依法拆除作为商业用地, 拆除费用为 50 万元。若该类房地产的报酬率为 8%, 该写字楼的现时价值为 1000 万元, 则 3 年后该商业用地净地的价值为( )万元。

    A. 979.22   B. 1000.00

    C. 1029.22   D. 1050.00

20. 某酒店 5 年来年均有效毛收入为 420 万元, 运营费用 220 万元。去年年底该酒店附近新建一工厂, 因噪声污染造成该酒店今年有效毛收入减少 40 万元, 运营费用减少 25 万元。该酒店剩余收益期为 10 年, 假设降低后的收益水平在剩余收益期内保持不变, 报酬率为 8.5%。目前该酒店房地产的价值减损额为( )万元。

    A. 66.34   B. 98.42

    C. 984.20   D. 1213.85

21. 某人现有资金 50 万元, 欲竞买一个建筑面积为 120m²、收益期为 10 年的店铺用于出租, 其期望的自有资金资本化率为 10%。店铺正常月租金为 120 元/m², 运营费用为租金收入的 35%。银行可提供最高为六成、10 年期、年利率 8% 的抵押贷款。该投资者所能接受的最高竞买价格为( )万元。

A. 80.00 B. 91.82
C. 125.00 D. 127.90

22. 关于成本法估价中土地取得费用、建设成本、管理费用、销售费用估算的说法，正确的是( )。

A. 应按它们在过去实际发生时点的实际水平来估算
B. 应按它们在过去实际发生时点的正常水平来估算
C. 应按它们在未来预计发生时点的正常水平来估算
D. 应按它们在价值时点的正常水平来估算

23. 某房地产重新开发建设的直接成本、管理费用、投资利息分别为4000万元、180万元和350万元，销售费用、销售税费分别为销售价格的3.5%、6%，投资利润率为20%。该房地产的重置价值为( )万元。

A. 5890 B. 5976
C. 6053 D. 6135

24. 某建筑物的土建工程直接费为780元/m²（其中人工费为130元/m²），安装工程直接费为450元/m²（其中人工费为50元/m²），装饰装修工程直接费为900元/m²（其中人工费为45元/m²），又知该地区土建工程综合费率为直接费的15%，安装工程综合费率为人工费的75%，装饰装修工程综合费率为人工费的72%，税率为3.5%。该建筑物的建筑安装工程费为( )元/m²。

A. 2204.55 B. 2397.99
C. 3123.19 D. 3345.64

25. 某写字楼因停车位数量不能满足需要，租金明显低于市场租金，由此造成该写字楼折旧属于( )。

A. 外部折旧 B. 功能落后折旧
C. 功能缺乏折旧 D. 使用磨损折旧

26. 某商场是6年前由一幢已使用5年的旧厂房改变用途并简单装修而成，同时补办了土地使用权出让手续，土地使用期限为40年，出让合同约定建设用地使用期限届满时建筑物的残余价值应给予相应补偿。建筑物经济寿命为60年，残值为零，采用直线法计算该商场建筑物目前的成新率为( )。

A. 75.56% B. 81.67%
C. 85.00% D. 86.67%

27. 关于假设开发法估价中调查房地产开发用地状况的说法，错误的是( )。

A. 弄清规划条件主要是为了选取最佳开发利用方式
B. 弄清土地权益状况主要是为了预测开发完成后的房地产市场价格、租金等
C. 弄清土地区位状况主要是为了确定房地产已投入成本的合理性

D. 弄清土地实物状况主要是为了预测后续开发的必要支出

28. 某在建写字楼的总建筑面积为 30000m²，预计建成的正常建设期为 3 年。现该在建写字楼拟转让，预计完成转让交易需要 3 个月。根据实地查勘，形成该在建写字楼现状的正常建设期为 1.25 年。预计写字楼建成后可全部租出，净租金收入为 2 元/m²·天，每年计 365 天，空置率为 10%，资本化率为 5%，折现率为 15%。该在建写字楼建成后的房地产现值为( )万元。

  A. 29807   B. 30867   C. 35755   D. 36194

29. 运用假设开发法中的静态分析法估价，采用直接成本利润率计算后续开发的应得利润时，计算基数不包括( )。

  A. 待开发房地产价值   B. 后续的建设成本
  C. 后续的管理费用   D. 待开发房地产取得税费

30. 利用直线趋势法对某类商品住宅 2004～2013 年的平均价格进行分析，拟合成一直线趋势方程 $Y=3522+385X$，其中 Y 为商品住宅价格，X 为时间，且 $\sum X=0$。经验证该方程拟合度较高，则利用该方程预测该类商品住宅 2014 年的平均价格为( )元/m²。

  A. 5447   B. 5832   C. 6987   D. 7757

31. 关于地租测算的说法，错误的是( )。

  A. 以农地生产农作物为途径测算地租时，所扣除的土地上投入资本的利息不包括对应土地价值的资本的利息
  B. 测算地租时，是以土地在最佳用途和最佳集约度下利用为前提的
  C. 从房租中分离出地租时，扣除项目应包括房屋折旧费、投资利息、房屋租赁税费等
  D. 未耕地的地租等于同等质量和位置的已耕地的地租减去开垦费用

32. 某宗土地总面积为 1000m²，容积率为 2.8，土地单价为 3500 元/m²，若将容积提高到 4，楼面地价不变，则理论上补地价的数额为( )万元。

  A. 105   B. 150   C. 420   D. 500

33. 对一幢住宅楼进行整体估价时，不能作为区位因素的是( )。

  A. 朝向   B. 楼层
  C. 交通条件   D. 楼前绿化

34. 下列估价工作中，宜首先进行的是( )。

  A. 制定估价作业方案   B. 实地查勘估价对象
  C. 确定估价结果   D. 撰写估价报告

35. 估价档案保存期限应不少于 10 年，起算日期为( )。

  A. 估价作业开始日期   B. 估价对象实施查勘日期
  C. 价值时点   D. 估价报告出具之日

二、多项选择题（共15题，每题2分。每题的备选答案中有2个或2个以上符合题意，请在答题卡上涂黑其相应的编号。全部选对的，得2分；错选或多选的，不得分；少选且选择正确的，每个选项得0.5分）

1. 对房地产的现状价值进行评估时，应遵循的估价原则有（　　）。
   A. 合法原则
   B. 价值时点原则
   C. 替代原则
   D. 最高最佳利用原则
   E. 谨慎原则

2. 下列房地产中，属于按权益状况划分的类型有（　　）。
   A. 已依法公告列入征收、征用范围内的房地产
   B. 已灭失的房地产
   C. 有租约限制的房地产
   D. 整体资产中的房地产
   E. 手续不齐全的房地产

3. 下列影响房地产需求的因素中，能够增加郊区商品住宅当前需求的有（　　）。
   A. 当前该类房地产价格水平较高
   B. 消费者的收入水平增加
   C. 通往郊区的高速公路收费被取消
   D. 人们预期该类房地产价格未来会上涨
   E. 城市居民出现向郊区迁移的趋势

4. 在合法利用前提下，且其他条件相同，若评估同一房地产的下列价值，其中通常低于其市场价值的有（　　）。
   A. 投资价值
   B. 抵押价值
   C. 快速变现价值
   D. 现状价值
   E. 残余价值

5. 下列制度政策的调整，在其他因素不变的情况下，会导致房地产价格下降的有（　　）。
   A. 提高购房最低首付款比例
   B. 在卖方市场的情况下，增加房地产开发环节的税收
   C. 在买方市场的情况下，减少卖方的税收
   D. 减少房地产开发用地的供应量
   E. 建立严格的交易管理制度遏制房地产投机

6. 下列房地产抵押估价活动中，符合合法原则要求的有（　　）。
   A. 将学校用于教学的办公楼假设可改变为商务办公楼进行估价

B. 对已依法公告列入征收范围内的房屋抵押价值进行估价
C. 对已抵押房地产进行再次抵押估价，不扣除已抵押担保的债权数额
D. 对在建工程进行抵押估价，不扣除发包人已支付承包人的工程价款
E. 对划拨土地的房地产进行抵押估价，扣除相应的土地使用权出让金

7. 下列房地产中，通常适用比较法估价的有（　　）。
   A. 标准厂房　　　　　　　　B. 行政办公楼
   C. 写字楼　　　　　　　　　D. 房地产开发用地
   E. 在建工程

8. 估价对象为一宗熟地，对其可比实例权益状况进行调整时，应包括的内容有（　　）。
   A. 建筑密度　　　　　　　　B. 土地使用期限
   C. 基础设施完备程度　　　　D. 容积率
   E. 周边道路交通管制状况

9. 关于收益法中求取房地产未来净收益估计值的说法，正确的有（　　）。
   A. 评估投资价值可选用较乐观的估计值
   B. 评估抵押价值应选用较保守的估计值
   C. 评估期房市场价格应选用最高的估计值
   D. 评估买卖价格应选用最可能的估计值
   E. 评估保险价值应选用最低的估计值

10. 成本法估价中，征收集体土地的土地征收补偿费用的内容包括（　　）。
    A. 土地补偿费与安置补助费　　B. 地上附着物和青苗的补偿费
    C. 征地管理费　　　　　　　　D. 安排被征地农民的社会保障费
    E. 场地平整费

11. 某工业房地产的土地是5年前以出让方式取得的50年建设用地使用权，类似工业用地的重新购建价格为200万元，重新建造该房地产的建设成本为300万元，管理费用为15万元，销售费用为20万元，销售税费为50万元。正常建设期为1.5年，假设土地取得费用在建设期初一次性投入，其他费用在建设期内均匀发生，年利率为6.31%，投资利润率为12%，土地报酬率为6%。下列运用成本法评估该房地产市场价值中的有关说法，正确的有（　　）。
    A. 估价对象土地取得成本为196万元
    B. 应计算利息项目的总金额为535万元
    C. 土地取得成本的计息期为1.5年
    D. 土地取得成本之外其他计息项目应计投资利息总额为15.73万元
    E. 开发利润为64.20万元

12. 关于假设开发法的动态分析法中预测开发完成后的房地产价值的说法，

正确的有（　　）。

A. 通常是未来开发完成后的房地产状况所对应的价值
B. 通常是未来开发完成后的房地产在价值时点房地产市场状况下的价值
C. 通常是未来开发完成之时房地产市场状况下的价值
D. 不宜将类似房地产的市场价格直接"平移"过来作为测算结果
E. 不能采用成本法求取开发完成后的房地产价值

13. 关于长期趋势法用途的说法，正确的有（　　）。

A. 可用于假设开发法中预测开发完成后的房地产价值
B. 可用于收益法中预测未来租金、经营收入、运营费用、空置率或净收益
C. 可用于比较法中对可比实例的成交价格进行房地产状况调整
D. 可用来比较分析两宗房地产价格水平的高低
E. 可用于填补某些房地产历史价格资料的缺乏

14. 关于路线价法和基准地价修正法相同之处的说法，正确的有（　　）。

A. 本质上都是比较法　　　　B. 都需要进行市场状况调整
C. 都需要进行交易情况修正　　D. 都需要进行土地状况调整
E. 都是批量估价方法

15. 房地产估价实务中，估价假设和限制条件的内容应包括（　　）。

A. 房地产估价报告使用期限
B. 经实地查勘无理由怀疑房屋存在安全隐患且无相应专业鉴定的情况下，对房屋安全的合理假定
C. 对估价所必需的尚未明确或不够明确的土地用途、容积率等事项的合理假定
D. 因被征收人拒绝注册房地产估价师进行被征收房屋内进行实际查勘，对估价对象内部状况的合理假定
E. 为降低估价风险，对房地产市场状况进行假定

三、判断题（共 15 题，每题 1 分。请根据判断结果，在答题卡上涂黑其相应的符号，用"√"表示正确，用"×"表示错误。不答不得分，判断错误扣 1 分，本题总分最多扣至 0 分）

1. 房地产司法拍卖估价，因估价对象可能存在抵押权或债权，所以在估价时要考虑这些因素对房地产价值的影响。　　　　　　　　　　　　　（　　）

2. 理论上同一估价对象在同一估价目的及相应特定条件下形成的正常值是唯一的。　　　　　　　　　　　　　　　　　　　　　　　　　　（　　）

3. 在房地产估价中，如果估价对象的范围包含房地产以外的财产，则应逐一予以说明。未做说明的，应理解为不在估价对象的范围内。　　　（　　）

4. 根据《城市房地产管理法》，各类房屋的重置价格应当定期确定并公布。（   ）

5. 若某因素对房地产价值的影响可用数学模型量化，同时注册房地产估价师也可根据经验判断时，应优先根据经验进行判断。（   ）

6. 房地产估价原则可以使不同的注册房地产估价师对房地产估价的基本前提具有一致性，对同一估价对象在同一价值时点的评估价值趋于相同或相近。（   ）

7. 在采用比较法估价时，如果估价对象为普通装修，可比实例为高档装修，则在建立比较基础时，应将可比实例的装修价值扣除。（   ）

8. 从投资角度理解，投资人购买收益性房地产的目的是为了购买该房地产未来所能产生的一系列收益，而不是购买该房地产本身。（   ）

9. 某房地产未来第一年的有效毛收入为10万元，运营费用为2.5万元，有效毛收入乘数为10，该房地产的资本化率为7.5%。（   ）

10. 建筑物重新购建价格是全新状况的建筑物的建安工程费、专业费用、管理费用、投资利息及开发利润之和。（   ）

11. 如果建筑物的有效年龄小于实际年龄，就相当于建筑物比其实际竣工之日晚建成，此时建筑物的经济寿命可视为从这个晚建成之日开始到建筑物对房地产价值不再有贡献为止的时间。（   ）

12. 假设开发法估价中运用动态分析法时，其折现率可理解为既包含资金的利率，又包含开发利润率。（   ）

13. 利用加权移动平均法在计算移动平均数时，根据越是近期的数据对预测值影响越小这一特点，对近期的数据应给予较小权重。（   ）

14. 某幢大厦总建筑面积为5000m^2，房地产总价值为3000万元，其中土地价值为1200万元。某人拥有该大厦的某部分，其建筑面积为200m^2，房地价值为150万元，按土地价值分摊该人占有的土地份额为6.5%。（   ）

15. 价值时点为现在时，实地查勘工作不包括调查了解估价对象的历史状况。（   ）

四、计算题（共2题，共20分。要求列出算式、计算过程；需按公式计算的，要写出公式；只有计算结果而无计算过程的，不得分。计算结果保留小数点后2位。请在答题纸上作答）

1. 某空置的无电梯旧写字楼的建筑面积为2000m^2，剩余经济寿命为35年。在价值时点，同类无电梯写字楼的市场租金为1.5元/m^2·天，空置率为6%；同类有电梯写字楼的市场租金为1.8元/m^2·天，空置率为4%。预计5年后该写字楼旁边将兴建一大型购物中心，到那时同类有电梯写字楼的市场租金将上涨到 2 元/m²·天，空置率将降为 2%；同类无电梯写字楼的市场租金及空置率将不变。在价值时点，如果对该写字楼单独增加电梯，其必要费用为 180 万元；而假设对该写字楼进行重置并随同增加电梯，其必要费用仅为 150 万元。已知报酬率为 10%，运营费用率为 25%，每年计 365 天。请通过计算判断该写字楼无电梯的功能缺乏是否可修复；计算获知兴建大型购物中心后该写字楼的总价值。（10 分）

2. 5 年前，甲方出地、乙方出资合作建设一幢写字楼。甲方当时提供的土地面积为 1000m²、使用期限为 50 年。合作建设的写字楼建筑面积为 5000m²，建设期为 1 年。根据甲乙双方约定，建成后的写字楼建筑面积中 2000m² 归甲方所有，3000m² 由乙方使用 20 年，使用期满后无偿归甲方所有。2 年前，甲方将其所有的 2000m² 与丙方签订了 16 年的租赁合同，合同约定租金每 2 年支付一次，支付时间为第 2 年年末，支付标准为 1000 元/m²，且合同期内租金不变。目前市场上类似写字楼的正常年租金为 500 元/m²，年租金递增率为 2%，运营费用率为 30%，出租率为 100%。

现在，乙方有意收购甲方在该写字楼中的全部权益，甲方也乐意出售。假设该类房地产的报酬率为 8%，请计算乙方收购甲方权益的合理价格。（10 分）

参考答案：

一、单项选择题

1. B 2. B 3. C 4. C 5. D 6. A 7. A 8. B 9. C 10. A
11. B 12. C 13. C 14. A 15. D 16. D 17. A 18. C 19. D 20. B
21. B 22. D 23. C 24. B 25. C 26. B 27. C 28. D 29. C 30. B
31. D 32. C 33. A 34. A 35. D

二、多项选择题

1. ABC 2. ACE 3. BCDE 4. BCE 5. ACE 6. AE 7. ACD 8. ABDE
9. BCE 10. AB 11. BCE 12. BDE 13. ABE 14. AD 15. ABCD

三、判断题

1. × 2. × 3. √ 4. √ 5. × 6. √ 7. √ 8. √ 9. √ 10. ×
11. × 12. √ 13. × 14. √ 15. ×

四、计算题

1.

解：

（1）无电梯条件下的市场价值 = $1.5 \times 2000 \times (1-6\%) \times 365 \times (1-25\%)/10\% \times [1-1/(1+10\%)^{35}]$ = 7445049.62 元

有电梯条件下的市场价值 = $1.8 \times 2000 \times (1-4\%) \times 365 \times (1-25\%)/10\% \times [1-1/(1+10\%)^{35}]$ = 9124145.92 元

增加电梯增加的价值 = 9124145.92 − 7445049.62 = 1679096.30 元 > 1500000 元

所以，写字楼缺乏电梯功能为可修复。

(2) 获知兴建大型购物中心后该写字楼的总价值 = 1.8×2000×(1−4%)×365×(1−25%)/10%×[1−1/(1+10%)^5] + 2.0×2000×(1−2%)×365×(1−25%)/10%×[1−1/(1+10%)^{30}]/(1+10%) = 9124145.92 元。

2.

解：

丙方剩余使用年限为 14 年；写字楼剩余使用年限为 45 年；14 年后剩余 31 年。

(1) 租约期内甲方 2000m² 价值的计算

2 年的房地产报酬率 = (1+8%)^2 − 1 = 16.64%

租约期内价值 = 2000 × 1000 × (1−30%) × $\dfrac{1-\dfrac{1}{(1+16.64\%)^2}}{16.64\%}$ = 5549005.66 元。

(2) 租约期外甲方 2000m² 价值的计算

第 15 年的租金 = 500 × (1+2%)^{14} = 659.74 元/m²

租约期外价值 = 2000 × 659.74 × (1−30%) × $\dfrac{1-\dfrac{(1+2\%)^{31}}{(1+8\%)^{31}}}{(8\%-2\%) \times (1+8\%)^{14}}$ = 4350017.70 元。

(3) 乙方使用的 3000m² 的价值计算

乙方尚有 16 年使用权，到期后剩余年限为 29 年

第 17 年的租金 = 500 × (1+2%)^{16} = 686.39 元/m²

3000 × 686.39 × (1−30%) × $\dfrac{1-\dfrac{(1+2\%)^{29}}{(1+8\%)^{29}}}{(8\%-2\%) \times (1+8\%)^{16}}$ = 7012273.94 元

租约期外价值 = 3000 × 686.39 × (1−30%) × $\dfrac{1-\dfrac{(1+2\%)^{29}}{(1+8\%)^{29}}}{(8\%-2\%) \times (1+8\%)^{16}}$ = 7012273.94 元。

(4) 乙方收购甲方权益的合理价格 = 5549005.66 + 4350017.70 + 7012273.94 = 16911297.30 元。

第 4 章 房地产估价案例分析

房地产估价案例分析（一）

一、问答题（共 3 题，每题 10 分。请将答案写在答题纸对应的题号下）

（一）甲房地产估价机构（以下称甲机构）接受人民法院委托，对建于 2010 年的某项目一期的一幢毛坯双拼别墅进行司法鉴定估价。价值时点为 2014 年 8 月 25 日，评估单价为 25000 元/m^2。当事人以正在销售的该项目三期毛坯别墅定价 30000～35000/m^2 为由，对估价结果提出异议，人民法院为此发来质询函。甲机构调查了解到该项目三期为临湖独栋别墅，2014 年 7 月底竣工并开始销售，销售活动中优惠力度大。经复核，甲机构维持原估价结果，并对异议进行了书面回复。请问：

1. 甲机构书面回复的致函对象是谁？
2. 导致估价对象与该项目三期别墅价格差异的主要原因有哪些？

（二）某房地产估价机构接受委托评估一停建住宅项目的转让价值，价值时点为 2014 年 6 月 15 日。该项目土地是 2008 年 6 月以出让方式取得，2010 年 6 月项目结构封顶后因故停工。根据委托人提供的资料，项目实际已支出成本为 2800 元/m^2，包括土地取得成本、开发成本、管理费用以及 2008 年 6 月至价值时点的投资利息。注册房产地产估价师经调查核实，认为委托人列支的截至项目停工的各项实际成本费用符合当时的市场情况，在采用成本法估价时，确定该房地产重置成本为 2800 元/m^2。请问：

1. 上述确定该房地产重置成本的过程有哪些错误？
2. 在正确确定重置成本后，还应考虑哪些因素才能测算出成本价值？

（三）建筑物的某房地产估价机构在开展估价人员业务培训时，设定同一价值时点，对某工厂整体房地产分别进行抵押估价和征收评估。合理的估价结果为抵押价值 3000 万元，被征收房屋补偿价值 4000 万元。估价对象全厂区拥有国有土地使用证，地上建有 10 幢房屋。第 1～6 幢办理了房屋所有权证，其中第 1～2 幢长期出租，第 3～6 幢自用；第 7～10 幢自用但未办理权属登记。估价对象不存在任何法定优先受偿款。请问：

1. 该项目抵押估价和征收评估的估价对象房屋范围分别包括哪些？

2. 造成该项目抵押价值和征收补偿价值差异的主要原因有哪些？

二、单项选择题（共 3 大题，10 小题，每小题 2 分。每小题的备选答案中只有 1 个最符合题意，请将这个答案对应的字母填在答题纸各小题相应的括号内）

（一）

某房地产估价机构接受委托，对市中心某大厦地下一、二层进行房地产抵押价值评估，目的是为委托人办理续期贷款提供价值参考依据。该大厦地下一层为各类独立餐饮店面，目前处于满租状态，租期一般为三年，部分早期进驻的店面租金水平低于同层其他类似店面 15％左右，这部分店面剩余租期基本都在半年以内，地下一层其他店面租金与市场水平接近。地下二层为车位，均可独立出售，目前业主对外出租。

1. 采用比较法测算地下一层房地产价值时，若选择该大厦首层作为可比实例，则必须进行（　　）。
　A. 交易情况修正　　　　　　B. 市场状况调整
　C. 实物状况调整　　　　　　D. 区位状况调整

2. 采用收益法测算地下一层租金收益时，正确的做法是（　　）。
　A. 应充分考虑各店面租约租金的限制
　B. 只需考虑低租金店面剩余租期内租约租金的限制
　C. 若低租金的优惠条件不可延续，则不需考虑租约租金的限制
　D. 不考虑各店面租约租金的限制，以目前市场租金水平为准

3. 采用比较法评估地下二层车位价值时，权益状况调整的内容可不包括（　　）。
　A. 土地使用期限　　　　　　B. 规划条件
　C. 租约限制　　　　　　　　D. 原抵押权的优先受偿款

（二）

某市规定自 2013 年 4 月 1 日起对二手房交易中的个人所得税由原来按照交易总额的 1％计征，调整为按照转让所得的 20％计征。张某于 2013 年 4 月 15 日出售了其拥有的一套住房，税务部门认为其申报的成交价格较正常市场价格明显偏低。房屋登记资料显示该套住房为张某于 2009 年 8 月 27 日购得。为合理确定张某应缴纳的个人所得税额，税务部门委托房地产估价机构评估该套住房的市场价值。

4. 根据估价目的，本估价项目的价值时点应当是（　　）。
A. 2009 年 8 月 27 日
B. 2013 年 4 月 1 日

C. 2013年4月15日

D. 2009年8月27日和2013年4月15日

5. 注册房地产估价师应当在估价报告的（　　）内容中对该税收政策调整进行阐述。

A. 估价假设与限制条件　　　　B. 市场背景描述与分析

C. 风险提示说明　　　　　　　D. 估价测算过程

6. 关于该市税收政策调整可能产生的影响分析，不恰当的是（　　）。

A. 将在一定程度上抑制房地产投资投机性需求

B. 部分刚性需求购房者将转向新建商品住房市场

C. 二手房市场交易量增加，房价上涨势头趋缓

D. 将在一定程度上催热该市房地产租赁市场

（三）

某市土地管理部门挂牌整体出让一宗面积为20万 m^2，容积率为2.5的住宅用地，甲房地产开发公司拟取得该宗土地后三期进行滚动开发，委托乙房地产估价机构评估其能承受的最高挂牌出让地价。注册房地产估价师拟选用假设开发法中的现金流量折现法进行估价。

7. 采用现金流量折现法进行估价时，正确的做法是（　　）。

A. 对宗地整体估价，将各期净现金流量分析折现至各期开发活动起始点

B. 对宗地整体估价，将各期开发投资分别计息至各期开发活动结束点

C. 对宗地整体估价，将各年净现金流量折现至整个开发活动起始点

D. 对三期分别估价，将各期净现金流量分别折现至各期开发活动起始点后加总

8. 在确定开发完成后的房地产价值时，应当采用（　　）。

A. 价值时点的住宅市场价格

B. 三期开发完成后的住宅市场价格，折现至价值时点

C. 各期开始销售时的市场价格，分别折现至价值时点

D. 各期各年销售时的平均市场价格，分别折现至价值时点

9. 在计算扣除项时，除开发成本、管理费用外，还应当包括（　　）。

A. 销售费用、销售税费和开发利润

B. 销售费用、销售税费和投资利息

C. 销售费用、销售税费和购地税费

D. 销售费用、销售税费和企业所得税

10. 关于该估价项目的说法，正确的是（　　）。

A. 测算投资利息时应当采用价值时点的利率

B. 评估单价应当等于价值时点的利润
C. 现金流量折现法测算结果大于静态分析法测算结果
D. 折现率可以根据委托人的目的要求来设定

三、下列房地产估价报告存在多处错误，请指明其中的 13 处（每指明 1 处错误得 3 分，本题全对得 40 分。请在答题纸上作答。每个错误对应一个序号，未将错误内容写在序号后面空格处的不计分）

房地产抵押估价报告

估价项目名称：××股份有限公司位于××市××产业园××路××号房地产抵押价值评估

估价委托人：××股份有限公司

估价机构：××房地产评估公司

注册房地产估价师：×××（注册号：×××）

　　　　　　　　　×××（注册号：×××）

估价作业期：2011 年 9 月 18 日至 9 月 27 日

估价报告编号：××估字［2011］第××号

目录（略）
致估价委托人函（略）
注册房地产估价师声明（略）
估价假设与限制条件（略）

估价结果报告

一、估价委托人（略）

二、估价机构（略）

三、估价目的

为确定房地产抵押贷款额度提供参考依据而评估房地产抵押价值。

四、估价对象

1. 估价对象范围

估价对象为位于××市××产业园××路××号生产基地的 3 幢建筑物及其占用的土地使用权，总建筑面积为 12263.24m²，土地面积 8860.06m²。纳入本次抵押的估价对象包括房屋的所有权和所占用的土地在剩余使用期限的使用权，以及确保其正常使用功能不可分割的基本设备设施和装修。

2. 估价对象概况

（1）位置及环境状况（略）

（2）建筑物状况

估价对象建筑物共 3 幢，其中第 1、2 幢为生物制药车间，均为二层钢混结构，层高 4.5m，建筑面积均为 6100m^2；第 3 幢为动力中心，一层砖混，层高 3.5m，建筑面积为 63.24m^2。建筑物外墙均为深灰涂料，内墙涂料刷白，水泥砂浆天花板，水泥地面；水电卫齐全，塑钢门窗。估价对象整体保养状况较好。

（3）土地状况

估价对象房地产所在宗地开发程度已达到"五通一平"（宗地红线外通路、通电、通讯、通上水、通下水、宗地红线内场地平整）。估价对象宗地形状规则，地势平坦，地质状况良好。

3. 权利状况

（1）房屋所有权情况（略）

（2）土地使用权情况（略）

（3）他项权利状况

根据委托人提供的《国有土地使用证》、《房屋所有权证》和《法定优先受偿权利情况证明》显示，至价值时点估价对象无尚未注销的他项权利登记，即估价对象法定优先受偿款为 0。

根据估价人员实地查勘情况，估价对象房地产中第 2 幢车间已出租，由于委托人未提供相关租赁合同，估价对象在价值时点的租赁价格不详，故本次评估未考虑估价对象租约对房地产价格的影响。

五、价值时点

2011 年 9 月 14 日，与实地查勘日一致。

六、价值类型

房地产抵押价值等于假定未设立法定优先受偿权利下的市场价值减去房地产估价师知悉的法定优先受偿款。

七、估价依据

1. 国家和地方政府相关法律法规（略）

2. 房地产估价技术规范和标准

（1）《房地产估价规范》

（2）《房地产抵押估价指导意见》

（3）《城市房地产抵押管理办法》

3. 估价委托人提供的有关材料

（1）《房屋所有权证》

（2）《国有土地使用权证》

（3）委托人提供的其他有关资料

4. 估价机构实地查勘、市场调查获得的资料（略）

八、估价原则（略）

九、估价方法

房地产估价方法有比较法、收益法、成本法、假设开发法和基准地价修正法五种方法。

估价人员遵循估价原则，根据估价对象的特点和估价目的，结合邻近地区市场状况调查和估价对象实地查勘情况，在认真分析研究所掌握的资料基础上，最终选用成本法与收益法两种方法进行评估。（方法定义略）

十、估价结果

估价人员本着独立、客观、公正、合法的原则，遵循估价原则，在进行实地查勘、广泛收集有关市场信息和估价对象信息的基础上，全面分析了影响估价对象公开市场价值的各项因素，结合估价对象特点和使用现状，按照科学的估价程序，选用比较法和收益法进行测算，最终确定估价对象在价值时点 2011 年 9 月 4 日假定未设立法定优先受偿权利下的市场价值为人民币 3301.26 万元，估价师知悉的估价对象至价值时点的法定优先受偿款为 0。

估价对象房地产抵押价值为人民币 3301.26 万元（大写：人民币叁仟叁佰零壹万贰仟陆佰元整）。

十一、估价人员（略）

十二、估价作业期（略）

十三、估价报告应用有效期（略）

十四、风险提示（略）

十五、变现能力分析（略）

估 价 技 术 报 告

一、估价对象实物状况描述与分析（略）

二、估价对象区位状况描述与分析（略）

三、估价对象权益状况描述与分析（略）

四、市场背景描述与分析（略）

五、最高最佳利用分析（略）

六、估价方法适用性分析（略）

七、估价测算过程

1. 成本法

成本法是求取价值对象在价值时点的重置价格或重建价格，扣除折旧，以此估算估价对象的客观合理价格或价值的方法。其基本公式为：

房地产价值＝房地重新购建价格－建筑物折旧

房地重新购建价格＝土地取得成本＋开发成本＋管理费用＋销售费用＋投资利息＋销售税费＋开发利润。

(1) 土地取得成本

采用成本法和基准地价修正法评估土地使用权价格，同时考虑买方应当负担的相关税费后，土地取得成本为 7836797 元（测算过程略）。

(2) 开发成本

开发成本主要包括勘察设计和前期工程费、建筑安装工程费、基础设施建设费、公共配套设施建设费、开发期间税费、不可预见费。

1) 建筑安装工程费

建筑安装工程费包括建造房屋及附属工程所发生的土建工程费用、安装工程费用、设备设施费、装饰装修工程费用等。

A. 建筑物建安费

根据《关于发布××市建筑安装工程 2011 年 1 季度造价指数的通知》，钢混结构建筑物建安综合造价为 1150 元/m^2，包括建安造价、基础工程费、设施设备安装费、装饰装修工程费等。则：

估价对象建筑物建安费为 12263.24×1150＝14102726（元）。

B. 附属工程费

附属工程是指房屋周围的围墙、水池水景、建筑小品、绿化等。估价对象为工业厂房，用于生产。根据工业建筑设计和规划要求，结合现状，综合确定估价对象附属工程费按建筑面积分摊计 65 元/m^2，则附属工程费为 795204 元。

建筑安装工程费为上述两项之和，即 14102726＋795204＝14897930（元）。

2) 勘察设计和前期工程费

A. 勘察设计费

按造价的 6.23% 计算，为 928141 元。（依据略）

B. 前期工程费

按建筑面积计 122 元/m^2，共计 1496115 元。（依据略）

上述两项合计为 2424256 元。

3) 不可预见费

根据房地产市场状况及开发项目的规模，不可预见费一般为开发成本的 1%～3%，本次评估确定其比率为 3%。前述（1）、（2）项之和的 3%，为 446938 元。

(3) 管理费用

管理费用为前述各项之和的 3%，为 768155 元。（依据略）

(4) 销售费用

销售费用通常按照开发完成后的房地产价值的一定比率来测算，但估价对象为专业厂房，由业主自行委托设计，故本次不考虑销售费用。

(5) 投资利息

投资利息是指在房地产开发完成或者实现销售之前发生的所有必要费用应计算的利息，开发期为 0.75 年。（依据略）

利息率取价值时点同期银行 1 年期贷款利率 6.56%。

假定土地取得成本、勘察设计费、前期工程费和开发期间税费在开工前一次性投入，开发成本中建筑安装工程费、附属工程费、不可预见费以及管理费用、销售费用在开发期间内均匀投入，则：

投资利息＝{(土地取得成本＋勘察设计和前期工程费＋开发期间税费)×[(1＋利率)^{开发年期}－1]}＋{(建筑安装工程费＋附属工程费＋不可预见费＋开发期间税费＋管理费用＋销售费用)×[(1＋利率)$^{开发年期/2}$－1]}＝829443（元）。

(6) 销售税费

销售税费为销售收入的 5.85%，另当地新建非住宅交易综合服务费为 11 元/m^2，则：销售税费＝P×5.85%＋11×12263.24。（依据略）

(7) 开发利润

根据××市生物医药行业平均利润率的调查和估价对象实际情况，取平均利润率为 15%，则：

开发利润＝(土地取得成本＋开发成本＋管理费用＋销售费用＋投资利息＋销售税费)×成本利润率＝(27203519＋P×5.85%＋11×12263.24)×15%。

(8) 估价对象房地产重新购建价格的确定

房地产重新购建价格＝土地取得成本＋开发成本＋管理费用＋投资利息＋销售税费＋开发利润

解得：P＝34539073（元）。

(9) 建筑物折旧的确定

建筑物折旧＝建筑物重新购建价格×(1－成新率)。

经计算，建筑物折旧为 1410273 元。（测算过程略）

(10) 成本法评估结果确定

房地产价格＝房地产重新购建价格－建筑物折旧
　　　　　＝34539073－1410273
　　　　　＝33128800（元）

则：房地产单价＝33128800÷12263.24≈2701（元/m^2）。

2. 收益法

(1) 基本原理

收益法是预计估价对象未来的正常净收益，选用适当的报酬率将其折现到价值时点后累加，以此估算估价对象的客观合理价格或价值的方法。

房地产收益为有限年期的收益法公式为：
$$V = A \div Y \times [1-(1+Y)^{-n}]$$

式中：V——房地产价格；

A——房地产净收益；

Y——房地产报酬率；

n——房地产收益年限。

（2）测算过程

本次评估采用房地产出租方式计算房地产年净收益。公式为：

房地产年净收益＝房地产年总收益－房地产年总费用。

1）确定房地产年总收益

房地产年总收益是指出租房地产在正常情况下应取得的持续而稳定的客观年收益，包括租金收入、保证金和押金利息收入。

根据估价人员对估价对象所在区域类似房地产出租的情况的调查（调查结果表略），综合确定估价对象平均租金为每月 20 元/m²，正常空置率为 1%，租金损失率为 1%，则房地产年总收益为：

$20 \times 12 \times 12263.24 \times (1-1\%) \times (1-1\%) = 2884608$（元）。

2）确定房地产年总费用

①管理费

结合估价对象具体情况确定管理费费率为 1.5%（依据略），则年管理费为：

$2884608 \times 1.5\% = 43269$（元）。

②维修费

维修费按房屋重置价格的 2% 计算（依据略），估价对象房屋重置价格为 14102726 元，则年维修费为：$14102726 \times 2\% = 282055$（元）。

③房屋年保险费

保险费按房屋现值的 2‰ 计算（依据略），估价对象房屋现值为 12791453 元，则房屋年保险费为：$12791453 \times 2‰ = 25385$（元）。

④年应交税金

主要包括房产税和营业税及附加，根据当地规定，估价对象应缴税金合计为租金收入的 13.68%，则年应交税金为：$2884608 \times 13.68\% = 394614$（元）。

则房地产年总费用＝①＋②＋③＋④＝745323（元）。

3）确定房地产年净收益

房地产年净收益＝房地产年总收益－房地产年总费用

＝2884608－745323

＝2139285（元）。

4）确定报酬率

估价对象为工业用房,根据当地市场状况,租金价格波动较小,故其风险系数较小,结合工业用房报酬率调查,确定以一年期贷款利率6%为估价对象房地产报酬率。

5) 确定房地产价格

截至价值时点,估计对象地上建筑物有效使用年限约为9年。根据相关规定,钢混结构用房的耐用年限为50年,则其剩余年限约为41年,经估价人员实地查勘,估价对象维护保养状况尚可,建筑物结构稳定,整体使用功能正常,确定其尚可使用年限为45年;估价对象土地使用权终止日期为2055年9月1日,至价值时点,土地剩余使用年限为43.96年。

根据《房地产估价规范》,房地产收益年限应当取建筑物耐用年限和土地剩余年限中的较短年限,故确定估价对象剩余使用年限为43.96年。本次评估假设上述房地产年经营收益及相应费用在剩余使用年限内保持不变,房地产市场稳定,报酬率每年不变,则估价对象房地产总价为:

$$V = A \div Y \times [1-(1+Y)^{-n}]$$
$$= 2139285 \div 6.0\% \times [1-(1+6.0\%)^{-43.96}]$$
$$= 32902609(元)$$

收益法评估结果确定

房地产单价 $= 32902609 \div 12263.24 \approx 2638$(元/m²)。

3. 估价对象市场价值

根据上述测算,成本法测算结果为2701元/m²,收益法测算结果为2683元/m²;两种方法的结果差异较小,估价人员最终确定以两种方法的算术平均值作为估价对象房地产市场价值的最终评估结果,则:

估价对象房地产单价 $=(2701+2683) \div 2 \approx 2692$(元/m²)

估价对象房地产总价 $=2692 \times 12263.24 \approx 3301.26$(万元)。

4. 估价对象抵押价值

根据委托人提供的《房屋所有权证》、《国有土地使用证》和《法定优先受偿权利情况证明》,估价对象至价值时点的法定优先受偿款为0,故:

房地产抵押价值 $=3301.26-0=3301.26$(万元)。

八、估价结果确定

估价人员本着独立、客观、公正、合法的原则,最终确定估价对象在价值时点假定未设立法定优先受偿权利下的市场价值为人民币3301.26万元,估价师知悉的估价对象至价值时点的法定优先受偿款为0。

估价对象房地产抵押价值为人民币3301.26万元(大写:人民币叁仟叁佰零壹万贰仟陆佰元整),单价:人民币2692元/m²。

四、指出并改正下列房地产估价文书中的错误（本题 10 分。错处不超过 4 个。如将正确的内容改错，则每改错 1 处倒扣 2.5 分。本题最多扣至 0 分。请在答题纸上作答，不得在试卷上改错）

本次估价背景情况如下：

某房地产估价机构接受委托评估某住宅小区一幢 22 层临街商住楼底层商铺的抵押价值，该商铺目前由业主出租给他人经营便利店。接受委托后，经与业主王××联系，注册房地产估价师张××与协助估价人员李××对估价对象进行了实地查勘，查勘作业环节由李××负责记录，最后整理形成下述实地查勘记录表。

经营性房地产实地查勘记录表

房地产基本情况			
名称与坐落	××市人民路××号××花园小区 6 幢 102 室		
四至	东：6 幢 101 室；南：小区绿地； 西：6 幢 103 室；北：人民路		
所在楼层/总层数	1/22	朝向	南
建筑结构	砖混	层高	3.5m
建成年份	2005 年	维护保养	良好
建筑面积	146m²	土地分摊面积	32m²
证载用途	商业	现状用途	出租
临街面宽	12m	进深	10.4m
房地产外部环境			
商业氛围	离市级商业中心较远，但位于区级商业中心辐射圈内； 客流量一般主要为周边小区居民		
交通便捷度	距地铁人民路站出入口约 300m； 公交 12、16、56 等 8 条线路在小区北大门设有站点		
公共设施	周边设有银行、超市、餐馆、农贸市场、幼儿园、公园等公共设施		
房地产内部状况			
设备设施	项目		使用现状
	给排水系统		正常
	供电系统		正常
	消防系统：消防栓，烟感报警		正常
	供暖及空调系统：集中供暖，独立空调		正常
装修状况	项目		完损状况
	外墙：防水涂料		完好
	内墙：普通乳胶漆		完好
	屋顶：普通乳胶漆		完好
	地面：普通地砖		完好
	大门：铝合金地轴门		完好
	窗：铝合金窗、不锈钢防盗格栅		完好

领勘人：王××   查勘人：李××

参考答案：

一、问答题

（一）

1. 甲机构书面回复的致函对象为人民法院。

2. 导致估价对象与该项目三期别墅价格差异的主要原因有：

1）三期别墅为报价非成交价，实际成交价不同于报价；

2）一期为双拼别墅，三期别墅的位置、户型等与估价对象都可能存在差异；

3）三期为临湖别墅，估价对象为一期别墅，可能不临湖；

4）目的不同，估价目的为司法鉴定，属于客观价格；三期为市场交易价格，属于开发商定价。

（二）

1. 在确定该房地产重置成本过程中存在的错误主要有：1）利用历史成本来说明价值时点的成本错误，应使用价值时点的客观成本；2）利息的计算期间错误，应为客观的建设周期，即客观情况下从开始投资建设到建设封顶完成所需要的建设时间。

2. 在正确确定重置成本后，测算出成本价值还应考虑的因素有：建筑物的物质折旧、由于停建形成的功能性折旧、由于经济形势变化产生的经济折旧。

（三）

1. 抵押估价的范围包括整个国有土地使用权和 1～6 幢房屋。

征收评估的范围包括整个国有土地使用权和 1～10 幢房屋。

2. 差异主要是：1）估价范围不同；2）估价的价值类型不同。抵押为抵押价值，遵循谨慎原则；拆迁则是市场价值；3）估价方法选用的指标不同，抵押价值评估选用遵循谨慎原则；4）抵押价值评估考虑租约的影响，征收评估不考虑租约的影响。

二、单项选择题

1. D　2. A　3. B　4. C　5. C　6. C　7. C　8. D　9. C　10. D

三、指错题

1. 封面缺报告出具体日期。

2. 土地状况描述没有土地四至。

3. 缺《房地产估价基本术语标准》。

4. 估价方法没有说明选取成本法和收益法的理由，不选取其他方法的理由。

5. 估价结果没有单价。

6. 估价结果中说明选用比较法和收益法与实际选用的成本法和收益法不一致。

7. 不可预见费取高限 3% 不符合谨慎原则。

8. 成本法不能不考虑销售费用。
9. 开发期间税费在开工前一次性投入不符合实际。
10. 投资利息应为合理建设期内发生的利息，不应为实现销售之前所有必要费用应计的利息。
11. 没有界定平均利润率的内涵，即没有说明平均利润率为成本利润率。
12. 使用平均利润率不符合谨慎原则。
13. 收益法中的总收益没有说明保证金、押金等情况。
14. 收益法中的管理费计算基数没有说明。
15. 不应以一年期贷款利率为房地产报酬率。
16. 收益年限应为41年。
17. 不能因委托人不提供租约而不考虑租约的影响。
18. 没有说明法定优先受偿款详细情况。

四、改错题

实地查勘期：2014年6月15日
1. 现状用途：出租
修改为：现状用途：便利店。
2. 外墙：防水涂料
不属于房地产内部情况，去掉。
3. 查勘人：李××
修改为：查勘人：张××。

房地产估价案例分析（二）

一、问答题（共3题，每题10分。请将答案写在答题纸对应的题号下）

（一）甲上市公司为收购其大股东某处空置的商业用房，委托乙评估机构对该商业用房进行估价。由于甲上市公司要求出具报告的时间短，乙评估机构未能对该商业用房进行实地查勘，但要求甲上市公司提供了该商业用房的全面详细状况，并询问了其评估期望值。估价中选用收益法为主要的估价方法，搜集了3宗类似房地产，分别测算得到该商业用房的月租金为280元/m^2、300元/m^2和350元/m^2，然后根据最高最佳利用原则选取350元/m^2作为该商业用房的有效毛收入，扣除30%的运营费用后，求出年净收益为2940元/m^2，再选用银行贷款利率为折现率测算出了该商业用房的市场价值。

请问：上述估价工作中有哪些错误或不当之处？

（二）甲公司拥有的某汽车加油站，于1年前进行了装修改造，站内建有营业楼及加油棚各一幢，有若干个储油罐、加油机和加油仓。现因公司经营方向调整，甲公司拟放弃加油站业务，为此转让该加油站，委托乙房地产估价机构评估该加油站的市场价值。

请问：

1. 该估价项目的估价对象范围具体应包括哪些？
2. 乙房地产估价机构应要求甲公司提供哪些资料？

（三）某房地产估价机构接受委托，评估位于某历史文化街的一沿街小型商铺的市场价值。该商铺形状方正，权利状况完整。注册房地产估价师张某对该商铺进行实地查勘后，拟选用市场法作为主要的估价方法，但仅搜索到 A、B、C、D 四个交易实例。实例 A 交易时带有 3 年尚未到期的租约，合同租金明显低于市场租金；实例 B 系兄弟之间转让；实例 C 系相邻商铺的业主购买后扩大经营规模；实例 D 平面形状为"L"形，系业主将原为矩形的商铺临街面二分之一宽度、三分之一深度的部分转让给某银行安装自动取款机所致。除以上情况外。四个交易实例与估价对象均具有较好的可比性。

请问：

1. 四个交易实例是否可以选作可比实例？
2. 四个交易实例中若有可以选作可比实例的，应如何对它们的成交价格进行修正或者调整？

二、单项选择题（共 3 大题，10 小题，每小题 2 分。每小题的备选答案中只有 1 个最符合题意，请将这个答案对应的字母填在答题纸各小题相应的括号内）

（一）

2009 年 10 月 1 日，甲公司以其拥有的一幢总建筑面积为 25000m^2 的综合楼申请了为期 1 年的抵押贷款，该综合楼的市场价值和抵押价值经评估均为 12 亿元。2010 年 3 月 1 日，甲公司再次以该综合楼申请了期限为 2 年的抵押贷款，经评估，该综合楼的市场价值为 15 亿元。截至该时点，2009 年申请的抵押贷款余额为 2 亿元。当地同类房地产抵押贷款成数一般为 50%。2011 年 7 月 1 日，政府因公共利益需要，对该综合楼做出了征收决定并公告，经评估，该综合楼在完全产权状况下的市场价值为 16 亿元。甲公司尚未偿还的抵押贷款余额为 4 亿元。

1. 2010 年 3 月 1 日该综合楼的再次抵押价值为（　　）亿元。
A. 10　　　　B. 11　　　　C. 13　　　　D. 15

2. 2011 年 7 月 1 日该综合楼的被征收价值为（　　）亿元。
A. 12　　　　B. 14　　　　C. 15　　　　D. 16

3. 征收补偿时，该综合楼室内装饰装修价值和停产停业损失应（　　）。
A. 委托房地产估价机构评估确定
B. 由征收部门根据甲公司的发票、完税凭证等确定
C. 由征收当事人协商确定，协商不成的，可以委托房地产估价机构评估确定
D. 由征收部门根据甲公司提供的发票、完税凭证等，结合市场情况综合确定

4. 政府发布的征收决定公告中，一般不包括的内容为（　　）。
A. 征收补偿方案　　　　　　B. 行政诉讼权利
C. 行政复议权利　　　　　　D. 搬迁期限

（二）

甲公司因债务纠纷被起诉，法院裁定拍卖甲公司开发的某幢办公楼偿还债务。乙房地产估价机构接受法院委托评估该办公楼的市场价格。经调查，甲公司的债务情况如下：拖欠施工单位工程款300万元，银行贷款余额2700万元，第三方欠款2000万元。在价值时点，该办公楼全部可销售面积为5万 m^2，其中已出售3万 m^2。经评估，该办公楼的市场价格为6000元/m^2，拍卖变现时的费用及税金为2500万元。

5. 法院第一次拍卖的保留价应为（　　）万元。
A. 7500　　　　　　　　　　B. 9600
C. 12000　　　　　　　　　 D. 18000

6. 拍卖完成后，首先应支付的费用为（　　）。
A. 施工单位工程款　　　　　B. 银行贷款
C. 第三方欠款　　　　　　　D. 拍卖变现时的费用

7. 拍卖变现时的费用及税金不包括（　　）。
A. 拍卖佣金　　　　　　　　B. 营业税及附加
C. 评估费　　　　　　　　　D. 房地产税

（三）

甲公司于3年前以出让方式取得一宗商业用地使用权，土地使用期限为40年，约定不可续期。经批准规划建设方案为：容积率为12，设计高度为150m，设计用途为酒店。该项目基础工程完成时，因城市规划调整，酒店设计高度被降至120m。酒店现已按期竣工。为确定调整规划给开发项目造成的损失，甲公司委托乙房地产估价机构进行评估。经分析测算，规划调整导致该酒店建造成本较同类酒店高出1020万元，使用成本年均高出2万元，功能缺陷导致年均收益损失50万元，报酬率为7%。

8. 对该酒店进行损害赔偿估价，不适宜采用的估价方法为（　　）。
   A. 修复费用法　　　　　　　　B. 损失资本化法
   C. 赔偿实例比较法　　　　　　D. 损害前后差价法
9. 规划调整给该开发项目造成的损失不包括（　　）。
   A. 投资利息损失　　　　　　　B. 土地价值减损
   C. 前期工程费损失　　　　　　D. 酒店品质受损造成经营收益损失
10. 规划调整给该酒店造成的价值减损额为（　　）万元。
    A. 655.85　　　　　　　　　　B. 682.08
    C. 1675.85　　　　　　　　　 D. 1702.08

三、下列房地产估价报告存在多处错误，请指明其中的 13 处（每指明 1 处错误得 3 分，本题全对得 40 分。请在答题纸上作答。每个错误对应 1 个序号，未将错误内容写在序号后面空格处的不计分）

房地产估价报告

项目名称：××市××区××东街××号××商业用房征收补偿价格评估
估价委托人：××市房屋征收管理办公室
估价机构：××房地产估价有限公司
估价人员：×××（注册号：×××）
　　　　　×××（注册号：×××）
估价作业日期：2011 年 8 月 8 日至 8 月 18 日
估价报告编号：××估字第××号

目录（略）
致估价委托人函（略）
注册房地产估价师声明（略）
估价假设和限制条件（略）

估价结果报告

（一）估价委托人（略）
（二）估价机构（略）
（三）估价对象
1. 实物状况
（1）土地状况
估价对象位于××区××东街，四至：东至××剧院，西至××东街，南至

××商场，北至××餐厅。土地使用权面积为 1000m²，地块形状规则，呈矩形，地势平坦，土地开发程度为"七通一平"（土地其他情况略）。

（2）建筑物状况

估价对象建于 1999 年 8 月，坐东面西，为钢混结构建筑，总层数为 4 层。建筑面积为 3000m²，分别为 9 个零售商铺和餐饮卖场，统一由某资产经营公司装修、经营（其他情况略）。

2. 权益状况

（1）土地使用权

根据委托人提供的资料，《国有土地使用证》证号为×××号，用地面积为 1000m²，使用权类型为出让，用途为商业，起止日期为 1997 年 8 月 8 日至 2007 年 8 月 7 日，约定不可续期。

（2）房屋所有权

估价对象已经办理了《房屋所有权证》，证号为×××号，产权人为××公司，建筑面积为 3000m²（其他情况略）。

（3）他项权利

估价对象已于 2010 年 11 月办理了抵押贷款，贷款额度为 1000 万元人民币，抵押贷款期限为 1 年，至今尚未偿还。

（4）租赁情况

估价对象由某资产经营公司租赁使用，根据双方签订的租赁合同，月租金为 65 元/m²，租赁期限从 2010 年 8 月 8 日至 2030 年 8 月 7 日，租赁期内不调整租金，租赁税费按规定各自承担，合同到期后，资产经营公司可优先租赁。

3. 区位状况（略）

（四）估价目的

为房屋征收部门与被征收人确定被征收房屋价值的补偿提供依据，评估被征收房屋的价值。

（五）价值时点

2011 年 8 月 8 日，即房屋征收决定公告之日。

（六）价值定义

被征收房屋价值是指被征收房屋及其占用范围内的土地使用权在正常交易情况下，由熟悉情况的交易双方以公平交易方式在价值时点自愿进行交易的金额。

（七）估价依据

1.《中华人民共和国物权法》；

2.《中华人民共和国城市房地产管理法》；

3.《中华人民共和国土地管理法》；

4. 中华人民共和国国家标准《房地产估价规范》GB/T 50291—1999；
5. 《城市房屋拆迁管理条例》；
6. 《国有土地上房屋征收评估办法》；
7. 《房屋征收评估委托书》；
8. 《房屋征收评估委托合同》；
9. 委托人提供的《国有土地使用证》和《房屋所有权证》；
10. 估价对象的《房屋租赁合同》；
11. 注册房地产估价师实地查勘获得的资料和市场调查资料。

（八）估价原则

1. 独立、客观、公正原则（说明略）；
2. 合法原则（说明略）；
3. 最高最佳利用原则（说明略）；
4. 替代原则（说明略）；
5. 价值时点原则（说明略）。

（九）估价方法

经综合分析，确定选用市场法和收益法作为本次估价采用的估价方法。

市场法是将估价对象与在价值时点近期发生过交易的类似房地产进行比较，对这些类似房地产的成交价格做适当的修正来求取估价对象价值的一种估价方法。

收益法是预计估价对象未来的正常净收益，选用适当的报酬率将其折现到价值时点后累加，以此估算估价对象的客观合理价值的一种估价方法。

（十）估价结果

评估总价：4001.24 万元。

大写金额：人民币肆仟零壹万贰仟肆佰元整（单价略）。

（十一）估价人员

注册房地产估价师：×××（盖章）；注册号：×××。

注册房地产估价师：×××（盖章）；注册号：×××。

（十二）估价报告应用的有效期（略）

（十三）估价作业日期

2011 年 8 月 8 日至 2011 年 8 月 18 日。

估 价 技 术 报 告

（一）估价对象实物状况描述与分析（略）

（二）估价对象权益状况描述与分析（略）

（三）估价对象区位状况描述与分析（略）

（四）市场背景描述与分析（略）

（五）最高最佳利用分析（略）

（六）估价方法适用性分析（略）

（七）估价测算过程

1. 市场法测算

市场法具体估价思路，由于目前市场类似房地产交易实例较多，估价人员根据估价对象的状况和估价目的搜集了大量交易实例，从中选取可比实例；将估价对象房地产与这些可比实例房地产的实际成交价格进行比较，进行交易情况修正、市场状况调整、房地产状况（实物状况、权益状况、区位状况）调整；结合估价经验，依据估价对象的具体情况计算求出一个综合结果作为比准价格，以此估算估价对象房地产的客观合理价格。

（1）选取可比实例

实例	名称	位置	交易时间	总层数/所在层	建筑年代	交易价格（元/m²）	房屋用途	房屋面积（m²）
A	××天地1号楼1段21号营业房	××区	2011.4	4/1-3	2003	15500	商业	2929.56
B	××东街××城3号楼03号营业房	××区	2011.4	17/1-3	2007	17319	商业	3165.12
C	××东街××城2号楼20号营业房	××区	2011.6	19/1-3	2007	17320	商业	2810.99

（2）比较因素说明表

比较因素		估价对象	可比实例A	可比实例B	可比实例C
交易价格（元/m²）			15500	17319	17320
交易日期		2011.8.8	2011.4	2011.4	2011.6
交易情况		正常市场交易	正常市场交易	正常市场交易	正常市场交易
实物状况	所在楼层	4/1~4层，规划使用无限制	4/1~3层，规划使用有一定限制	17/1~3层，规划使用有一定限制	19/1~3层，规划使用有一定限制
	建筑品质及内部格局	钢混结构，设施齐全，内部格局有利于经营	钢混结构，设施齐全，内部格局有利于经营	钢混结构，设施齐全，内部格局有利于经营	钢混结构，设施齐全，内部格局有利于经营
	室内净高	3.5m	3.5m	3.5m	3.5m

续表

	比较因素	估价对象	可比实例 A	可比实例 B	可比实例 C
实物状况	无形价值	无特殊无形价值	无特殊无形价值	无特殊无形价值	无特殊无形价值
	装饰装修	中档装修	简单装修	简单装修	简单装修
	建筑面积	3000	2929.56	3165.12	2810.99
	建成年代	1999	2003	2007	2007
权益状况	剩余土地使用年限	26	30	34	34
	其他限制	无	无	无	无
区位状况	土地级别	商业Ⅰ级	商业Ⅰ级	商业Ⅰ级	商业Ⅰ级
	周边商业环境	毗邻商业中心，商业环境优	毗邻商业中心，商业环境优	毗邻商业中心，商业环境优	毗邻商业中心，商业环境优
	基础设施配套	七通一平	七通一平	七通一平	七通一平
	交通条件	便捷度高	便捷度高	便捷度高	便捷度高
	公共服务配套	公共服务设施齐全	公共服务设施齐全	公共服务设施齐全	公共服务设施齐全
	临街状况	临××东街	临××东街	临××东街	临××东街

（3）比较因素情况修正表

	位置	估价对象	实例 A		实例 B		实例 C	
		××东街××号	××天地1号楼1段21号营业房	修正系数（%）	××东街××城3号楼03号营业房	修正系数（%）	××东街××城2号楼20号营业房	修正系数（%）
一	交易价格（m²）		15500		17319		17320	
二	交易日期	2011.8.8	2011.4	6	2011.4	6	2011.6	6
三	交易情况	正常	正常	0	正常	0	正常	0
四	实物状况			9		11		11
1	楼层	4/1~4	4/1~3	10	17/1~3	10	19/1~3	10
2	建筑品质及内部格局	相同	相同	0	相同	0	相同	0
3	室内净高	相同	相同	0	相同	0	相同	0
4	无形价值	无	无	0	无	0	无	0
5	装饰装修	中档装修	简单装修	−3	简单装修	−3	简单装修	−3
6	面积	3000	2929.56	0	3165.12	0	2810.99	0
7	建筑年代	1999	2003	2	2007	4	2007	4
五	权益状况			4		7		7
1	剩余土地使用年限	26	30	4	34	7	34	7

403

续表

位置		估价对象 ××东街××号	实例A ××天地1号楼1段21号营业房	修正系数(%)	实例B ××东街××城3号楼03号营业房	修正系数(%)	实例C ××东街××城2号楼20号营业房	修正系数(%)
2	其他限制	无	无	0	无	0	无	0
六	区位状况			0		0		0
1	商业繁华度	好	好	0	好	0	好	0
2	基础设施完备度	好	好	0	好	0	好	0
3	交通条件	好	好	0	好	0	好	0
4	公共设施完备度	完善	完善	0	完善	0	完善	0
5	临街状况	好	好	0	好	0	好	0
七	比准价格(元/m²)	16670.81	15782.90		17359.94		16869.60	

（房地产状况调整系数中，实物状况权重确定为30%，权益状况权重确定为35%，区位状况权重确定为35%；权重、修正系数确定过程略）

市场法评估单价：16670.81元/m²；

市场法评估总价：16670.81×3000=50012430（元）。

2. 收益法测算

收益法是预计估价对象未来的正常净收益，选用适当的报酬率将其折现到价值时点后累加，以此估算估价对象的客观合理价值的一种估价方法。其计算公式为：

$$V = A/Y \times [1 - 1/(1+Y)^n]$$

其中：V为收益法评估价格，A为房地产年净收益，Y为房地产报酬率，n为房地产收益年限。

（1）房屋收益、空置率、和重置价格确定

根据租赁合同，月租金为65元/m²，期间不调整租金，且租赁合同到期后资产经营公司可优先续租，因此本次评估月租金取65元/m²，空置率0。根据估价对象房屋造价审计报告，经造价指数修正和成新修正后，确定房屋重置成本为1200元/m²（测算过程略）。

（2）报酬率确定

报酬率的确定方法有累加法、市场提取法、排序插入法等方法。本次估价采取累加法。无风险报酬率选取价值时点中国人民银行公布的一年期存款基准利率为3.5%；依据对影响估价对象的社会经济因素的分析结果，确定风险报酬率为3%（过程略），最终求出：报酬率=无风险报酬率+风险报酬率，即6.5%。

（3）根据委托人提供的资料，估价对象为钢混结构，建筑物经济寿命为60年。商业用地最高使用年限为40年，该地块使用权终止日期为2037年8月7日，至价值时点剩余土地使用年限为26年。按照孰短原则，确定收益年限为26年。

（4）价格评估确定（详见下表）

序号		名称	取值依据	计算公式（或取值）	计算结果（元）
（一）年收益	（1）	建筑面积(m^2)	房屋权属证书	3000	3000
	（2）	重置成本（元）	依据审计报告测算确定	1200×1300	3600000
	（3）	月毛租金收入（元/m^2）	租赁合同	65	65
	（4）	空置率	租赁合同	0	0
	（5）	有效毛收入（元/月）		（3）×（1）×[1−（4）]	195000
	（6）	年收益小计		（5）×12	2340000
（二）年经营费用	（1）	年管理维修	按年收益为基础计取	2%	46800
	（2）	税金		a+b	411840
	a	房产税	按年收益为基础计取	12%	280800
	b	其他税费	按年收益为基础计取	5.6%	131040
	（3）	保险费	按重置成本为基础计取	0.2%	7200
	（4）	维修费	按重置成本为基础计取	2%	72000
	（5）	年经营费用		（1）+（2）+（3）+（4）	537840
（三）		年净收益		（一）−（二）	1802160
（四）		收益年限			26
（五）		报酬率	累加法确定		6.5%
（六）		收益价格		（三）/6.5%×[1−1/(1+6.5%)^{26}]	22333038.05
（七）		收益法单价（元/m^2）			7444.35

（参数选取及具体计算过程略）

收益法评估单价：7444.35元/m^2；

收益法评估总价：22333038.05元。

（八）估价结果的确定

（九）考虑市场法测算结果能较客观的反映估价对象的正常市场价值，而收益法测算结果背离市场交易价格，故收益法测算结果仅供参考，不予采用。综合分析确定估价对象××市××区××东街××号××商业用房于价值时点2011年8月8日的被征收房屋价值为：人民币50012430元。由于该宗地房地产目前尚未偿还的贷款1000万元，应作为法定优先受偿款予以扣除，即：

50012430－10000000＝40012430（元）

因此评估总价为 40012430 元，即：4001.24 万元

大写金额：人民币肆仟零壹万贰仟肆佰圆整（单价略）。

××房地产估价有限公司

二〇一一年八月十八日

附件（略）

四、指出并改正下面估价报告片段中的错误（本题 10 分。错误不超过 4 个。如将正确的内容改错，则每改错 1 处倒扣 2.5 分。本题最多扣至 0 分。请在答题纸上作答，不得在试卷上改错）

本次估价背景情况如下：

估价对象为一宗商业用途的在建工程，主体结构封顶后至价值时点已停工 3 年，规划总建筑面积为 1.5 万 m^2。估价目的是为确定房地产抵押贷款额度提供参考依据而评估房地产抵押价值。

以下为该房地产抵押估价技术报告中"估价方法适用性分析"内容片断：

（六）估价方法适用性分析

1. 根据《房地产估价规范》GB/T 50291—1999，主要的估价方法有市场法、收益法、成本法、假设开发法、基准地价修正法等。因估价对象为在建工程，具有开发潜力，宜采用假设开发法估价；估价对象为商业地产，故可以采用收益法测算开发完成后的价值；估价对象成本造价等资料较为齐全，故可以采用成本法估价。因此，综合确定本次估价采用假设开发法、收益法、成本法三种估价方法。

2. 假设开发法是预测估价对象开发完成后的价值和后续开发的必要支出及应得利润，然后将开发完成后的价值减去后续开发的必要支出及应得利润来求取估价对象价值的方法。

由于本次估价目的是在建工程抵押，所以在采用假设开发法时按自愿转让前提进行估价。

3. 收益法是预测估价对象的未来收益，然后利用合适的报酬率或资本化率、收益乘数，将未来收益转换为价值来求取估价对象价值的方法。

由于估价对象为商业房地产，且成本造价资料较为齐全，故可采用收益法、成本法估算估价对象开发完成后的价值。

4. 成本法是求取估价对象在价值时点的重新购建价格和折旧，然后将重新购建价格减去折旧来求取估价对象价值的方法。

本次具体采用房地分估、综合计价的方式进行估价,用市场法评估土地使用权价格,用成本法评估在建工程建筑价格,并估算在建工程于现状条件下的房地合一价格。

用成本法评估在建工程建筑物价格时,根据委托人提供的该在建工程项目造价资料等据实测算。

由于估价对象已停工3年,故在成本法估价中应考虑其折旧因素。

参考答案:

一、问答题

(一)

1. 乙评估机构未对估价对象进行实地查勘;
2. 乙评估机构不应向甲上市公司询问评估期望值;
3. 计算有效毛收入应考虑房屋空置率;
4. 通过三个比较实例进行修正后的最高值并不一定符合最高最佳使用的标准,最高值不一定是客观的;
5. 不应选用银行贷款利率作为折现率。

(二)

1. 评估范围应包括:
(1) 加油站的房屋建筑物、构筑物;
(2) 加油站占地范围内的土地使用权;
(3) 加油站内的设备设施及工器具;
(4) 加油站的特许经营权;
(5) 加油站的特色装修。

2. 乙评估机构需要加油站提供的资料包括:
(1) 国有土地使用证、房屋所有权证等权属资料;
(2) 加油站的设备设施情况资料;
(3) 加油站的营业执照、特许经营资质证书、特许经营许可合同或协议;
(4) 加油站近三年的经营状况和财务报表。

(三)

1. 四个交易实例均不可直接作为可比实例,要作为可比实例必须经过修正或调整后方可。

2. (1) 对于实例A应进行权益状况修正,即将剩余3年租期中的市场租金与租约租金的差额进行折现后金额加总到成交价格中。

(2) 对于实例B进行有关利害关系人的交易情况修正,即通过调查兄弟之间的交易价格与正常价格的差异情况后,进行修正成正常交易价格。

(3) 对于实例C进行相邻房地产合并下的交易情况修正,即通过市场调查相邻状态下房地产交易价格与正常成交价格的差异后,进行修正成正常交易价格。

(4) 对于实例 D 进行临街宽度修正和形状修正。

二、单项选择题

1. B 2. D 3. C 4. D 5. C 6. D 7. D 8. A 9. B 10. D

三、指错题

1. 价值定义表述不准确,缺少"但不考虑被征收房屋租赁、抵押、查封等因素的影响"。

2. 估价依据中的"城市房屋征收管理条例"应为"国有土地上房屋征收与补偿条例"。

3. 结果应精确为元,不应为万元。

4. 市场比较因素中的楼层应为区位状况因素。

5. 市场比较因素系数未说明比较标准。

6. 市场法交易日期修正系数的确定无依据。

7. 封面缺报告出具日期。

8. 他项权利描述中"至今尚未偿还"中的"至今"语言不规范。

9. 估价报告中的国有土地使用权证应为《国有土地使用证》。

10. 估价方法中未说明不使用其他方法的理由和选用的方法的理由。

11. 估价报告应至少两个估价师签字,报告中为一个估价师签字。

12. 收益法中不应使用租约租金,征收评估不应该考虑租赁的影响。

13. 征收评估不应扣除法定优先受偿款(贷款余额)。

14. 空置率为 0 不符合客观实际。

15. 房屋重置成本不应为工程自身的造价,应为客观成本。

四、改错

1. 综合确定本次估价采用假设开发法、收益法、成本法三种估价方法。

改为:综合确定本次估价选用假设开发法、成本法两种估价方法。

2. 采用假设开发法时按自愿转让前提进行估价。

改为:采用假设开发法时按被迫转让前提进行估价。

3. 由于估价对象为商业用房,且成本造价资料较为齐全,故可采用收益法、成本法估算开发完成后的价值。

改为:由于估价对象为商业用途,故可采用收益法(或市场法结合长期趋势)估算开发完成后的价值。

4. 用成本法测算建筑物价格时,根据委托人提供的该在建工程项目造价资料等据实测算。

改为:用成本法测算建筑物价格时,根据修建该类在建工程项目的客观造价资料进行测算。